유아교사를 위한 학교폭력 예방 및 학생의 이해

– 유아기 괴롭힘을 중심으로 –

이승하 · 홍인표 · 이해민 · 이승민

머리말

올해는 「학교폭력예방 및 대책에 관한 법률」이 제정된 지 딱 20년이 되는 해이다. 이 법률이 제정된 이후 학교폭력을 멈추기 위한 노력은 끊임없이 이루어져 왔다. 그럼에도 여전히 학교폭력으로 인해 극단적 선택을 시도하거나 비참함을 경험하며 살아가는 우리 주변의 안타까운 학생들이 존재한다.

존재의 무시는 인간으로서 가장 감당하기 어려운 고통이다. 괴롭힘은 사람 간의 관계에서 발생하는 문제다. 개인의 사회, 정서적 기술이나 능력이 부족하더라도 이를 보듬을 수 있는 집단의 힘이 작용한다면 괴롭힘을 멈출 수 있기에, 괴롭힘은 공동체의 문제라 할 수 있다. 결국, 연약한 개인이 폭력에 저항하고 맞서기 위해서는 연대의 힘을 믿을 수밖에 없다. 서로를 지켜줄 것이라는 믿음을 바탕으로, 훼손된 관계를 회복하는 것은 괴롭힘과 폭력으로부터 우리를 지키는 유일한 방법인 것이다.

유아들 사이에도 학교폭력만큼의 심각한 현상은 아니지만 다른 아이들을 괴롭히고 못살게 구는 현상이 존재한다. 타인에 대한 존중을 바탕으로 긍정적인 관계를 맺는 능력은 한 개인의 삶뿐 아니라 공동체 전체의 안전과 평화와도 직결된다. 저자는 연구를 통해 유아기에도 신뢰로운 관계 형성과 이를 통한 공동체의 회복이 충분히 가능하다는 점을 확인하였다.

모든 예비 교사들은 교직과목인 '학교폭력 예방 및 학생의 이해'를 필수적으로 이수해야 한다. 그러나 위 과목의 교육 내용이 대부분 학교급에서 일어나는 학생들 간의 폭력에 관한 내용으로 구성되어 있어 유아교육과 학생들은 유아들 사이에 일어나는 괴롭힘에 대한 전문지식을 습득하기 어려운 실정이다. 유아교육과 학생들은 전공 관련성이 낮은 과목 이수 과정에 어려움을 겪고, 교육 현장에서는 해당 과목에서 배운 지식을 연계

할 수 없는 이중고를 겪고 있다. 유아를 대상으로 한 학교폭력에 관한 연구물이나 교재가 소수 존재하지만, 학교급에서 일어나는 학생들 간의 폭력 행위에 상응하는 유아들의 행동이나 현상에 관한 내용이라기보다는 유아의 문제행동 지도 혹은 생활지도를 중심으로 내용이 구성되어 있다. 더구나, 이 분야에서는 그동안 '유아 학교폭력'이라는 다소 부자연스러운 용어가 사용되어 왔다. 이는 유아기에 일어나는 학교폭력과 같은, 혹은 그에 상응하는 유아기의 공격적 행동을 어떤 용어로 지칭할 것인가에 대한 국내 학계의 논의가 전혀 없었기 때문에 불가피하게 차용된 것으로 볼 수 있다. 본 서에서는 유아기에 나타나는 폭력 행위에 상응하는 공격성을 '유아기 괴롭힘'이라 지칭하였다.

이 책은 크게 2부 총 12장으로 구성되어 있으며 유아기 괴롭힘에 앞서 학교폭력과 관련한 필수적인 지식습득을 위해 이에 대한 내용도 함께 구성하였다. I 부에서는 학교폭력의 개념 및 관련요인(1장), 학교폭력의 실태(2장), 학교폭력에 대한 인식(3장)을 살펴본 후, 유아기 괴롭힘의 개념 및 특징(4장), 유아기 괴롭힘 실태(5장), 유아기 괴롭힘에 대한 경험 및 인식(6장)을 알아본다. II부는 7~12장까지로, 학교폭력 및 유아기 괴롭힘의 예방과 개입에 관한 구체적 방법을 담고 있다. 먼저, 학교폭력 예방 및 개입 정책, 제도, 교육에는 어떠한 것이 있는지(7장) 파악한 후, 유아기 괴롭힘 예방 및 개입 절차(8장)를 통해 유치원에서의 전반적인 개입 단계와 방법을 알아본다. 그다음 가정에서 유아들의 괴롭힘을 어떻게 예방하고 가르칠 것인지(9장), 유아들을 개별적으로 지도하는 방법과 부모 상담 방법(10장)을 알아봄으로써 예비 유아교사들의 유아기 괴롭힘에 대한 대응 역량을 증진하고자 하였다. 마지막으로는 국내외에서 개발된 유아기 괴롭힘 예방 및 개입 관련 프로그램(11장)과 학교폭력 예방을 위한 대안적 방법으로 널리 활용되고 있는 회복적 접근을 유아기에 적용한 프로그램(12장)을 소개하여 구체적인 현장 적용 사례를 제시하였다.

15여 년간의 유아기 괴롭힘 연구에 매진해 온 저자에게 이 책의 발간은 연구자로서의 중간 결실이기도 하다. 심혈을 기울여 집필하였으나, 이미 미흡한 부분이 보이는 듯하다. 본 서가 유아교육자, 예비 유아교사들에게 괴롭힘 지식과 대응기술을 습득하는데 도움을 줄 수 있다면 매우 기쁘고 보람될 것이다. 또한, 유아기 괴롭힘 연구에 대한 학계와 사회의 관심, 논의가 더 활발해지기를 기대하며, 궁극적으로는 유아들이 관계의 가치와 소중함을 깨닫는데 도움이 되기를 바란다.

이 책이 나오기까지 많은 분의 도움이 있었다. 유아기 괴롭힘 예방 및 개입 관련 프로그램에 참여해 주었던 사천유치원, 마곡유치원 교사와 어린이들, 프로그램의 운영을 적극적으로 도와준 이영미 장학사, 책을 쓸 수 있도록 여러 도움과 지원을 해주신 김성훈 원장님께 감사드린다. 마지막으로, 유아교사를 위한 책을 쓰겠노라 선언해 놓고 오랫동안 기다리게 해드린 창지사 사장님, 관계자분들께 무척 송구하다. 진심으로 감사의 마음을 드린다.

2024년 마지막 날, 흑석동에서

차 례

유아교사를 위한 학교폭력 예방 및 학생의 이해

I 부

학교폭력 및 유아기 괴롭힘에 대한 이해

CHAPTER 1

학교폭력의 개념 및 관련요인

학교폭력은 학교 안팎에서 학생을 대상으로 하는 공격적, 폭력적 행위를 일컬으며 그 심각성은 이미 사회적 문제가 된 지 오래다. 학교폭력을 위한 범국가적 노력에도 불구하고 학교폭력은 지속적으로 발생하고 있다. 학교폭력의 심각성을 알고 이에 대한 인식을 높이며 적절한 대응능력을 갖추는 것은 교사로서 반드시 지녀야 할 지식과 기술이라 할 수 있다. 이를 위해 본 장에서는 학교폭력의 개념과 유형을 먼저 이해하고, 학교폭력이 왜 발생하게 되는지에 대한 이론적 접근을 살펴본 후, 학교폭력과 관련된 다양한 요인을 파악하여 학교폭력에 대한 전반적 이해를 높이고자 한다.

1 학교폭력의 개념

1) 학교폭력의 개념

(1) '학교폭력' 용어의 의미

학교폭력에 대한 법률적인 정의는 2004년 제정된 「학교폭력예방 및 대책에 관한 법률」에서 제시하고 있다. 이 법에서는 학교폭력을 '학교 내외에서 학생을 대상으로 발생한 상해, 폭행, 감금, 협박, 약취·유인, 명예훼손·모욕, 공갈, 강요·강제적인 심부름 및 성폭력, 따돌림, 사이버폭력 등에 의하여 신체·정신 또는 재산상의 피해를 수반하는 행위'로 명시하고 있다.

「학교폭력예방 및 대책에 관한 법률」 제2조 (정의)

1. "학교폭력"이란 학교 내외에서 학생을 대상으로 발생한 상해, 폭행, 감금, 협박, 약취 · 유인, 명예훼손 · 모욕, 공갈, 강요 · 강제적인 심부름 및 성폭력, 따돌림, 사이버폭력 등에 의하여 신체 · 정신 또는 재산상의 피해를 수반하는 행위를 말한다.

1의 2. "따돌림"이란 학교 내외에서 2명 이상의 학생들이 특정인이나 특정집단의 학생들을 대상으로 지속적이거나 반복적으로 신체적 또는 심리적 공격을 가하여 상대방이 고통을 느끼도록 하는 모든 행위를 말한다.

1의 3. "사이버폭력"이란 정보통신망(「정보통신망 이용촉진 및 정보보호 등에 관한 법률」 제2조 제1항 제1호의 정보통신망을 말한다)을 이용하여 학생을 대상으로 발생한 따돌림과 그밖에 신체 · 정신 또는 재산상의 피해를 수반하는 행위를 말한다.

2. "학교"란 「초 · 중등교육법」 제2조에 따른 초등학교 · 중학교 · 고등학교 · 특수학교 및 각종학교와 같은 법 제61조에 따라 운영하는 학교를 말한다.

3. "가해학생"이란 가해자 중에서 학교폭력을 행사하거나 그 행위에 가담한 학생을 말한다.

4. "피해학생"이란 학교폭력으로 인하여 피해를 입은 학생을 말한다.

5. "장애학생"이란 신체적 · 정신적 · 지적 장애 등으로 「장애인 등에 대한 특수교육법」 제15조에서 규정하는 특수교육이 필요한 학생을 말한다.

「학교폭력예방 및 대책에 관한 법률」에서는 학교를 「초·중등교육법」에 근거하여 정의하고 있다. 「유아교육법」 제2조 2항(2023. 9. 27. 일부개정)에 따르면 '유치원'이란 유아의 교육을 위하여 이 법에 따라 설립·운영되는 학교를 말한다. 하지만 「학교폭력예방 및 대책에 관한 법률」은 법률적용의 범위를 초·중·고등학교, 특수학교로만 한정 짓고 있어 유치원은 포함하고 있지 않다. 따라서 유치원에서 유아 간 일어나는 공격적 행동은 학교폭력 사안처리 대상이 되지 않는다.

(2) 외국에서 보는 학교폭력

서양 문화권에서는 우리나라의 '학교폭력'과 유사한 개념으로 school violence, peer victimization, mobbing, bullying 등의 용어를 사용하고 있다. 우리나라에서는 이를 모두 학교폭력이라고 번역하여 사용하고 있으나, 각 용어들의 개념과 사용에는 차이가 있다. School violence는 주로 미국에서 많이 활용되고 있는데, 이는 학생들 간의 폭력행위뿐만 아니라, 학생과 교사, 교사와 교사 간 폭력, 학교의 기물 파손, 총기난사 사건 등 학교 내·외 에서 발생하는 다양하고 광범위하게 일어나는 행위들을 포함하고 있다(임재연, 2015).

한국의 학교폭력 현상과 가장 유사한 용어는 bullying(괴롭힘)이라고 할 수 있지만, 학교폭력의 유형과 완전히 일치하지는 않는다. 서양에서는 학교 내에서 누군가를 향해 일어나는 공격적인 행위를 괴롭힘(bullying)으로 정의하고, 그 이상의 행동은 청소년 범죄(juvenile delinquency)로 접근하고 있다. 그러나 한국의 학교폭력에는 청소년 범죄에 해당하는 행동들까지 모두 학교폭력의 범주에 포함하고 있다는 점에서 더 포괄적이라 할 수 있다(이승하, 2012).

(3) 학교폭력 개념의 등장

학교폭력 혹은 괴롭힘에 대한 현상이 문헌 속에서 등장한 사례는 소설 Tom Brown's school days(톰 브라운의 학창시절)이다. 1800년대 중반 영국의 유명한 소설로, 여기서는 플래시맨(Flashman) 이라는 이름의 폭력적인 '깡패(Bully)'가 등장한다. 플래시맨은 친구들이 가지고 있는 추첨권을 낚아채고, 학교 친구들을 조롱하며, 때로는 자신의 힘을 사용하여 다른 아이들을 굴복시키는 모습을 보인다. 소설에서는 힘이 강한 친구가 자신보다 약한 친구에게 강압적으로 행동하는 상황을 묘사하면서, 괴롭힘에는 힘의 불균형이 수반된다는 점을 보여주고 있다(Smith et al., 2016).

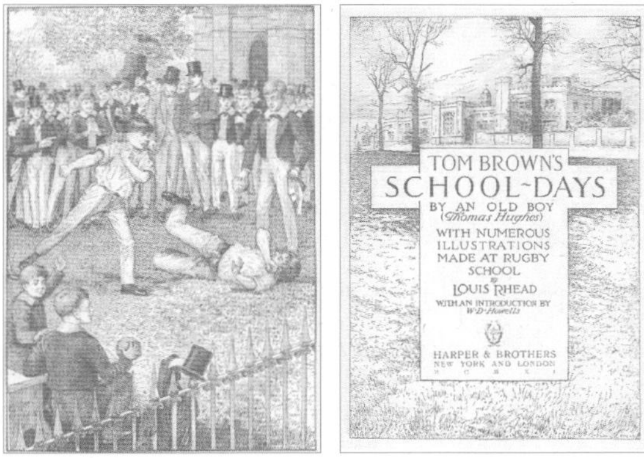

[그림 1-1] Tom Brown's school days

출처: Thomas Hughes(1857). https://www.gutenberg.org/files/1480/1480-h/1480-h.htm

사회적 문제로서 학교폭력 혹은 괴롭힘의 심각성을 사회에 알려 정부가 개입해야 한다고 주장한 학자는 노르웨이의 Olweus다. 그는 괴롭힘(bullying)을 노르웨이어의 mobbing이라 지칭하였다. 'Mob'은 군중이라는 뜻을 지니며, 동물생태학(Ethology)에서 개인에 대한 집단의 공격을 의미하는 용어다. Olweus는 학교에서 일어나는 괴롭힘은 반드시 집단에 의해서만 일어나는 것은 아니며, 집단, 개인 모두에 의해 일어난다고 하면서 이를 괴롭힘에 적용하였다. 그는 괴롭힘을 다음과 같이 정의하였다.

[그림 1-2] Dan Olweus

출처: https://news.unl.edu/article/bullying-expert-dan-olweus-to-speak-at-unl

'한 명 혹은 그 이상의 학생들이 다른 한 명의 학생에게 반복적으로 부정적인 행동(negative actions)을 가하는 것으로써, 여기서 부정적인 행동이란 타인에게 해, 불편함을 끼치는 행동으로 보통 공격적 행동(aggressive behavior)을 뜻한다. 또한 피해자는 자신을 방어하기 어렵기 때문에 가해와 피해 사이에는 힘의 불균형을 포함한다(Olweus, 1993, 9p).'

Olweus가 제시한 괴롭힘의 개념은 타인에 해를 끼치고자 하는 의도적 행위인 공격성(aggressive behavior), 반복성(Repetition), 힘의 불균형(Imbalance of power)을 핵심으로 한다.

2) 학교폭력의 유형

학교폭력은 다양한 유형으로 구분된다. 우선, 「학교폭력예방 및 대책에 관한 법률」에서는 학교폭력의 유형을 상해, 폭행, 감금, 협박, 약취 · 유인, 명예훼손 · 모욕, 공갈, 강요 · 강제적인 심부름 및 성폭력, 따돌림, 사이버폭력 등으로 제시하고 있다. 또한, 교육부(2023)에서는 매년 학교폭력 실태조사를 실시하는데, 조사에 포함되는 학교폭력의 유형을 신체적 폭력, 언어적 폭력, 집단 따돌림, 금품갈취(공갈), 강요, 성폭력, 사이버폭력, 스토킹 등 8가지 유형으로 제시하고 있다.

〈표 1-1〉 학교폭력의 유형

학교폭력 유형	설명
신체적 폭력	손바닥으로 치거나 주먹으로 때리기, 밀기와 같이 신체적인 힘을 통해 해를 가하거나 고통스럽게 하는 행위
언어적 폭력	비방, 모욕을 주거나 창피하게 만드는 등 언어를 매개로 하여 피해를 주는 행위
집단 따돌림	상대에 고통을 주기 위해 신체적 또는 정신적 공격을 하는 행위로 두 명 이상의 학생들이 반복적으로 저지르는 행위
금품갈취	힘으로 돈이나 소유물을 뺏어가는 행위
강요	하기 싫어하는 일을 억지로 하도록 힘을 사용하는 행위
성폭력	신체적 접촉이나 행동, 언어를 매개로 하여 수치심을 불러일으키는 성적인 행동을 하도록 힘을 사용하는 행위
사이버폭력	이메일이나 문자, 짧은 영상 등을 통해 욕설을 보내거나 위협을 가하여 모욕감이나 고통을 주는 행위
스토킹	상대방의 생각과 의견에는 상관없이 상대방 또는 그의 동거인, 가족에 대하여 반복적으로 접근하거나 따라다니는 등의 정당하지 않은 행동을 통해 상대방에게 공포와 불안감을 주는 행위

출처: 교육부, 이화여자대학교 학교폭력예방연구소(2024). 「스토킹범죄의 처벌 등에 관한 법률」 재구성.

각 폭력의 유형에 따른 구체적 내용은 아래와 같다(교육부, 이화여자대학교 학교폭력예방연구소, 2024; 「스토킹범죄의 처벌 등에 관한 법률」).

(1) 신체적 폭력

신체적 폭력은 신체를 손이나 발로 때리는 등 고통을 가하는 행위이다. 여기에는 일정한 장소에서 쉽게 나오지 못하도록 하는 '감금', 강제로 일정한 장소로 데리고 가는 '약취', 상대방을 속이거나 유혹하여 일정한 장소로 데리고 가는 '유인' 등이 포함된다.

(2) 언어적 폭력

언어적 폭력은 언어를 매개로 하여 다른 사람에게 해를 가하는 것으로, 여러 사람이 있는 장소에서 상대방의 명예를 훼손하거나 인터넷 등을 이용하여 퍼뜨리는 '명예훼손'이 대표적이다. 또는 생김새에 대한 놀림이나 욕을 하는 등의 '모욕', 신체 등에 해를 주고자 하는 의도로 말을 하거나 문자 메시지를 보내 겁을 주는 '협박' 등이 해당한다.

(3) 집단 따돌림

집단 따돌림은 일반적으로 두 명 이상의 가해자가 특정인을 집단에서 배제시키는 의도적 행동을 의미한다. 이러한 집단 따돌림은 기본적으로 불평등한 힘의 관계를 바탕으로 일어나며, 오랜 기간 지속적으로 발생하는 경향이 있다. 싫어하는 말을 하며 놀리거나 빈정거리기, 면박을 주거나 무시하는 행위가 있으며, 다른 학생들과 어울리지 못하도록 철저히 고립시키는 행위 등이 포함된다.

(4) 금품갈취

금품갈취는 폭력 또는 협박을 통하여 다른 사람의 소유물을 뺏는 것을 의미한다. 돈을 요구하거나, 필기구나 의류 등을 빌린 후 되돌려주지 않는 행위 등이 포함된다. 또는 물건을 뺏지 않더라도 의도적으로 물품을 망가뜨리거나, 돈을 걷어 가져오라는(상납) 행위 등도 포함된다.

(5) 강요

강요는 개인의 의사에 반하여 억지로 특정한 행동을 시키는 행위를 의미한다. 우리나라 청소년들에게서 사용되는 언어 중 '빵 셔틀', '와이파이 셔틀', '숙제 셔틀'과 같이 물건을 사 오도록 하거나 제공하는 것, 숙제를 대신하도록 하는 행위 등이 포함된다.

(6) 성폭력

성폭력은 폭행 또는 협박을 통하여 성행위를 강제하거나 유사 성행위를 하도록 하는 등의 행위를 의미한다. 직접적인 신체접촉을 통해 성적 모욕감을 주는 행위뿐만 아니라, 성적인 말과 행동을 하여 상대방에게 성적인 굴욕감을 주거나 수치심을 느끼도록 하는 행위를 포함한다.

(7) 사이버폭력

사이버폭력은 '청소년들이 사이버 공간에서 전자통신기술을 이용하여 욕설, 비난, 위협, 유언비어, 따돌림이나 괴롭힘 등 언어적 공격 행위를 하여 특정인과 불특정인에게 정신적, 심리적 피해를 주는 행위'로 정의된다(김경은, 최은희, 2017). 특정인에 대해 저격하는 글을 올리거나, 개인의 사생활에 대한 사실을 인터넷이나 SNS(Social Network Service)에 공개하는 것 등도 포함된다. 더 나아가 성적인 수치심을 주거나 위협하는 내용 등을 정보통신망을 통해 반복적으로 보내는 행위도 포함하고 있다.

(8) 스토킹

「스토킹범죄의 처벌 등에 관한 법률」에 따르면 스토킹은 상대방의 의사에 반(反)하여 정당한 이유 없이 상대방 또는 그의 동거인, 가족에 대하여 접근하거나 지켜보는 행위 등을 통해 불안감과 공포심을 유발하는 행위를 의미한다. 스토킹에는 '접근하거나 따라다니거나 진로를 막아서는 행위', '주거, 직장, 학교 그밖에 일상적으로 생활하는 장소 또는 그 부근에서 기다리거나 지켜보는 행위', '우편·전화·팩스 또는 정보 통신망을 이용하여 물건이나 글·말·부호·음향·그림·영상·화상을 도달하게 하는 행위', '직접 또는 제삼자를 통하여 물건 등을 도달하게 하거나 주거 등 또는 그 부근에 물건을 두는 행위', '주거 등 또는 그 부근에 놓여 있는 물건 등을 훼손하는 행위' 등을 포함한다.

3) 참여자 역할(Participants role)

학교폭력 혹은 괴롭힘 현상에는 가해자, 피해자만 존재하는 것이 아니라 가해행위를 강화시키거나 멈추게 하는 학생들도 존재한다. 또한 학교폭력이 일어나도 아무 일도 하지 않고 가만히 바라보고 있는 학생들도 있다. Salmivalli와 동료들은 괴롭힘(bullying)은 개인 간의 문제가 아니라 집단적인 과정(group process)이라고 설명하면서 괴롭힘에는 모든 학생이 어떠한 역할이든지 괴롭힘 참여자 역할을 맡게 된다고 주장하였다(Salmivalli et al., 1996). 그들은 학교폭력 혹은 괴롭힘에 참여하는 학생들의 역할을 주동자(ringleader), 조력자(assistant), 강화자(reinforcer), 피해자(victim), 방어자(defender), 방관자(bystander)의 6가지 역할로 구분하였으며 주동자, 조력자, 강화자는 모두 가해자에 속한다.

[그림 1-3] 괴롭힘 참여자 역할

- 주동자: 괴롭힘을 먼저 시작하며, 주도한다.
- 조력자: 괴롭힘을 먼저 시작하지는 않지만, 주동자의 괴롭힘을 돕는다.
- 강화자: 직접적으로 괴롭히지는 않으나, 주동자, 조력자 등의 괴롭힘 행위에 웃음, 수긍, 동의 등의 긍정적 신호를 보내며, 이를 통해 괴롭힘 주동자, 조력자들의 행동이 강화되도록 돕는다.
- 피해자: 괴롭힘 행위의 대상이 된다.
- 방어자: 가해자들의 괴롭힘 행위를 멈추게 한다. 피해유아를 돕는다.
- 방관자: 괴롭힘 상황을 알면서도 아무런 도움 행위도 하지 않는다. 가만히 있거나, 자신과 상관없는 일로 바라본다.

참여자 역할은 설문지를 통해 알아볼 수 있다. 참여자 역할 설문지(Participants Role Questionnaire: PRQ)는 Salmivalli와 동료들(1996)에 의해 최초 개발되었으며 유사한 내용을 담은 문항들로 보완, 수정되어 활용되어 오고 있다. 각 문항에 해당하는 행위를 하는 학생이 누구인지 물어볼 수도 있고, 각 행위를 응답자 자신이 하는지에 대해서도 물어볼 수도 있다.

〈표 1-2〉는 참여자 역할을 파악하기 위한 설문지의 예시문항이다.

〈표 1-2〉 괴롭힘 참여자 역할 질문지

	항목	학생 이름
1	집단 괴롭힘이 있을 때 괴롭히는 행동을 시작한다.	
2	가해자에게 괴롭히는 행동을 그만두라고 말한다.	
3	다른 친구들도 괴롭히는 행동을 하도록 끌어들인다.	
4	학급 친구를 못살게 굴 새로운 방법을 찾는다.	
5	괴롭힘을 당하는 친구를 위로하거나 "피해 사실에 대해 선생님께 이야기해 보면 어떨까?"라고 말한다.	
6	괴롭힘 상황에서 누구의 편도 들지 않는다.	

	항목	학생 이름
7	친구들을 괴롭히는 것을 좋아하는 눈치지만 겉으로 표현은 하지 않는다.	
8	누군가 괴롭힘을 당하는 일이 생길 때 보통 그 자리에 없는 편이다.	
9	친구가 어떤 친구를 괴롭힐 때 조수 같은 역할을 한다.	
10	누군가 괴롭힘을 당해도 그것과 상관없이 지낸다.	
11	괴롭힘 상황을 안타깝게 바라보지만 어떤 행동도 하지 않는다.	
12	다른 친구가 괴롭히기 시작하면 자신도 옆에서 같이 괴롭힌다.	
13	괴롭히는 행동을 보면서 웃는다.	
14	괴롭힘 상황을 그만두게 하려고 노력한다.	
15	친구가 어떤 친구를 괴롭힐 때 "본때를 보여줘."라고 말하며 옆에서 거든다.	
16	괴롭힘을 당하고 있거나 당한 적이 있다.	

출처: 문재현 외(2012a). 발췌 및 수정.

엄명용, 송민경(2011)은 국내 초, 중, 고등학생 1,822명을 대상으로 학교폭력 참여 역할을 조사하였는데 가해자 5%, 피해자 5.5%, 조력자 12.7%, 강화자 9.5%로 나타나 직접적인 가해자보다 강화자가 더 높은 빈도를 보였다. 또한, 방어자 28.8%, 방관자는 60.8%로 가장 높았다.

* 〈표 1-2〉의 문항을 읽어보고 아래에 각 역할이 어떤 문항에 해당하는지 정리해 보자.

역할	문항 번호
가해자	
조력자	
강화자	
방관자	
방어자	
피해자	

4) 방관자(Bystander)의 중요성

최근에는 방관자의 역할이 학교폭력을 멈추게 하는 데 매우 중요하다는 점이 강조되고 있다. 특히, 청소년기는 주변 또래로부터 받는 영향력이 크기 때문에, 학교폭력 상황에서 가해자의 행동은 주변 학생들이 어떻게 반응하는가에 따라 더 심화되거나 중단되기도 한다(이인숙, 박재연, 2019). 학교폭력 상황에서 주변인들이 가해행동에 대해 방관한다면 가해행위는 더 심화되지만, 주변인 중 몇 명이라도 피해자에게 공감하고 위로를 건네는 모습을 보이거나 교사에게 학교폭력 상황에 대해 알린다면 가해행위를 멈출 수 있다.

방관자를 방어자로 만드는 것은 결국 괴롭힘에 대한 민감한 인식과 용기 있는 행동이다. 혼자서 방어행동을 하는 데에는 보복에 대한 두려움을 감수해야 하지만, 다수가 방어자로 나선다면 이러한 두려움은 용기로 바뀔 수 있다. 많은 연구에서 방어자의 행동은 폭력을 멈추게 하는 데 매우 효과적인 것으로 나타나고 있다(Salmivalli, 2014).

2 학교폭력에 대한 이론적 접근

학교폭력이 왜 일어나는가에 대해서는 개인의 부정적 정서 상태 혹은 긴장, 또래의 영향, 사회의 통제, 주변 환경 체계 등 다양한 관점에서 파악해 볼 수 있다. 본 장에서는 이를 일반긴장이론, 사회학습이론, 사회통제이론, 생태학적 체계 이론으로 살펴본다.

1) 일반긴장이론(General Strain Theory)

일반긴장이론에서는 한 개인이 원하는 것을 얻을 수 없거나 소중하게 여기는 것을 잃을 때, 긴장과 부정적 정서(분노, 우울 등)가 발생한다고 본다. 이러한 부정적인 정서를 사회에서 허용하는 방법으로 적절하게 해소할 수 없을 때, 비행과 폭력 등의 불법적인 방법을 사용하게 되는 것이다(조영오, 2021).

일반긴장이론의 대표적 학자인 Agnew(2001)는 개인이 경험하는 긴장이 학교폭력을 포함한 비행이나 범죄 행위의 주요 원인이라 하였다. 그에 따르면 학교폭력 가해행동은 청소년이 자신의 가정이나 학교에서 겪는 부정적인 관계 혹은 경험에서 야기되는 부정적 정서 상태에 영향을 받는다. 예를 들어, 가정에서 경험하는 부모로부터의 폭력, 학업에 대한 압박, 다른 또래에 대한 비교, 학업에 대한 좌절, 또래 관계에서의 부정적인 경험 등은 청소년의 긴장 상태나 분노를 야기시키며, 이는 청소년의 폭력과 비행을 유발할 가능성을 높일 수 있는 것이다(Agnew, 1992). 실제로 부모와 겪는 갈등이나 학업스트레스는 학생들의 학교폭력 가해행동에 영향을 주고 있다는 점이 다양한 연구에서 나타났다(김진숙, 문현주, 2016; 오정아, 김은경, 윤혜미, 2018). 또한, 학교폭력 피해경험 역시 불안과 좌절을 불러일으키고, 이는 피해자의 폭력, 비행 행동으로 이어질 수 있다.

그러나 일상생활 속에서 긴장을 경험하는 모든 학생들이 일탈행동을 하는 것은 아니다. 학교폭력이나 일탈 등의 행동이 일어나기 위해서는 사회적 유대, 비행 친구와의 접촉이나 자기 통제력 문제 등의 일정한 조건이 있어야 하기에, 반드시 긴장으로 인해 일탈행동이 발생한다고 보기는 어렵다(김준호 외, 2007).

2) 사회학습이론(Social Learning Theory)

사회학습이론은 학생들의 폭력에 대한 경험이 학교폭력 행동을 유발한다고 본다. 폭력에 대한 경험은 학생들의 가정과 학교 등 다양한 장소에서 발생할 수 있다. 먼저, 또래의 학교폭력 가해행동은 학생들이 폭력에 대해 학습을 하게 한다. 학령기의 아동 및 청소년들은 주변의 친구들로부터 언어, 행동, 가치관 등 다양한 영역에 걸쳐 영향을 받는다. 이 시기는 또래에 대한 소속감이나 공유된 문화를 형성하는 것에 민감한 시기이므로, 아동이나 청소년들은 자신과 비슷한 성향을 가진 친구를 사귀려는 경향이 있다(정지원, 강정한, 2012). 따라서 주변의 또래가 학교폭력 가해행동을 하는 경우, 그 친구의 행동을 자연스럽게 따라 하게 되며 학교폭력 행동을 하게 될 수 있다.

또한, 또래뿐만 아니라 부모를 통해 폭력을 학습하기도 한다. 가정에서 부모로부터 가정폭력을 경험하거나 학대를 목격하게 되면, 심리적 긴장이나 분노 등의 감정에 익숙해지면서, 다른 사람에게 휘두르는 폭력에 대한 허용적 태도를 형성할 가능성이 높아진다(기광도, 2012). 가정에서 폭력을 일상적으로 겪게되면 학교에서도 폭력을 저지르는 것에 거리낌이 없도록 만든다(Phillips & Phillips, 2010). 결국, 학교 및 가정에서의 폭력을 당한 경험이 다른 사람에 대한 가해행동으로 이어지는 '폭력의 순환(cycle of violence)' 이 일어나게 되는 것이다.

사회학습이론에서는 폭력에 대한 경험뿐만 아니라, 학교폭력에 대한 주변의 긍정적인 강화(reinforce)도 학교폭력을 유발할 수 있다는 점을 강조한다. Akers 와 Lee(1996)에 따르면 폭력이나 범죄 행위는 처음에 모방을 통해 일어나지만, 폭력에 대한 주변의 긍정적인 강화는 이를 지속시킬 수 있다고 하였다. 학교폭력 가해자가 폭력을 사용함으로써 받게 되는 처벌보다, 얻게 되는 보상이 더 크다고 느끼게 되면 자신의 이익을 위해 지속적으로 학교폭력을 하게 된다(기광도, 2012). 이처럼 사회학습이론에서는 폭력적인 행위를 직접 경험하거나 목격하고 이를 모방하여 강화시키는 과정에서 학교폭력 가해행위가 발생한다고 보고 있다.

3) 사회통제이론(Social Control Theory)

사회통제이론에서는 폭력을 인간의 기본적인 욕구에 의해 일어나는 당연한 현상으로 본다. 인간이라면 누구나 폭력이나 일탈행위와 같은 악한 행위를 할 수 있다는 '성악설'에 바탕을 두고 있다. 또한, 이 이론에서는 폭력은 사람의 호기심을 자극하며, 일정한 조건만 충족된다면 모든 사람은 다 폭력행동을 하게 된다는 점을 전제한다(고민수, 2011). 다만, 사회가 사람들의 폭력에 대한 강렬한 욕구를 통제하고 제어하기 때문에, 폭력이 발생하지 않는다고 본다.

사회통제이론에서는 사람들의 나쁜 행동을 통제하고 제어하기 위해서는 건전하고 관습적인 사회의 규범 체계가 필요하다고 주장한다(김준호 외, 2007). 사회가 정상적으로 개인의 일탈행동을 규제할 수 있는 안정된 상태에서는 범죄나 비행 등이 억제될 수 있지만, 사회가 정상적이지 않은 상태에서는 사회의 규범이 가진 통제력이 약화되어 일탈 행동이 발생하게 되기 때문이다. 청소년이 사회의 관습적인 규범 및 통제에서 벗어날수록 비행 가능성이 높아지며, 반대로 사회의 규범을 준수하고 유대관계를 잘 형성할수록 일탈행동을 하고자 하는 동기가 억제된다(고민수, 2011). 따라서 사회통제이론에서는 우리 사회가 청소년들이 폭력 행위를 할 수 없는 강력한 통제력을 잃지 않아야 한다고 강조한다. 이를 위해서는 학교폭력 가해자에 대한 처벌을 강화하고, 법적인 책임을 묻는 것과 동시에 사회 규범적인 측면에서 학교폭력 가해자에 대한 무관용의 대처가 필요하다고 보고 있다.

그러나 사회통제이론은 외적 통제에 따라 학교폭력이 발생여부를 논하고 있기에 인간의 내적 각성이나 자율성, 자기조절력에 대해서는 간과하고 있다. 따라서 학교폭력과 관련한 법적·제도적 차원뿐 아니라, 학생 스스로 학교폭력에 대한 도덕적 판단과 그에 따른 행동을 함양할 수 있는 점도 고려되어야 한다.

4) 생태학적 체계 이론(Ecological System Theory)

학교폭력에 대한 생태학적 체계 이론은 개인을 둘러싼 여러 환경간의 유기적인 상호관계를 다루면서, 이러한 환경들간의 상호작용에 의해 학교폭력 행동이 야기될 수 있다는 점을 설명한다.

학교폭력에 대한 생태학적 관점은 Bronfenbrenner의 생태학적 체계 이론에 바탕을 두고 있다. 생태학(ecology)이란 개인 및 개인과 직·간접적으로 관계되어 있는 환경을 의미한다(정종진, 2012a). 이런 환경은 다섯 가지 체제간의 상호관계로 구성되어 있는데, 이는 개인과 직접적으로 접촉하고 있는 부모, 형제, 또래, 학교 등의 미시체계(Microsystem), 미시체계들 간의 상호 관계로 이루어진 중간체계(Mesosystem), 부모의 학교 참여, 사회적인 활동 등과 같은 외체계(Exosystem), 사회의 구조 및 문화적 영향력인 거시체계(Macrosystem), 시간의 흐름에 따라 개인의 삶에서 일어난 변화(life events) 혹은 사회·역사적 환경의 변화를 의미하는 시간체계(Chronosystem)다([그림 1-4]).

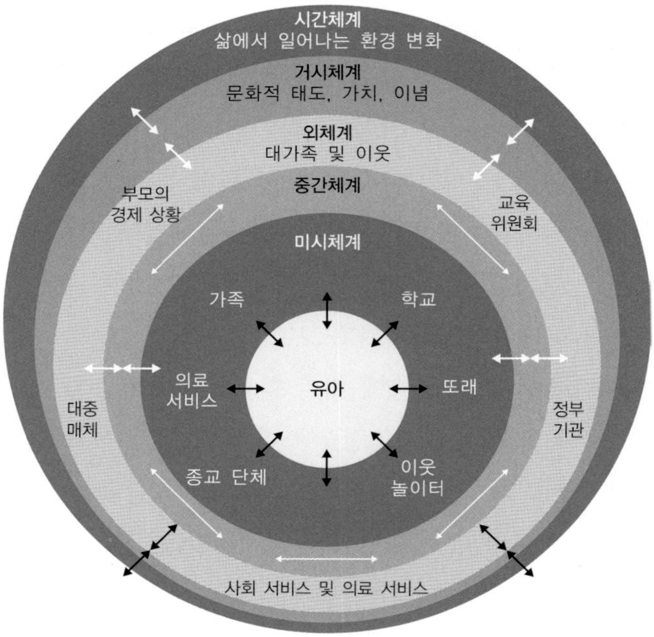

[그림 1-4] 생태학적 체계모형

출처: https://www.simplypsychology.org/bronfenbrenner.html 에서 발췌 및 번역.

이 이론에서는 학교폭력이 개인이 가진 성향과 학부모, 교사, 학교, 문화, 정책 등과 같은 다양한 요인들이 복합적으로 작용하여 발생한다고 본다(김병찬, 2012). 각 체계별로 학교폭력 발생과 관련한 요인들은 다음과 같다(Hong & Eamon, 2012; Hong & Espelage, 2012).

- 미시체계: 부모의 독재적, 권위주의적 양육방식, 가정 폭력에의 노출, 원만하지 못한 또래관계에 처해있는 경우
- 중간체계: 아동과 교사의 관계(미시체계)가 아동의 또래 관계(미시체계)와 서로 영향을 주고받는 경우(예: 교사 특정 아이를 차별할 경우, 다른 아이들도 그 아이에 대한 편견을 형성하게 됨), 교사의 학교폭력에 대한 허용적 태도가 학급 내 아이들의 학교폭력 행동에 영향을 주는 경우
- 외체계: 폭력적 컨텐츠, 미디어에 노출되어 행동을 모방하는 경우, 안전하지 않거나 폭력적인 동네 혹은 지역사회에서 지내는 경우
- 거시체계: 성별, 장애, 인종, 성별, 사회경제적인 이유로 불평등, 소외, 배제, 공격성, 억압 등을 조장하는 사회적 문화 혹은 분위기
- 시간체계: 아동후기(사춘기 이전) 부모의 이혼, 재혼가정

생태학적 관점에서는 학교폭력 예방 및 개입 프로그램에서 개인, 환경의 특성뿐 아니라 환경간의 상호관계성을 고려하여 다양한 수준에서 총체적으로 접근해야 함을 강조한다(Hong & Espelage, 2012).

3 학교폭력 관련요인

위에서 살펴본 바와 같이 학교폭력 발생과 관련된 요인은 개인, 또래, 가정, 학교, 사회적 환경 등 개인뿐 아니라 다양한 환경적 요소들이 관련되어 있다. 학교폭력은 이 중 어느 한두 가지 요소로 인해 일어난다기보다는 이러한 요소들이 복합적으로 작용하여 일어난다. 따라서 학교폭력 가해 혹은 피해와 '관련한 요인'을 학교폭력을 '일으키는 원인'으로 보기는 어렵다. 또한, 어떤 개인의 특성이 학교폭력의 결과로 나타나게 된 것인지, 그러한 특성 때문에 학교폭력 가해 혹은 피해가 생겨나게 된 것인지 인과관계를 명확히 하기 어렵다. 따라서 관련요인을 살펴볼 때에는 특정한 요인을 지닌 개인에 대한 편견을 갖지 않는 것이 중요하다.

1) 개인요인

학교폭력 가해 혹은 피해와 관련되는 개인적 요인은 자기조절능력, 불안, 공감능력 등으로 나누어볼 수 있다. 최근에는 청소년들의 게임 중독과 관련한 문제도 제기되고 있다.

(1) 자기조절능력

자기조절능력은 자신의 인지나 정서, 행동을 스스로 조절할 수 있는 힘으로, 자신이 원하는 바를 달성하기 위해 일시적인 충동 또는 즉각적인 만족을 인내할 수 있는 능력을 의미한다(조춘범, 조남홍, 2011). 자기조절능력은 분노와 충동성을 조절하고 통제하는 데 영향을 미치는데, 이러한 능력이 부족할 경우, 다른 사람에 대한 공격적인 대처를 하게 되며, 이로 인해 학교폭력이 발생할 수 있다(나희정, 장윤옥, 2013).

(2) 공감능력

공감(empathy)이란 다른 사람이 어떤 상황에서 겪는 감정 또는 그런 상황에서 느낄 것으로 생각되는 감정에 대해 동일하거나 유사한 감정으로 반응하는 것을 뜻한다(Eisenberg et al., 2010). Olweus(1993)는 또래를 괴롭히는 아이들은 대체적으로 공감 능력에 결핍이 있음을 밝혔다. 반면 다른 사람에 대한 공감이 높은 학생들은 학교폭력을 저지를 가능성이 낮은 편이었다(Endreson & Olweus, 2001). 공감능력이 높은 아동은 학교폭력에 대한 부정적인 태도를 보이며(김정옥, 김완일, 2019; 최세영, 최미경, 2014), 공격성이 낮은 편으로 이러한 특징은 학교폭력 가해행동을 저지를 가능성을 낮추어 줄 수 있다(이은희, 이효자, 2014).

공감능력이 높은 학생들은 다른 사람의 감정과 상황을 이해하는 능력을 바탕으로 피해자가 느낄 아픔과 괴로움을 이해하기 때문에, 다른 친구에게 피해를 주지 않으려고 행동한다. 실제로 공감은 또래 간의 갈등해결과 인간관계 능력을 향상시키며, 도움 및 이타행동 향상에도 유의미한 영향을 미친다(주연수, 2016). 또한 공감 능력 증진은 공격 행동과 문제행동 감소에도 효과적인 것으로 나타나고 있다(김혜연, 2009).

(3) 자아존중감

일반적으로 학교폭력 피해를 당하는 학생들은 불안이나 우울과 같은 부정적인 정서를 보이며, 학교폭력을 당하지 않는 학생에 비해 자아존중감이 상대적으로 낮은 편이다(정하은, 전종설, 2012). 집단 따돌림 피해자의 경우 가해자나 피해를 경험하지 않은 학생들에 비해 자아존중감이 유의하게 낮고 또래로부터 경험하는 따돌림에 효율적으로 대응하지 못한다(김은옥, 2003). 또한, 집단 따돌림 피해를 경험한 학생들은 집단 따돌림을 경험하지 않은 학생들에 비해 자아탄력성 수준도 유의미하게 낮은 것으로 나타났다(최윤정 외, 2001).

낮은 자존감은 피해경험으로 인해 형성된 것일 수도 있고, 낮은 자존감으로 인해 피해에 더욱 취약했을 수도 있다. 피해유아가 학교폭력을 당한 후 부정적인 자기 인식(예: '난 이것밖에 안 돼', '내가 이래서 당하는 거야', '내가 무언가 잘못한 거야')을 형성하게 되면 다른 아이들도 자신을 부정적으로 볼 것이라고 여기게 만든다(예: '쟤들도 그렇게 생각하겠지'). 또한 낮은 자존감을 지닌 학생은 상대의 잘못에 단호하게 대응하지 못하고, 복종적으로 반응하기에 또래의 조롱 대상, 공격적 행위의 타겟이 되는데 취약하다(Salmivalli & Isaacs, 2005).

반면, 학교폭력 가해행동을 보이는 청소년들은 자아존중감이 낮은 경우도 있고 높은 경우도 있다. 자아존중감이 낮은 청소년이 자신의 손상된 자아를 보상받으려는 심리로 비행을 저지르기도 한다(김현욱, 안세근, 2013). 때로는 다른 사람을 지배하고 높은 또래지위를 차지하려는 목적을 지닌 청소년들은 자존감이 높게 나타나기도 한다(Cole, et al., 2006).

(4) 폭력적인 게임 중독

현대 사회에서 아동 및 청소년들은 폭력적이거나 선정적인 게임에 무분별하게 노출되어 있다. 일반적으로 미디어에 나타나는 폭력을 처음 접하게 되면 폭력에 대한 놀라움, 두려움을 느끼지만, 반복적으로 노출될 경우 이러한 감정의 강도가 낮아진다(배상률, 2023). 학생들은 점차 폭력에 대해 무뎌지게 되어 폭력의 심각성을 제대로 인식하지 못하게 되며, 타인의 고통에 대해서도 무감각해지게 된다. 그 결과 학생들은 주변에서 실제 폭력적인 사건이 발생하더라도, 이에 대해 묵인하거나 허용하는 반응을 보일 수 있다(임동호, 2020). 폭력적인 게임은 학교폭력에 대한 인식 수준에도 영향을 미칠 수 있다. 인터넷 게임 중독이 높은 청소년일수록 게임의 내용이나 가상적인 상황을 현실과 유사하게 받아들이면서 학교폭력에 대한 허용도가 높고, 피해자에 대한 부정적인 인식을 더 많이 하는 것으로 나타났다(윤자영, 채규만, 2014).

2) 가정요인

가정환경은 개인의 성격, 행동방식, 태도 형성에 많은 영향을 미치기 때문에 가정에서 겪는 여러 부정적인 경험은 학교폭력 관련 요인이 될 수 있다. 이러한 요인에는 부모의 양육태도, 가정폭력, 가족구조 등이 있다.

(1) 부모 양육태도

부모의 양육태도는 청소년의 학교폭력에 대한 인식 및 가해행동, 피해 행동과 관련이 있다. 권위주의적, 통제적, 적대적, 혹은 거부적인 양육태도를 가진 부모를 둔 청소년은 그렇지 않은 부모를 둔 청소년보다 폭력적인 성향이 더 높은 것으로 나타났다(성환재, 2013). 또한, 과잉보호를 하는 부모의 중학생 자녀는 자아탄력성이 낮고, 우울증과 공격성이 높게 나타났으며, 학교폭력 가해행동 수준이 높게 나타났다(김원영 외, 2023). Olweus(1995)는 학교폭력 가해학생들의 부모들이 자녀를 훈육하기 위한 방법으로 물리적, 신체적 체벌을 선호하고, 자녀에 대해 거부적이며, 일관성 없는 양육태도로 자녀에 대한 지도와 감독을 소홀히 하는 경우가 있다고 하였다. 부정적인 양육에 장기간 노출된 학생들은 정서적인 불안을 지니게 되고, 강압적이거나 폭력적인 태도를 학습하여 학교폭력 가해행동을 하게 될 수도 있다.

반면, 학교폭력 피해를 경험하는 학생들은 자신의 어머니를 거부적이며, 통제적인 양육태도를 가진 것으로 인식한다(곽금주, 2008). 또한, 부모로부터 과보호를 받고 있다고 느끼는 중학생의 경우에는 학교폭력 피해를 더 많이 받고 있으며, 우울증도 높은 것으로 나타났다(이지연, 2015). 부모가 방임적인 태도를 가지는 것도 학교폭력의 가해 및 피해와 관련이 있다. 아버지의 방임적 태도는 여학생의 가해행동, 어머니의 방임적 태도는 남학생의 가해행동과 관련이 있었다(송경희 외, 2009).

(2) 가정폭력

가정에서 폭력을 경험하는 것은 아동의 삶 전반에 악영향을 준다. 부모로부터의 지속적인 폭력 및 학대는 아동에게 다른 사람을 통제하는 데에는 폭력을 사용하는 것이 효과적인 방법임을 알려주며, 폭력행동에 익숙해지도록 만든다. 가정폭력에 대한 경험이 많을수록 학교폭력 가해행동의 가능성이 높아진다(정종원, 김수진 2015; 조민경, 조한익, 2019; 조춘범, 조남홍, 2011). 또한, 가정폭력을 경험한 아동은 그렇지 않은 아동에 비해 성장 후 학교폭력 가해에 가담하거나 피해를 당할 가능성이 높게 나타나기도 한다(유영재, 김나리, 2019). 부모로부터 지속적인 폭력을 경험한 아동은 추후에 폭력을 거리낌 없이 사용하거나, 폭력에 대한 감각이 무뎌져 학교폭력을 당하더라도 거부하지 못할 수 있다. 부모의 학대행위에 노출된 아동은 이후 학교생활을 하는 데 있어 우울증과 충동장애, 불안감, 무기력감 등을 느끼고, 학교생활을 하는 과정에서 또래로부터 집단 따돌림을 당하는 등 어려움을 겪기도 한다(조민경, 조한익, 2019).

(3) 가족구조

가족구조의 변화는 가정에서의 양육 기능의 약화를 가져왔다. 기존의 대가족에서는 예절, 협동심, 양보, 인내심 등 공동체 의식을 습득할 수 있는 기회가 있었다(홍종관, 2012). 그러나 핵가족화로 인해 가족 구성원의 수가 줄어들면서 다른 사람에 대한 공감과 배려의 덕목을 경험할 수 있는 기회 또한 축소되었다.

한부모 가정의 부모는 양부모의 역할을 모두 수행하는 데 종종 어려움을 겪게 되고, 이에 따른 양육 기능(예: 애정, 관심, 또래관계에 대한 관리 · 감독 등)이 소홀해질 수 있는데, 이러한 경우 청소년의 공격성 및 비행 행동의 증가로 이어질 수도 있다. 부모가 이혼을 하거나 별거 중인 한부모 가정의 청소년들이 양부모 가정의 학생들보다 학교폭력 가해행동에 더 높은 관련성을 보였으며, 생활 수준이 낮고 가정폭력을 더 많이 경험하는 것으로 나타났다(오종은, 2013).

그러나, 한부모 가정에서도 부모가 자녀에게 많은 관심을 보이고 자녀와 지속적으로 의사소통하며 애정있는 양육태도를 가지고 있을 때, 청소년의 외현화 문제는 상당히 낮아지는 것으로 나타났다(Kim & Brody, 2005). 즉, 학교폭력 발생에 있어 가족구조 자체가 문제라기보다는 가족구조의 약화로 인해 양육 기능이 소홀해지게 될 경우, 청소년기 자녀에게 부정적 영향을 미칠 수 있는 것이다.

3) 또래요인

청소년기에는 또래집단으로부터 많은 영향을 받는다. 또래를 통해 긍정적인 영향을 받을 수도 있으나, 때로는 또래의 비행을 모방하기도 한다(민수홍, 2006). 청소년 비행의 대부분이 집단적으로 이루어지고 있다는 사실은 이 시기 또래의 영향력을 반영한다. 학교폭력에 영향을 줄 수 있는 또래의 측면을 또래동조성, 또래위계로 살펴보겠다.

(1) 또래 동조성

또래 동조성(peer conformity)은 또래를 따르려는 성향으로, 아동이 성장함에 따라 가정에서 벗어나 또래 집단에 소속되고자 하는 욕구가 높아지면서 나타나는 특성이다(Berndt, 1979). 또래 동조성은 집단에 대한 소속감이나 응집력을 높이는 데 긍정적인 영향을 주지만, 집단 행동에 대한 무분별한 동조를 유발하기도 한다. 청소년들은 비행을 저지르는 주변 또래들로부터 자신들의 집단에 동참하도록 압력을 받기도 하는데, 이때 또래 동조성은 학교폭력을 저지르게 하는 주요한 요인이 될 수 있다는 점이 나타났다(박서연, 서미정, 2023; 정상호, 이동형, 2016).

(2) 또래 위계

학교는 구성원 대부분이 비슷한 연령대의 또래로 형성된 집단이다. 또래는 수직적 관계가 아닌 수평적 관계로 서로의 힘이 대등한 특징이 있다. 그러나, 이런 평형 상태가 와해되면, 또래 상호 간의 신뢰가 무너지게 되고 지배와 종속관계를 형성하게 될 가능성이 높아진다. 힘의 균형, 평형 상태를 유지하는 것은 친구 관계를 유지하는 데 필수적이다. 학교폭력이나 괴롭힘은 특정 학생에게 사회적 힘이나 권력이 집중된 상태로 이러한 또래 간 위계가 발생하는 경우, 폭력과 같은 물리적 강제력을 행사하게 되는 가능성을 높일 수 있다.

4) 사회적 요인

사회적 요인으로는 지역 내의 유해 환경, 폭력적인 컨텐츠에 대한 노출이 대표적이다.

(1) 지역 사회 내의 유해환경

지역사회는 또래, 가정, 학교가 속해 있는 커다란 사회로써 개인 및 집단에 중요한 영향을 주는 환경을 구성하고 있다. 따라서, 이런 지역 사회의 환경은 필연적으로 학교폭력에도 영향을 미치게 된다.

학교폭력을 유발하는 지역사회의 요인으로는 먼저 학교 주변에서 성행하고 있는 유해환경을 들 수 있다. 예컨대 불량 주택지, 빈민가, 오락실, 유흥업소, 노래방, 게임방처럼 건전하지 못한 환경들이 여기에 해당한다. 이러한 퇴폐적이며 유해한 환경은 청소년들의 호기심을 자극하고 유흥비에 대한 욕구를 만들어 냄으로써, 다른 청소년들에 대한 폭력을 행사해서라도 금품을 갈취하는 행동을 선택하도록 하는 분위기를 조성할 수 있다. 실제, 지역 사회에 높은 수준의 공격성이 존재하거나 학생들이 폭력에 노출되는 경우가 빈번할 경우, 그 지역 내에 거주하는 학생들의 학교폭력 가해 및 피해 발생 비율이 높게 나타났다(Schwartz & Proctor, 2000).

(2) 폭력적 컨텐츠에 대한 노출

우리 사회에서는 폭력적이며, 선정적인 내용의 드라마 및 영화, 애니메이션 등을 매우 쉽게 접할 수 있다. 이런 미디어는 아동 및 청소년이 실제 폭력에 대해 심리적으로 무감각해지거나, 폭력을 추구하도록 하는 흥분된 감정을 유발하는 요인이 된다. 폭력적인 컨텐츠에 대한 반복적인 노출은 학생들이 폭력을 관찰하고 학습하게 하며, 폭력행위에 대한 내부적인 억제감을 잃어버리도록 만든다. 미디어에 묘사된 폭력의 방식은 학생들이 피해자에 대한 비난을 하거나 탈인간화를 조장하기도 하며, 학교폭력에 대한 개인적 책임감을 회피하도록 하면서 폭력 행동을 정당화하기도 한다(곽진희, 2000).

특히 폭력적 미디어에 대한 노출은 성인보다 아동, 청소년들의 공격적 행동에 더 심각한 영향을 미치는 것으로 나타났다(Bushman & Huesmann, 2006).

5) 학교폭력의 부정적 영향

학교폭력은 모든 학교 구성원들에게 부정적 영향을 미친다. 이를 학생의 정서적, 사회적, 학업적 측면으로 나누어 볼 수 있다.

(1) 정서적 측면

청소년이 겪는 학교폭력에 대한 경험은 학교 적응과 정신건강에 부정적인 영향을 주며, 강박증이나 우울증, 내향성과 높은 상관이 있는 것으로 나타난다(김희수 외, 2006). 육아정책연구소(2013)에 따르면 학교폭력으로 인한 피해는 대인기피증이나 우울증 등 정신과 치료를 요하는 후유증으로 발전할 수 있으며 자살 징후 및 자살로 이어질 수 있는 것으로 나타났다. 또한 피해학생은 내면적인 자기 파괴 행위를 갖게 되거나, 다른 사람에 대한 공격 행위를 하게 될 가능성도 있다(Ceballo, 2000).

(2) 사회적 측면

학교폭력 경험은 개인의 심리, 사회적 측면에서 문제를 불러일으키는데, 이는 주변 사람들과의 상호작용에도 부정적인 영향을 미친다. 아동기나 청소년기에 경험하는 학교폭력은 우울증이나 사회적 위축과 같은 심리적 부적응으로 이어지게 된다(Heilbron & Prinstein, 2010; Juvonen & Graham, 2001). 또한, 이러한 개인의 심리적 어려움은 피해를 당하는 동안 스스로를 방어하지 못하게 만든다. 결국 반복적이고 만성적인 피해를 강화시키게 되는 것이다(Hodge et al., 1997).

(3) 학업적 측면

통계청에서 발간한 '한국의 사회동향 2023'에 따르면 학교폭력은 피해학생에게 치명적인 영향을 미친다. 학교폭력은 수업 집중 저하, 학업 성취도 저하, 학업 중단 등과 같은 부정적 결과를 초래하는 것으로 나타났다(김석호 외, 2023). UNESCO(2019)의 학교폭력 보고서에 따르면 학교폭력을 경험한 학생은 소외당했다고 느낄 가능성이 3배 가까이 높고, 학교를 결석할 가능성이 2배 이상 높은 것으로 나타나고 있다.

요약

- 학교폭력은 학교 내외에서 학생을 대상으로 발생한 상해, 폭행, 감금, 협박, 약취 · 유인, 명예훼손 · 모욕, 공갈, 강요 · 강제적인 심부름 및 성폭력, 따돌림, 사이버폭력 등에 의하여 신체 · 정신 또는 재산상의 피해를 수반하는 행위를 의미한다.
- 학교폭력에 대한 개념이나 유형은 문화에 따라 다를 수 있다. 우리나라에서는 학교폭력의 유형을 신체적 폭력, 언어적 폭력, 집단 따돌림, 금품갈취, 강요, 성폭력, 사이버폭력으로 제시하고 있다.
- 학교폭력 상황에는 다양한 참여자 역할이 있는데, Salmivalli는 주동자, 조력자, 강화자, 방관자, 방어자, 피해자로 제시하고 있다.
- 학교폭력 예방 및 개입을 위해서는 주변인(bystander)의 역할이 강조된다.
- 학교폭력이 일어나는 배경에는 개인 내적인 부정적 정서에 기인한다고 보는 일반긴장이론, 주변 또래로부터 학교폭력에 대한 학습이 일어난다는 학습이론, 사회의 폭력에 대한 통제가 약화되기 때문에 학교폭력이 발생한다는 사회 통제이론, 사회의 다양한 생태학적인 환경들이 서로 복잡하게 얽혀 학교폭력이 일어나게 된다는 생태학적 체계 이론이 있다.
- 학교폭력 관련 요인은 개인적, 가정환경적, 또래, 사회적 요인으로 나누어 살펴볼 수 있다.

「학교폭력예방 및 대책에 대한 법률」(학폭법) 탄생의 배경을 알고 계신가요?

1995년 6월 8일, 열여섯 살의 소년은 자신이 살던 아파트 5층에서 몸을 던졌다. 다행히 주차되어 있던 자동차 위로 떨어져 목숨을 건질 수 있었다. 소년은 피 흘리는 몸을 이끌고 다시 계단으로 올라 투신했다. 학교폭력 때문이었다. 소년은 나이가 한두 살 많은 '불량학생' 박 군과 '일진'이라 불리는 그의 친구들로부터 수시로 불려 가 멍이 숱하게 들 정도로 폭력을 당했다. 안타까운 건 가족들이 이러한 학교폭력 사실을 소년의 장례를 마친 뒤에서야 알게 되었다는 점이다.

소년의 아버지는 다시는 이 땅에 자신과 같은 불행한 아버지가 없기를 소망하며 국내 최초 학교폭력 예방을 위한 비영리 단체인 청소년폭력예방재단(현 푸른나무재단)을 설립했다. 아버지는 아들을 고통과 외로움으로부터 지키지 못한 죄책감과 아들에게 속죄하는 마음으로 학교폭력과 정면으로 부딪혀 학교폭력의 심각성을 세상에 알리고, 학교폭력의 존재를 뿌리 뽑기 위해 노력해야겠다고 결심했다.

학교폭력에 대해 정부가 아무런 대책도 마련하고 있지 않던 시절, 소년의 아버지는 기자회견을 시작으로 학교폭력 예방을 위한 시민의 모임, 청예단 재단 출범, 아침 방송, 심야의 정책토론 방송, 법 제정 토요집회, 시민 서명운동, 강연회 등 모든 방법을 동원하여 학교폭력의 현황을 알리고, 학교폭력 예방 및 발생 시 처리 절차를 규정하는 관련 법률 제정의 필요성을 알리고자 노력하였다.

10여 년에 걸친 노력 끝에 마침내 2004년 교육부는 학교폭력이라는 용어를 처음으로 공식 인정하였고, 「학교폭력예방 및 대책에 대한 법률」이 국회에 통과되었다. 「학교폭력예방 및 대책에 대한 법률」은 현재 20여 년 동안 학교폭력을 예방하고, 발생 시 구체적인 처리절차를 만드는 역할을 하며 국내 학교폭력에 대한 인식, 심각성을 깨닫고 학교폭력으로 힘든 청소년에게 자신의 삶을 찾아주는 데 기여하고 있다.

– 푸른나무재단(전 청소년폭력예방재단)의 설립자 김종기 명예이사장 (故 김대현 군의 아버지) –

출처: 김종기(2013).

CHAPTER 2

학교폭력의 실태

우리나라 교육부에서는 학교에서 발생하는 폭력의 유형과 나타나는 정도를 파악하기 위하여 초등학교 4학년에서부터 고등학교 3학년까지의 학생을 대상으로, 2012년부터 지금까지 매년 전수조사를 실시하고 있다. 본 장에서는 학교폭력의 실태를 살펴보고 그 특징을 파악한다.

1 학교폭력 실태조사

1) 학교폭력 실태조사의 목적

학교폭력 실태조사는 「학교폭력예방 및 대책에 관한 법률」 제11조에 따라 매년 2회에 걸쳐 온라인으로 이루어지고 있다. 1차 조사는 4~5월에 전국의 초4~고3까지의 학생을 대상으로 전수조사를 실시하며, 2차 조사는 10~11월에 약 10만 명의 학생을 임의로 선별하여 표본조사를 진행한다. 2020년부터는 디지털 성범죄 가해 여부도 조사하고 있다. 학교폭력 실태조사는 학교폭력의 발생율을 매해 파악하고, 이를 통해 효율적인 예방 및 개입 대책을 수립하는데 목적을 둔다.

「학교폭력예방 및 대책에 관한 법률」 제11조(교육감의 의무)

⑧ 교육감은 학교폭력의 실태를 파악하고 학교폭력에 대한 효율적인 예방대책을 수립하기 위하여 학교폭력 실태조사를 연 2회 이상 실시하고 그 결과를 공표하여야 한다.
⑫ 제1항에 따라 설치되는 전담 부서의 구성과 제8항에 따라 실시하는 학교폭력 실태조사 및 제9항에 따른 전문기관의 설치에 필요한 사항은 대통령령으로 정한다.

「학교폭력예방 및 대책에 관한 법률」 시행령 제9조(실태조사)

① 법 제11조 제8항에 따라 교육감이 실시하는 학교폭력 실태조사는 교육부 장관과 협의하여 다른 교육감과 공동으로 실시할 수 있다.
② 교육감은 학교폭력 실태조사를 교육 관련 연구 · 조사기관에 위탁할 수 있다.

2) 학교폭력 실태조사 내용

학교폭력 실태조사의 조사 문항은 기본문항, 추가문항, 배경문항, 신고문항의 순서로 구성되며, 학교폭력 관련 경험 여부에 따라 학생들에게 제공되는 추가 문항에 차이가 있다. 학교폭력 실태조사 문항의 하위영역과 문항내용은 다음과 같다.

〈표 2-1〉 2022년 1차 학교폭력 실태조사 문항 내용

영역		문항내용
기본문항	목격경험	목격경험 여부, 목격 후 행동, 목격 후 아무것도 하지 못한 이유
	향후 목격 시 대처방법	향후 학교폭력 목격 후 대처방법
	피해경험	피해경험 여부, 피해유형, 피해빈도, 가해자 유형, 피해시간, 피해장소, 피해 후 힘든 정도, 피해 사실을 알린 대상, 피해 알림 후 도움 정도, 피해 사실을 알리지 않은 이유
	가해경험	가해경험 여부, 가해 유형, 가해 이유, 가해자 수(한 명 또는 집단), 피해자에 대한 공감, 가해 지속 여부, 가해 지속 이유, 가해 중단 이유

영역		문항내용
배경문항	학교생활 적응	학교생활 만족도, 학교 공부 흥미도
	친구와의 관계	친구와의 관계
	교사와의 관계	교사와의 관계
	가족 배경	가족 간의 대화 정도, 부모의 관심, 가정 만족도
	학교장 자체해결제	'학교장 자체해결제'[1]인식 여부
신고문항	경험신고	누가, 누구에게, 언제, 어디서, 무엇을, 어떻게, 왜
추가문항 (무경험 학생 대상)	학교폭력 대처 효능감	학교폭력 대처 효능감
	예방교육 선호도	예방교육 담당자 선호도, 예방교육 방법 선호도, 예방교육 내용 요구 선호도
추가문항 (목격 또는 피해 유경험 학생 대상)	목격경험 해결 여부	목격 경험 해결 여부
	피해경험 해결여부	언어폭력 해결 여부, 강요 해결 여부, 금품갈취 해결 여부, 신체폭력 해결 여부, 성폭력 해결 여부, 사이버폭력 해결 여부, 스토킹 해결여부, 집단 따돌림 해결 여부

1) 학교장 자체해결제란?

- 「학교폭력예방 및 대책에 관한 법률」 제 13조 2(학교의 장의 자체해결)을 의미한다.
- 경미한 학교폭력에 대하여 피해 학생 및 그 보호자가 심의 위원회의 개최를 원하지 않을 경우, 학교의 장은 학교폭력 사건을 자체적으로 해결할 수 있다.
- 학교장 자체 해결제의 요건은 다음의 네가지 조건에 부합해야 한다.

① 2주 이상의 신체적 · 정신적 치료가 필요한 진단서를 발급받지 않은 경우
② 재산상의 피해가 없는 경우 또는 재산상 피해가 즉각 복구되거나 복구 약속이 있는 경우
③ 학교폭력이 지속적이지 않은 경우
④ 학교폭력에 대한 신고, 진술, 자료 제공 등에 대한 보복행위(정보통신망을 이용한 행위를 포함한다)가 아닌 경우

2 학교폭력 실태 추이(2013년~2022년)

2013년도부터 2022년까지의 학교폭력 피해, 가해 실태 추이를 파악한 후, 보다 최근(2023, 2024년)의 학교폭력 발생 현황에 대해 자세히 살펴본다. 「한국의 사회동향」에서 제시하고 있는 학교폭력 실태 결과를 통해 지난 10년간의 학교폭력실태를 살펴보면, 피해율과 가해율은 2017년까지 지속적으로 감소하는 것으로 나타났다. 그러나, 코로나19가 완화된 이후에 학교폭력 피해가 코로나19 이전 수준으로 빠르게 복귀하고 있다.

1) 학교폭력 피해 실태 추이

- [그림 2-1]에는 연도별 학교폭력 피해율이 나타나 있다. 학교폭력에 대한 전체 피해율은 2013년 2.2%였으나 2017년까지 꾸준하게 감소하여 0.9%로 줄어들었다. 그러나, 2018년부터 다시 증가추세를 보이다가, 2020년도에 발생한 코로나19의 영향으로 인해 원격수업의 시간이 증가함에 따라 학생들이 서로 대면하지 못하여 자연스럽게 감소한 것으로 볼 수 있다.
- 2021년 대면수업이 확대되기 시작하고, 2022년에 전면적으로 모든 학생들에 대한 등교가 실시됨에 따라 전체 피해 응답률이 1.7%로 증가한 것으로 보인다.

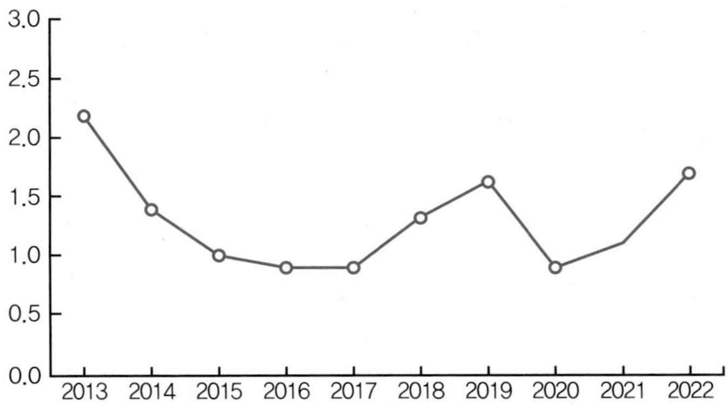

[그림 2-1] 연도별 학교폭력 피해 응답률(전체)

출처: 한국교육개발원. 「1차 학교폭력 실태조사 분석보고서」. 각 연도.

• [그림 2-2]에는 학교급별 피해율이 나타나 있다. 피해율은 초등학교, 중학교, 고등학교 순서로 높게 나타나고 있다. 이러한 학교급별 차이는 지난 10년간 동일하게 유지되고 있다. 초등학교의 피해율이 높은 이유는 실제로 학교폭력이 더 많이 발생하는 것일 수도 있고, 아니면 단순한 갈등도 학교폭력으로 인식하는 초등학교 저학년의 특성이 반영된 것일 수도 있다(김석호 외, 2023).

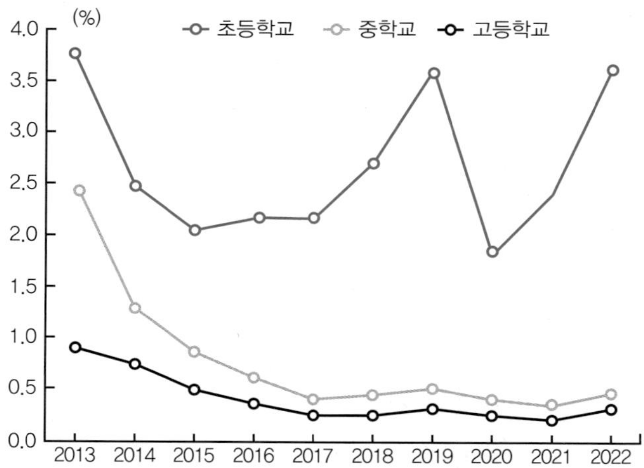

[그림 2-2] 연도별 학교폭력 피해 응답률(학교급별)

출처: 한국교육개발원. 「1차 학교폭력 실태조사 분석보고서」. 각 연도.

• [그림 2-3]에는 학교폭력 유형별 피해율이 나타나 있다. 지난 10년간 언어폭력에 대한 피해율이 가장 높았고, 그다음으로 집단 따돌림이 높은 편이었으나 최근 들어 신체적 폭력이 집단 따돌림보다 근소한 차이로 높아진 것으로 나타난다.

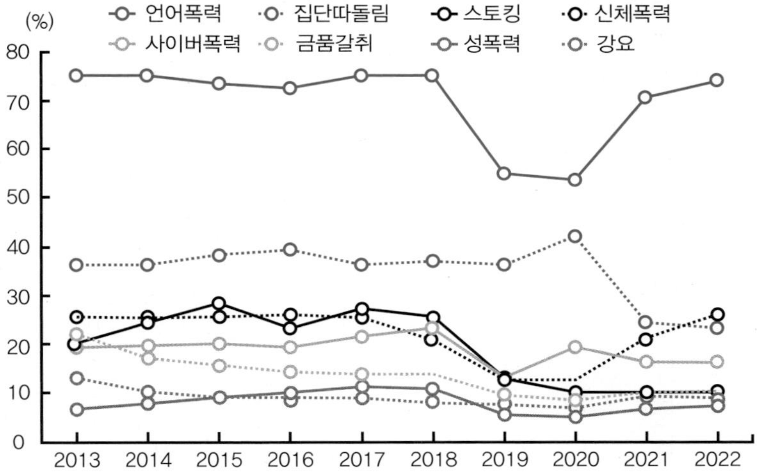

[그림 2-3] 연도별 학교폭력 피해 유형

- 참고로, 2022년 1차 학교폭력 조사 결과에 따르면, 학교폭력의 피해 빈도에 대해서 '거의 매일'로 응답하는 비율이 전체 피해학생의 21.8%였으며, 1주일에 1~2번의 피해를 경험하는 학생은 25.8%, 6개월에 1~2번의 피해를 경험하는 학생은 27.8%였다. 따라서 피해학생의 약 48%는 1주일에 1~2번 이상의 학교폭력 피해를 경험하고 있었다.
- 학교폭력 피해를 당한 경험이 있다고 응답한 학생들 가운데 학교폭력 피해사실을 교사 및 부모에게 알린 초등학생은 89.9%, 중학생 93.0%, 고등학생 95.0%로 비교적 높았다.

2) 학교폭력 가해 실태 추이

- [그림 2-4]에는 학교폭력 가해율이 나타나 있다. 학교폭력 가해율은 2013년 1.1%에서 2018년 0.3%까지 꾸준히 감소추세를 보이다가, 다시 오름세를 보이고 있다.

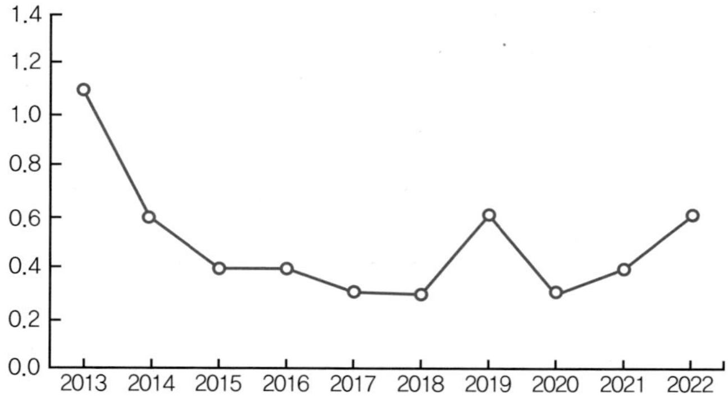

[그림 2-4] 학교폭력 가해 발생률(전체)

출처: 한국교육개발원. 「1차 학교폭력 실태조사 분석보고서」. 각 연도.

- [그림 2-5]에는 학교급별 학교폭력 가해율이 나타나 있다. 초등학교, 중학교, 고등학교 순으로 가해율이 높게 나타난다.

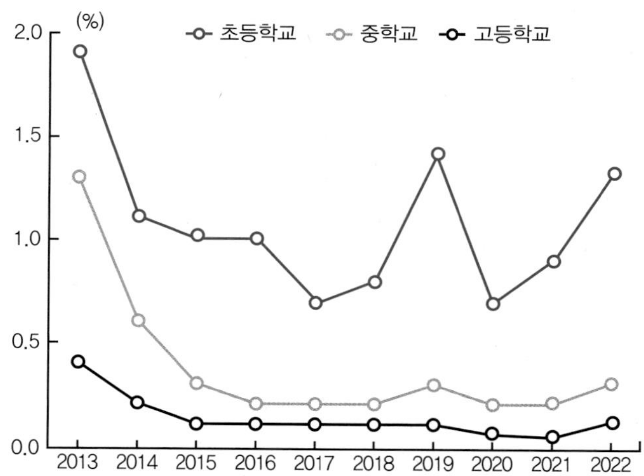

[그림 2-5] 학교폭력 가해 발생률(학교급별)

• [그림 2–6]에는 학교폭력 유형별로 살펴본 가해율이 나타나 있다. 가장 높은 가해 유형은 언어폭력이며, 최근 극적으로 감소한 가해 유형은 집단따돌림인 것으로 나타났다. 반면, 신체폭력은 최근 들어 증가하고 있는 것으로 나타난다.

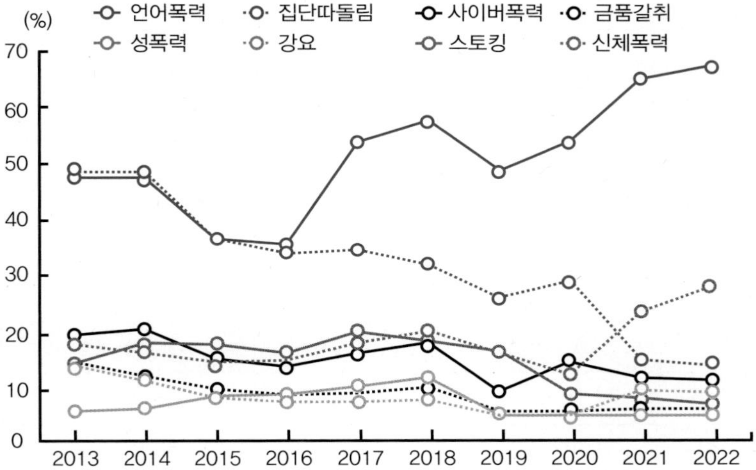

[그림 2-6] 연도별 학교폭력 가해 유형

이 밖에도 학교폭력의 유형 중 스토킹, 금품 갈취, 강요와 같은 유형이 2013년에 비해 2022년에 급격히 감소하였다.

3 2023년, 2024년도 학교폭력 실태

2023년과 2024년에 실시한 전국 단위의 학교폭력 실태조사 1차 결과를 학교폭력 피해 실태, 가해 실태, 목격 실태로 구분하여 살펴보면 다음과 같다(교육부, 2023; 2024).

1) 학교폭력 피해 실태

(1) 피해 응답률

학교폭력 피해를 경험한 학생은 다음과 같이 나타나고 있다.

〈표 2-2〉 학교폭력 피해 현황

	피해 응답률(%)	응답인원(만 명)	조사대상(만 명)
2023년 1차	1.9	5.9	317
2024년 1차	2.1	6.8	325

- 학교폭력 피해는 2022년부터 2024년까지 지속적으로 증가하는 추세다. 학교폭력 피해율은 2023년 1.9%에서 2024년 2.1%로 증가한 것으로 나타났다.

(2) 피해 유형별 비율

학교폭력 피해를 당한 학생들은 다음과 같은 학교폭력의 유형을 경험하는 것으로 나타났다.

〈표 2-3〉 학교폭력 피해 유형(%)

구분		언어폭력	신체폭력	집단 따돌림	강요	사이버 폭력	스토킹	성폭력	금품 갈취
2023년 1차	전체	37.1	17.3	15.1	7.8	6.9	5.5	5.2	5.1
	초	36.9	18.2	14.3	8.6	5.9	6.5	4.5	5.1
	중	36.8	15.7	17.0	6.0	9.2	3.4	6.6	5.3
	고	39.7	12.3	17.7	5.8	9.8	2.7	6.8	5.0

구분		언어 폭력	신체 폭력	집단 따돌림	강요	사이버 폭력	스토킹	성폭력	금품 갈취
2024년 1차	전체	39.4	15.5	15.5	5.7	7.4	5.3	5.9	5.4
	초	39.0	16.7	14.3	6.3	6.3	6.2	5.4	5.7
	중	40.0	13.5	17.7	4.6	9.2	3.4	6.7	4.9
	고	41.3	11.6	17.6	4.2	10.4	3.7	7.2	4.0

- 2023년과 2024년의 가장 많은 피해 유형은 언어폭력으로 이는 2013년부터 2024년까지 변함없었다. 다음으로 신체폭력과 집단 따돌림 순으로 피해 유형이 높은 것을 확인할 수 있다.
- 연령이 증가할수록 신체폭력은 감소하고, 사이버폭력, 성폭력은 증가하는 것으로 나타난다.

(3) 가해자 유형

학교폭력을 누구에게 당하는지, 가해자의 유형을 나누어 살펴본 결과는 다음과 같다.

〈표 2-4〉 학교폭력 가해자 유형

구분		같은 학교 같은 반	같은 학교 같은 학년 다른 반	같은 학교 다른 학년	다른 학교 학생	잘 모르는 사람	기타
2023년 1차	전체	48.3	30.5	7.8	5.3	3.4	4.6
	초	48.1	29.9	8.9	4.6	3.5	4.9
	중	49.6	32.1	5.2	6.5	3.0	3.5
	고	46.3	31.8	5.3	8.2	3.7	4.7
2024년 1차	전체	48.4	30.9	8.1	6.0	3.8	2.8
	초	48.8	29.7	9.2	5.3	3.8	3.1
	중	48.3	33.3	5.8	7.0	3.4	2.2
	고	45.8	33.1	5.7	8.3	4.4	2.7

- 학교폭력 피해를 당한 학생들은 2023년과 2024년 모두 같은 학교, 같은 학년으로부터 학교폭력을 당했다고 응답한 비율이 80%에 이르렀으며, 특히, 그중 절반에 가까운 학생들이 같은 반 학생에게 학교폭력을 당하고 있다. 이는 학교급에 따른 차이가 없이 초등학교, 중학교, 고등학교에서 모두에서 동일하였다.
- 같은 학교의 다른 학년으로부터 학교폭력 피해를 입는 경우도 2023년 7.8%, 2024년 8.1%로 나타나고 있어, 학년의 차이에 기반하여 학교폭력이 발생하고 있음을 알 수 있다.

(4) 피해 장소

학교폭력 발생 장소를 학교 안과 학교 밖으로 구분하여 살펴본 결과는 다음과 같다.

〈표 2-5〉 학교폭력 피해 발생 장소 (%)

구분		2023년 1차				2024년 1차			
		전체	초	중	고	전체	초	중	고
학교 안	교실 안	29.0	27.9	31.3	31.3	29.3	28.4	31	30.7
	복도, 계단	17.7	16.7	20.9	17.8	17.1	15.9	19.6	17.5
	운동장, 강당 등	10.4	11.1	9.2	8.4	9.6	10.2	8.7	8
	화장실	4.4	4.2	4.8	4.9	5.3	5.3	5.6	5
	특별실, 방과 후 교실 등	3.7	3.3	4.3	6.0	4.9	4.4	5.3	7.1
	급식실, 매점 등	3.2	2.8	3.6	5.0	4.2	3.6	5	6.8
	기숙사	0.4	0.2	0.4	1.9	0.5	0.2	0.5	2
학교 밖	공원, 놀이터	9	11.6	3.6	2.4	6.6	8.8	3	2.1
	사이버 공간	6.3	4.8	9.3	10.5	6.2	4.6	8.6	10
	학원, 학원 주변	5	6.0	3.0	1.7	5.4	6.8	3.1	2.2
	집, 집 근처	4.2	4.8	2.8	2.7	4	4.7	2.8	2.1
	학교 밖 체험활동 장소	2	1.9	1.9	2.4	3.4	3.6	3	2.9
	PC, 노래방 등	0.8	0.6	1.5	1.4	1.1	0.9	1.6	1.4
기타		3.9	4.1	3.3	3.6	2.4	2.6	2.1	2.2

- 학교폭력이 주로 발생하는 장소는 학교 안이었으며, 전체 응답의 70% 정도에 해당한다. 특히, 교실 안에서 발생하는 경우가 29%에 달하며, 복도 역시 약 17~18% 정도로 나타나고 있다. 이는 일상적으로 학생들이 함께 오래 머무르는 공간에서 학교폭력이 발생하고 있음을 의미한다.
- 학교 밖의 장소에서 발생하는 학교폭력에 대한 응답률은 학교급에 따라 차이가 나타났다. 초등학생들은 공원이나 놀이터 등에서 학교폭력 피해를 경험하는 비율이 2023년 11.6%, 2024년 8.8%로 다른 장소에 비해 높은 반면, 중학생은 3%, 고등학생은 2%로 나타났다.
- 반면, 중학생 및 고등학생은 사이버 공간에서 학교폭력 피해를 경험하는 비율이 높은 것으로 나타났다. 2023년 중학생의 9.3%, 고등학생의 10.5%가 사이버 공간에서의 학교폭력 피해를 경험하고 있다. 2024년에는 중학생의 8.6%, 고등학생의 10%가 응답하는 등 사이버 공간에서의 학교폭력을 경험하는 응답 비율이 다른 장소에 비해 높게 나타났다.

(5) 피해 시간

학교폭력이 발생하는 시간에 대해 학생들이 응답한 결과는 다음과 같다.

〈표 2-6〉 학교폭력 피해 시간(%)

구분		쉬는 시간	점심 시간	하교 이후	하교 시간	수업 시간	등교 시간	방과후 수업	학교 밖 체험 활동 시간	기타
2023년 1차	전체	31.2	19.2	14.6	11.4	10.8	3.7	3.5	2.5	3.2
	초	30.7	18.1	15.9	13.1	9.1	3.5	3.9	2.5	3.3
	중	33.4	21.6	12.2	7.8	13.6	3.8	2.4	2.5	2.6
	고	28.9	21.3	10.9	7.7	16.1	4.6	3.7	3.1	3.7

구분		쉬는 시간	점심 시간	하교 이후	하교 시간	수업 시간	등교 시간	방과후 수업	학교 밖 체험 활동 시간	기타
2024년 1차	전체	31.0	20.4	13.4	10.1	9.9	4.4	4.4	4.0	2.3
	초	30.6	19.4	14.9	8.1	11.3	4.7	4.6	3.8	2.6
	중	32.7	22.3	10.9	12.6	7.6	3.5	4.3	4.3	1.6
	고	29.4	21.4	10.4	16.0	7.4	4.6	3.7	4.7	2.5

- 학교폭력은 주로 쉬는 시간에 발생하는 것으로 나타났다. 2023년과 2024년 학교폭력 피해를 경험한 학생 중 31%에 달하는 학생들이 쉬는 시간에 학교폭력을 경험한 것으로 응답하였다. 그다음으로 점심시간, 하교 이후 또는 하교 시간 순으로 학교폭력 피해를 당하는 것으로 나타났다.

(6) 피해 사실을 알린 사람

학교폭력 피해에 대해 어떻게 신고 혹은 대응하였는지에 대한 학생들의 응답은 아래와 같다.

〈표 2-7〉 학교폭력 피해 응답률(%)

구분		보호자 친척	학교 선생님	친구 선·후배	학교 상담실 선생님	117 신고 센터	학교전담 경찰관, 경찰	학교 밖 상담 기관	학교 폭력 신고함	미신고
2023년 1차	전체	36.8	30.0	14.9	5.2	1.9	1.4	1.2	0.9	7.6
	초	38.9	29.2	14.7	3.6	2.0	1.0	0.8	0.9	8.9
	중	33.6	32.0	15.0	7.9	1.7	1.9	1.7	0.7	5.6
	고	30.2	30.2	16.9	9.5	1.9	3.4	2.9	0.8	4.2
2024년 1차	전체	36.4	30.6	13.4	5.7	2.2	1.6	1.3	1.1	7.7
	초	39.1	29.8	12.9	3.8	2.4	1.2	0.9	1.0	8.9
	중	32.9	32.1	13.9	8.0	2.0	2.0	1.7	1.3	6.1
	고	29.6	31.4	14.8	10.2	1.9	3.5	2.9	1.3	4.4

- 학교폭력 피해를 다른 사람에게 알리는 경우는 대체로 피해학생의 92%를 넘는 것으로 나타났다. 피해 사실을 알린 대상으로 보호자나 친척, 혹은 교사가 60% 이상을 차지했다. 친구나 선·후배에게 알리는 경우도 2023년 14.9%, 2024년 13.4%로 다른 유형에 비해 높게 나타났다.
- 반면, 학교 상담실 교사나 117 학교폭력 신고센터에 신고하는 비율은 2023년, 2024년 모두 상대적으로 낮은 것으로 나타났다. 즉, 다수의 피해학생들은 자신과 가까운 어른에게 학교폭력 피해 사실을 알리고 있었다.

(7) 미신고 이유

학교폭력 피해를 입었음에도 신고를 하지 않는 학생들은 피해학생의 대략 8%를 차지하고 있었다. 학교폭력 피해를 신고하지 않은 이유는 다음과 같다.

〈표 2-8〉 학교폭력 미신고 이유(%)

구분	2023년 1차				2024년 1차			
	전체	초	중	고	전체	초	중	고
일이 커질 것 같아서	28.7	26.3	36.7	34.8	23.9	25.4	20.1	21
별일이 아니라고 생각해서	21.4	21.3	20.2	31.1	21.5	19.5	27.1	23.6
이야기해도 소용이 없을 것 같아서	20	20.2	19.7	18.8	13.7	13	14.5	19.8
스스로 해결 하려고	16.8	17.6	14.9	8.8	13.1	13.1	13.3	11.6
더 괴롭힘을 당할 것 같아서	9.9	11.1	6.4	4.8	11	12.3	8.1	7.3
나의 보호자(가족, 같이 사는 어른)나 선생님이 걱정하거나 속상해할까 봐	3.2	3.6	2.1	1.7	7.6	8	6.9	5.3
누구에게(어디에) 도와달라고 해야 할지 몰라서	1.2	0.8	1.7	2.9	1.9	2	1.3	1.8
기타	0.9	0.9	0.7	0.8	7.3	6.6	8.5	9.6

- 학교폭력 피해 사실에 대해 신고를 하지 이유 중 '일이 커질 것 같다'는 이유가 2023년 28.7%, 2024년 23.9%로 가장 높은 것으로 나타났다. 또한, '별일이 아니라고 생각해서' 라는응답도 21%가 넘었다. 이는 학생들이 심각한 상황으로 진행될까 걱정하거나 두려워하는 마음, 혹은 반대로 심각하게 생각하지 않아서 신고를 하지 않는다는 것을 반영한다.
- 또한, '이야기해도 소용이 없을 것 같다'는 응답도 2023년 20%, 2024년 13.7%로 나타나 학교폭력에 대한 학교 대처의 기대감이 낮은 것을 확인할 수 있다. 이 밖에도 스스로 해결하기 위해 알리지 않거나, 피해 사실을 알리게 되면 괴롭힘을 당할 것 같다는 응답도 있었다.

2) 학교폭력 가해 실태

(1) 학교폭력 가해 응답

학교폭력 가해행동에 대한 조사 결과, 다음과 같은 응답률을 보였다.

〈표 2-9〉 학교폭력 가해 현황(%)

	전체	초등학교	중학교	고등학교
2023년 1차	1.0	2.2	0.6	0.1
2024년 1차	1.0	2.1	0.7	0.1

- 학교폭력 가해를 했다고 응답하는 학생은 2023년과 2024년 모두 1%였으며, 초등학교가 가장 높았으며, 다음으로 중학교, 고등학교 순이었다.

(2) 학교폭력 가해 유형

학교폭력 가해행동을 하였다고 응답한 학생들은 학교폭력의 가해 유형에 대해 다음과 같이 응답하였다.

〈표 2-10〉 학교폭력 가해 유형

구분		언어 폭력	신체 폭력	집단 따돌림	강요	사이버 폭력	스토킹	금품 갈취	성폭력
2023년 1차	전체	43.7	27.6	7.7	6.0	4.6	3.7	3.5	3.2
	초	44.5	27.2	7.7	6.1	4.2	4.2	3.3	2.8
	중	42.2	28.8	7.5	5.6	5.5	2.0	4.2	4.2
	고	37.3	27.1	7.8	8.7	6.0	3.0	4.7	5.4
2024년 1차	전체	41.6	28.4	8.4	6.2	4.7	3.7	3.6	3.5
	초	41.8	28.5	8.5	6.2	4.1	4.2	3.6	3.1
	중	41.6	28.4	8.4	5.7	5.8	2.4	3.5	4.3
	고	38.3	26.8	6.1	8.5	7.6	2.9	4.6	5.1

- 학교폭력 가해 유형에서 가장 높은 응답률을 보이는 것은 언어폭력이었다. 앞서 학교폭력 피해 응답에서도 언어폭력이 가장 높은 것으로 나타난 점을 고려해 볼 때, 청소년들 사이에서 언어폭력의 가해, 피해가 가장 빈번하게 발생하고 있음을 알 수 있다.
- 다음으로 신체적인 폭력도 2023년 27.6%, 2024년 28.4%로 높게 나타났다. 집단 따돌림은 그 다음으로 높은 가해 유형으로 나타났다.

(3) 학교폭력 가해 이유

학생들은 학교폭력을 한 이유에 대해 다음과 같이 응답하였다.

〈표 2-11〉 학교폭력 가해 이유

구분	2023년 1차				2024년 1차			
	전체	초	중	고	전체	초	중	고
장난이나 특별한 이유 없이	34.8	33.7	38.9	32.2	31.5	30.3	36.0	27.8
상대방이 먼저 나를 괴롭혀서	25.6	28.0	19.1	13.6	26.5	29.7	18.8	15.7
상대방과의 오해와 갈등으로	12.1	10.7	16.1	18.1	13.4	11.9	17.2	18.7
상대방의 행동이 마음에 안 들어서	8.8	8.3	9.8	13.0	11.3	10.6	12.6	16.5
화풀이 또는 스트레스 때문에	8.0	8.2	7.0	9.2	6.9	6.9	6.1	9.5
다른 친구나 선 · 후배가 하니까	3.8	4.0	2.9	4.4	3.5	3.3	4.0	4.0
강해 보이려고	3.3	3.2	3.3	3.9	3.3	3.6	2.4	3.3
친구나 선 · 후배가 시켜서	2.4	2.6	1.8	3.1	2.4	2.5	2.0	2.9
나의 보호자(가족, 같이 사는 어른)나 선생님께 관심을 받고 싶어서	1.2	1.2	1.0	2.6	1.2	1.3	1.1	1.7

- 학교폭력 가해를 하는 이유 중 가장 높은 응답률을 보이는 것은 '장난이나 특별한 이유 없이'였으며, 2023년 34.8%, 2024년 31.5%로 나타났다.
- 2023년과 2024년 모두 '상대방의 공격성에 대한 보복행위로 자신도 공격 행동을 한다'는 응답도 높았다. 이는 초등학생이 중학생이나 고등학생보다 더 높은 응답률을 보이고 있었다.
- 상대방과의 오해로 인해 학교폭력 가해행동을 하거나, 상대방에 대한 좋지 않은 감정으로 학교폭력을 한다는 응답도 비교적 높게 나타났다.

〈표 2-12〉 학교폭력의 단독 혹은 집단 가해 비율

구분		단독	집단
2023년 1차	전체	68.0	32.0
	초	69.3	30.7
	중	63.8	36.2
	고	65.1	34.9
2024년 1차	전체	64.9	35.1
	초	66.7	33.3
	중	59.3	40.7
	고	64.8	35.2

- 학교폭력 가해 인원에 대한 응답을 살펴보면, 단독으로 가해를 한다는 비율이 2023년 68%에서 2024년 64.9%로 감소하였다. 반면, 학교폭력 가해를 집단으로 한다는 응답률은 2023년 32%에서 2024년 35.1%로 3.1% 더 증가한 것으로 나타나고 있다.

3) 학교폭력 목격 실태

(1) 학교폭력 목격 응답률

학교폭력을 목격한 경험에 대한 응답률은 다음과 같다.

〈표 2-13〉 학교폭력 목격 응답률(%)

구분	2023년 1차				2024년 1차			
	전체	초	중	고	전체	초	중	고
비율(%)	4.6	7.9	4.4	1.2	4.9	7.6	4.4	1.6
명수(천명)	14.5	8.3	4.9	1.2	6.8	4.0	2.3	0.5

- 학교폭력 목격 응답률은 2023년 4.6%에서 2024년 4.9%로 다소 증가하였으며, 초등학교, 중학교, 고등학교 모두 2023년에 비해 증가한 것으로 나타나고 있다.
- 초등학교는 학교폭력 학교폭력 피해 응답률이 다른 학교급에 비해 높은 것에 반해, 이를 목격한다는 응답률은 낮은 것으로 나타났다.

(2) 학교폭력 목격 후 행동

학교폭력을 목격한 후 어떤 행동을 하였는지에 대한 응답 결과는 다음과 같다.

〈표 2-14〉 학교폭력 목격 후 행동(%)

구분	2023년 1차				2024년 1차			
	전체	초	중	고	전체	초	중	고
때리거나 괴롭히는 친구를 말렸다	33.9	35.5	31.1	33.4	33.8	35.0	31.7	34.7
가족, 선생님, 학교전담경찰관 등 주위에 알리거나 신고했다	17.5	18.8	16.3	13.0	17.4	19.9	15.1	11.5
피해를 받은 친구를 위로하고, 도와주었다	16.9	17.3	16.4	15.6	17.2	18.0	16.0	16.8
나도 같이 피해학생을 괴롭혔다	1.1	1.0	1.2	1.0	1.1	1.0	1.3	1.0
아무것도 하지 못했다	30.7	27.4	34.9	36.9	30.5	26.1	35.9	36.1

- 목격행동에서 '괴롭힘 상황에 개입하여 이를 저지한다'는 응답률이 2023년 33.9%, 2024년 33.8%로 다소 높은 수준으로 나타났다. 주위에 이를 알리거나 신고하고, 또 피해학생을 위로해 주는 등의 방어 행동을 하는 학생들의 비율까지 포함하면 68.1%의 학생들이 학교폭력 목격 시 방어행동을 하는 것이다. 반면, '아무것도 하지 못했다'라는 응답도 30% 수준으로 나타나 여전히 방관자가 많이 존재함을 알 수 있다.

4) 학교폭력 실태조사 결과에 대한 시사점

학교폭력 실태조사를 종합해 보면 다양한 유형의 학교폭력이 발생하고 있으며, 주로 발생하는 장소는 교실이었다. 학생들이 학교폭력의 문제를 인식하고, 이를 적극적으로 개입하도록 돕는 역할을 할 수 있도록 예방교육을 지속적으로 실시해야 하며, 학교는 학교폭력 상황을 원활하게 처리할 수 있는 체계를 마련할 필요가 있다.

또한, 학생들은 학교폭력을 효과적으로 예방하기 위해서는 '공감, 의사소통, 감정조절 등의 교육 프로그램이나 활동'이 필요하다고 응답하는 비율이 높았으며(26.6%), '학생 참여(캠페인, 동아리 등) 활동'이 필요하다는 응답도 높게 나타났다(25.4%). 또한, 학생들이 생각하는 효과적인 학교폭력 예방활동은 '학교폭력 예방 및 대처 방법 교육'(27.8%), '학교 폐쇄 회로 텔레비전(CCTV) 설치'(20.9%), '인성교육, 스포츠·문화예술활동 등 다양한 체험활동'(18.8%) 등이 필요하다고 응답하였다. 즉, 학생들에 대한 다양한 예방교육의 실시뿐만 아니라, 학교 환경적인 측면에서 학교폭력을 예방하기 위한 설비가 갖춰져야 함을 알 수 있다.

4 학교폭력의 양상

1) 학교폭력 발생 연령의 하향화

최근 학교폭력의 가해 및 피해 연령이 점점 낮아지고 있다. 2023년 경찰의 학교폭력 검거지수는 1만 5,328명이며, 이 중 중학생이 5,005명(32.4%), 학교밖 청소년 4,915명(31.7%), 고등학생 3,815명(24.7%), 초등학생 1,703명(11%)(최예빈, 2024)으로 초등학생의 비율이 최초로 10%를 넘겼다. 검거된 초등학생 가해 비율은 2020년에는 5%(572명), 2021년 7.2%(858명), 2022년 9.7%(1,399명)로 지속적으로 증가해오다가 2023년 11%로 지난 3년 사이에 2배 가까이 증가하고 있다(최원영, 2024).

또한, 학교폭력 실태조사는 초등학교 4학년부터 실시하고 있기 때문에, 그동안 초등학교 저학년 사이에 발생하는 학교폭력에 대한 전수조사는 실행되지 않았다. 그러나 여러 연구에서 초등학교 저학년에서도 학교폭력에 해당하는 다양한 유형의 행동이 발생하고 있다는 점이 나타나고 있다(박향미, 정재희, 2024; 오인수 외, 2016). 초등학교 저학년 아동들은 때때로 언어적 공격, 신체적 공격성을 보이지만 의도적이고 계획적인 공격성은 고학년에 비해서는 낮은 경향이 있다.

특히, 초등학교 저학년의 학교폭력 피해경험은 고학년이 되어 가해자가 될 수 있는 가능성을 높인다는 점에서 조기 개입의 필요성이 강조된다(문장수, 2014).

아동기뿐만 아니라 유아들 사이에서도 학교급 수준의 심각한 유형은 아니지만 또래를 향한 괴롭힘 행위가 나타난다(Nelson et al., 2005). 유치원과 어린이집에서도 따돌림과 신체적 공격성, 언어적 공격성이 나타나고 있으며, 유아와 교사들 역시 유아들 사이에 일어나는 괴롭힘 행위에 대해 인식하고 있다(이승민, 이승하, 2022; 홍인표, 2021). 이에 대해서는 4장부터 자세히 다룬다.

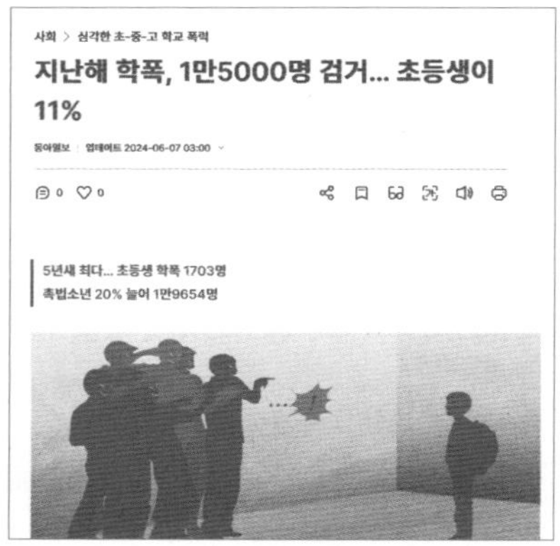
사회 > 심각한 초-중-고 학교 폭력

지난해 학폭, 1만5000명 검거… 초등생이 11%

동아일보 | 업데이트 2024-06-07 03:00

5년새 최다… 초등생 학폭 1703명
촉법소년 20% 늘어 1만9654명

[그림 2-7] 학교폭력 연령의 하향화
출처: 동아일보(2024. 6. 7.). https://www.donga.com/news/Society/article/all/20240606/125310690/

2) 학교폭력 가해·피해 중복 경험

학교폭력 발생 시 가해자와 피해자를 완벽하게 분리되어 설명하기 어려운 경우도 종종 존재한다. 다수의 연구에서 학교폭력 피해를 경험한 학생이 다른 학생에게 학교폭력을 가하는 가해·피해 중복 경험이 목격되고 있다(김지민, 노충래, 2015; 신혜섭, 2005; 이익섭, 최정아, 2008). 학교폭력 피해에 대한 반응으로서 공격적 행동을 보이거나 반항적인 대처를 하는 것은 또 다른 가해행동으로 이어지게 된다.

학교폭력 피해 집단 중에서도 분노 및 공격성에 대한 긍정적 태도가 낮은 경우에는 공격적인 행동이 나타나지 않는다. 반면, 피해에 대한 분노를 적극적으로 표출하면서 또 다른 공격적인 가해행동을 나타내는 피해유아도 있다(신희경, 2006). 특히 자신이 당했던 유형의 폭력을 동일하게 행사하는 비율이 높은 것으로 나타나기도 한다(노성호, 2011).

이렇게 가해와 피해가 중첩된 청소년은 가해 행위에만 가담한 청소년에 비해 여러 해에 걸쳐 폭력 행위를 지속하는 경향이 더 높게 나타나기도 한다(박순진, 2009). 이러한 현상은 학교폭력 가해 및 피해 중복 경험이 청소년 폭력 문제를 장기적이며 지속적으로 일어나게 하는 요인임을 보여준다.

3) 학교폭력의 흉포화, 조직화, 집단화

최근의 일부 학교폭력은 범죄수준에 가까운 신체적 폭력 및 금품 갈취, 협박으로 나타나는 등 점차 흉포화되고 있으며, 조직적이며 집단적인 경향을 보이고 있다. 나이가 많은 청소년이 나이가 어린 청소년에게 학교폭력을 저지르도록 시키거나, 절도를 하라고 지시하는 등 위계적 구조에 기반한 다양한 형태의 학교폭력이 발생하고 있다.

또한, 한 명의 학생을 다수의 학생이 집단적으로 괴롭히면서 금품을 갈취하거나 신체적인 폭력을 가하는 사건도 자주 보도되고 있다. 2017년 강릉에서 발생한 10대들의 집단 폭행 사건, 부산 여중생 집단 폭행 사건 등은 전 국민을 충격에 빠뜨렸다. 2017년 여고생 6명이 경포 해변에서 또래 여고생 1명을 주먹과 발로 무차별 폭행했다. 폭행은 이날 오전 5시쯤 가해자 중 한 명의 자취방에서까지 이어지며 지속되어 심각한 상처를 남긴 것으로 전해졌다. 이들 가해 청소년들은 당시 학교를 다니지 않고 있었으며, 오랜 시간 동안 피해학생에게 신체적, 언어적 위해를 가해온 것으로 전해졌다. 특히, 가해 청소년들은 자신들의 행동을 온라인상에 자랑하는 등 피해학생에 대한 죄책감이 없는 모습을 보였다.

[그림 2-8] 강릉 여중생 집단 폭행 사건

출처: https://news.kbs.co.kr/news/pc/view/view.do?ncd=3545155
출처: https://www.chosun.com/site/data/html_dir/2017/09/05/2017090501288.html

4) 사이버 괴롭힘의 증가

최근 우리 사회에서 디지털 매체를 활용하여 다른 사람을 괴롭히고, 모멸감을 주거나 성적인 폭력을 가하는 사이버 폭력(cyber violence) 혹은 사이버 괴롭힘(cyber bullying)이 심각한 문제로 대두되고 있다. 사이버 괴롭힘은 다른 사람에게 해를 끼치고 불편함을 주려는 목적으로 전자기기나 디지털 미디어를 사용하여 공격적인 내용을 반복적으로 전달하는 개인이나 집단의 행동이다(Betz, 2011; Kowalski & Limber, 2007; Valkenburg & Peter, 2011). 사이버 괴롭힘 유형에는 명예훼손, 스토킹, 폭로하기, 배제시키기, 개인정보 유포, 모욕적인 비난, 다른 사람의 아이디 도용 등이 있다(Willard, 2007).

사이버 괴롭힘은 학교 내외, 어느 장소, 어느 시간에서든 발생할 수 있기에, 피해자는 피할 곳이 없다. 특히, 디지털 매체의 익명성(anonymity)으로 인해 가해자는 자신을 숨긴 채로 타인을 공격할 수 있어 사이버 괴롭힘의 가해를 더욱 수월하게 한다.

정혜원(2010)의 연구에 의하면 학업에 대한 스트레스가 많을수록 사이버 비행을 시작하고 사이버 비행을 벗어나는 속도도 느리게 진행된다. 이러한 결과는 스트레스가 높을수록 사이버 공간에 대한 의존이 높아지며, 스트레스를 해소하기 위해 사이버 언어폭력으로 이어질 가능성도 높아질 수 있음을 시사한다(박현수, 정혜원, 2018). 또한, 일상생활에서 겪는 불안이나 긴장으로 인해 발생하는 분노, 좌절 등의 부정적인 감정이 사이버 비행으로 이어지기도 한다(Patchin & Hinduja, 2011).

최근에는 '딥페이크(deepfake)'를 통해 다른 사람의 얼굴을 합성하여 성적인 수치심을 주는 자료를 제작하거나, 이를 배포하는 등의 새로운 형태의 학교폭력이 등장하였다. 딥페이크 기술은 인공지능(AI) 딥러닝 기술을 활용해 기존 인물의 얼굴이나 특정 신체 부위를 영상에 합성한 편집물을 의미한다(황정 외, 2021). 이러한 기술을 활용하여 같은 또래, 교사 등을 대상으로 한 무분별한 합성이 증가하고 있어 이를 예방하고 대처하기 위한 국가적인 개입이 시급하다.

세계일보 구독 PICK
언어폭력·집단 따돌림·사이버폭력…변화하는 '학폭', 대응은?
입력 2019.08.28. 오전 6:03 기사원문
19 24
초중고 6만명 "학교폭력 경험" / 36% "언어폭력 당했다" 최다 / 집단따돌림도 1000명당 5건 / 초등생 응답률 3.6% 증가폭 커 / 가해자 절반이 같은 반 학우

청소년 41% '사이버폭력' 경험… 열 중 둘은 '놀이'로 생각
방통위·지능정보사회진흥원, 사이버폭력 실태조사
기자 김재섭

[그림 2-9] 사이버 폭력의 증가

출처: https://www.segye.com/newsView/20190827512392?OutUrl=naver

출처: https://www.hani.co.kr/arti/economy/it/1133840.html

요약

- 학교폭력 실태를 조사하기 위해 매년 전국적인 학교폭력 실태조사가 이루어지고 있다.
- 학교폭력 실태 조사 결과 초등학교가 중학교, 고등학교보다 학교폭력이 더 많이 일어나고 있다.
- 학교폭력 실태 조사 결과 학교폭력의 가장 발생 빈도가 높은 유형은 언어적 폭력이었으며, 다음으로 집단따돌림이 발생 빈도가 높았다.
- 학교폭력이 나타나는 연령이 점차 하향화되고 있어, 초등학교 저학년과 유아기에서 발생하는 괴롭힘 상황에 대한 관심이 필요하다.
- 학교폭력에서의 가해 경험과 피해 경험이 중복되어 나타나는 경우가 있다.
- 학교폭력은 점차 흉포화, 조직화, 집단화되고 있어, 이에 대한 예방 및 개입이 시급하다.
- 디지털 매체의 발달로 인해 사이버 괴롭힘이 증가하고 있으며, 점차 교묘해지고 있다.

생각해 보기

- 학교폭력은 왜 끊이지 않고 발생한다고 생각하는가?
- 학교폭력 유형 중 가장 심각한 것은 무엇이라고 생각하는가? 그 이유는?

CHAPTER 3

학교폭력에 대한 인식

학교폭력은 개인, 가정, 학교, 사회 등 전반에 걸쳐 관심을 받는 중요한 사회 현상이 되었으며, 이로 인해 발생하는 문제는 더욱 심각해지고 있다. 타인이 원치 않는 강요, 폭력을 행사하는 행위들은 행위 자체도 문제지만, 행위에 대한 사람들의 인식 문제가 함께 따라다닌다. 특정 가해자나 피해자만을 탓하는 관점으로는 학교폭력을 멈추게 할 수가 없다. 본 장에서는 학교폭력에 대한 인식을 학생과 부모의 입장으로 나누어 살펴본다.

1 학교폭력에 대한 학생의 인식

1) 학교폭력 발생 원인에 대한 인식

「학교폭력예방 및 대책에 관한 법률」 제11조[1]에 따른 2022년 2차 학교폭력 실태조사에서는 전국의 초등학교 4학년부터 고등학교 2학년 재학생 중 4%(약 14만 명)를 대상으로 학교폭력에 대한 인식을 조사하였다. 〈표 3-1〉의 목록 중에서 '학교폭력이

1) (법 제11조) 교육감은 학교폭력 실태조사를 연 2회 실시하고, 그 결과를 공표하여야 함.

생기는 이유가 무엇이라고 생각하는지'에 대해 물어보자 전체 응답의 66.4%가 학교폭력의 원인을 '장난이나 특별한 이유 없이'로 응답하였으며, 모든 학교급에서 해당 문항을 선택한 비율이 가장 높게 나타났다(교육부, 2023).

〈표 3-1〉 2022년 2차 학교폭력 실태조사 '학교폭력 발생 원인' 조사 결과(중복선택)

	학교폭력이 생기는 이유가 무엇이라고 생각하십니까?	응답자 수(명)	비율 (%)
1	장난이나 특별한 이유 없이	88,226	66.4
2	화풀이 또는 스트레스 때문에	59,513	44.8
3	나의 보호자(가족, 같이 사는 어른)나 선생님께 관심을 받고 싶어서	9,713	7.3
4	강해 보이려고	72,346	54.5
5	친구나 선후배가 시켜서	18,250	14.5
6	다른 친구나 선후배가 하니까	22,377	16.8
7	피해학생과의 오해와 갈등으로	37,375	28.1
8	피해학생이 먼저 괴롭혀서	23,752	17.9
9	피해학생의 행동이 마음에 안 들어서	56,326	42.4

출처: 교육부(2023). 2022년 2차 학교폭력 실태조사(표본조사) 결과.

학교폭력 발생 원인에 대한 인식은 5개의 유형으로 구분되며(〈표 3-2〉), 학교폭력의 원인을 가해자에게 있다고 생각하는 비율이 가장 높게 나타났다(한국교육개발원, 2023). 중·고등학생들은 학교폭력의 원인을 단순히 가해자의 잘못 또는 피해자의 잘못이라고 생각하기보다는 가해자와 피해자의 관계, 그리고 이를 바라보는 주변 학생들의 태도가 학교폭력을 지속하게 하는 요인이라고 인식하고 있었다(김유원, 안영은, 2024; 한국교육개발원, 2023).

〈표 3-2〉 학교폭력 발생 원인에 대한 인식 유형 및 응답 비율

분류	학교폭력 발생 원인에 대한 인식 유형	비율 (%)
1	가해자 중심으로 원인을 생각하는 유형	39.5
2	가해자 중심이면서 피해자와의 관계도 원인으로 생각하는 유형	23.8
3	피해자와 가해자 간의 관계가 원인이라고 생각하는 유형	19.2
4	가해자의 장난이라고 생각하는 유형	14.0
5	1, 2, 3, 4 분류를 모두 선택한 유형	3.6

출처: 한국교육개발원(2023). p. 44-45 재구성.

다음은 학교폭력 발생 원인에 대한 학생들의 인식에 대한 면담내용이다.

(1) 가해학생 잘못

① 가해학생의 성향

학생들은 학교폭력의 원인이 자신의 지위를 높이고자 하는 가해학생의 욕구, 가해 행동을 잘못이라고 인식하지 못하는 도덕성 미흡으로 인한 것이라고 인식했다. 학생들의 면담 사례를 살펴보면 다음과 같다(강소영, 2012; 이희연, 2013).

모르죠. 자기가 안 당해봤으니까. 악의가 없거든요. 그냥 재밌어 보이고 일단… 그냥 그러니까 애들은 그게 죄라고 인식을 못 하는 거예요. 왜냐면 그 결과가 어떻게 될지를 모르니까요. 그렇게 때리잖아요. 그 반응이 재밌잖아요. 일진 애들 같은 경우는 그냥 몸이 먼저 나가요. 생각이 없는 거죠… 그냥 화나니까 몸이 먼저 나가는 거예요.

나름 권력관계가 형성돼 있어요. 일진까지는 아니고 나름대로의 서열? 일반적으로 분위기 자체가 형성돼 있는 거예요.

② 피해학생에 대한 혐오와 편견

학생들은 가해학생이 피해학생에 대해 어떤 인식을 가지고 있는가에 따라 학교폭력이 발생한다고 인식하고 있었다(김유원, 안영은, 2024). 피해학생의 특정 행동이나 성격 특성을 있는 그대로 바라보기보다는 싫다는 감정이나 편견을 갖게 되고 이를 학교폭력 행위로 표현하게 된다는 것이다. 구체적인 사례는 다음과 같다(김유원, 안영은, 2024).

가해학생이 피해학생을 어떻게 바라보냐에 따라서 학교폭력이 발생된다고 생각을 하는데, 가해학생이 피해학생을 좋게 바라보려고 노력을 하면 학교폭력이 잘 발생하지 않을 텐데, 피해학생이 물론 좀 안 좋은 행동을 하는 경우도 있겠지만 가해학생이 좀 안 좋게 바라보는 경우가 있으니까….

그 친구의 좋지 않은 첫인상이라든가 언제 한번 안 씻고 와서 냄새가 났다든가 이런 것 때문에 한 번 편견이 박혀버리면 그것 때문에 좀 계속 놀리고 그럴 수도 있어가지고 편견을 없애는 게 좀 중요한 것 같아요.

(2) 피해학생의 잘못

① 피해학생의 사회성이 부족해서

학생들은 자신의 의사를 적절히 표현하지 못하거나, 위축되는 경우 피해를 당한다고 인식하였으며, 사회성이 부족해서 또래들의 장난이나 시비에 적절하게 대응하지 못하면 학교폭력을 당한다고 여기고 있었다. 이에 대한 사례는 다음과 같다(김유원, 안영은, 2024; 박선우 외, 2022).

적당히 노는데 소심한 친구들이 보통 그런 타깃이 많이 되더라고요. 왜냐하면 어느 정도 친분이 있다는 가정하에 너는 나랑 친구니까 이 정도 장난을 칠 수 있어 하면서 그 친구는 자기주장이 강하지 않다 보니까 약간 좀 재미있으면서도 만만하게 보는 그런 것 때문에….

(피해학생들의 특징으로는)소심해요. 말수가 별로 없어요… 해달라는 게 있으면 다 해줘요.

또한 친구들이 원하지 않는 행동, 기분 나쁜 말을 반복함으로써 또래 관계가 원만하지 않은 경우, 배제되는 경우가 있다고 이야기하였다(김유원, 안영은, 2024; 박선우 외, 2022).

> 별로 친해지고 싶지 않은데 너무 친해지려고 하거나, 다른 친구랑 놀고 있는데 본인을 끌고 데려가서 본인과 놀게 하거나 …(중략)… 당연히 친해지고 싶어서 한 행동이겠죠. 근데 그게 불편하게 만든 것 같아요.

> 피해학생이 좀 성격적으로 남들 기분 나쁘게 할 만한 요소를 갖고 있다고 생각해요. 기분을 생각하지 않고 자기 생각을 그대로 직설적으로 말한다거나 …(중략)… 어떻게 보면 눈치 없는 경우? 이런 경우를 대부분 남들이 불만을 가지고 따돌리게 되는 것 같고….

② 피해학생이 무언가가 달라서

학생들은 무엇인가 '다른' 학생이 학교폭력 피해를 입는다고 생각하고 있었다. 신체, 외모, 학업 등에 있어서 무언가 다르거나, 특이하거나, 부족하거나 또는 너무 뛰어난 경우 피해학생이 될 확률이 높다고 보았다(김유원, 안영은, 2024; Thornberg et al., 2011).

> 걔는 좀 특이해요. 옷도 좀 이상하게 입고, 성격도 좀 이상하고 그러니까 당하죠.

> 보통 평범하지 않은 친구들한테 일어나는 것 같아서… 평범하지 않다는 게 꼭 나쁜 쪽만이 아니라 좋은 쪽으로도… 신체적인 상태나 아니면 학업적인 성취나 이런 것들을 봤을 때 그것보다 부족하거나 더 뛰어난 사람한테 자주 일어나는 것 같아요.

(3) 학교폭력에 대한 학교와 또래집단의 문화

학생들은 학교폭력이 발생하는 이유가 '불량서클 등의 폭력 문화' 또는 '어른들의 무관심' 때문이라고 응답하기도 하였다(김은아, 2013). 학교폭력을 용인하는 또래집단의 문화와 이에 대한 어른들의 무관심으로 인해 학교폭력이 지속된다고 인식하고 있었다.

①또래집단 내의 힘의 위계로 인한 학교폭력

학생들은 학교폭력이 발생하는 원인이 단순히 가해자 한 명의 문제가 아닌 학생들 사이에 존재하는 '힘의 위계'에 따른 것이라고 인식하고 있었다(이희연, 2013). 즉, 또래 관계에서 우월한 지위를 가진 몇몇 학생들이 자신보다 약한 아이들을 대상으로 하여 계층적인 서열을 만들고, 이는 학교폭력이 반복적으로 발생하는 원인이 된다는 것이다.

> 단체랑 한 명이랑은 적수가 안 되니까. 무리가 있으면 애들이 이제 선동을 하는 거예요. 선동을 하고 분위기에 휩쓸리는 게 있는 거 같아요. 눈앞에서 당하고 있으니까 자기도 당하기 싫어서 그런 거 같아요.

> 애들이 막 찐따라고 해서… 찌질이와 왕따의 합친 말인데, 애들이 뭐, 찐따 이런 거 만들잖아요. 그런 것 때문인 것 같기도 하고요, 나만 걔를 싫어하면은 내가 문제 되는 것 같은데, 같이 싫어하면 내가 문제없는 것 같이, 정상인 것 같고….

②학교폭력을 용인하는 학교 분위기

학생들은 학교에 학교폭력이 만연해 있으며, 폭력 행위 자체는 가해자의 잘못이지만 이를 용인하고 부추기는 학교의 분위기도 문제라고 인식하고 있었다. 학생들 간 경쟁을 부추기고, 자신의 권리 보장을 위해 타인의 권리를 침해하는 것을 용인하는 문화, 학업 성적으로 학생 간 지위를 결정하는 분위기는 학교폭력 가해학생이 자신의 잘못을 인식하지 못하게 하는 요인이라고 생각하고 있었다. 구체적인 사례는 다음과 같다(이희연, 2013).

> 자신이 원하는 거를 얻는 방법이 되게 지능적이고 그래요. 좀 더 영악해지고 지능적인 거예요. 어른들이 '넌 엘리트여야 해.'라고 하니… 애들이 그런 거에 스트레스를 받으면서 머리는 똑똑한데 그거를 이제 좀 악이용하는 거죠. 나쁘다고 생각을 아예 못 하는 것 같아요. '그건 내가 당연히 누려야 할 권리다.'라고 생각하는 것 같아요. 자기는 힘이 있고 공부도 잘하는 애니까. 자기가 잘못을 하고 있다고 생각하지 않고, 학교폭력이 문제라고 인식하지 못해요.

또한 경미한 학교폭력 사안이 발생했을 때 교사가 이를 발견하고 조기에 개입하려 하지 않는다고 인식하고 있었으며, 보다 적극적인 개입이 필요하다고 인식하고 언급하였다(이희연, 2013).

따돌리는 애들을 변화를 시킬 수 있는 무언가를 해주셨으면 좋겠어요. 죄라고 생각하지 않아요. 약자를 밟아도 된다고 생각해요. 인간의 본능이라고 생각해요… 왕따당하면 티 나잖아요. 그런데 선생님들이 실질적으로 거기에 뛰어드는 분은 잘 안 계세요.

2) 학교폭력 예방 및 개입에 대한 인식

(1) 철저한 예방교육 필요

학생들은 학교폭력 예방교육을 통해 학교폭력 행위가 잘못된 것임을 알려주는 것이 중요하다고 인식한다. 또한 학교폭력을 목격했을 때 신고할 수 있는 방법을 구체적으로 안내해 주는 것이 중요하다고 생각한다(양재영, 임승엽, 2021).

요즘에는 학교폭력에 대한 인식이 많이 좋아졌지만, 아직도 많은 건 사실이에요. 괴롭히는 애들이 크게 혼이 나거나 처벌을 받을 수 있다는 걸 계속 알려주는 게 필요하다고 봐요.

학교폭력을 봤을 때 바로 신고도 하고 도움도 줄 수 있는 용기가 필요해요. 그러려면 학생들이 신고를 어렵지 않게 할 수 있게 신고하는 방법을 가르쳐야 해요. 그래야 주저하거나 망설이지 않고 신고를 잘하죠.

(2) 교사의 적극적인 개입이 중요

학교폭력 사안이 발생했을 때 교사의 즉각적이고 엄격한 개입이 필수적이라고 인식하고 있었다. 학생들은 일상에 발생하는 사소한 학교폭력 사안에 대해서도 교사가 즉시, 적극적으로 개입하면 학교폭력이 지속되는 것을 예방할 수 있다고 생각했다(임재연, 2024).

선생님 한 분이 학교를 도시니까 애들이 또 그러면 바로 운동장 가서 해야 하고 하니까…. 저도 선배가 저 다리 편다고 시비 걸고 하다가 선배 여러 명이 저 손목 끌고 나가려다가 선생님이 발견하시고 딱 중재시키고, 그래서 중단이 됐죠.

선생님에게 적극적으로 알리고 가해학생들을 처벌하게 하면 앞으로 우리들이 학교폭력 상황을 말리더라도 잘 통할 것 같아요. 때리는 애들이 좀 온순해진다고 해야 하나요? 왜냐하면 우리 뒤에 선생님들이 있는걸 걔네들이 아니까요.

3) 학교폭력을 경험한 학생들의 인식

학교폭력 발생 시 어떤 역할을 경험하는가에 따라 학교폭력에 대한 인식은 차이가 나타난다. 가해, 피해, 방관, 강화, 방어자의 경험이 있는 학생들의 인식을 각각 살펴본다.

(1) 가해학생들의 학교폭력에 대한 인식

① 자신의 행동에 대한 합리화

학교폭력 가해학생들은 자신의 가해행동에 대한 책임을 피해학생에게 떠넘기면서, 자신의 행동을 정당화하고 합리화하기도 한다. 일부 가해학생은 피해자가 먼저 잘못을 했기 때문에, 또는 피해학생이 그 행동이 싫다고 이야기하지 않았기 때문에 이런 상황이 발생한 것이며, 자신이 가해자가 아닌 피해자라고 여기기도 했다(이조경, 2018).

그 아이가 화를 냈으면 저는 안 그랬을 거예요. 제가 그 아이 옷가지고 놀릴 때도, 쉬는 시간에 머리를 스칠 때도, 정말 저는 머리를 스친 거거든요. 그 아이는 화를 내지 않았어요. 그냥 책상에 엎드렸죠…. 아이들도 그랬는데…. 그리고 다 재미있다고 웃어주고….

저는 진짜 억울해요. 처음부터 우리 뒷담화를 하지 않았으면, 이런 일이 없었을 거잖아요. 우리하고 만날 때는 친한 척하다가 다른 친구들한테 우리 집 이야기하고 서현이 집 이야기하고, 우리끼리 비밀 이야기도 다 까발리고… 사람이 없는 데서 욕하면 안 되는 거잖아요. 그래 놓고 미안하다고 하지도 않고 해서… 알고 있어요. 폭력을 사용하면 안 된다는 거 근데, 나도 억울하고, 서현이는 더 억울하고… 근데 어른들은 우리만 잘못했다고 하고….

또한 자신이 한 행동이 학교폭력으로 규정되는 것이나, 다른 학생들과 함께한 행동에 대해 자신만 가해자로 지목되는 것에 대해 억울함을 느끼는 것으로 나타났다(이조경, 2018).

우리 반 애들 다 그래요… 같이 하거든요… 카톡으로 초대해서 한 아이에 대해 이야기하고 그 애는 듣고 있고… 나중에 저도 다른 아이들이 제 이야기할 때 그냥 듣고만 있고… 다 그래요. 진짜예요. 그런데 저만 학교폭력이라고 걸렸어요. 제가 단톡방을 만들었지만 아이들도 재미있다고 했고, 사실 제가 일부러 그런 것도 아니에요 우리 반 전통이랄까… 그런 거였는데….

② 모든 행동에 대한 낙인과 질책

학교폭력이 발생하면 가해학생은 피해학생과 격리조치를 받게 된다. 이 과정에서 가해학생은 학교폭력 행위가 명확하게 밝혀지지 않았음에도 자신에 대한 무조건적인 질책과 낙인을 당한다고 인식하고 있었다. 이 때문에 피해자에게 미안한 감정과 억울한 감정을 동시에 느끼고 있었다. 가해학생들의 면담 내용을 살펴보면 다음과 같다(이조경, 2018; 임재연, 2017).

같이 장난을 쳐도 다른 애들은 주의만 받는데. 사건이 있고 나서 더 혼내는 것 같아요. 그럴 때는 선생님이 무조건 나를 문제아라고 여기고 계시는구나 이제는 어떤 행동을 해도 선입견을 가지고 더 뭐라고 하고 지난 이야기를 꺼내고 그러시는구나 라고 느꼈죠.

가해자로 보는 게 아니라 보통 학생으로 봐주셨으면 그나마 덜 했을 거 같다는 생각… 쌤한테 미안해서라도 가만있을 거 같은데… 뭔가 모든 사람들한테 그 시선을 받는 느낌. 지나고 보니까 쌤들이 미워지더라고요.

③ 두려움과 무기력

학교폭력 사건이 접수되면 학교는 매뉴얼에 따라 학교폭력 사안을 처리하고, 이 과정에서 학생들의 의사는 반영되지 않는 경우가 많다. 가해학생들은 자신에게 어떤 조치가 내려질지에 대한 두려움을 느끼고 있었으며, 자신이 어떤 행동을 해도 이 상황을 되돌릴 수 없다는 무기력을 표현하기도 하였다(이조경, 2018; 임재연, 2017).

선생님이 전학을 가야 될지도 모르겠다고 하셨어요. 근데 전학 가도 그 학교 아이들이 제가 학교폭력 가해자라는 거 다 알 텐데, 그럼 저는… 그리고 생기부에도 남을 텐데, 앞으로 저는 어떻게 되는 걸까하고 걱정이 되었어요.

가해학생한테 이제 내가 이걸 했을 때 무슨 피해가 오고 무슨 일이 생긴다 이런 걸 알 수 있게 그걸 먼저 말씀해 주시고 네가 이거 고쳐라 이런 식으로 먼저 기회를 주셨으면 좋겠어요. 왜냐하면 그걸 저희 나이에는 모를 수도 있고, 이제 기회 없이 바로 그렇게 넘어가면 오히려 더 악심만 생겨서… 아닌 거는 아니다 말씀해 주시면 좋겠어요.

반성문을 쓰고 청소를 하고 미안하다고 사과도 하고 그래도 끝나지 않는… 말하자면 저는 영원히 친구들에게 가해자로 낙인이 되겠죠.

④ 회복을 위한 노력

모든 가해학생이 자신의 행동을 합리화하는 것은 아니며, 가해학생들 역시 학교폭력이 잘못된 행동임을 인식하고 이를 회복하기 위한 노력을 해나간다. 가해행동을 한 이후 '피해학생에게 사과했다'고 응답한 학생이 초등학교에서 47.1%, 중학교에서 46.4%로 나타나 가장 많은 학생이 응답하였다(교육부, 2023). 또한 가해행동을 중단한 이유로 '괴롭히는 말과 행동이 나쁜 것임을 알게 되어서'로 응답한 비율이 초등학교에서 65.3%, 중학교에서 56.4%로(교육부, 2023) 자신의 행동이 잘못된 것을 인식한 이후에는 학교폭력 행동을 스스로 중단하는 경우가 많다는 것을 알 수 있다.

학교폭력 회복조정모임에 참여한 가해학생은 자신의 행위에 대해 변명과 학교폭력 해결 절차에 대한 불신의 단계를 거쳐, 자신의 잘못이 무엇인지 직면하는 단계를 경험하는 것으로 나타났다(이조경, 2018).

피해당했다고 찌질하게 선생님에게 말하고 치료비로 돈을 요구하는 상대가 싫었어요. 다시는 연관되지 않으면 된다고 여겼죠… 근데 사실 내가 잘못해서 여기까지 온건데… 라는 생각이 드니 미안했어요. 처음에 사과하고 싶었던 마음이 다시 생각나고 정말 그동안 변명만 했던 내가 부끄러웠어요. 어떻게든 다시 관계를 회복하고 싶었어요. 미안이라는 말이 왜 그렇게 어려웠을까요.

내가 잘못한 것을 다시는 안 하겠다고 다짐을 했지만, 사실 저도 앞으로 어떻게 될지 모른다는 생각이 조금은 있었어요. 근데, 합의문이라는 것을 작성하면서 아, 이거는 꼭 지켜야 하는 거구나 라는 생각이 들었어요. 그리고 생각보다 피해 아이가 원하는 것이 내가 평소에 지키기 어렵지 않은 내용들이라 안심도 되었어요. 뭔가 꼭 해야 할 일을 마무리한 것 같은 느낌….

이처럼 학교폭력에 대한 가해학생의 인식과 경험은 학교폭력 행위 이후 어떤 개입이 이루어지는가에 따라 달라질 수 있으므로, 가해학생의 잘못된 행위에 대한 처벌뿐만 아니라 가해학생과 피해학생 간의 관계 회복에 초점을 두는 개입이 필요하다.

(2) 피해학생들의 학교폭력에 대한 인식과 경험

2022년 2차 학교폭력 실태조사를 분석한 결과에 따르면 학교폭력 피해학생은 피해를 당하지 않은 학생보다 학교폭력의 원인을 '장난이나 특별한 이유 없이'라고 생각하는 비율이 낮았고, 학교폭력 발생 원인을 가해자 중심으로 생각하는 경향이 높게 나타났다(한국교육개발원, 2023). 학교폭력 피해 경험 유무에 따라 학교폭력에 대한 인식은 매우 다르게 나타난다.

① 피해사실을 알리지 못하고 고립되는 학생들

2022년 제2차 학교폭력 실태조사 결과에 따르면 피해경험이 있는 학생들은 대부분(84.5%)이 주위에 알리거나 신고하였으나, 신고하지 않은 학생도 15.5% 존재했다. 이들은 피해사실을 알리지 않은 이유로 '별일이 아니라고 생각해서(30.1%)', '이야기해도 소용이 없을 것 같아서(23.5%)', '스스로 해결하려고(21.6%)'의 순으로 나타났다. 24%에 가까운 학생들이 이야기해도 소용이 없을 것 같다고 응답한 점은 학생들이 학교폭력 문제에 대한 학교, 가정, 정책적인 개입을 신뢰하지 못한다는 것을 의미한다.

하지만 실제로 피해를 알린 대다수의 학생들은 문제를 해결하는 데 도움이 되었다고 응답(91.6%)하고 있어 학교폭력 피해를 받을 시 주변에 적극적으로 알리고 신고하는 것이 중요한 점을 반영한다(한국교육개발원, 2023)(<표 3-3>).

〈표 3-3〉 피해사실을 알리지 않은 이유

	피해사실을 알리지 않은 이유	비율(%)
1	별일 아니라고 생각해서	30.1
2	스스로 해결하려고	21.6
3	이야기해도 소용이 없을 것 같아서	23.5
4	누구에게(어디에) 도와달라고 해야 할지 몰라서	1.1
5	가해자에게 더 괴롭힘을 당할 것 같아서	11.5
6	나의 보호자(가족, 같이 사는 어른)나 선생님이 걱정하거나 혼낼까 봐	12.1

출처: 한국교육개발원(2023). p.19.

하지만 학교폭력 피해학생들을 면담해 보면 그들 중 일부는 학교폭력 개입을 신뢰하지 못하며, 자신이 학교폭력 피해자인 것이 주변에 알려지는 게 두려워 친구 또는 부모에게 피해 사실을 제대로 알리지 못하고(이조경, 2018), 학교폭력을 당하는 현실에 저항하지 못하는 자신을 책망하며, 세상과 주변 사람들에게 심리적인 거리를 두기도 한다(배상철, 주경필, 2020). 선행 연구에 나타난 면담 사례는 다음과 같다(이조경, 2018; 임재연, 2024).

저도 반에서 공개적으로 피해자가 돼버려서 갑자기 의기소침해지고 그랬어요… 애들한테 퍼지는 건 자존심 상하는 것 같아요… 그 이후로도 말로 상처 주고 시비 걸고 하더라고요. 그런데 반박은 하지 않고 그 친구가 얘기한 거 일기에 기록하고… 그러다가 나중에는 무시하자, 참고 넘어가야겠다 하고 넘어간 것 같아요.

내가 왕따였다는 것… 내가 친한 친구들한테 맞고 카톡에서 왕따당했다는 거는 다른 사람들이 몰랐으면 좋겠어요. 남들은 내가 찌질하고 못나서 아이들에게 당했다고 여길 거 같은데… 그냥 아무도 모르는 상태로 사건이 마무리되기를 원했어요.

② 자괴감과 비참함

2022년 2차 학교폭력 실태조사에서 피해 후 어떤 경험을 했는지에 대한 질문에 '학교에 가기 싫었다'에 대한 응답은 초등학교 27.9%, 중학교 30.0%, 고등학교 37.6%로 모든 학교급에서 높게 나타났다(교육부, 2023). 또한, 학교폭력 피해의 원인을 피해자 탓으로 여기는 주변의 시선에 대한 두려움과 이에 대한 억울함, 가해자에 대한 분노 등의 복합적인 감정을 경험하는 것으로 나타났다(임재연, 2024). 이로 인해 피해학생은 또래관계에서 위축되고 집단에서 소외될 수도 있으며, 이러한 고립된 상태는 또다시 학교폭력의 피해에 노출되게 하는 악순환을 만들기도 한다. 일부는 극단적 선택을 시도하기도 한다(문용린 외, 2006). 피해학생들의 면담 내용은 다음과 같다(이희연, 2013; 임재연, 2024).

인간관계가 너무 힘들었어요. 제가 그때부터 관계를 맺는 게 어려워서 계속해서 혼자 있다가 2학기 때 간신히 좀 괜찮아져서 스스로 친구를 만들고 애들이랑 좀 친해졌는데, 고등학교에 와서 이미 애들끼리 무리가 만들어졌는데 제가 거기에 낄 수가 없어요. 대화를 이어 나갈 수가 없어요. 그래서 다시 애들이랑 말을 안 하고 있어요.

정말 힘들었던 시간이었어요. 시선도 너무 무서웠고, 자신감도 잃어버리고, 나는 정말 우울하고 애들이랑 놀지도 못하는 왕따인데, 쟤는 날 어떻게 생각할까… 혼자 감당하기가 너무 힘들더라구요. 자살 시도까지도 몇 번 해봤는데… 차도에 뛰어들려고 한 적도 있고요. 비참했어요. 저는 그런 일에 충격을 많이 받았고, 솔직히 창피하잖아요. 너무 고통스러워서 막 나쁜 쪽으로 생각한 적도 많고, 애들 중에 한명 때려가지고 강제전학이나 갈까 이런 생각도 하고. 수업시간에 무단으로 빠지고 3시간 동안 화장실에서 혼자 막 울고 그랬어요.

③ 학교에 대한 불신

학교폭력 피해 사실을 알리는 과정에서 학생들은 학교폭력 사건을 축소하려는 교사의 태도에 실망감을 경험하였다. 또한 학교폭력 사안으로 접수가 된 이후에 사안처리 절차를 안내해 주지 않아 답답함을 느끼기도 하였다(이조경, 2018; 임재연, 2017). 이러한 경험으로 인해 학생들은 학교가 학교폭력 사안을 공정하게 해결해 줄 것이라는 신뢰를 잃어가고 있었다. 구체적인 면담 내용은 다음과 같다(이조경, 2018; 임재연, 2017).

> 저를 개인적으로 불러서 "어차피 합의 보고 했으니, 네가 선처를 해라. 그러는 게 좋지 않겠냐." 이런 식으로 얘기를 하시는 거예요. 반장이라고 가해자인데도 불구하고 선생님이 편을 드신 거죠. 너무너무 기분이 더러웠어요.

> 왕따를 당하고 있어 힘이 들다 했더니 그 선생님이 그냥 참으라고 저보고 그냥 참으라고 이것도 다 지나갈 거라고 그냥 참으라고 그렇게 말씀하셔서 그때 제가 그냥 계속 참고 있었던 것일지도 모르겠어요.

> 갑자기 불러서 이야기도 안 해주고 서로 맺힌 거 풀자. ○○이가 먼저 말을 해보자 하는 거예요, 저는 일단 당황스럽죠. 아 저는 할 말이 없다고 그렇게 말하고, ☆☆이는 ☆☆이 대로 그때 그 일을 말을 한 거죠. 그러니까 제가 오해한 거 같으니까 서로 사과하자 그러셔서 제가 그냥 사과했어요. 그런데 머리가 하얘지는 거예요. 해명할 시간도 안 주고… 막 울면서 집에 갔고 아무리 생각해도 억울하고 화가 났어요.

④ 주변 사람의 관심과 지지로 간신히 지탱

학교폭력 피해학생은 폭력 피해를 극복하기 위해서는 주변 사람들의 관심과 도움이 필요하다고 이야기하였다. 특히 학교폭력 피해를 경험한 뒤 부모의 태도는 이를 회복하는데 가장 많은 영향을 준다고 인식하였다. 피해학생들의 면담 내용을 살펴보면 다음과 같다(임재연, 2024).

> 최소한 부모님의 지지는 반드시 필요하다고 생각해요. 제가 폭력 피해 때문에 학교 그만두고 극단적 선택도 하게 되었는데, 그때도 어머니가 저를 믿고 지지해 주셨어요. 제가 뭘 한다고 했을 때도 어머니는 제가 하고 싶은 일을 반대하시지는 않아요.

학교폭력 재발을 예방하기 위해서는 피해학생의 친구관계를 회복하는 것이 중요하며(임재연 외, 2015), 교사는 이를 지원하는 역할을 수행해야 한다. 학교폭력 피해학생들은 교사가 친구와의 관계 개선을 위한 여러 시도를 하는 것은 새로운 친구와 친해질 수 있는 계기가 된다고 이야기하였다(임재연, 2024).

선생님들이 관심을 가져주는 것도 큰 도움이라고 생각해요. 친구 되기에 가장 좋은 방법은 여러 가지 활동을 함께 하는 거, 자연스럽게 친해지고 새로운 친구도 사귄다고 생각해요. 팀을 너희가 짜서 해라 이러면 친한 애들끼리만 친해지니까, 랜덤으로 짜서 섞으면 피해 친구도 친해질 수 있는 계기가 될 것 같아요.

⑤ 교사의 강한 제지와 개입 필수

피해학생들은 교사가 가해자들에게 말로 훈계하는 것으로는 학교폭력 행위가 중단되지 않으며, 눈에 띄지 않는 방식으로 괴롭힘이 반복된다고 이야기하였다. 따라서 가해자에 대한 보다 엄격하고 공식적인 개입이 필요하다고 보았다(임재연, 2024).

선생님이 가해자들을 불러서 얘기를 하셨는데, 그렇게 하지 말라고. 그런데 가해자들 때문에 반에서 제 인식이 더 나빠졌어요. 가해자들은 혼나고도 또 그랬어요. 선생님이 혼냈는데도 계속 대놓고 말로 욕하고… 제대로 도움이 되지 못했어요.

선생님이 좀 강하게 하셨던 것 같아요. 사건이나 괴롭히는 애들 있으면 엄하게 하고 관리를 하니까. 가해자들 불러서 얘기하는 것도 하지 마! 이 정도가 아니고 제대로 강하게 혼내셨던 거 같아요. 그리고 징계 내려가고. 재발 안 하게 제어해 주었다는 느낌이 들었어요.

(3) 방관자, 강화자, 방어자의 학교폭력에 대한 인식과 경험

① 방관자 역할을 경험한 학생의 인식과 경험

학교폭력 상황에 개입하지 못하고 주변인으로서 지켜보기만 하는 방관자 역할을 하는 학생들은 답답함과 무기력감, 무서움 등의 부정적인 정서를 느끼며, 스트레스를 겪는 것으로 나타났다(청소년폭력예방재단, 2014). 이들은 학교폭력 상황에 어떻게 대처해야 하는지 혼란을 겪으며, 자신의 개입으로 인해 상황이 악화되거나 가해자들이 자신에게 보복할지도 모른다는 두려움 때문에 쉽게 개입하지 못한다고 하였다(김화숙, 신경일, 2015; 양재영, 임승엽, 2021). 구체적인 면담 사례는 다음과 같다(권영자, 양지웅, 2016; 임재연, 2024).

아무래도 너무, 너무 약간 가해자가 아무래도 신체적으로나 사회적으로나 피해자보다는 우위에 있는 친구다 보니까 그래서 그 친구들을 제지하기가 아무래도 쉽지 않은 경향은 있는 것 같아요.

안타깝죠! 하지만 어쩔 수 없는 선택이겠다는 생각이 들어요. 제가 피해를 당해보고, 보는 사람 입장에서 도와주러 갔다가 '나처럼 똑같이 될 수도 있겠다, 방관은 나쁘지만 어쩔 수가 없다.'는 생각이 들어요. 당연히 나쁘고, 진짜 그러면 안 되지만…

또한, 학교폭력 상황에서 자신이 개입하더라도 학교폭력을 멈출 수 없다고 인식하고 있으며, 괜히 엮이게 되는 것이 부담스러워 자신과 관계없는 일이라며 외면한다고 하였다(임재연, 2024). 사례를 살펴보면 다음과 같다(권영자, 양지웅, 2016; 양재영, 임승엽, 2021).

애들이 피해학생을 괴롭히고 때리는데 저는 보고 있을 수밖에 없었습니다. 일단 때리는 애가 싸움을 잘하거든요. 괜히 끼었다가 그 학생이 저를 때릴까 봐서요. 제 입장에서는 괴롭힘을 당하고 맞고 있는 친구가 그냥 안 돼 보였어요. 조금 비겁했던 것 같았습니다. 저도 힘이 있으면 도와줄 수 있었을 텐데. 아쉽지만 뭐 어쩌겠어요.

그러나 학교폭력 상황에서 폭력을 중단시키기 위해서는 보다 적극적인 대응이 필요하다는 점을 인식하고 있었으며, 일부 학생은 교사의 도움만큼 친구들의 도움이 중요하다고 이야기하였다(양재영, 임승엽, 2021).

폭력 상황에서는 누군가가 나서서 피해학생을 도와줘야 합니다. 선생님의 도움이 필요한 건 당연하지만 친구들의 도움이 절실해요.

방관자들끼리 뭉쳐 가지고 같이 '왜 그러냐?'고, '하지 말라.'고 말을 했으면 좋겠어요. 일대일로 하면 분명히 지니까 일대다수로 하면 어떻게든 이기니까 그렇게 했으면 좋겠어요.

② 강화자 역할을 경험한 학생의 인식과 경험

강화자 역할을 하는 학생들은 학교폭력 가해를 하는 학생들이 가진 지위나 힘에 대한 동경심을 갖고 있으며, 학교폭력 피해를 당하는 학생들에게 문제가 있기 때문에 학교폭력을 당한다고 인식하는 경향이 높았다(주지선, 2017). 사례를 살펴보면 다음과 같다(양재영, 임승엽; 2021; 이희연, 2013).

> 폭력을 본 상황에서 맞는 애가 괴롭힘을 당하고 있을 때 도와주지 못하고 그냥 옆에서 때리는 애들을 부추겼던 것 같아요. 더 괴롭히라고 말로 부추겼어요. 맞는 애가 맞을 짓을 했다고 생각했거든요. 그래서 당시 저는 그 상황이 잘못된 것으로 생각 못 했고 맞는 애도 크게 저항을 한다거나 사람들한테 도와달라고 하지도 않았어요. 아마도 저항을 했으면 그렇게 계속 맞고만 있는 상황은 아니었을 거예요.

또한, 이런 강화자는 또래에 대한 학교폭력에 대해 허용적인 태도가 높고, 다른 사람에 대한 인권 인식 수준이 낮고(남미애, 홍본선, 2015), 피해학생의 상황에 인지·정서적으로 공감하는 능력이 부족한 것으로 나타났다(양재영, 임승엽, 2021). 이와 같이 학교폭력에서 강화자 역할을 하는 학생들은 학교폭력을 행사하는 행동이 다른 또래들보다 더 높은 지위를 갖고 있다는 만족감을 줄 수 있으며, 자신이 '잘나가는 친구'와 함께 한다는 만족감을 느끼기 때문에 가해행동에 동조하는 것으로 보인다.

> 폭력 상황을 봤을 때 가해하는 애들한테 계속 괴롭히라고 말을 했어요. 사실 가해학생들이 괴롭히는 것처럼 저도 같이 괴롭혔었습니다. 같이 웃고, 욕하고, 괴롭히고, 때리고 했는데 지금은 후회해요. 만일 제가 맞는 입장이라면 어휴. 큰 싸움으로 번졌을 거예요.

③ 방어자 역할을 경험한 학생의 인식과 경험

방어자의 역할을 하는 학생들은 가해자와 피해자가 동등한 친구관계라는 인식을 가지고 있으며, 학교폭력 문제를 해결하기 위해서는 서로를 존중하는 태도를 형성해야 한다고 인식하고 있다(주지선, 2017). 방어자들은 자신이 피해자를 위해서 적극적으로 개입할 수 있는 힘이 있으며, 도움을 제공할 수 있다는 신념을 갖고 있다

(Caprara & Steca, 2005; Obermann, 2011). 따라서 학교폭력 상황이 발생하면 자신이 어떤 도움을 제공할 수 있는지를 고민하고, 즉각 개입하는 모습을 보인다. 그 행동이 문제를 완전히 해결하지 못하더라도 자신이 피해자를 위해 직접적인 행동을 한 것은 용기 있는 행동이며, 이타심이 바탕이 된 옳은 행동으로 여긴다(손강숙, 이규미, 2015). 방어자 역할을 해본 학생들의 면담 사례를 살펴보면 다음과 같다(양재영, 임승엽, 2021; 이영기, 선혜연, 2016).

> 한 학생이 농담으로 같은 반 학생에게 조금 심한 말을 하고 계속 그 학생을 멸시하고 무시하는 행동을 보였습니다. 그래서 제가 걔한테 가서 이제 그만 하라고 말했고 피해학생한테도 네가 참으라고 얘기했었어요. 또 놀린 애한테 가서 자꾸 그러면 선생님에게 말한다고 했었죠. 피해학생은 학급에서 다른 애들에게 가끔씩 놀림을 당하는 애거든요. 제 생각에 피해학생은 아무런 잘못도 하지 않았고 그냥 당하고만 있었습니다.

방어행동은 방어자 역할을 한 학생 자신에게도 남을 도와준 보람과 옳은 일을 했다는 뿌듯함으로 인해 긍정적 자아상을 갖게 하는 데 도움이 되었다.

> 해보면 쉬운 건 아니지만 친구 도운 것은 충분히 가치 있다, 그런 생각이 들어요. 가치 있는 일을 하는… 그게 참 좋아요. 옳은 일 하는 게 자랑스럽고….

> 막상 해보니까 그렇게 어려운 것도 아니니까… 진작 도와줄 걸 싶기도 했어요. 처음 말하고 할 때는 목소리도 잘 안 나오고 가슴이 콩콩 떨리는 것도 있긴 했지만… 몇 번 하다 보니 이젠 용기 있게 나서요. (중략) 싸우는 거 보게 되면 가서 말려주고….

학교폭력은 학생이 어떻게 관련되어 있는가에 따라 발생 원인, 예방 및 대책, 관련 경험에 대한 입장이 매우 다르다. 다만 학교폭력을 금지하는 교사의 적극적 관심과 태도, 공정한 사후 처리에 있어서는 공통적이었다. 결국 피해자를 탓하는 가해학생과 방관하는 학생들의 인식과 학급의 분위기는 학교폭력에 대한 효과적이고 적극적인 교육이 더욱 필요하다는 점을 반영한다.

2 학교폭력에 대한 부모의 인식

학교폭력에 대한 부모의 인식은 학교폭력 사안처리에 대한 경험의 유무에 따라 다르게 나타난다. 대부분의 학부모는 언론, 매체를 통해 학교폭력에 대한 정보를 얻고 있으며, 이때의 정보는 학교폭력 발생 건수 등과 같은 통계자료나 학교폭력 관련 정책에 대한 간략한 소개에 머무는 경우가 많다(임은정, 2012). 따라서 학교폭력 사안이 구체적으로 어떤 과정으로 처리되는지, 학교와 부모의 역할은 무엇인지에 대해 알기 어렵다. 학교폭력에 대한 부모의 인식을 학교폭력 피해, 가해학생 부모로 나누어 살펴본다.

1) 학교폭력 가해학생의 부모의 인식과 경험

(1) 학교폭력 가해사실을 알게 되었을 때의 경험

① 자녀의 가해행위 사실을 믿지 못함

가해학생의 부모들은 자녀의 학교폭력 사건에 관련된 사실을 처음 들었을 때 자녀가 가해행동을 했다는 사실을 믿기 어려웠다고 이야기하였다. 평소 자신이 봐왔던 모습과 다른 자녀의 행동에 당황스러움을 표현하였다(안봉, 2019).

> 굉장히 순하고 예의도 바르고 동물도 좋아하고 그래서 강아지도 키워요. 길에 있는 강아지들 밥도 주고… 그래서 저희는 아이가 학교에서 폭력이 일어날 거라고는 전혀 예상을 못 했어요. 폭행을 했다는 걸 믿을 수가 없었어요.

② 자녀에 대한 걱정과 억울함

가해학생 부모는 학교폭력 사안을 처리하는 과정에서 자녀에 대한 선입견에 대해 억울한 감정을 느끼고 있었으며(김헌진, 문혜련, 2012) 한번 가해자는 영원한 가해자라는 인식이 가장 무섭게 느껴진다고 하였다. 또한 자녀의 가해 사실이 생활기록부에 기재되는 것에 대한 부담을 표현하기도 하였다. 선행 연구에 나타난 구체적 사례를 살펴보면 다음과 같다(김헌진, 문혜련, 2012; 안봉, 2019).

> 가해자가 되었다고 애가 학교에서도 그런 식으로 찍힌 거잖아요. 학교에서 그러니까 애가 뭐를 해도 그런 아이가 된 거예요.

> 초등학생이잖아요. 이거를 기록으로 남겨서 ○○는 중학교 갈 때도 이게 문제가 됐어요. 자기가 원하는 학교를 못 갔어요. 생활기록부 때문에. ○○가 사립학교를 지원을 한 게 있었는데 그 학교에 1차 합격을 했는데 2차에서 생활기록부를 떼 오라는 거예요. 생활기록부에 학교폭력 기록되어 있으니 학교에서 좋아하겠어요? 정말 속상하고 원망스럽더라고요.

③ 자녀에 대한 실망과 충격

학교폭력 사안을 인지하게 되면서 가해학생의 부모는 자신이 몰랐던 자녀의 행동에 실망하고 충격을 받았다고 이야기하였다(안봉, 2019).

> 우리 애가 그런 폭력을 행사했다는 거에 대해서 충격을 많이 받은 상태고 도저히 납득이 안 갔어요. 학교생활은 모르겠는데 집에서라든지 데리고 나갔을 때 그런 폭력을 행사할 수 있을 거라는 것은 전혀 몰랐던 부분이에요. 그래서 정말 많이 느꼈어요. 이제 집에서 우리가 보는 거 하고 그 다음에 밖에서 또래하고 생활하는 거하고 다를 수 있구나….

④ 부모역할을 수행하지 못했다는 자책

학교폭력 가해학생의 학부모는 자신이 자녀를 잘못 지도하여 다른 학생에게 피해를 주었다고 인식하고 있었다(홍지영, 유정이, 2013). 이와 더불어 사회적인 질타로 인한 불편함과 자녀로 인한 부끄러움을 느낀다고 하였다. 학교폭력 가해학생의 부모는 학교폭력 사안이 발생하기 이전부터 자녀의 행동을 인지했지만(박민재, 송종원, 2020), 먹고살기 바쁘다는 핑계로 자녀에게 관심을 갖기 못했던 모습을 후회하고 있었다(김헌진, 문혜련, 2012). 김헌진과 문혜련(2012)의 연구에 나타난 사례를 살펴보면 다음과 같다.

엊그제 방 청소를 하다가 팩 소주가 나왔어요. 사진 찍어서 아빠한테 보내고 아빠는 무반응이에요, 또 꼬깃꼬깃 담배가 속옷에 싸여서 있더라구요.

밤에 아빠도 안 계시고 엄마도 없는 걸 아니까 큰애들이 우리 집에 놀러를 온다고, 집에서 담배도 피고, 저기도 있었다고, 술도 먹었다고 하더라구요.

⑤ 피해학생과 부모에 대한 사죄

가해학생 부모들은 피해학생 부모들이 자녀의 행동을 용서해 주기를 바라는 마음에 피해학생 부모를 찾아가 용서를 구한다고 이야기하였다. 자녀를 위해 용서를 비는 것을 당연한 부모의 도리라고 인식하고 있었으며, 더 이상 일이 커지지 않기를 바라고 있었다(김헌진, 문혜련, 2012; 안봉, 2019).

걔네 엄마한테 찾아가서 저는 무릎 꿇고 빌고, 무슨 말을 했는지 몰라도 계속 눈물이 나더라구요.

그 전에 제가 세 번을 찾아갔거든요. 가서 무릎 꿇고 죄송합니다 했고, 이제 그 치료비라든지 어떤 그 외에 관련된 들어간 비용이라든지 그런 부분을 다 처리를 해드릴 테니까 마음 푸시라고 세 번을 찾아갔어요.

(2) 사안처리 과정에서의 경험

① 자녀에 대한 교사의 편견으로 인한 교사에 대한 불신

가해학생의 부모들은 학교폭력 사안을 처리하는 과정에서 정확한 사안조사가 이루어지기 이전부터 자녀를 가해자로 단정하고 문제아로 바라보는 교사의 태도로 인해 서운함을 느끼고 있었다(안봉, 2019; 정관희, 조아미, 2018). 사례를 살펴보면 다음과 같다(안봉, 2019; 정관희, 조아미, 2018).

상대편 얘기를 많이 듣고 오신 것 같긴 했는데 처음 상담할 때부터 저희 아이를 고의로 한 가해자로 몰고 나가는 식으로 얘기를 하는 뉘앙스가 있어 그때 많이 서운하더라고요.

학생부장 선생님은 아이한테 "이전에 사건도 인정을 했으면 서면 사과로 끝났을 텐데 네가 인정하지 않았기 때문에 벌을 받았다.", 그리고 저한테는 "학교폭력의 가해학생은 선도의 목적이 아니라 처벌해야 된다." 이렇게 말씀하시더라고요. 선생님들이 이렇게 이야기할 수가 있나요. 3월에 친구도 없고 아이가 생활할 수 있도록 선도의 기회도 주지 않고 문제아로 지정해 버리면 학교에서 어떻게 살아남으라는 것인지….

② 적극적인 중재를 하지 않는 학교에 대한 실망감

부모들은 학교의 구성원들은 학교폭력 사안을 명확하게 조사하고 가·피해학생의 입장을 중재하려고 하기보다는 사건이 빨리 종결되기를 바라는 태도를 보였다고 이야기하였다. 또 이 과정에서 사건 종결을 위해 가해학생 학부모에게 사과를 종용하거나 학폭위를 원하지 않는 경우에도 학폭위를 개최하여 사건을 종결하는 경험을 하기도 했다(안봉, 2019).

학교에서는 뭐 그렇게 좋은 쪽으로 마무리 지어주려는 게 없었고 무조건 학폭위 결과로만 판단하려고 했기 때문에… 어떻게 된 얘기인지 들어보셨냐고 하니까 이미 접수가 된 것이기 때문에 자기가 어떤 말도 할 수가 없대요. 아무 얘기도 없었고 그냥 학폭위 준비하시라는 것밖에 없었어요… 학교에서는 결과 나오는 대로 보자는 식이었고….

(3) 사안처리 이후의 경험과 인식

① 교육의 기회로 인식

부모들은 학교폭력 사안을 처리하고 조치를 받는 과정이 자녀가 자신의 잘못된 행동에 대해 반성하고 책임질 수 있는 교육의 기회가 되었다고 인식하고 있었다. 자녀가 이 경험을 바탕으로 이후 학교생활에 보다 잘 적응할 수 있을 것이라고 기대를 나타냈다. 선행 연구에 나타난 사례를 살펴보면 다음과 같다(안봉, 2019).

순간적인 감정에 폭력을 행사하는 게 일이 이렇게 커지는 것을 보았을 때 그거를 교육적인 차원에서 보여주고 싶었어요. 결과에 대해서는 담담하게 받아들여요. 아이도 경험이라고 생각하고 앞으로 나가야 될 지표, 폭력에 대한 어떤 생각, 심각성을 분명히 인지를 한 거니까.

우리 아이를 무사히 졸업시키기 위한 좋은 교육이었다라고 생각이 들더라고요… 아직 1학년이고 이상한 엄마들 더 심한 엄마들이 많은데 고3까지 남았는데. 애가 뭐가 잘못인지 알고 있으면 이제 안 할 거니까 오히려 일찍 어려운 걸 경험하게 돼서 고맙다는 생각도 한편으로 들더라고요.

② 자녀와의 관계 개선의 기회로 인식

학교폭력 가해학생의 부모들은 그동안 자녀의 입장에서 고민하고 배려하지 못했던 것 등에 대한 미안함과 후회스러움을 느끼고 있었으며, 앞으로 자녀를 이해하려는 노력을 해야 한다고 인식하고 있었다(홍지영, 유정이, 2013). 대화의 중요성을 뒤늦게 깨달은 자신에 대해 반성하며 자녀가 하기 싫은 공부보다는 하고 싶은 자격증 등 적성에 맞는 활동에 적극 지원해 주고 싶다고 하였다. 구체적인 면담 사례를 살펴보면 다음과 같다(정관희, 조아미, 2018).

2년 동안 학교를 데려다주면서 이야기를 참 많이 했는데, 그것도 도움이 되었어요. 내가 그동안 신경 못 써준 것이 많았고, 들어주지 못한 것이 많았다는 것을 알게 되었죠. 요즈음 ○○가 너무 이뻐요. 제 자신이 ○○를 문제아로 보는 것이 아니라 복덩이로 보기로 했더니 마음이 달라지고 좋았죠. 요즈음 복덩이라고 불러요.

2) 학교폭력 피해학생 부모의 인식과 경험

(1) 학교폭력 피해사실을 알게 되었을 때의 경험

① 당혹감과 답답함

학교폭력 피해학생은 자신의 학교폭력 피해를 숨기고 싶어 하는 경향이 있으며, 부모에게조차 그 사실을 알리는 것이 쉽지 않다. 부모들은 자녀의 피해 사실을 누군가에게 전해 듣게 되었을 때 당혹감을 느끼고, 자녀가 피해 사실을 숨기는 모습에 답답함을 느끼고 있었다. 선행 연구에 나타난 구체적인 사례를 살펴보면 다음과 같다(정윤경, 김수경, 2014).

멍이 들어오는 거예요. 씻길 때마다 보면. ○○야 왜 다쳤어! 이러면, 오늘 어디 넘어졌어, 넘어져서 다쳤다, 어째서 다쳤다. 처음에는 그런가 보다 하고 넘어갔는데, 계속 또 다른 부위에 그렇고… 애는 입을 다물고 얘기를 안 하고 그러면서 2~3달 지나고 알게 됐지요.

학교에서 신발이 없어졌을 때도 말을 하라고 하니깐, '엄마 애들이 장난을 쳤을 거야.' 자꾸 미화를 시켜요. 얘가 마음이 너무 여리고 그래서 그런지 친구들이 숨긴 건 아니라고 나쁜 마음으로 한 건 아니라고, 어디 챙겨놨거나, 지가 실수해서 떨어뜨린 거를 애들이 어디 주워놨을 거야. 이건 문제가 아니라고 자꾸 덮으려고 하더라고요.

② 가해학생과 부모에 대한 원망과 분노

자녀의 피해사실을 인식한 후 부모들은 가해학생과 부모에 대한 원망과 분노의 감정을 경험하고 있었다. 가해학생과 부모가 자신의 잘못을 뉘우치지 않는 태도와 책임을 회피하는 모습에서 피해를 받은 자녀의 억울함을 풀어주기 위해 할 수 있는 것이 없다는 점에서 억울함과 분노를 표현하였다. 선행 연구에 나타난 구체적 사례는 다음과 같다(홍지영, 유정이, 2013).

나는 이렇게 힘든데. 때린 놈은 저러고 잘 다니고 잘 먹고 잘 노니까. 그니까 더 열 받는 거예요. 어쨌든 피해자들만 영원한 피해자가 될 수밖에 없어요. 가해자들은 모르더라구요. 내가 왜 가해를 했는지 가해를 해도 뭐가 잘못된 건지 몰라요.

우리 애처럼 연약한 아이들은 안전할 권리도 없나 하는 생각이 들어서 많이 억울하고… 정말 많이 울었어요. 가해학생의 부모는 책임을 지려 하지 않아 더 화가 났어요.

③ 부모역할을 하지 못한 것에 대한 자책

부모는 자녀가 학교폭력 피해를 입은 것이 자신의 보살핌이 부족해서라고 생각하고 있었다. 또한 사안이 확대된 이유가 자신이 피해사실을 알게 되었을 때 적극적으로 대처하지 않은 것이라고 생각하여 자책하기도 하였다(홍지영, 유정이, 2013). 선행 연구에 나타난 부모의 면담 사례는 다음과 같다(정윤경, 김수경, 2014).

초등학교 1학년 때 보살핌을 전혀 못 받았어요. 학교 들어가면 엄마가 많이 챙겨줘야 하거든요. 1년 정도 상황이 그랬던 것 같아요. 원래 잘 못 챙기고 하는 애인데, 학교를 좀 찾아가고 중재를 했으면 되는데 그게 방치가 된 상태니깐 나의 책임도 있어요.

④ 피해 원인을 자녀에게서 찾는 부모

부모들은 피해의 원인을 자녀에게서 찾기도 하였다. 사회성이 부족해 친구들과 어울리지 못하는 성향이 원인이라고 생각하거나 친구들 사이에서 무시 받을 수 밖에 없는 행동을 하기 때문이라고 이해하기도 했다(홍지영, 유정이, 2013). 또한 공부를 못하는 것 때문에 친구들 사이에서 놀림을 받고 있다고 인식하고 있었다(정윤경, 김수경, 2024).

우리 아이 행동에도 문제는 있다, 무엇인가를 걔한테 원인을 제공을 한대요. 근데 그게 보통 수준의 아이들이 보기에 좀 용납도 안 가고 한마디로 쉽게 얘기하면 수준 떨어지는 행동을 하고 말을 하기 때문에 애들이 무시를 하는 거죠.

공부를 좀 못하는 것도 조금은 피해의 원인이라고 생각해요. 제가 볼 때는 공부가 좀 안 돼서, 애들이 바보야 뭐야 이러는 거기서 자존감이 많이 떨어지는 것 같아요.

(2) 사안처리 과정에서의 경험

① 부모가 적극적으로 문제 해결을 위해 노력함

피해사실을 알게 된 부모는 문제 해결을 위해 담임교사와 학교에 피해 사실을 알리고 문제 해결을 촉구하는 등 적극적인 태도로 대처했다. 일부 학부모는 문제를 해결하기 위해 가해학생 부모를 직접 만나기도 했다(정윤경, 김수경, 2014; 홍지영, 유정이, 2013).

월요일날 바로 학교에 찾아갔어요. 담임 선생님한테 말씀을 드렸어요. 얼른 애들한테 오픈을 시켜달라고 교장 선생님한테도 말씀을 드렸어요.

처음에는 전학을 갈까 고려하다가 회피하지 않고 해결해 나가려고, 담임에게 도움을 요청하고 가해학생 부모를 만났죠.

체육시간에 좀 유심히 봐 달라. 아이들이 어떻게 노는지 부탁드렸어요. 그리고 "선생님 사실 ○○가 며칠 전에도 다쳐왔는데 누가 그랬다고 하네요. 선생님 좀 주의를 주시면 안 될까요."라고 직접 말하기도 했어요.

② 교사의 무성의한 태도에 대한 실망감

초등학교 자녀를 둔 부모는 아이가 다친 상황에서 피해가 발생한 이후 담임 교사의 무심한 태도에 서운함을 느꼈으며, 자녀에게 적절한 개입을 해주지 않을 것이라는 불신을 표현했다(정윤경, 김수경, 2014). 중학교 자녀를 둔 부모는 담임교사가 공부 잘하는 아이들을 편애한다고 인식하고 있었으며, 아이들 사이의 관계에는 무관심하다고 이야기하였다(홍지영, 유정이, 2013). 사례는 다음과 같다(정윤경, 김수경, 2014; 홍지영, 유정이, 2013).

선생님들도 너무나 별일 아닌 것처럼 생각을 하고 물론 아이들끼리 주먹다짐은 할 수 있지만 뭔가를 들고 피를 낼 정도로 사건이 생긴 건데, 차후에도 신경을 써줘야 하는 일 아닌지… 애가 얼마나 놀랐겠어요? 이제 조금 지나고 나니깐 섭섭한 마음이 들었어요.

담임선생님은 교실 안에 벌어지는 일에 무관심하시고 심각하게 생각도 안 하시더라구요. 가해상황을 알고도 문제가 생기면 연락만 해주는 정도지, 더 이상은 관여하지 않으려고 하세요. 피해학생 엄마의 심정도 전혀 모르고…. 너무 서운한 점이 많았어요.

피해아이를 감싸주고 해줘야 하는 사람이 담임선생님인데… 그건 안 되는 것 같아요. 저희 아이 2학년 선생님은 공부 잘하는 아이들만 관심이 있으세요. 제가 볼 때는 아이들 사이에 일어나는 일에는 그다지 세심하시진 않아요.

③ 학교폭력 피해로 인한 자녀의 모습에 대한 속상함

부모들은 학교폭력 피해로 인해 자녀가 학교생활을 힘들어하고 우울감을 느끼는 모습을 보는 것에 대한 속상함을 표현하였다(정윤경, 김수경, 2014; 홍지영, 유정이, 2013). 또한 학교폭력 피해 이후 친구 사이에서 위축되어 있는 모습을 발견하였으며, 이에 대한 안타까움을 느끼고 있었다.

> 우리 아이 마음이 제일 신경 쓰이죠. 그날도 학교 안 가면 안 돼? 병원 갔다가 그냥 집에 가면 안 돼? 물어보는데 학교는 보내야 하겠고….

> 수면제를 먹은 거예요. 그런데 이제 애들이니까 수면 유도제를 약국에서 줬더라구요. 저혈압으로 코피가 나면서 쓰러졌어요. 병원에서 연락이 왔는데 의사선생님이 보기에 우울증 증세가 너무 심한 것 같다고….

④ 가해학생에 대한 대처 및 교육이 미흡함

피해학생의 부모들은 가해학생에 대한 대처가 '처벌'로 끝나는 점에 대해 아쉬움을 표현하였다. 학교폭력 사안이 가해학생에 대한 처벌에서 끝나버린다면 학교폭력이 지속될 것이라고 인식하고 있었다(홍지영, 유정이, 2013).

> 학교에서는 상담과 격리를 피해학생한테도 하지만 가해학생들한테 상담을 해야 합니다. 걔네들이 받아들이건 안 받아들이건 경고든 뭐든 하여튼 상담과 끊임없는 지원을 해야 돼요. 적극적으로 그런데 그런 건 없더라고요.

> 가해학생이 문제가 많아서 좀 유명한 아이인데 학교에서도 어떤 선도나 교육 없이 처벌 위주로 하려고 하고, 계속 교감, 교장 선생님이 학교폭력위원회를 열어 징계를 하는 게 좋을 것 같다고. 우리가 증거자료를 만들어와 주길 바라시더라고요.

(3) 사안처리 이후의 경험과 인식

① 피해 회복을 위한 노력

부모들은 학교폭력 문제 자체는 해결되었지만 해결 과정에서 남은 여러 감정으로 인해 자녀를 대할 때 어려움을 경험하고 있었다. 부모들은 자녀가 자신의 입장과 감정을 스스로 표현하도록 돕기 위해 노력하고 있었다(정현주, 2014).

> 아이가 한마디 할 때 좀 더 주의 깊게 듣게 되더라고요. 그전에는 아이가 엄마를 부르면서 뒤에서 이야기하면 그냥 흘려듣는 게 많았는데, 지금은 아이가 예민한 상태니까 …(중략)… 애가 부르면 무슨 일이든지 하던 일을 내려놓고 애한테 먼저 하려고 하고….

② 자녀의 학교생활 적응을 돕기 위한 노력

부모들은 자녀가 피해 이후에도 학교생활에 적응할 수 있도록 자녀에게 관심을 가지며 지원하는 노력을 한다(정윤경, 김수경, 2014).

> 제가 이제 그 이후로 ○○랑 친한 애들 이름도 외우고 계속 물어보는 거예요. 무슨 일 없느냐. 요즘엔 어떻게 지내느냐. 변화가 확 된 거는 아직 안 느껴지고요. 제가 할 수 없이 주변을 보는 거예요. 제가 변화된 거죠. 누구랑 친한지 요즘 어떻게 지내는지 학교에 친구 누가 젤 좋으냐….

종합하면, 학교폭력 현상에 대해 피해자를 탓하며 '받을 만한 짓을 했지'라고 여기거나, '쟤는 원래 성격이 저래', '원래 못됐어'라며 학교폭력이 원인을 가해학생 개인의 탓으로 생각하는 것은 학교폭력을 더욱 만성화, 심화시킬 수 있다. 따라서, 피해학생을 탓하는 분위기, 가해학생의 행동문제로만 여기는 것은 학교폭력의 문제를 매우 축소해서 여기는 것으로, 문제해결을 어렵게 한다. 학교폭력 사건을 해결하고 예방하기 위해서는 학생, 교사, 부모 모두의 노력이 필요하다. 학생들은 안전한 학교에 다닐 권리가 있으며 부모와 교사는 학교에서 학생들의 성적만이 아닌 학생의 '생활'에 관심을 가져야 한다. 또한 학교는 학교폭력이 학생과 부모들의 입장과 이들에게 주는 폐해를 인식하고 적극적으로 개입할 필요가 있다.

요약

학교폭력에 대한 학생의 인식

- 학생들은 학교폭력의 원인에 대해 가해자의 잘못(가해학생의 특성, 피해학생에 대한 혐오와 편견), 피해학생의 특성(사회성 부족, 평범에서 벗어남), 또래집단 내의 힘의 위계와 학교폭력을 용인하는 학교 분위기로 인식하고 있었음.
- 학교폭력 사안이 발생했을 때 교사의 적극적인 개입이 중요하며, 가해학생에 대한 강력한 처벌을 통해 학교폭력은 용인되지 않는다는 점을 알려줄 필요가 있다고 생각함.
- 가해학생들은 자신의 가해행동에 대한 책임을 피해자에게 돌리는 경향이 있으며, 자신에 대한 낙인과 질책에 대해 억울함을 경험함.
- 학교폭력 피해학생들은 피해 사실을 알리는 것을 어려워하고 있으며, 학교폭력 사건을 축소하려는 교사의 태도로 학교에 대한 신뢰를 잃게 되었다고 응답함.
- 학교폭력에 대해 방관자 역할을 경험한 학생들은 답답함, 무기력감 등을 경험하며, 강화자 역할을 경험하는 학생들은 가해자의 지위와 힘에 대한 동경심을 갖는 것으로 나타남.

학교폭력에 대한 부모의 인식

- 가해학생의 부모는 자녀의 가해행위 사실을 믿기 어려웠으며, 자녀에 대한 걱정과 억울함을 경험함. 부모역할을 수행하지 못했다는 자책감을 느끼며, 피해학생과 부모에 대해 사죄하여 자녀의 학교폭력 행위에 대한 책임을 지려는 모습을 보임.
- 학교폭력 사안처리 과정에서 부모들은 자녀에 대한 교사의 편견과 적극적인 중재를 하지 않는 학교에 대해 실망감을 느낌.
- 피해학생의 부모는 당혹감과 답답함, 가해학생과 부모에 대한 분노를 느낌. 자녀가 피해를 입은 것이 자신의 탓이라고 여기고 자책을 하거나 자신의 자녀에게서 피해 원인을 찾기도 함.
- 학교폭력 사안처리 과정에서 피해학생의 부모는 학교에 가서 피해 사실을 알리고 개입을 촉구하는 등 적극적으로 문제해결을 위해 노력함. 그러나 학교폭력 사안에 대한 담임 교사의 무심한 태도에 실망감을 경험하기도 하였으며, 학교폭력 피해로 인한 자녀의 변화되는 모습에 속상함을 느낌.

생각해 보기

• 학교폭력을 은유적으로 표현해볼까요?

학교폭력은_________다. 왜냐하면…

• 학교폭력은 누구에게, 혹은 어디에 원인이 있을까요?

• 여러분들이 학창시절에 목격했었던 학교폭력이 있었나요?

CHAPTER 4

유아기 괴롭힘의 개념 및 특징

지금까지는 학교급에서 일어나는 학생들 간의 폭력을 살펴보았다. 4장부터는 예비유아교사로서 필요한 유아기 괴롭힘에 대한 지식으로 구성되어 있다. 본 장[1]에서는 학교급에서 학생들 간의 폭력적 행위에 대응하는 유아기의 현상을 '유아기 괴롭힘(bullying in early childhood)'이라 지칭하고자 한다. 유아기 괴롭힘을 파악하기 위해 가장 기본이 되는 괴롭힘의 개념과 이를 바탕으로 현장에서 유아들의 괴롭힘을 어떻게 판단하는지에 알아본다. 또한, 유아기 괴롭힘의 장기적 결과를 살펴봄으로써 생의 초기에 일어나는 괴롭힘의 위험성에 대해 파악한다.

1 유아기 괴롭힘의 용어 및 개념

1) 유아기 괴롭힘에 대한 관심과 이해의 필요성

유아는 유아교육기관에 입학하면서 처음으로 가정환경을 벗어나 새로운 사회적 맥락을 경험하게 된다. 유아가 여러 또래와의 관계를 맺고 유지하기 위해서는 부모나 교사와 일대일 관계를 맺는 것과는 다른 사회적 기술을 요구하기에, 유아는 또래

1) 본 장은 "이승하(2024). 유아기 괴롭힘의 정의, 개념, 특징에 관한 고찰 – 학교폭력과의 비교– . 한국교육문제연구, 42(4), 263–289"의 내용을 수정.보완한 것이다.

와 상호작용하는 과정에서 시행착오, 어려움을 겪기도 한다. 또한 다른 유아의 감정이나 상황을 올바르게 파악하지 못하고, 상대를 괴롭게 하는 행위를 하기도 한다.

유치원은 법적으로 학교에 속하지만 「학교폭력예방 및 대책에 관한 법률」에서는 법률의 적용 범위를 초, 중, 고등학교와 특수학교로 지정하고 있어 유치원에서 유아들 간에 발생한 공격적 행동은 학교폭력 사안으로 처리되지 않는다(1장 참조). 얼마 전, 유치원에서 유아들 간 발생한 갈등("가해유아가 피해유아에게 나뭇가지를 가지고 있으라 했는데 나뭇가지를 부러뜨리자 이에 화가 나서 나뭇가지로 머리를 1회 때렸다")이 학부모 간, 학부모와 교사 간 갈등으로 번진 사건이 있었다. 학부모는 가해유아의 행동에 적절한 조치가 이루어지지 않았다며 '유치원 폭력'에 대한 법적 보호가 이루어지지 않는다는 문제를 제기하였고, 이에 지역교육청이 들썩이기도 했다(문주현, 2022).

교사 혹은 전문가들이 유아가 또래관계에서 경험하는 어려움을 조기에 발견하고 개입하는 것은 유아의 사회·정서 발달에 미치는 부정적 영향을 최소화하며, 이후 학교 적응을 위해서도 중요하다(Vlachou et al., 2011). 국내외 많은 연구에서 유아기에서도 학교폭력만큼의 심각한 형태는 아니지만 다른 유아를 괴롭히고 못살게 구는 행위들이 존재한다. 유아기에서의 이러한 부정적 경험은 학교 기피, 또래 거부, 정서적 문제 등 이후 아동·청소년기의 여러 측면에 부정적인 영향을 미치는 것으로 나타났다.

2) '학교폭력' 용어의 부적절성

그간 유아교육 분야에서는 유아교육기관에서 일어나는 유아들 간의 공격적 행위를 학교폭력이라는 용어를 적용하여 '유치원 학교폭력' 혹은 '유아 학교폭력'이라는 용어를 사용해 왔다(곽현주, 김명하, 2016; 김화영, 2023; 유지안, 김은심, 2016). 하지만 이러한 용어의 사용은, 유아기 현상을 잘 보여주기 때문에 사용되었다기보다는 학교폭력을 유아기에 대체할 용어가 없어서 일어난 것이다. 유치원은 법적으로는 학교의 한 유형이지만, 유아들 사이에 일어나는 공격적 행동을 '폭력'이라는 용어로 묘사하기에는 무리가 있으며, 학교폭력이라고 지칭하는 것은 더욱 부적절하다. 그 이유는 다음과 같다.

첫째, 유아의 사회·정서 발달의 미숙함으로 인해 나타나는 공격적 행동을 '폭력'이라고 지칭하는 것은 유아기 발달 특성을 고려하지 않은 표현이다. '폭력'이란 사전적으로는 '남을 거칠고 사납게 제압할 때 쓰는, 주먹이나 발 또는 몽둥이 따위의 수단이나 힘'(표준국어대사전)을 뜻하며, 미국심리학회(Americal Psychological Association)에서는 폭력을 '폭행, 강간, 살인과 같은 극단적 형태의 공격성'으로 정의하고 있다(https://dictionary.apa.org). 또한, 세계보건기구(World Health Organization)에 따르면 폭력은 '타인을 무력이나 힘을 사용하여 의도적으로 위협, 공격하여 신체적, 정신적 해, 심지어 죽음까지 야기하는 의도적 행위'로 정의한다(Krug et al., 2002, p. 5). 따라서, 이러한 극단의 형태의 공격적 행동을 의미하는 용어인 '폭력'을 유아들에게 적용하는 것은 그 자체가 폭력적이라 할 수 있다(박은혜, 한산섬, 2023).

둘째, 학교폭력에 포함되는 다양한 폭력의 유형 중 집단폭력, 성폭력, 금품갈취, 강요, 사이버 폭력 등은 유아들에게는 나타나지 않는다. 유아들 사이에서는 주로 일어나는 공격적 행위는 신체적, 언어적, 관계적 형태의 공격성 정도라 할 수 있다(이승하, 김유중, 2020; Perren & Alsaker, 2006).

셋째, 유아들 사이의 공격적 행동은 학생들 간에 발생하는 폭력 행위와는 피해의 지속성, 심각성 측면에서 차이가 있다. 예를 들어 관계적 공격성의 경우, 의도적으로 다른 아이를 집단적으로 고립시키고 파멸에 이르게 하는 행위를 일컫는데, 학교 수준에서 나타나는 관계적인 공격적 행위와 유아들 사이에서 누군가를 배제하거나 무시하고 따돌리는 행동의 심각성은 매우 큰 차이가 존재한다(Lee et al., 2016; Monks & O'Toole, 2021). 〈표 4-1〉에는 학교폭력과 유아들 간에 일어나는 현상 간의 차이가 나타나 있다.

〈표 4-1〉 학교폭력과 유아들 사이에 일어나는 학교폭력 유사 현상과의 비교

	학교폭력	유아들 간 일어나는 학교폭력 유사 현상
의도	• 계획성, 의도성 매우 높음 • 누군가를 지배하고 괴롭히는 행위 자체에서 쾌감을 느낌	• 의도적인 경우도 있으나, 비계획적, 비전략적, 의도성이 낮은 경우가 빈번함 • 사회 · 인지적 기술의 미흡, 놀잇감을 차지하거나, 또래, 성인의 관심을 끌고자 하는 이유에서 발생하는 경우가 흔함
피해 특정	• 특정인을 대상으로 한 사람에게만 반복 (예: 왕따)	• 불특정 다수의 피해유아가 존재 (예: 한 명의 공격적인 아이가 여러 명을 때리고 다님)
지속성	• 단기간에서부터 장기간까지 일어날 수 있기에 매우 심각한 경우가 존재	• 대체로 짧은 편
힘의 불균형	• 강력한 힘의 불균형이 지속적으로 존재.	• 힘의 불균형 존재하기도, 그렇지 않기도 함. • 유아들 간 위계가 자주 바뀜
하위 유형	• 「학교폭력예방 및 대책에 관한 법률」에 의한 분류: 상해, 폭행, 감금, 협박, 약취유인, 명예훼손모욕, 공갈, 강요, 강제적 심부름 및 성폭력, 사이버 폭력 • 교육부에 의한 분류: 신체적, 언어적, 집단 따돌림, 금품갈취, 강요, 성폭력, 사이버 폭력	• 신체적 공격성 • 언어적 공격성 • 관계적 공격성

3) '유아기 괴롭힘' 용어의 제안

유아들의 발달적 특성, 그리고 이러한 행위의 특성을 고려하여 이러한 현상을 지칭할 용어가 필요하다. 이에 본 서에서는 이를 '유아기 괴롭힘'이라 지칭하고자 한다. 유아들 사이에 일어나는 힘의 위계가 존재하는 반복적인 공격적 행동에 대해서는 다양한 용어들이 있다. '유아기 또래 피해'(peer victimization in early childhood)(Ostrov, 2008), '정당화되지 않은 공격성'(unjustified aggression in early childhood)(Monks et al., 2002), '유아기 괴롭힘'(bullying in early childhood)(Saracho, 2017), '괴롭힘 유사 행동'(bullying-like behaviors)(Lee et al., 2012)등이 사용되어 오고 있으며 그 의미는 약간씩 다르다.

'정당화되지 않은 공격성'이란 용어는 아무런 이유나 동기가 없이 일방적으로 발생하게 되는 피해를 일컬으며, 공격적 행위의 이유가 파악되지 않는 피해를 지칭한다(Monks et al., 2002). 하지만 유아들의 경우 아직 발달 특성상 상대방의 동기나 의도를 정확히 파악하는 것을 어려워한다는 점에서(Slaughter, 2015) 행위의 피해자가 되고도 유아가 이를 인식하지 못할 수도 있는 점이 존재한다.

'또래 피해'라는 용어는 일반적인 공격적 행동으로 인한 피해를 포함한다. 따라서 타인을 의도적으로 괴롭히는 행동에만 한정되지 않는다. 앞서 언급했듯이 괴롭힘은 공격성의 하위 유형에 속하는 개념으로(Olweus, 1993) 모든 공격적 행동을 괴롭힘으로 보기는 어렵다. 따라서, 또래 피해라는 용어는 괴롭힘에 대한 피해와 공격성에 대한 피해를 구분 짓지 않고 있어 포함하는 행위의 범위가 너무 넓다는 한계가 있다.

'유아기 괴롭힘'(bullying in early childhood) 혹은 유치원에서의 괴롭힘(bullying in kindergarten/preschool)이라는 용어는 이에 대한 뚜렷한 개념 정의가 내려진 적은 없지만, 많은 학자들 사이에서 가장 일반적으로 사용되어 왔다(Camodeca et al., 2015; Pepler & Cummings, 2016; Vlachou et al., 2011). 유아기에 일어나는 학교폭력 유사 현상은 유아들에게 일어나는 공격적 행위이면서 다른 유아에게 지속적인 스트레스와 해를 주는 행위, 일반적인 싸움이나 갈등과 구분되는 현상을 지칭해야 한다. 동시에 괴롭힘의 보편적인 의미를 포함할 수 있도록 일반적이고 인식하기 수월한 개념적인 용어로 표현하는 것이 필요하다. 이에 본 서에서는 유아기에 일어나는 학교폭력 유사 현상을 지칭할 용어로 '유아기 괴롭힘'을 사용하고자 한다.

4) 유아기 괴롭힘의 개념

괴롭힘(bullying)이란 '힘이 약하거나 자신을 방어하기 힘든 개인을 상대로 반복적으로 공격적인 행위를 가하는 것'을 뜻한다(Olweus, 1993). 따라서 공격적 행위, 반복성, 힘의 불균형은 괴롭힘을 정의하는 일반적 요소로 여겨진다. 유아기 괴롭힘은 심각성의 정도, 의도성 여부 측면에서 아동 및 청소년들의 괴롭힘과는 차이가 있지만 국내외 수많은 연구들에서 유아들 사이에서 나타나는 괴롭힘을 보고하고 있다.

[그림 4-1] 유아기 괴롭힘 유형

출처: Storey & Slaby(2008). p. 9에서 발췌 및 수정.

괴롭힘의 개념에 적용되는 3가지 요소를 보다 자세히 설명하면 다음과 같다.

(1) 공격적 행동

괴롭힘은 공격성을 표출하는 행위인 공격적 행동(해를 끼치고자 하는 의도적 행위)의 하위유형으로 다양한 형태와 방식으로 일어날 수 있다. 공격성은 행위유형, 표현경로, 선행사건, 동기에 따라 여러 유형으로 구분된다.

① 행위유형에 따른 구분: 신체·언어·관계적 공격성

어떠한 표현 행위를 사용하여 공격성을 나타내는가에 따라 신체적, 언어적, 관계적 공격성으로 나눌 수 있다.

- 신체적 공격성(physical aggression)
  - 신체적 힘을 이용한 공격성으로 때리기, 밀기, 넘어뜨리기, 꼬집기 등을 일컫는다.
- 언어적 공격성(verbal aggression)
  - 언어를 사용해 상대에게 해로움을 주는 공격성으로 욕설, 놀리기, 별명부르기 등이 이에 속한다.

• 관계적 공격성(relational aggression)
  – 상대의 대인관계에 손상을 입히는 공격성으로 따돌리기, 거부하기, 헛소문 퍼뜨리기, 이간질하기 등이 해당한다.
• 연령이 낮을수록(대체로 3세에서는) 신체, 언어적 공격성이 두드러지고, (4~5세가 되면) 신체적, 언어적 공격성은 낮아지고 관계적 공격성이 증가한다.

[그림 4-2] 행위유형에 따른 공격성 구분

② 표현경로에 따른 구분: 직접적·간접적 공격성

공격적 행위가 직접 접촉을 통해 이루어지는가, 그렇지 않은가에 따라 직접적, 간접적 공격성으로 구분된다.

• 직접적 공격성(direct aggression)
  – 직접적(Direct) 혹은 표면적(Overt) 공격성으로 불리우며, 가해유아와 피해유아가 직접 대면하는 상황에서 공격 행동이 나타난다.
  – 공격 행위가 겉으로 드러나므로 쉽게 발견할 수 있다. 발로 차거나 때리는 등의 신체적·물리적 행위, 욕을 하거나 별명을 부르거나 협박하는 것과 같은 언어적 행위가 포함된다.

- 간접적 공격성(indirect aggression)
  - 간접적(indirect) 혹은 은밀한(covert) 공격성이라고도 하며, 눈에 명백히 띄는 행동은 아니지만, 은밀하게 이루어지는 공격적 행위를 의미한다.
  - 좋지 않은 소문을 퍼뜨리거나 남을 이간질하는 행위가 포함된다.
- 유아기 괴롭힘에서는 직접적 공격성이 두드러지게 나타난다. 5세쯤에는 관계적 공격성이 간접적인 형태(간접적 공격성)로 나타나기도 한다.

③ 선행사건에 따른 구분: 주도적·반응적 공격성

공격성을 유발시키는 선행사건의 유무에 따라 주도적 혹은 반응적 공격성으로 나뉜다.

- 주도적 공격성(proactive aggression)
  - 주도적 공격성은 'proactive'라는 용어에서 알 수 있듯이 먼저(pro) 공격적 행동을 취하는(active) 행동을 뜻한다.
  - 누군가 먼저 자극하거나 위협하지 않았음에도 의도적으로 공격적 행위를 하는 것이다.
  - 'Cold–blooded'(냉혈한적인) 특성을 가지며, 흥분하기보다는 침착하고 계획된 공격성이라고 할 수 있다.
  - 자신의 계획, 의도대로 상황이나 타인을 조정하고자 할 때 나타난다.
- 반응적 공격성(reactive aggression)
  - 누군가 자신을 공격한다고 여기거나 위협이 된다고 생각하는 선행사건이 발생하고 그에 대한 반응으로 보이는 공격적 행동을 의미한다.
  - 'Hot–blooded'(다혈질적인) 특성을 가지며, 순간의 성질을 견디지 못하여 욱하고 공격적으로 반응하는 행동이다.
  - 대체로 자기가 처한 상황의 사회적 신호를 잘못 해석하거나, 자기조절 능력이 부족하여 나타나는 경우가 많다.

- 유아기 괴롭힘은 주도적·반응적 공격성이 모두 나타나지만 반응적 공격성인 경우가 더 많다.

④ 공격 행동의 동기와 의도에 따른 구분: 적대적·도구적 공격성

- 적대적 공격성(hostile aggression)
  - 상대에 해를 끼치는 것 자체가 최우선의 목적이다.
  - 상대에 입힌 손상 자체가 보상으로 작동한다(예: 때리고 나서 상대가 울고 매달리는 것 자체에 만족을 느끼는 경우).
- 도구적 공격성(instrumental aggression)
  - 공격적 행위가 관심을 끌거나 사물을 차지, 획득하기 위한 수단, 도구적으로 활용된다.
- 유아들의 경우 도구적 공격성이 빈번하다. 특히 영아 혹은 3세 유아들의 경우 다른 아이가 가진 놀잇감을 차지하기 위해 상대를 밀치고 놀잇감을 가져가는 것과 같은, 도구적 공격성이 가장 두드러진다.

정리하자면, 하나의 공격적 행위는 분류기준에 따라 다양한 유형에 속할 수 있다. 예를 들면 '너랑 안놀아!'라고 말하는 경우 관계적, 직접적 공격성에 속한다. 또한 친구들 사이를 이간질하거나 한 아이에 대한 나쁜 소문을 퍼뜨리는 경우 관계적 공격성이면서 간접적 공격성에 속한다. 만약 이러한 행위를 하는 이유가 상대 아이의 평판을 떨어뜨려서 자신의 인기를 더 높이기 위한 것이라면 주도적 공격성에도 속한다. 유아기 괴롭힘은 이러한 여러 형태의 공격적 행동으로 나타날 수 있다.

(2) 힘의 불균형

괴롭힘과 일반적 싸움이나 갈등과 구분 짓는 중요한 요인 중 하나는 힘의 불균형이다. 가해자의 힘이 피해자보다 우위에 있어 피해자는 이를 막거나 제지하기가 힘들다. 여기서 '힘'이란 물리적(신체적) 힘(키, 나이, 근력, 등) 뿐 아니라 발달 속도(사회, 인지, 정서, 언어적 발달), 그리고 사회적 힘(인기도, 친구의 수, 또래집단)도 포함된다.

예를 들면 언어발달이 빨라서 다른 아이를 말로 설득, 제압하거나, 정서기술이 좋아서 정서표현이 서툰 아이에게 자신의 감정을 일방적으로 강요할 수도 있다. 또한 다수가 속한 사회적 범주(예: 피부색, 국적, 장애유무 등)에 기반해서도 유아들 간의 위계나 사회적 힘에 영향을 줄 수 있다. 힘의 차이는 종종 사회적 위계를 가져오며 이는 괴롭힘이 일어날 수 있는 조건이 된다.

(3) 반복성

반복성이란 괴롭힘 행위가 반복되어 일정기간 동안 지속적으로 일어나는 것을 뜻한다. 앞서 살펴보았듯, 괴롭힘은 공격성의 하위유형(subtype) 중 하나로, 힘의 불균형과 반복성은 다른 공격성 유형과 괴롭힘을 구분 짓는 기준이 된다. 그러나 반복성의 기준을 하나로 정의하기는 쉽지 않다. 먼저, 한 명의 공격 행동을 하는 유아가 다른 반복적으로 다른 아이에게 피해를 주었을 때 이를 반복적인 공격 행동으로 볼 수 있다. 또는 한 명의 유아가 여러 공격적인 유아로부터 피해를 받는 경우에도 반복적인 공격 행위가 일어났다고 볼 수 있다.

또한 공격 행동이 지속되는 기간이 얼마나 지속되어야 반복성으로 볼 것인지도 모호하다. 예를 들어, 며칠, 일주일, 한 달, 한 학기, 1년, 혹은 그 이상 등 공격 행동이 반복되는 기간은 매우 다양하다. 일반적으로 연령이 높아질수록 지속기간이 길어지며 어릴수록 기간이 짧은 경향이 있다. 공격 행동의 기간이 길어진다는 것은 행위의 강도가 점점 세지고 피해가 만성화되어 피해유아가 위험에 처해 있다는 것을 의미한다. 이처럼 괴롭힘의 특징 중 반복성은 여러 측면에서 이해할 수 있으며, 이로 인해 반복성의 기준과 정의는 학자들 간 합의가 잘 이루어지지 않는 요소이다.

2 유아기 괴롭힘의 정의

괴롭힘의 정의에는 일반적으로 해를 끼치려는 의도, 힘의 불균형, 반복성의 3요소가 포함된다. 그러나, 때로 이 요소가 모두 포함되지 않아도 괴롭힘이라고 이야기하기도 한다. 그 이유는 유아들 사이에서 발생하는 공격 행동은 세 가지 요소가 모두 포함되는지 명확하게 확인하기가 어렵고, 특히 반복의 여부를 파악하기 어려운 경우가 많기 때문이다. 이러한 이유로 교사나 부모는 유아들 간 괴롭힘 상황을 인식하고 적절한 수준으로 개입하는 데 어려움을 겪기도 한다.

다음은 유아의 갈등 상황 사례이다. 두 사례의 차이를 살펴보자.

사례 1) 윤진이와 진호는 3세 유아다. 바깥놀이터의 모래영역에서 삽으로 모래를 쌓고 있었다. 진호가 갑자기 다가온다.
진호: 나 그 삽.
윤진: …
진호: 그 삽 달라고!
윤진: …
윤진이는 모래놀이에 집중하느라 진호의 말을 듣지 못했다.
진호는 윤진이를 어깨로 밀치고 삽을 빼앗아 자기 모래성을 두드리기 시작했다.
윤진: (소리를 지르며) 그거 줘! 그거 내꺼야, 내가 먼저 맡았어!

사례 2) 지희와 우진이는 네 살이다. 지희는 또래에 비해 말을 잘하며 신체적 발육속도도 빠르다. 지희는 다른 유아들이 같이 놀고 싶어 하는 유아이기도 하다. 지희는 다른 여아들과 역할영역에서 엄마놀이를 한다. 우진이는 지희를 좋아한다. 우진이는 역할영역에서 지희랑 같이 놀고 싶다.
우진: 나 아빠할래.
지희: (우진이를 보며) 안 돼. 우리 지금 여기 다 찼어.
우진: 그럼 나 애기할게. 응애~ 응애~~
지희: 그래도 안돼. 저리 가. 우리 애기 필요 없어.
우진이는 아무 말도 못 한 채 고개를 푹 숙인다.

괴롭힘의 기준에서 보았을 때 이 두 사례는 괴롭힘으로 볼 수 있는가? 그 이유는 무엇인가? 다음의 기준에 따라 각 사례를 분석해 보자.

분석기준		사례 1	사례 2
1	공격성의 유형은 무엇인가?		
2	의도성이 있는가?		
3	힘의 불균형이 존재하는가?		
4	반복성이 나타나는가?		
5	괴롭힘으로 볼 수 있는가?		

또래 간 갈등처럼 보이는 위 두 사례는 공격적 행동이라는 점에서는 공통되나, 그 속성에서는 분명 차이가 있다. 기준에 대한 자세한 설명을 제시하면 다음과 같다.

1) 공격성의 유형은 무엇인가?

• 사례 1은 신체적, 도구적 공격성을 사용하였고 사례 2는 관계적, 직접적 공격성을 사용하였다.

2) 의도성이 있는가?

• 사례 1의 진호는 삽을 갖고 싶은 마음에 빼앗기는 하였으나, 상대에 해를 입히고자 하는 의도는 없어 보인다.
• 반면 사례 2의 지희는 우진이의 거듭된 부탁에도 이를 거부하며 우진에게 같이 놀 수 있는 어떠한 틈도 주지 않는다.
• 사례 2에서는 실제로 역할영역에 인원이 다 차서 못 놀게 된 상황일 수도 있지만, 역할을 부여할 수 있는 대안을 생각해 보지 않고 우진이의 제안을 반복적으로 거절한 것은 '우진이와 놀지 않겠다.', 또는 '놀지 못하게 하겠다.'라는 의도가 있는 행동으로 볼 수 있다.

교사를 위한 Tip	
판단 기준	• 피해유아 입장에서 생각하면 행동의 의도성을 보다 명확하게 판단할 수 있다. • 유아의 행동을 지속적으로 관찰하여 맥락을 파악하면 유아의 의도를 알 수 있다.
유념할 점	• 교사는 많은 유아들과 1년이라는 시간을 보낸다. 매일 반복되는 일상 속에서 유아들 간의 상호작용을 가장 많이 경험한다. 유아들 간의 오고 간 눈빛, 언어, 행동들을 직접 보고 들을 수 있기에 보이지 않는 의도를 잘 파악할 수 있는 위치에 있다. • 교사는 유아의 갈등 상황을 세심하게 살피고, 의도가 개입된 공격적 행동의 경우 괴롭힘이 아닌지 지속적으로 관찰할 필요가 있다. • 겉으로 나타나는 행동만 본다면 교사는 지희가 말한 대로 정말 자리가 없어서 그런가 보다 하고 대수롭지 않게 넘길 수도 있다. 그러나 위 상황을 보다 자세히 들여다본다면 교사는 지희의 의도를 파악할 수 있을 것이다.

3) 힘의 불균형이 존재하는가?
유아들 사이에 어떠한 힘이 작용하고 있는지는 유아들 간 상호작용을 자세히 관찰해보면 알 수 있다. 사례 1의 경우 힘의 불균형은 없어 보인다. 진호가 윤진이보다 힘이 세서 삽을 빼앗았다기보다는 자신이 차지하고픈 욕망에 순간적으로 빼앗은 것이다. 그러나 사례 2의 경우, 지희는 우진이보다 사회적 힘이 더 우위에 있다.

교사를 위한 Tip	
판단 기준	• 유아들 사이에 어떠한 유형의 힘이 작용하는지를 고려해야 한다. • 유아들 사이의 상대적 강점과 그로 인한 위계를 파악해야 한다.
유념할 점	• 지희와 우진이의 평소관계, 그리고 지희가 우진이를 대하는 태도를 종합하여 고려하여 본다면 지희의 의도와 강압적 태도가 확실히 느껴진다. 지희는 우진이에게 함께 놀 수 있는 어떠한 가능성을 주지 않은 채 아무것도 못 하게 한다.

4) 반복성이 나타나는가?
• 위의 두 사례는 각 한 편의 에피소드만 나와 있다. 반복되지 않았는데 괴롭힘이라 할 수 있는지 생각해 보자. 반복성에 대해서는 여러 논란이 있다. 일반적으로 피해유아가 특정 가해유아로부터 지속적 공격을 당했을 때 반복성의 요소를 적용한다. • 그러나 때로 반복성은 중요하지 않으며 1회 공격이라도 피해유아가 상처와 해로움, 충격을 입었다면 괴롭힘을 당했다고 봐야한다는 피해자 중심의 관점도 있다. 이러한 관점은 특히 유아들에게 중요한데, 행동이 반복될 때까지 기다리는 것은 상황이 더욱 심각해지기를 기다리는 것과 같기 때문이다.

교사를 위한 Tip	
판단 기준	• 반복의 여부를 중요하게 생각하기보다는 피해유아의 관점에서 피해의 수준이나 정도를 판단하는 것이 중요하다.
유념할 점	• 유아들은 자신의 경험을 언어로 전달하는 데 한계가 있기 때문에 피해경험을 온전히 교사에게 전달하여 도움을 요청하기가 어렵다. 교사 입장에서는 별일 아닌데 유아가 자꾸 와서 이야기할 경우 스스로 해결하지 못하는 유아라는 선입견을 갖기도 한다. • 하지만, 의존성이 과도한 것과 괴롭힘을 당했다고 느껴 도움을 요청하는 경우는 구분해야 한다. 교사는 해당 유아의 어려움을 파악할 수 있도록, 유아의 호소를 귀담아들으며, 괴롭힘의 조기 신호를 놓치지 않도록 민감성을 발휘해야 한다.

5) 괴롭힘으로 볼 수 있는가?
종합하면, 사례 1은 괴롭힘보다는 일시적 갈등에 가까운 반면 사례 2는 힘의 요소가 포함되어 있고, 힘이 있는 유아의 지배적 행동이 놀이 속에서 다양한 방식으로 나타날 우려가 있다. 이러한 측면에서 사례 2는 괴롭힘에 가깝다 볼 수 있다. 따라서 교사는 각 사례에 따라 개입방법을 다르게 해야 한다.

정리하면, 괴롭힘에는 해를 끼치고자 하는 의도, 행위의 반복성, 가해와 피해 간의 힘의 불균형이 포함된다. 유아기 괴롭힘에도 이러한 개념이 적용이 될 수 있지만, 늘 그러한 것은 아니다. 위에 설명한 바와 같이 유아들은 아동, 청소년기와는 다른 발달적 특성으로 인해 다른 괴롭힘 특성을 보이기에 똑같은 정의를 적용하는 것이 늘 가능하지는 않다. 하지만 교사가 유아들 간에 일어난 일이 괴롭힘인지 판단하기 위해서는 괴롭힘의 정의를 알고 이를 적용할 수 있어야 한다. 이승하(2024)는 유아기 괴롭힘을 다음과 같이 정의하였다.

> 유아기 괴롭힘은 한 유아가 다른 유아(들)로부터 신체적, 정신적인 해로움(harm)을 경험하는 현상으로, 해를 당하는 유아는 자신에게 해를 가하는 유아로부터 벗어나고 싶지만, 그럴 수 없는 상황을 지칭한다.

위 정의에는 Olweus의 괴롭힘 3요소중 공격적 행위를 명확히 언급(신체적, 정신적 해로움)하였으며, 힘의 불균형과 반복성은 간접적으로 언급되어 있다(벗어나고 싶지만 그럴 수 없는 상황). 또한 이러한 요소를 피해유아의 입장을 중심으로 정의하였으며 가해유아의 의도는 담겨 있지 않다. 이는 유아기의 괴롭힘과 유사한 행동, 예를 들면 공격적인 행위가 가해유아의 의도를 파악하기에 모호한 경우가 종종 존재하기 때문이며, 가해유아의 의도와 상관없이 피해를 입은 유아는 상대가 자신을 괴롭혔다고 생각하기 때문이다. 또한, 괴롭힘을 당하는 유아는 자신이 원하는대로 상황을 종료할 수가 없다. 상대에게 자신의 의사를 제대로 표현하지 못하거나 표현한다 해도 자신이 싫어하는 행위가 지속되어 스트레스를 받게 된다. 이때 피해유아가 겪는 해로움은 다양한 공격적 행동(신체적, 언어적, 관계적 공격성)에 의해 일어날 수 있다.

갈등이나 싸움에서는 서로 대등한 관계로 서로 화를 내고 다투지만 괴롭힘에서는 한쪽은(공격을 하는 입장, 가해입장) 그 상황을 즐기지만 상대는 그렇지 않기에 피해유아의 입장에서 판단하는 것이 보다 명확하다. 공격적 행위의 주체를 중심으로 괴롭힘 현상을 정의하게 되면, 미묘한 괴롭힘이나 의도성을 가장한 괴롭힘의 경우 괴롭힘으로 판별되기가 어렵기 때문이다.

3 유아기 괴롭힘의 특징

1) 직접적인 공격성 사용하는 경향

유아는 신체적, 언어적, 관계적 공격성을 모두 나타내지만 간접적 형태보다는 대체로 직접적 방식으로 나타낸다. 3세에서는 주로 직접적이며 신체적인 공격성을 나타내고 4세가 넘어가면서부터는 직접적 공격성 중 언어적, 관계적 형태의 공격성이 나타난다(예: 놀리기, 별명부르기, '너 저리가'라며 거부하기 등).

2) 의도와 비의도적 행동의 혼재

유아기 괴롭힘의 정의에서 살펴보았듯이 유아들의 공격 행동은 의도가 뚜렷하지 않은 경우가 많다. 이는 유아기는 타인과의 상호작용 기술이 미숙하여 상대에게 해를 끼칠 의도가 없음에도, 자신의 입장을 적절하게 표현하는 방법을 몰라 공격적 행위를 하기 때문이다. 연령이 어릴수록 서투르고 미흡한 사회적 기술로 인한 공격적 행동이 자주 나타나며, 연령이 높을수록 사회적 기술을 습득하게 되면서 보다 교묘하고 의도적으로 타인을 괴롭히는 경향이 있다.

연령이 높은 유아들은 자신의 의도를 교묘하게 숨기기도 한다. 연령이 증가할수록 또래에 대한 선호도 혹은 또래관계를 지배하고자 하는 욕구로 인해 자신이 좋아하는 친구만 놀이에 끼워주며 다른 친구는 의도적으로 배제시키는데, 앞서 [사례 2]

의 '지희'처럼 '지금 여기 자리가 없다'는 식으로 배제하고자 하는 의도를 가장하기도 한다.

3) 피해경험이 덜 반복적, 덜 지속적

유아기 괴롭힘은 한 유아(혹은 여러 유아)가 특정 대상을 지속적으로 괴롭히기보다는 1~2명의 공격적인 아이가 학급의 여러 아이들을 때리거나 놀리거나 욕하는 등의 행동을 하는 경우가 많다. 즉, 특정 유아를 대상으로 지속적으로 괴롭힘 행동을 하는 것이 아니라 한두 명의 유아가 여러 유아를 거쳐 가며 괴롭힘 행동을 지속하는 것이다. 따라서 피해유아가 경험하는 피해 경험의 지속 기간이 아동이나 청소년들보다 짧다. 연구 결과에 따르면 실제로 가해유아는 자신보다 취약한 상대를 타깃으로 정하여 괴롭히기보다는 의도하지 않은 상황에서 불특정 유아를 대상으로 공격 행동을 하는 경향이 높은 것으로 밝혀졌다(Huitsing & Monks, 2018). 이는 유아기 괴롭힘 행동은 아동이나 청소년기에 나타나는 괴롭힘 행동보다 덜 전략적이라는 점을 시사한다.

또한, 가해행동은 어느 정도 지속적일 수 있으나 피해경험은 그렇지 않다(Huitsing & Monks, 2018; Lee et al., 2016). 피해유아들은 대체로 며칠, 일주일, 혹은 드문드문 간헐적으로 나타나는 짧은 기간의 피해경험을 가지며 학교급처럼 한 학기, 1년 혹은 그 이상으로 지속되지는 않는다. 하지만 공격적인 유아(가해유아)들은 교사나 전문가의 개입이 없다면 그러한 행위가 몇 달, 한 학기 등 상대적으로 오랜 기간 지속된다.

이처럼 유아기 괴롭힘 행동은 다른 학교급에서 나타나는 괴롭힘이나 학교폭력과 비교했을 때 상대적으로 반복성과 지속성이 낮다는 특징을 갖는다. 그렇다고 해서 유아기 괴롭힘이 다른 학교급에서 나타나는 괴롭힘 또는 학교폭력에 비해 중요하지 않다는 것을 의미하는 것은 아니다. 오히려 유아기 괴롭힘 행동은 학교에서 나타나는 괴롭힘의 신호 혹은 기원(early origins)이 될 수 있다는 점을 암시하기 때문에 반드시 조기에 발견하고 개입해야 한다(Monks et al., 2003).

4) 가해, 피해 유형에 있어서의 성차

성별에 따라 주로 나타나는 공격 행동의 유형이 다르다. 남자아이들이 여자아이들보다 신체적으로 공격적일 가능성이 더 높으며 여아들은 관계적 공격성을 남아와 비슷하게 사용하거나 더 사용하기도 한다(이승하, 2017; Krygsman & Valliancourt, 2019).

피해 경험에 대한 성차를 살펴보면, 남아가 여아보다 더 피해경험이 높은 경향이 있다. 유아는 이성보다는 동성의 또래에게 공격적인 경향이 더 높으며, 이러한 경향성은 남아에게서 더 높게 나타난다(Monks et al., 2021). 이는 유아기가 동성 또래에 대한 선호도가 분명하게 나타나는 시기이며, 성별을 중심으로 또래그룹이 형성되기 때문인 것으로 보인다.

아래 〈표 4-2〉는 부모가 2년마다 측정한 자녀의 공격성 수준이다. 아이들은 성장할수록 신체적 공격성이 줄고 관계적 공격성이 증가하는 경향이 나타난다. 특히 여아는 남아보다 신체적 공격성은 줄곧 낮게 나타나지만 관계적 공격성은 남아보다 높으며, 연령이 높아질수록 점점 높아진다(Côté, et al., 2007).

〈표 4-2〉 부모가 측정한 자녀의 신체적, 간접적 공격성 수준(Côté, et al., 2007)

(0점: 전혀 하지 않는다; 1점:조금 한다; 2점: 종종 한다)

		2세	4세	6세	8세
신체적 공격성	남	1.31	1.39	1.05	0.92
	여	1.15	1.03	0.80	0.75
관계적 공격성	남	–	0.58	0.73	0.76
	여	–	0.64	0.96	1.13

5) 참여자 역할의 다양성, 안정성이 낮은 편

학교급 학교폭력이나 괴롭힘의 경우, 괴롭힘 참여자 역할(Participants role)(1장 참조)이 뚜렷하게 구분되며 역할이 비교적 안정적인 경향이 있다. 그러나 유아의 경우 참여자 역할을 학교급과 같이 6가지 역할로 분명히 나누지는 않는다. 특히 가해자에

속하는 조력자, 강화자 등은 학교급보다 훨씬 낮은 비율로 존재하는데, 4세 유아들이 8세 아동보다 조력자, 강화자 역할을 덜 경험하는 것으로 나타났다(Monks & Smith, 2010; Camodeca et al., 2015).

또한 이러한 역할은 종종 서로 바뀐다. 특히 가해가 피해 혹은 가해–피해로 되기도 한다. 이는 학교폭력에서는 학급 전체 혹은 집단 전체를 지배하는 힘이 있는 학생이 주로 가해자인 반면, 유아기에서는 사회적 기술이 미숙한 가해유아는 자신이 가해자였다가 금방 피해자(자신의 행동으로 인해 다른 아이들이 싫어해서 관계적 공격성의 피해자가 되거나, 복수를 당하는 경우)가 되기 때문이다. 이로 인해 교사가 가해, 피해유아를 뚜렷하게 구분하기 어려운 경우가 종종 존재한다. 이승하, 김유중(2020)의 연구에서는 가해유아가 피해유아가 되기도 하고 피해유아가 가해유아가 되기 때문에 뚜렷하게 구분하기 어렵다고 응답한 교사가 61.8%에 이르는 것으로 나타났다.

6) 괴롭힘 발생 원인

(1) 사회, 정서, 인지적 발달능력의 부족

유아기에는 타인의 관점에서 바라보고 자신의 행동을 조절하는 여러 발달능력이 아직 부족하다. 유아기에는 실행기능, 관점조망, 자기통제와 같은 사회인지적 능력, 정서인식, 정서표현, 정서조절과 같은 정서능력, 자신의 행동을 통제할 수 있는 자기조절능력이 발달 중이며, 이로 인해 좌절감이나, 또래 간 갈등을 적절히 대처하는 능력이 아직 미흡하다. 실제로 공격적인 유아는 대체로 공감(Camodeca & Coppola, 2016; 2019), 정서조절(Frick & Morris, 2004) 뿐 아니라 자기통제를 담당하는 실행기능(excutive function)[2]도 낮게 나타났다((Monks et al., 2005). 또한 공격적인 유아의 경우 사회적 정보를 적대적으로 해석하는 경향이 있다. 쉽게 말해 상대의 의도를 오해하는 것이다. 이러한 유아는 사회적 상황에서 적절하게 대응하지 못하고 상대를 때리거나, 공격하는 등의 행위를 하게 된다(Crick & Dodge, 1996).

2) 실행기능은 목표를 설정하고 문제를 해결하는 것과 관련한 인지적 메커니즘이라 할 수 있는데, 자신의 행동을 조절, 통제하거나 결과를 예측하는 등의 인지적 작업을 담당한다(Lezak, 1982).

(2) 지배적 욕구

의도적으로 타인을 지배하고자 하는 욕구에서 다른 아이를 괴롭힐 수 있다. 자신의 물리적, 사회적 힘을 과시하고 다른 아이를 조정하고자 하는 욕구에서 괴롭힘이 나타날 수 있다(예: 주도적 공격성).

(3) 개인의 기질, 성향

개인의 기질, 성향에 따라 외부의 자극에 공격적으로 대응할 수 있다(예: 반응적 공격성). 까다로운 기질의 유아는 여러 행동 문제와 관련이 있었는데 특히 공격적 문제가 빈번히 나타났다(Viatro et al., 2006).

(4) 부모의 양육방식

부모의 과잉보호, 적대적, 강압적 태도는 자녀가 다른 아이를 괴롭히거나 괴롭힘을 당하는 것과 관련이 있다. 부모의 애정적 양육태도는 자녀의 문제행동 발생 가능성을 낮추지만, 부모가 자녀를 심리적으로 통제하며, 체벌을 주는 등의 가혹한 방식의 양육, 혹은 관심을 두지 않고 내버려두는 방임적 양육은 자녀의 공격적, 외현화 문제를 높이는 것으로 나타났다(Pinquart, 2017).

또한, 어머니의 과잉보호, 자녀의 일거수일투족에 지나치게 관여하거나 통제하고, 명령적이고 강압적인 양육태도, 자녀를 거부하는 행동도 유아기 자녀의 피해경험과 관련 있다(Espelage et al., 2000; Finnegan et al., 1998). 부모와 자녀가 정서적으로 지나치게 가까운 경우 아이를 의존적으로 만들기에 또래관계에서 어려움이 닥쳤을 때 스스로 해결할 수 있는 능력을 갖추지 못하게 되는 것이다.

(5) 교사-유아관계

교사와 유아간의 친밀한 관계는 괴롭힘 피해경험과는 관련이 없지만(Reavis et al., 2010). 교사-유아 관계가 부정적, 갈등적인 경우, 괴롭힘 가해 혹은 피해의 위험요인이 될 수 있다(Shin & Kim, 2008; Reavis et al., 2010).

교사의 차별이나 편애 또한 유아들 사이의 위계를 조장하여 괴롭힘을 일으키는 환경을 조성하게 된다. 교사에게 편애를 받는 유아는 이를 믿고 마치 보조교사, 제2의 선생님처럼 다른 유아들에게 명령, 지시, 강요 등을 하며 지배적으로 행동할 수 있다. 따라서 교사는 유아들과 친밀한 관계를 형성하되 특정 유아를 편애하거나, 차별하는 태도는 주의해야 한다.

(6) 여러 상황적 요인

장난이 심해지거나, 의도는 없으나 상대방에 불편을 느끼는 상황, 의도치 않은 접촉, 보복하려는 상황 등에서 유아들 간 괴롭힘이 발생할 수 있다(〈표 4-3〉).

〈표 4-3〉 유아들 간 괴롭힘이 일어날 수 있는 상황에 대한 교사 응답

문항	N (%)				
	전혀 그렇지 않다	별로 그렇지 않다	그런 편이다	매우 그렇다	계
괴롭힘의 의도는 없으나 상대방이 불편함을 느끼는 상황에서 발생할 수 있다.	3(1.3)	19(8.0)	170(71.1)	45(19.0)	237(100)
놀이 중에 발생하는 장난이 심해지는 상황에서 발생할 수 있다.	2(0.8)	11(4.6)	148(62.4)	76(32.1)	237(100)
의도치 않은 접촉이 생긴 상황에서 발생할 수 있다.	1(0.4)	37(15.6)	141(59.5)	58(24.5)	237(100)
상대방에 의해 자신이 피해를 입었을 경우 보복하려는 상황에서 발생할 수 있다.	2(0.8)	43(18.1)	139(58.6)	53(22.4)	237(100)
상대 유아의 행동이 불편하게 느껴졌을 때 자신의 감정을 서툴게 표현하는 경우에 발생할 수 있다.	2(0.8)	31(13.1)	141(59.5)	63(26.6)	237(100)

출처: 이승하, 김유중(2020). p.798.

4 유아기 괴롭힘의 장기적 결과

유아기 괴롭힘 관련 경험은 아동기를 거쳐, 청소년기, 심지어 성인기까지 장기적 영향을 미칠 수 있다. 유아기 괴롭힘 가해 혹은 피해경험은 아동 및 청소년기의 괴롭힘 가해 혹은 피해, 학업성취도, 학교 참여도와 관련 있으며, 성인이 되었을 때 취약한 정신건강과 관련이 있다.

1) 아동기 괴롭힘 피해 증가

유아기의 괴롭힘 가해-피해경험은 아동기 때의 피해경험과 관련이 있다. 미국의 프리스쿨(preschool)에 다니던 유아의 피해경험은 1~2년이 지난 후, K1(kindergarten, 5세 해당), 초등 1학년에서의 피해경험 증가와 관련 있었다. 특히 유아기에 신체적으로 공격적이었던 경우 학교에 들어가서 괴롭힘의 피해자가 될 가능성이 높았다(Barker et al., 2008).

2) 학업성취도, 학교참여도 저하

미국에서 12년간에 걸쳐 이루어진 연구에 의하면 유치원 때(5.5세) 만성적으로 피해경험에 노출된 유아는 피해경험이 아주 적거나, 잠깐 피해경험을 받았던 유아들에 비해 학령기 내내, 대략 17세까지 지속적으로 학교선호도가 가장 낮고, 등교회피 경향이 가장 높으며 학업성취도가 가장 낮은 편에 속했다(Ladd et al., 2017).

3) 청소년 범죄 확률 증가

8세 전에 가해유아로 지명된 아이들은 그렇지 않았던 또래들과 비교 시, 12세 이후에 청소년 범죄자(juvenile criminal) 될 확률이 1.9배 높게 나타났다(Jiang et al., 2011). 어릴 때부터 다른 아이를 때리고 괴롭히고 자주 논쟁하며 규칙을 무시하는 등의 심각한 방해행동(disruptive behavior)을 보이는 경우 적절한 사회적 기술을 배울 상호작용 기회를 얻지 못했고, 이로 인해, 또래와의 상호작용 기술이 매우 낮다.

공격성이 아닌 적절한 방법으로 자신이 원하는 바를 익히지 못했기 때문에 학교에서도 친구들과의 정상적인 상호작용을 하지 못하고, 또래들로부터 소외, 거부당하거나 교사로부터 '문제아'라는 낙인이 찍히게 된다. 따라서 학교에 흥미를 느끼지 못하며, 유일하게 어울리는 또래집단은 자신과 비슷하게 공격적인 아이들일 확률이 높다.

이러한 청소년은 학업에 흥미를 느끼지 못하고, 학교 출석률이 저조하며, 점차 학교 밖 비행 청소년들과 어울리게 되며, 비행을 저지를 수 있는 경로에 빠지게 된다. 이러한 발달 경로는 유명한 심리학자 Tremblay와 동료들의 7년간에 걸친 연구에서 나타났는데, 그들은 이를 통해 유아기부터 만성적인, 높은 공격성을 보이는 아이는 즉각 성인의 관심과 적극적 개입, 지도가 필요함을 강하게 시사하고 있다(Tremblay et al., 1992). 그러나 이런 연구결과는 반대되는 연구도 존재하여 결과의 일반화에 주의할 필요가 있다(Rodkin et al., 2015).

4) 심리, 정신건강 저하

아동기 시절(9, 11, 13세)에 또래로부터 괴롭힘을 당한 경험은 20대 중반일 때의 정신적 건강과 관련이 있었다. 심지어 어린 시절, 부모에 의해 성적, 신체적, 정신적 학대를 받은 경우보다 또래에 의한 괴롭힘을 당한 경우, 20대의 정신건강에 더 취약했다(Lereya et al., 2015).

Arseneault et al.(2006)은 2,232명의 유아들을 2년간 조사하였는데, 유아기 괴롭힘 피해유아는 피해를 겪지 않은 아이들보다, 2년 뒤에 위축, 불안과 같은 내현적 문제를 지니고, 불행하다고 느끼는 경향이 있었다. 또한 가해-피해유아는 피해유아와 괴롭힘 경험이 없는 유아들보다 2년 뒤에 외현적, 내현적 문제를 더 높게 나타내고 있었다.

초등학교 1학년 때의 괴롭힘 피해 경험이 높을수록, 3학년, 5학년 때의 또래인기도가 낮았으며, 5년 뒤의 공격적 행동, 주의력결핍, 청소년 범죄, 불안, 우울증을 정적으로 예측하였다(Hanish & Guerra, 2002).

결국 유아기에 사회·정서적 기술을 익히고 긍정적인 또래관계를 형성하는 것은 이후 아동·청소년기의 적응문제와 직결된다고 볼 수 있다. 하지만 모든 피해유아가 이러한 증상을 겪는 것은 아니며, 가장 위험군은 외현화, 내현화 문제를 동시에 가진 경우였다(Hanish & Guerra, 2002). 따라서 괴롭힘 역할에 따른 특성을 파악할 때는 일반화에 주의해야 하며 모든 가해, 피해유아들이 그러한 특성을 가진 것은 아니라는 데 유의해야 한다.

요약

- 괴롭힘 개념에는 해를 끼치고자 하는 의도성(혹은 의도적 행위), 반복성, 힘의 불균형의 3요소가 포함된다.
- 유아기 괴롭힘에서는 반복성이나 상대유아의 의도가 모호한 경우가 종종 존재하기에 피해유아의 입장에서 생각하는 것이 필요하다.
- 유아기 괴롭힘은 직접적 공격성을 사용하고, 의도적 행동과 비의도적 행동이 혼재하며, 피해경험이 덜 반복적이고 참여자역할의 안정성이 낮은 특징이 있다.
- 유아기 괴롭힘 관련 경험은 아동, 청소년기뿐 아니라 성인기까지 장기적 영향을 미칠 수 있기에 조기개입이 필수적이다.

생각해 보기

아래 사례들을 읽어봅시다. 괴롭힘 혹은 괴롭힘이 아니라고 생각하는가? 그 이유는?

사례 1) 하민이와 은별이는 5세 유아다. 하민이는 은별이와 놀이하는 것을 선호하며, 모든 활동을 함께 하고 싶어 한다. 하민이는 은별이와 놀이할 때 좋기도 하지만 은별이가 도와달라고 부탁하는 일이 많아 같이 놀이 하는 것을 귀찮아하기도 한다. 은별이는 어제 교사가 소개한 새로운 만들기 놀잇감을 가지고 혼자 놀이하고 있다. 하민이가 등원하자마자 은별이를 찾더니 같이 놀자고 이야기한다.

은별: (만들기에 열중하여 놀이하고 있다.)
하민: 은별아 나랑 같이 놀자.
은별: (하민이를 보지 않고 만들기에 열중한다.)
하민: 은별아 이거 어디에서 났어? 나도 같이하자.
은별: 여기 앞에 있잖아. 하나 골라서 하면 돼.
하민: (만들기 자료에서 하고 싶은 것을 고른다.) 나도 너꺼랑 똑같은 거 할래.
은별: …
하민: 이거 어떻게 하는 거야? 이렇게 하는 건가? 은별아 이거좀 도와줘.
은별: …
하민: (은별이가 하는 것을 보고 따라서 해본다.)
하민: 은별아 이건 어떻게 했어? 나도 좀 도와줘.
은별: (짜증 나는 목소리로) 아니 너껀 너가 해야지. 그럴 거면 가서 다른 거 해!
하민: 아니 같이 놀자고 했잖아.
은별: 난 같이 논다고 한 적 없어. 저리로 가.
하민: (속상한 표정으로 선생님에게 간다.)

사례 2) 5세 여아 다민, 지우, 채민이는 항상 역할놀이를 함께하는 친구들이다. 자유놀이 시간 역할영역에서 어떤 역할을 맡을지 함께 이야기하고 있다.

채민: 우리 오늘도 어제 했던 거 또 하자. 나는 언니 할게. 넌 어떤 역할 할래?
지우: 그럼 나는 동생.
다민: 그럼 나는 뭐하지?
채민: 음 어제 했던 것처럼 우리가 키우는 강아지라고 할까?
지우: 오 좋다 아 귀여워~
다민: 나도 언니 하고 싶은데…
채민: 근데 언니는 나니까 다음에 너가 언니 해. 그럼 괜찮지?
다민: …
채민: 그럼 강이지 이름을 뭐라고 할까?
다민: (속상한 표정을 짓는다.)

사례 3) 3세 유아반의 인영이는 지후를 좋아한다. 예은이가 요즘 지후랑 함께 놀이하는 모습이 잦다. 예은이는 얼마 전 다른 유치원에서 전학 온 아이이다. 어느 날 인영이는 예은이를 이불을 넣는 커다란 사물함에 넣고 문을 닫아버렸다. 교사는 이 상황을 보지 못했고, 어디선가 울음소리가 나서 찾아보니 예은이가 사물함 안에 있는 것이었다. 교사는 주변 아이들의 자초지종을 듣고 나서야 상황을 파악하게 되었다.

사례 4) 누리반은 3, 4, 5세 혼합연령 학급이다. 남자아이들은 형/동생 간의 위계가 명확하게 구분되어 있으며, 5세 유아가 놀이 집단을 주도하는 경향이 있다. 승훈이는 5세 남아로 현재 다니고 있는 유치원에 4세에 입학해서 2년간 지내고 있다. 4세 때 승훈이는 비교적 조용한 편으로 형들의 추종자처럼 행동하는 모습을 보였다. 그런데 5세가 되면서 승훈이는 종종 자신의 감정을 조절하지 못하여 친구, 동생과 갈등을 종종 겪는다. 교사는 학기 초부터 승훈이가 다른 사람의 마음을 이해하고, 긍정적인 관계를 형성하도록 지원하고 있다. 하지만 승훈이는 또래 사이에서 인기가 많은 편이고, 5세 남아 4명과 놀이 집단을 형성하고 놀이를 주도한다. 특히 4, 5세 남자아이들은 승훈이 놀이 집단에 끼고 싶어 하는 모습을 보인다. 어느 날 교사는 방과 후 과정반 교사로부터 승훈이가 사물함 앞에서 4세 동생에게 "너 장난감 안 가져왔어? 그럼 너 내일 우리랑 못 놀아."라고 말하는 것을 들었다는 사실을 전달받게 되었다.

CHAPTER 5

유아기 괴롭힘 실태

유아기 괴롭힘 현황에 대해서는 1990년대 말 유럽(영국, 스위스)과 미국의 유아교육기관을 중심으로 조사되어 왔다. 이후 다양한 연구에서 교육기관 내 유아들 사이에 괴롭힘 발생률을 파악하고, 괴롭힘 참여역할을 조사해 오고 있다. 괴롭힘 발생률은 연구에 따라 다양하다. 이는 괴롭힘 실태 조사 시 괴롭힘이 이루어진 기간을 어느 정도(예: 며칠, 일주일, 한 달, 1년 등)로 잡았는가에 따라 발생률이 다르게 나타나기 때문이다. 따라서 일괄적으로 발생 현황을 비교하기에는 무리가 있다. 또한 유아기 괴롭힘에 대한 정의가 학교급에 비해 모호한 만큼, 설문조사 시 어떠한 정의를 적용했는가, 누구에게 물어보았는가에 따라서도 발생률이 다르게 나타날 수 있다. 하지만 공통된 점은 어떠한 형태로든 유아들 사이에서도 또래들을 괴롭히는 행동이 분명히 일어나고 있다는 점이다. 본 장에서는 유아기 괴롭힘 발생률과 괴롭힘 참여역할, 그리고 괴롭힘 파악방법으로 나누어 유아기 괴롭힘 현황을 살펴보고자 한다.

1 유아기 괴롭힘 발생률

유아들 사이의 괴롭힘 발생률을 파악하기 위해서는 대체로 유아교육기관의 교사의 응답을 많이 활용한다. 이를 괴롭힘 유형, 연령별, 괴롭힘이 일어나는 시간과 장소에 따라 살펴본다.

1) 괴롭힘 유형

국내외 수많은 연구들에서 유아들 사이에서는 다양한 형태의 신체적, 언어적, 관계적 공격성이 빈번히 나타나는 것으로 보고되었다. 이승하, 김유중(2020)은 237명의 유아교사들을 대상으로 괴롭힘 실태 조사를 실시하였다. 그 결과 학급에서 신체적, 언어적, 관계적 공격성을 이용한 괴롭힘이 모두 일어나고 있으며, 특히 '때리거나 민다', '부르거나 말하고 있는데 안 들리는 척한다', '너랑 안놀아 라며 놀이에서 배제시키는 행위' 등은 30% 안팎의 교사가 하루 1회 이상 일어나는 것으로 응답하여, 이러한 행동이 매우 흔한 행위임을 보여준다(<표 5-1> 참조).

이 외에도 246명의 튀르키예 유아교사를 대상으로 한 연구에서는 '게임에 못 들어오기 하기(65%[1])', '놀이하는 동안 혼자 남겨두기(35%)', '다른 아이의 소지품(가방, 놀잇감, 옷) 등을 억지로 가져가기(33%)', '옷, 몸무게, 키, 안경, 말투 등을 가지고 놀리기(19%)'와 같이 일상에서 다양한 방식으로 유아들 간 괴롭힘 행동이 자주 일어나고 있었다(Tannrikulu, 2020).

1) 참여교사의 65%가 이 문항에 응답하였다는 의미.

〈표 5-1〉 괴롭힘 행동의 발생빈도 (N=237)

문항	응답 수 (%)					
	학기당 1회 미만	한 달에 2~3회	일주일에 1~3회	하루 1회	하루 여러 회	계
때리거나 민다.	21(9.0)	41(17.5)	79(33.7)	28(12.0)	65(27.8)	234(98.7)
툭툭 치거나 꼬집는다.	52(22.3)	19(19.7)	68(29.2)	33(14.2)	34(14.6)	233(98.3)
놀리거나 욕을 한다.	87(37.3)	43(18.5)	59(25.3)	20(8.6)	24(10.3)	233(98.3)
다른 유아 앞에서 창피를 주거나 비난한다.	111(47.9)	42(18.1)	45(19.4)	23(9.9)	11(4.7)	232(97.7)
원치 않은 일을 억지로 시킨다.	119(51.1)	33(14.2)	51(21.9)	21(9.0)	9(3.9)	233(98.3)
만들어 놓은 놀잇감을 부수거나 망가뜨린다.	39(16.6)	39(16.6)	68(29)	29(12.3)	60(25.5)	235(99.2)
'너랑 안 놀아.'라며 놀이에서 배제시킨다.	49(20.9)	35(15.0)	83(35.4)	17(7.3)	50(21.4)	234(98.7)
'저 아이랑 놀지 마!'라며 다른 유아와의 사이를 갈라놓는다.	112(48.1)	39(16.7)	48(20.6)	16(6.9)	18(7.7)	233(98.3)
'그렇게 하는 거 아니야.'라며 의견을 무시한다.	48(20.6)	41(17.6)	77(33.1)	24(10.3)	43(18.5)	233(98.3)
부르거나 말하고 있는데 안 들리는 척한다.	57(24.3)	38(16.2)	64(27.2)	27(11.5)	49(20.9)	235(99.2)

출처: 이승하, 김유중(2020). p. 793.

2) 괴롭힘 유형의 연령별 차이

연령별로 빈번하게 일어나는 괴롭힘 행동에도 차이가 존재했다. 〈표 5-2〉에는 교사들이 응답한 괴롭힘 행동 빈도가 연령별로 제시되어 있다. 연령이 어릴수록 '때리거나 밀기', '툭툭 치거나 꼬집기', '만들어 놓은 놀잇감을 부수거나 망가뜨리기'와 같이 신체적, 물리적 형태의 괴롭힘이 매우 빈번하였으나, 연령이 높아질수록 '놀리거나 욕을 한다', '다른 유아 앞에서 창피를 주거나 비난한다. ""저 아이랑 놀지 마"라며 다른 유아와의 사이를 갈라놓는다.'와 같이 점차 언어, 관계적 형태의 괴롭힘이 급격히 증가했다(〈표 5-2〉).

〈표 5-2〉 연령별 빈번하게 발생한 괴롭힘 행동(복수응답가능)

문항	응답 수 (%)			
	만 3세	만 4세	만 5세	계
때리거나 민다.	60(60.0)	23(23.0)	17(17.0)	100(100)
툭툭 치거나 꼬집는다.	58(61.7)	24(25.5)	12(12.8)	94(100)
놀리거나 욕을 한다.	11(10.8)	35(34.3)	56(54.9)	102(100)
다른 유아 앞에서 창피를 주거나 비난한다.	8(8.2)	27(27.8)	62(63.9)	97(100)
원치 않는 일을 억지로 시킨다.	8(8.1)	34(34.3)	57(57.6)	99(100)
만들어 놓은 놀잇감을 부수거나 망가뜨린다.	64(55.7)	31(27.0)	20(17.4)	115(100)
'너랑 안 놀아.'라며 놀이에서 배제시킨다.	32(26.4)	43(35.5)	46(38.0)	121(100)
'저 아이랑 놀지 마.'라며 다른 유아와의 사이를 갈라놓는다.	7(6.9)	34(33.3)	61(59.8)	102(100)
'그렇게 하는 거 아니야.'라며 의견을 무시한다.	15(13.2)	39(34.3)	60(52.6)	114(100)
부르거나 말하고 있는데 안 들리는 척한다.	26(22.4)	32(27.6)	58(50.0)	116(100)

출처: 이승하, 김유중(2020). p. 794.

3) 괴롭힘이 가장 빈번하게 일어나는 시간과 장소

일과 중 괴롭힘이 가장 빈번하게 일어나는 시간은 자유놀이, 바깥놀이와 같이 유아들이 자유롭게 다른 유아들과 상호작용을 하는 시간이었다(이승하, 김유중, 2020; Tanrikulu, 2020). 그다음 전이시간, 정리정돈, 줄 서는 시간과 같이 활동이 바뀌며 분위기가 어수선한 때 종종 일어나는 것으로 보고 되었다(〈표 5-3〉). 그러나 교사나 부모의 안내와 지도가 있는 경우에는 괴롭힘 빈도가 낮게 나타났다(〈표 5-4〉).

〈표 5-3〉 일과 중 괴롭힘이 가장 빈번하게 일어나는 시간(복수응답가능)

항목		응답 수	%
일과 중 괴롭힘이 가장 빈번히 일어나는 시간	자유선택활동 시간	203	51.7
	정리정돈 시간	38	9.7
	전이시간	45	11.5
	점심 및 간식시간	19	4.8
	바깥놀이 시간	54	13.7
	등, 하원 시간	6	1.5
	대집단활동 시간	25	6.4
	기타	3	0.8
	계	393	100

출처: 이승하, 김유중(2020), p. 795.

〈표 5-4〉를 보면 괴롭힘이 빈번하게 일어나는 장소는 교실뿐만 아니라 화장실, 복도 등과 같이 교사가 유심히 관찰하기는 어려운 곳이었다(Tanrikulu, 2020). 교실에서도 교사나 부모가 함께 있는 경우 괴롭힘이 현저히 낮게 나타나는 것을 알 수 있다. 이러한 점은 괴롭힘 예방을 위해서는 성인이 세심하게 관리, 감독해야 함을 반영한다. 일반적으로 괴롭힘 예방 지침에서는 어린이, 청소년들의 놀이에 방해가 되지 않는 선에서, 성인이 학교운동장, 놀이터 등에 존재해야 함을 강조하고 있다(Hyndman, 2021; Sharp & Smith, 1994).

〈표 5-4〉 괴롭힘이 발생하는 빈도 및 배경 [%(응답 수)]

	거의 안 일어난다(n)	종종 일어난다(n)	항상 일어난다(n)	모르겠다, 무응답(n)
교실에 있는 놀잇감을 소유하려는 상황	19.5(48)	66.7(164)	13.4(33)	0.4(1)
교사와 함께 활동에 참여하는 상황	59.4(146)	36.1(89)	2.4(8)	2(5)
교사의 감독하에 바깥 놀이 시	47.5(117)	45.9(113)	4.9(12)	1.6(4)
교실 내 자유 놀이 하는 동안	11(27)	68.3(168)	20.3(50)	0.4(1)
텃밭 같은 자유로운 바깥 놀이 활동 시간	20(49)	65.4(161)	12.2(30)	2.4(6)
부모와 함께 교실 활동을 할 때	65(160)	27.2(67)	0.8(2)	6.9(17)
줄서기할 때	23.6(58)	65.9(162)	9.3(23)	1.2(3)
화장실에서	35.8(88)	53.2(131)	10.2(25)	0.8(2)
복도에서	36.2(89)	56.1(138)	6.9(17)	0.8(2)

출처: Tanrikulu, I.(2020). p. 495.

2 유아기 괴롭힘 참여자 역할

1) 참여자 역할 비율

괴롭힘 참여자 역할은 가해, 피해, 방어, 방관으로 나뉜다. 이중 가해역할은 보다 구체적으로 주도자, 강화자, 조력자로 구분될 수 있으나 앞 장에서 언급한 바와 같이, 유아기에는 주도자, 강화자, 조력자에 대한 비율이 매우 낮아, 유아기 괴롭힘에서는 대체로 가해, 피해, 방관, 방어, 혹은 가해, 피해, 가해–피해 등으로 나눈다.

연구마다 참여자 역할은 다양하게 나타난다. 〈표 5–5〉에는 국내외 문헌들의 유아기 참여자 역할의 비율이 나타나 있다. 가해유아는 낮게는 대략 10%에서 25%까지, 피해유아는 7.8%에서 22%까지 다양하게 나타난다. 이러한 차이가 나타나는 원인은 연구방법의 다양성 때문으로 보인다. 예를 들면, 괴롭힘 측정기간을 어느 정도로 잡았는지(예: 1주, 1학기), 누구에게 괴롭힘 참여자 역할을 물어보았는지(유아, 교사 등) 등에 따라 다르게 나타날 수 있다.

연구마다 각 역할의 비율은 다르지만, 국내 대규모로 이루어진 유아 대상의 연구를 살펴보면 대략 25% 정도의 유아가 가해, 피해, 혹은 가해-피해 역할로 분류되었다. Lee(2020)는 한국의 1,324명의 유아를 대상으로 한 연구에서 괴롭힘 역할을 측정하였는데 2달 간격으로 2차례 측정한 결과 약 1/4의 유아가 괴롭힘에 관련되어 있는 것으로 나타났다. 이중 가해는 대략 10%, 피해는 이보다 약간 낮은 8~9%, 가해-피해유아는 6~8%로 나타났으며 74~75%의 유아는 괴롭힘 행동과 관련이 없는 것으로 보고되었다(〈표 5-5〉 참고).

〈표 5-5〉 국내외 연구에서 나타난 유아 괴롭힘 참여자 역할 비율 [%(인원 수)]

	조사방법	가해유아	피해유아	방어유아	가해-피해유아	역할없음	전체 유아
Kucaba & Monks(2022)	또래보고[2)]	17.5(35)	22(44)	28.5(57)	–	32(64)	100(200)
Perren & Alsaker(2006)	교사보고	14.6(37)	8.3(21)	–	13.8(35)	63.2(160)	100(253)
Lee(2020)*	교사보고	9.7(130)/10(132)	7.8(102)/9.3(123)	–	8.6(112)/6.4(84)	74(968)/75(973)	100(1312)/100(1312)
Monks et al.(2003)	또래보고	25(26)	22.1(23)	16.3(17)	1.9(2)	29.8(30)	95.1(98)

* 두 차례의 측정이 이루어짐. 1차측정/2차측정 수치를 의미.

2) '또래보고'란 괴롭힘 참여자 역할에 대해 또래들로부터 정보를 얻은 경우를 뜻한다(예: '너네 반에 이렇게 다른 아이를 때리는 아이/맞는 아이/바라보고 있는 아이/도와주는 아이가 있어? 누구라고 생각해?')

2) 참여자 역할 별 특성

(1) 가해유아(혹은 공격아)[3)]

가해유아는 다른 유아를 때리거나, 놀리거나 혹은 따돌리는 등의 행위를 하는 유아로 이들은 사회, 정서, 인지적 차원의 교육이 필요하며, 그렇지 않으면 가해행동이 지속될 수 있다. 본 서에서는 그들의 사회, 인지, 행동적 특성에 따라 미숙한 가해유아, 영리한 가해유아로 나누었다.

• 미숙한 가해유아

사회적 기술의 부족으로 공격성을 활용하는 경우로 많은 가해유아들이 이에 해당하는 것으로 보인다. 이들은 적절한 언어, 세련된 또래상호작용 기술을 익히지 못해, 빠르고 쉬운 방법인 물리적 힘을 사용하여 원하는 바를 해결하려고 한다. 따라서 의도적으로 다른 아이를 괴롭히거나 자신의 이익을 위해 이용하려는 것이 아니라, 공격성이 아닌 다른 방법을 모르기에 가해행위를 하게 된다.

이들은 공격적인 행동을 빈번히 사용하기 때문에 또래들 사이에서 인기가 낮고, 선호되지 않는다. 또한, 정서적유능성이 낮으며(Camodeca et al., 2015) 정서적으로 불안정하고, 정서조절능력이 낮게 나타났다(Camodeca & Coppola, 2019), 따라서 미숙한 가해유아는 가해와 피해를 모두 겪는 가해-피해인 경우가 많다. 자신의 공격적 행동으로 인해 또래들로부터 선호되지 않으며, 거부당하기 때문이다. 다른 아이들은 이 아이들을 가리켜 '우리 반 장난꾸러기예요. 선생님한테 혼나요'라고 말하기도 한다. 이러한 유형의 아이들은 적절한 정서, 사회, 인지적 기술을 가르쳐 주고 지속적으로 지도할 필요가 있다.

3) 유아기 괴롭힘에서 가해, 피해 등으로 유아를 지칭하는 것에 대해서는 논란이 있다. 다만 아직 대체할 용어를 찾지 못하여 가해유아 혹은 공격아라고 부르고는 있으나 유아기에 보다 적절한 용어를 찾아야 할 필요가 있다.

• 영리한 가해유아

다른 아이를 괴롭히면서도 정서, 사회, 인지적 능력이 높은 경우가 존재한다. 미숙한 가해유아보다는 드물지만, 이들은 의도적이고 교묘하게 친절과 공격성을 섞어서 사용한다(예: 주도적 공격성). 자신이 원하는 것을 얻기 위해서 호의, 친절을 베풀기도 하지만, 종종 공격성을 활용해서 따돌리거나 때리는 등의 행위도 한다. 이들은 대개 사회적 힘이 있어 또래로부터 인기가 높거나, 리더쉽이 있고, 자신의 뜻대로 다른 아이를 놀이에 끼워주거나 배제하기도 하고, 명령을 내리기도 한다. 또한 소수보다는 다수의 아이들이 있는 큰 또래집단에서 활동하는 편이다(Perren & Alsaker, 2006). 이 아이들은 다른 아이에 대한 공감능력도 높고, 사회적 상황에 대한 이해능력(예: 마음이론)도 높지만 이러한 능력을 자신의 이득을 위해서 사용하는 것으로 보인다(Hay et al., 2004; Sutton et al. 1999).

이들의 높은 사회인지적 능력은 타인의 약점을 꿰뚫어 보고 어른의 감시를 피할 수 있게 해주는 것으로 보이며 이런 아이들은 피해를 잘 겪지 않는 편이다. 이러한 아이들은 또래들이 좋아하고 인기도 높아 교사에게는 때로 모범생처럼 보일 때도 있어 간파하기 어려운 경우도 있다. 교사가 이런 아이들을 발견하여 지적하더라도, 영리한 가해유아는 자신의 행위에 대해 교사가 이해할 만한 이유를 말하는 경우가 많아 지도하기 매우 까다로운 경우에 속한다. 이러한 유형의 아이들은 사회적 기술보다는 도덕성, 공감에 대한 교육을 중점적으로 할 필요가 있다.

교사들 역시 괴롭힘 가해 중 일부 유아들은 발달이 빠르다고 인식하고 있었다. 때로는 또래관계에서 우위를 차지하는 경우도 매우 높으며(74.3%), 교사를 잘 따르고 심지어 모범적인 유아로 여기고 있었다(37.2%)(〈표 5-6〉). 따라서 교사는 가해유아 그룹을 모두 같은 아이들, 혹은 공격적인 행동을 하는 같은 집단으로 생각하지 말아야 하며, 각 유아별로 공격성을 사용하는 동기, 이유, 그리고 사용하는 과정 등에 대해 정확히 파악할 필요가 있다.

〈표 5-6〉 괴롭힘 가해유아에게서 나타나는 특징 (N=237)

문항	응답 수 (%)				
	전혀 그렇지 않다	그렇지 않다	그렇다	매우 그렇다	계
신체적 혹은 언어적으로 발달이 빠르다.	6(2.5)	48(20.5)	125(52.7)	58(24.5)	237(100)
교사나 또래에게 관심받고 싶어 한다.	1(0.4)	24(10.1)	134(56.5)	78(32.9)	237(100)
때로 인기가 많은 경우도 있어, 또래 관계에서 우위를 차지하고 있다.	8(3.4)	53(22.4)	122(51.5)	54(22.8)	237(100)
가정에서 애정적인 양육이 부족하다.	7(3.0)	83(35.0)	93(39.2)	54(22.9)	237(100)
교사를 잘 따르고 모범적이다.	26(11.0)	123(51.9)	67(28.3)	21(8.9)	237(100)
별다른 특징은 없다.	41(17.4)	129(54.7)	55(23.3)	11(4.7)	236(99.6)

출처: 이승하, 김유중(2020). p. 799.

(2) 피해유아

피해유아는 공격적 행위의 대상이 되는 유아들로 특징적인 면에서 크게 두 유형으로 나뉜다. 먼저, 별다른 특징이 없는 유형, 둘째, 정서, 사회의 여러 측면에서 낮은 수준을 보이는 유형이다.

첫째, 피해유아가 피해를 겪지 않는 아이들에 비해 별다른 특징이 없는 경우, 이는 유아기에는 특정인(피해에 취약한 특성을 지닌 사람)을 대상으로 공격성이 이루어지기보다 불특정 다수에게 공격적 행위가 가해지기 때문이라 볼 수 있다. 많은 연구에서 피해유아는 또래들로부터 선호되는 정도(인기도)가 다른 아이들에 비해 더 낮지 않았으며, 사회인지 수준도 낮지 않았고, 불안정한 애착을 갖고 있지도 않았다(Camodeca et al., 2015; Monks et al., 2005).

둘째, 피해 유아가 사회, 정서 등의 여러 측면에서 낮은 수준을 보이는 경우도 있다. 어떤 피해유아는 정서조절, 자기조절이 미흡하고, 또래선호도가 낮은 경우도 있다(Godleski et al., 2015; Lee, 2020; Perren & Alsaker, 2006).

아래 〈표 5-7〉을 살펴보면, 피해유아에게는 별다른 특징이 없다는 교사의 응답이 절반(50.8%)에 이른다. 나머지 절반은 피해유아에게 특별한 점이 있다고 응답하고 있다. 좀 더 구체적으로는, 다른 아이들이 시키는대로 한다던가, 또래에 비해 행동이 느리거나, 또래와 잘 어울리지 못한다는 응답이 이에 해당했다.

피해유아는 가해유아에게 단호하게 말한다던가 그만하라고 하게 하는 기술이나 능력이 부족한 것으로 보인다. 또래의 부당하거나 불쾌한 행동에 대해서 '하지 마'라고 자신의 의사를 표현하고 상대 행동의 한계설정을 명확히 하는 행위가 미흡한 것이다(Hay et al., 2004; Perren & Alsaker, 2006). 하지만 피해유아의 이러한 특징이 자신보다 힘이 우위에 있는 유아에게 괴롭힘을 당한 결과로 나타난 것일 수도 있다. 즉, 괴롭힘을 당할 때는 가해 아이들이 시키는대로 할 수밖에 없으며, 다른 친구들과 어울리기 어려울 수도 있다. 따라서 무엇이 원인인지는 확실치 않다.

따라서 피해유아들에게 괴롭힘을 당했을 때 대응방법을 안내하는 것이 필요하다. 상대 유아에게 자신의 불쾌한 감정을 적절히 표현하고 상대의 행동에 제한을 거는 단호한 표현을 연습하게 할 필요가 있다.

〈표 5-7〉 괴롭힘 피해유아에게서 나타나는 특징 (N=237)

문항	응답 수 (%)				
	전혀 그렇지 않다	그렇지 않다	그렇다	매우 그렇다	계
자신의 의사를 명확하게 표현하는 것을 어려워한다.	11(4.6)	58(24.5)	139(58.6)	29(12.2)	237(100)
다른 아이들이 시키는 대로 한다.	10(4.2)	73(30.8)	126(53.2)	28(11.8)	237(100)
또래에 비해 행동이 느리다.	8(3.4)	77(32.5)	114(48.1)	38(16.0)	237(100)
또래 친구들과 잘 어울리지 못한다.	11(4.6)	93(39.2)	100(42.2)	33(13.9)	237(100)

문항	응답 수 (%)				
	전혀 그렇지 않다	그렇지 않다	그렇다	매우 그렇다	계
특징적인 외모나 외양을 지니고 있다(예: 여름에도 같은 옷을 계속 입고 온다, 지나치게 뚱뚱하다 등).	37(15.6)	108(45.6)	75(31.6)	17(7.2)	237(100)
발달상의 어려움이나 신체, 정서적 장애를 지녔다.	45(19.0)	110(46.4)	63(26.6)	19(8.0)	237(100)
별다른 특징은 없다.	22(9.3)	94(39.8)	111(47.0)	9(3.8)	236(99.6)

출처: 이승하, 김유중(2020). p. 799.

(3) 방어유아(defender)

방어유아(혹은 방어아)는 피해가 발생했을 때 피해유아를 도와주는 유아를 의미한다. 피해유아를 도와주는 방법은 가해유아에게 직접 맞서서 행동을 멈추게 하는 방법, 성인(교사)에게 알려서 도움을 요청하는 방법, 그리고 피해유아를 위로해 주는 방법이 있다.

방어유아들은 정서조절이 약간 높은 수준으로 나타나며, 또래들에게 사회적 선호대상이 경우가 흔하다. 또한 이들은 사회·인지적 기술, 사회적 유능성도 방어가 아닌 아이들보다 약간 높았다(Camodeca et al., 2015; 2019; Monks et al., 2005). 또한 공감이 높을수록 방어행동도 많이 하는 것으로 나타났다(Swit et al., 2023). 방어자 역할을 하는 유아들은 사회적 상황을 알아채고 대응방법도 알고있으며, 이를 실행한다(Monks et al, 2005). 피해받고 있는 아이를 방어해 주는 것은 용기와 자기효능감을 필요로 한다(Juvonen & Galvan, 2008). 실제로 방어행동을 하는 유아는 사회적 위축 수준이 낮은 것으로 나타났다(Swit et al., 2023).

남을 돕는 행동의 긍정적 영향력은 여러 연구에서 나타나고 있다. 9~13세 아이들을 대상으로 한 연구에서 방관하는 아이는 자기 효능감, 도덕 수준이 낮았으며 다른 아이를 도와주는 방어행동을 하는 아이는 긍정적 또래관계, 자기 효능감, 도덕성 높은 것으로 나타났다(Thornberget et al., 2017). 더구나 이러한 방어행동의 영향력은 어릴 때뿐 아니라, 청소년기에 가서도 유효했는데 방관자보다 방어자들이 예의, 정서적 안정성이 높은 것으로 나타났다(Pronket et al., 2015).

유아들은 괴롭힘에 개입할 능력이 부족할 수 있다. 왜냐하면 이들은 무슨 일이 일어나고 있는지 얼른 알아채지 못하거나, 혹은 알게 되더라도 개입능력이 아직 부족하기 때문이다. 따라서 방어기술을 직접적으로 가르치는 것과 더불어, 방어행동과 관련한 사회, 정서, 인지적 능력도 함께 발달시킬 수 있는 교육이 필요하다.

(4) 방관유아

방관하는 유아는 괴롭힘 상황을 목격하지만 아무 행동도 하지 않고 바라만 보고 있는 유아를 의미한다.

한 연구에서는 방관자는 사회적 유능성이 낮은 것으로 나타났으며(Camodeca et al., 2015) 방관자 행동은 정서적 불안정성은 관련이 있었다(Camodeca & Coppola, 2019).

대부분의 괴롭힘 상황에서는 또래 혹은 목격자가 존재한다. Perren과 Alsaker(2006)의 연구에서는 유아들의 괴롭힘 에피소드 중 85% 사건에는 괴롭힘을 목격한 또래들이 존재하는 것으로 나타났다. 이 유아들이 방관자가 아닌 방어자의 행동을 한다면 괴롭힘은 즉각 멈춰질 수 있으며, 다시는 일어나기 어려울 것이다. 최근 괴롭힘 예방교육의 흐름은 방관자를 방어자로 만들어, 정의로운 공동체 구성원을 양성하고 이를 통해 평화롭고 신뢰로운 공동체를 형성함으로써 가해행동을 하지 못하게 하는데 초점을 두고 있다.

〈표 5-8〉에는 교사가 유아기 괴롭힘 참여자 역할을 파악할 수 있는 설문지 사례가 나와 있다.

〈표 5-8〉 유아 괴롭힘 참여자 역할 질문지 - 교사측정용

유아 괴롭힘 참여자 역할 질문지 - 교사측정용	
• 학급에 이런 아이가 있나요? • 이런 아이는 누구인가요?	
참여역할	**관찰행동**
가해유아 (Bully)	• 같은 반 아이를 재미 삼아 울게 만든다. • 짓궂은 장난을 하고, 나쁜 말을 한다.
동조유아 (Follower)	• 어떤 아이가 다른 아이를 공격하자, (그걸 따라서) 자신도 다른 아이를 공격한다. • 다른 아이를 괴롭히고 성가시게 하는 것을 편들거나, 도와준다('잘한다').
방어유아 (Defender)	• 맞고 있거나 놀림당하고 있는 아이를 방어해 준다('하지 마!'). • 친구들이 때리거나, 끼워주지 않아서 슬퍼하는 아이(울고 있는 아이)를 위로해 준다.
방관유아 (Outsider)	• 누군가 괴롭힘을 당하고 있을 때 아무것도 안 본 척한다. • 누군가 혼자 남겨지거나 놀림 받고 있어도 관심을 두지 않는다.
피해유아 (Victim)	• 다른 아이들은 이 아이를 때리거나, 이 아이의 물건을 망가뜨린다. • 다른 아이들은 이 아이를 고립시킨다 -안 끼워주거나- 이 아이에게 나쁜 말을 한다.

출처: Camodeca et al.(2015).

3) 괴롭힘 참여자 역할의 안정성

괴롭힘 참여자 역할은 어릴수록 자주 바뀐다. 아동, 청소년기에는 집단의 위계가 확실히 정해지고, 가해유아, 피해유아의 역할이 상대적으로 확실하게 오래 지속되는 반면, 유아기에서는 그렇지 않다. 이는 유아기에는 아동기와 비교하였을 때 상대적으로 괴롭힘이 오랫동안 일어나지 않는다는 것을 의미한다.

Lee(2020)의 연구에서는 유치원에서 한 학기 동안 얼마나 괴롭힘 역할이 오래 지속되는지 알아보기 위해 2달 간격(9월, 11월)으로 괴롭힘 역할을 측정한 결과 아래 〈표 5-9〉와 같은 결과를 보고하였다. 가장 안정적인 역할은 가해유아로써 2달 전에 가해유아였던 유아의 41.5%는 여전히 가해유아로 분류되었다. 피해유아는 약간 낮은 39.2%, 가해-피해유아는 29.5%가 2달 후에도 같은 역할에 머물러 있었으며, 역할없는 아이는 대부분(88%)이 그대로 괴롭힘에 개입되지 않은 채로 있었다. 역으로, 전체 아이의 12%는 괴롭힘에 새롭게 관련하게 된 것이다.

그렇다면 얼마나 많은 유아들이 괴롭힘에서 벗어나게 될까? 〈표 5-9〉를 살펴보면 '가해유아'였다가 '역할없음'으로 분류된 경우가 37.6%, 피해에서 '역할없음'으로 된 경우가 44.1%, 가해-피해에서 '역할없음'으로 된 경우는 29.5 %로 상대적으로 가해, 피해보다는 벗어난 비율이 낮았다. 나머지 유아들은 결국 어떠한 역할이든 여전히 괴롭힘에 관련되어 있다는 것을 의미한다. 이는 아동, 청소년들보다 덜 심각하다고는 하지만 여전히 많은 유아들이 지속적으로 괴롭힘에 관련되어 있다는 점을 의미하며, 이러한 반복성을 막기 위해서 반드시 성인의 조기 개입이 필요함을 시사한다.

〈표 5-9〉 2달 간격으로 2차례 측정결과 괴롭힘 역할 변화

1차 측정 시 역할(인원 수)	2차 측정 시 역할	인원 수 (%, 1차역할에서 2차역할로 이동한 비율)
가해(130)	가해	54(41.5)
	피해	8(6.2)
	가해-피해	19(14.6)
	역할 없음	49(37.6)
피해(102)	가해	5(4.9)
	피해	40(39.2)
	가해-피해	12(11.7)
	역할 없음	45(44.1)
가해-피해(112)	가해	31(27.7)
	피해	21(18.6)
	가해-피해	33(29.5)
	역할 없음	27(24.1)
역할 없음(968)	가해	42(4.3)
	피해	54(5.5)
	가해-피해	20(2.1)
	역할 없음	852(88.0)

출처: Lee(2020).

3 유아기 괴롭힘 파악 방법

괴롭힘은 어떤 입장에서, 누가 말하느냐에 따라 다르게 보고된다. 자신이 당한 것인지 주변 친구가 당한 것인지, 아니면 교사 입장에서 바라본 것인지에 따라 괴롭힘 역할이나 발생률이 다르게 파악된다. 이것이 바로 괴롭힘 발생에 대한 판단, 해결을 어렵게 한다.

1) 다양한 정보원(informants)을 통한 보고(report) 방식 활용

괴롭힘 행동에 대해 보여주거나 설명하고, 이런 일이 얼마나 자주 발생하는지, 혹은 누가 이렇게 행동했는지 묻는 방식이다. 학생들에게는 설문지를 활용하기도 하지만 유아들에게는 일반적으로 공격적 행동이 나타난 그림을 보여주면서 직접 대화(면담)를 통해 파악한다. 또는 교사, 부모보고를 활용하기도 한다.

(1) 자기보고(self-report)

자기보고란 괴롭힘을 조사할 때 자신이 그 행위를 했는지, 피해를 받았는지 등에 대해 직접 묻는 방법이다. 유아들에게 공격적 행동이 나타난 그림을 보여주며, 자신이 이러한 행동을 한 적, 혹은 당한 적이 있는지 물어본다.

질문 예시	가해유아	"나는 다른 아이를 때린 적이 있다."
	피해유아	"누가 나를 때린 적이 있다."
	방어유아	"나는 다른 아이가 누군가를 괴롭히는 것을 보고하지 말라고 이야기 한 적이 있다."
	방관유아	"나는 ~~을 보았지만 아무 행동도 하지 않았다."
장점	• 유아가 직접 경험한 가해 혹은 피해, 방관, 혹은 방어 행동을 파악하기에 유리하다. 남들이 파악하기 어려운 은밀한(간접적) 공격성, 관계적 공격성(예: 따돌림)에 대한 피해를 파악하기 유용하다.	
단점	• 유아는 종종 자신의 피해경험은 과대평가하고(피해가 아닌데도 피해받았다고 생각), 가해경험은 축소해서 말하기도 한다.	

(2) 또래보고(peer-report)

또래보고방식에서는 괴롭힘 역할에 대해 학급 내 아이들 중 누가 해당하는지를 묻는다. 학급 내 대부분 혹은 모든 유아들에게 물어본다. 유아들에게 괴롭힘 상황이 나타난 그림을 보여주고, 누가 이러한 행위를 하는지(혹은 당하는지)와 같은 질문을 한다.

질문 예시	가해유아	"너네 반에 다른 아이를 때리는 아이가 있니? 누구라고 생각하니?"
	피해유아	"너네 반에 다른 아이에게 맞는 아이가 있니? 누구라고 생각하니?"
	방어유아	"너네 반에 누군가 다른 아이를 때릴 때 이것을 못 하게 막는 아이가 있니? 누구라고 생각하니?"
	방관유아	"너네 반에 누군가 다른 아이를 때릴 때 바라보고 있는 아이가 있니? 누구라고 생각하니?"
장점	• 괴롭힘 상황에는 대부분 이를 목격한 또래가 존재하기 때문에 가장 정확하고 객관적일 수 있다. 각 행동 유형에 대해 학급 내 전체 유아의 의견을 들을 수 있어서 각 역할에 대해 보다 신뢰로운 응답을 기대할 수 있다.	
단점	• 눈에 띄지 않는 은밀한 공격성, 간접적 공격성은 파악하기가 쉽지 않다. 특히 가해보다 피해파악이 더욱 어렵다.	

(3) 교사보고(teacher-report)

교사보고란 학급을 맡고 있는 교사에게 괴롭힘 역할에 대해 묻는 방법이다. 묻는 방법은 아래와 같다.

질문 예시	가해유아	"다른 아이를 때리는 아이가 있습니까? 누구라고 생각하시나요?"
	피해유아	"다른 아이에게 맞는 아이가 있습니까? 누구라고 생각하시나요?"
	방어유아	"누군가 다른 아이를 때릴 때 하지 못하게 도와주는 아이가 있습니까? 누구라고 생각하시나요?"
	방관유아	"누군가 다른 아이를 때릴 때 지켜만 보고 있는 아이가 있나요? 누구인가요?"

장점	• 유아교육기관에서는 교사보고의 방법이 매우 유용하다. 유아교사는 유아들과 하루 일과를 같이 보내기 때문에 어떤 일이 일어났는지 소상히 알 수 있다. 따라서 보다 객관적인 입장에서 관찰, 판단이 가능하다.
단점	• 또래보고방법과 유사하게 교사의 시야에서 벗어난 은밀하고 간접적으로 이루어지는 공격성은 파악하기가 어렵다. 눈에 잘 띄는 신체적 공격성이나 언어적 공격성은 교사의 즉각 개입이 이루어질 수 있으나 관계적 공격성의 가해, 피해유아의 경우 교사가 이를 파악하지 못해 지속될 위험이 있다.

(4) 부모보고

부모보고란 부모에게 자녀가 어떠한 괴롭힘 역할에 해당하는지 묻는 방법이다.

질문 예시	가해유아	"(당신의 자녀가) 다른 아이를 때린 적이 있나요?"
	피해유아	"(당신의 자녀가) 다른 아이에게 맞은 적이 있나요?"
	방어유아	"(당신의 자녀는) 누군가 다른 아이를 때릴 때 하지 못하게 도와준 적이 있나요?"
	방관유아	"(당신의 자녀는) 누군가 다른 아이를 때리는 일이 일어날 때 가만히 있었던 적이 있나요?"
장점	• 부모가 자녀에 대해 잘 파악하고 있고, 평소 가정에서 유아가 하는 말을 들어왔기에 교사가 모를 수도 있는, 교사의 시야에서 벗어난 상황에 대해서도 세밀한 파악이 가능하다.	
단점	• 부모는 교육기관에서 어떤 일이 일어나는지 정확히 알기는 어렵다. 특히 자녀의 입장에서만 들은 말로 판단하기 때문에 객관적 정보에 의한 판단이 어려울 수 있다. • 유아는 자신이 잘못한 일보다는 피해받은 일만을 부모에게 더 말할 수 있다. 또한 1명의 유아의 역할을 파악하기 위해 1명의 정보원(어머니 혹은 아버지)에 의해 이루어지는 응답이라 온전히 객관적이라 보기 어렵다. 따라서 다른 보고방식에 비해 훨씬 드물게 활용된다.	

(5) 일치율

괴롭힘 역할을 여러 방식으로 조사할 수 있다면 어떠한 조사방식이 가장 정확한지 생각해 볼 필요가 있다. 누가 가장 정확하게 괴롭힘을 파악하고 있는가? 누가 보아도 이 아이는 가해유아, 피해유아 라고 할 수 있는가? 가해유아에 대한 판단은 교사, 또래, 자기보고 방식의 조사 결과가 어느 정도 일치하는 것으로 나타난 반면, 피해유아에 대한 판단은 차이가 나타났다(Lee et al., 2016).

가해유아를 판별하는 데는 또래보고, 자기보고, 교사보고 방식이 어느 정도 일치하는 것으로 나타났다. 그러나 공격성 유형에 따라 일치 정도에 차이가 나타났으며, 눈에 띄는 신체적, 언어적인 경우에 더 일치하고 눈에 잘 띄지 않는 관계적 공격성의 가해유아 지명은 일치도 수준이 낮았다.

반면 피해유아의 판별에 있어서는 자기보고와 교사보고가 약간 일치하는 것으로 나타났다(Lee et al., 2016). 이러한 결과는 내가 입은 피해(특히 관계적 공격성)가 다른 사람이 볼 때 피해가 아닌 경우가 있을 수 있음을 의미한다. 이는 유아기 괴롭힘을 이해할 때 피해유아를 중심으로 바라보아야 하는 근거가 된다.

이처럼 각 보고방법에 따라 결과가 다르게 나타날 수 있으며, 각각의 장단점이 존재하기 때문에 괴롭힘 관련 연구에서는 종종 여러 보고 방법을 함께 사용하거나 공격성 유형에 따라 더 유용한 보고 방식을 사용하여 결과를 분석한다. 예를 들어 눈에 잘 띄는 신체적, 언어적 공격성의 경우 또래보고, 교사보고를 활용하며, 관계적 공격성은 자기보고, 교사보고를 활용하는 경우가 많다.

종합하면, 괴롭힘은 보는 관점에 따라 괴롭힘을 바라보는 기준이 어떠한지에 따라 괴롭힘의 여부와 정도에 대한 판단에 차이가 나타난다. 따라서 모든 사건에 대해서 괴롭힘인지 아닌지 100% 정확한 판단이 완벽히 가능하지는 않다. 따라서 괴롭힘 상황, 괴롭힘 역할을 파악하기 위해서는 서로 다른 유형의 정보를 서로 공유해야만 누가 가해, 피해유아인지 알 수 있다. 교사가 유아들과 함께 이야기를 나누거나, 부모의 이야기를 귀담아듣는 것은 피해, 가해유아를 식별하는 데 도움을 줄 수 있다(Huitsing et al., 2019).

2) 관찰

유아교육기관의 교실, 복도 등 실내영역 혹은 바깥 놀이터에서 유아들의 상호작용을 관찰하여 괴롭힘의 여부와 유아의 참여 역할을 파악하는 것이다. 자유놀이 시간, 바깥놀이 시간에 괴롭힘이 가장 흔하게 일어난다는 점을 고려할 때, 유아들의 놀이 시간에 상호작용을 관찰하는 것은 괴롭힘 파악을 위한 매우 유용한 방법이 될 수 있다. 특히 부모들의 동의를 받아, 유아들의 말과 행동을 녹음하거나 속기로 기록하는 것은 괴롭힘 상황에 대한 판단과 분석을 위한 유용한 자료가 될 수 있다.

괴롭힘을 파악하려면 유아들간의 관계(적대적인지, 친한 친구인지 등)를 고려하며 얼마나 자주 놀이를 같이하는지, 놀이하면서 어떠한 상호작용(친절한 혹은 공격하는)이 오가는지, 갈등을 어떻게 해결하는지 등을 종합적인 정보를 활용해야 가능하며, 교사는 이를 파악하기에 매우 좋은 위치에 있다.

요약

- 유아들 사이에서는 다양한 형태의 신체적, 언어적, 관계적 공격성을 활용한 괴롭힘이 빈번히 나타난다.
- 유아의 연령이 어릴수록 신체적, 물리적 형태의 괴롭힘이 빈번하다가 점차 언어, 관계적 형태의 괴롭힘이 증가한다.
- 유아들 간 괴롭힘이 가장 빈번하게 일어나는 시간은 자유놀이, 바깥놀이와 같이 유아들 간의 자유로운 상호작용이 활발하게 일어나는 때, 혹은 전이시간과 같이 분위기가 어수선할 때 발생한다.
- 괴롭힘 가해유아들은 발달이 빠르고, 인기가 많은 경우도 있으므로 교사의 주의깊은 시선이 요구된다.
- 괴롭힘 피해유아들의 절반은 의사를 명확하게 표현하는 것을 어려워하고 발달적으로 느린 특징이 있기도 하나, 절반은 별다른 특징이 없기도 하다.
- 괴롭힘 참여자 역할은 어릴수록 자주 바뀐다. 가해유아의 역할은 상대적으로 다른 유아들에 비해 안정적이다. 그러나 여전히 일부 유아들은 시간이 지나도 괴롭힘에 어떠한 역할이든지 관여되어 있기에 조기개입이 필수적이다.
- 괴롭힘은 어떤 입장에서, 누가 말하느냐에 따라 다르게 보고되기에 관점의 문제라 할 수 있다.
- 괴롭힘 상황, 괴롭힘 역할을 정확하게 파악하기 위해서는 유아, 부모, 교사 간 정보를 서로 공유해야만 누가 가해, 피해유아인지 알 수 있다.

생각해 보기

'아이들에게 누가 가해, 피해유아인지 물어봐도 될까?'

괴롭힘 보고방법 중, 유아가 직접 자신의 경험, 또래의 경험을 이야기하는 자기보고, 혹은 또래보고의 방법은 교사가 괴롭힘을 파악하기 위해 활용할 수 있다. 그런데 때로는 유아가 다른 유아를 지목하는 일을 꺼려하거나, 자신이 공격적 행동의 당사자인 경우에는 대답을 하지 않을 수도 있다. 이런 경우에는 대답을 요구하지 않고 의사를 존중해주며 그냥 넘어간다. 또한 유아에게 모든 응답은 비밀로 지켜질 것이라고 면담 전에 알려준다. 저자의 오랜 경험으로는 유아가 응답을 꺼려하는 경우는 아주 간혹 발생하고, 대부분 유아의 경우 솔직하고 편안하게 대답하는 편이었다(만일 외부 연구자가 아닌 담임교사가 물어본다면 더욱 그러할 것이다). 이는 유아들 역시 자신의 학급에서 무슨 일이 일어나는지 서로 다 알고 있다는 점, 그러나 여전히 발생하고 있으며 해결이 되지 않고 있다는 점을 반영한다. 괴롭힘은 비밀로 하기보다는 오히려 공론화를 하는 것이 필요하다. 다만 가해유아를 탓하는 대신 가해유아의 행동을 어떻게 도와줄 수 있을지 함께 논의하는 접근방식이 필요한 것이다. 이는 '2부 학교폭력 및 유아기 괴롭힘의 예방과 개입'에서 더욱 자세히 다룬다.

CHAPTER 6

유아기 괴롭힘에 대한 경험 및 인식

3, 4, 5장에서 살펴보았듯이, 괴롭힘은 괴롭힘에 대한 개념이나 관점에 따라 괴롭힘 여부와 참여 역할에 대한 판단이 달라질 수 있다. 이는 괴롭힘이 '관계'를 기반으로 나타나는 현상이며, 관계는 상호성을 바탕으로 하기에 각자의 입장이 완벽하게 일치하기 어렵기 때문이다. 따라서 다양한 주체에 따라 괴롭힘에 대한 어떤 경험과 인식을 가지고 있는지를 알아보는 것은 괴롭힘을 이해하고 해결하기 위한 출발점이 될 수 있다. 본 장에서는 유아, 교사, 부모의 입장에서 괴롭힘에 대한 경험과 인식을 살펴보고자 한다. 특히 유아, 교사, 부모를 실제로 면담하여 얻은 사례를 중심으로 각각의 입장을 이해해 본다.

잠깐! 괴롭힘에 대한 교사의 민감성을 점검해 봅시다. 예비교사로서 나의 인식은?

어떻게 생각하시나요?					
질문	매우 그렇다	그렇다	보통이다	그렇지 않다	매우 그렇지 않다
어떤 아이들은 괴롭힘당할 만한 행동을 한다.					
어떠한 방법을 쓰더라도, 괴롭힘은 일어나게 되어있다.					
자신이 다른 아이를 괴롭혀서 따돌림당하는 것은 어쩔 수 없다.					
괴롭힘은 일시적인 현상이므로 놔두면 저절로 없어진다.					

1 유아의 인식 및 태도

1) 괴롭힘 정의, 개념에 대한 유아의 인식

유아들은 괴롭힘을 인지하고 있을까? 결론부터 말하자면 그렇다. 유아들은 괴롭힘 현상을 알고 느끼고 있지만, 개념에 대한 인식은 아동, 청소년 및 성인과는 차이를 보인다. 유아는 괴롭힘 정의의 핵심요소로 불리우는 힘의 불균형, 의도, 반복성, 그리고 피해유아의 입장을 덜 고려하는 편이다. 〈표 6-1〉에는 다양한 연령대의 응답자들에게 괴롭힘 관련 요소가 포함된 그림을 보여준 후 이것이 괴롭힘이라고 생각하는지 묻고 '그렇다'라고 답한 비율을 보여준다.

〈표 6-1〉 괴롭힘(bullying) 정의(definition)에 대한 연령별 인식 비교: 각 문항이 괴롭힘이라고 생각하는 비율(%).

괴롭힘 관련 요소	문항	4~6세 (99명)	8세 (40명)	14세 (40명)
힘의 불균형	1. A와 B는 서로 좋아하지 않아서 싸운다.	81.8	90	15
	2. A는 B에게 싸움을 건다.	63.6.	92.5	80.0
	3. A는 자기보다 작은 B에게 싸움을 건다.	72.7	92.5	97.5
의도성	4. A는 B의 물건을 빌려 갔는데 실수로 망가뜨렸다.	39.4	10.0	2.5
	5. A는 B의 물건을 빌려 갔는데 망가뜨렸다.	69.7	60.0	87.5
반복성	6. A는 B에게 나쁜 말을 한다.	76.8	85.0	87.5
	7. A는 B에게 매일 나쁜 말을 한다.	71.7	87.5	100.0
피해 여부	8. A는 B의 머리를 보고 놀렸는데 둘 다 함께 웃었다.	24.2	12.5	12.5
	9. A는 B의 머리를 보고 놀렸는데 B가 화가 났다.	62.6	85.0	85.0
관계적 공격성	10. A는 다른 아이들에게 B하고 이야기하지 말라고 말한다.	74.7	87.5	82.5
	11. A는 B에 대한 나쁜 이야기들을 퍼뜨린다.	76.8	90.0	85.0
	12. A는 B를 놀이에 절대 끼워주지 않는다.	72.7	87.5	45.0

출처: Monks & Smith(2006) 재구성.

- 4~6세 유아들은 괴롭힘의 요소가 포함된 경우에 괴롭힘이라고 응답의 비율이 더 높았으나, 대체로 그러한 요소가 없어도 괴롭힘이라고 응답하는 경향이 8, 14세에 비해 높았다.
- 4~6세 유아들은 힘의 불균형이 없을 때에도(1, 2번) 괴롭힘이라고 인식하는 비율이 높았고, 반복성 여부(6, 7번)에 상관없이 괴롭힘이라고 응답하였다. 또한, 장난이었어도(8번) 괴롭힘이라고 응답하는 비율이 다른 연령대에 비해 가장 높았다.
- 유아들은 심지어 실수로 일어난 행동에도(4번) 괴롭힘이라 판단하는 비율이 39.4%나 되었다. 이는 행동의 의도보다는 공격적 행위 자체, 그리고 상대의 의도보다는 나에게 끼친 피해, 결과를 중심으로 판단하는 것을 반영한다.
- 대다수의 유아들이 관계적 공격성을 괴롭힘이라고 인식하고 있어, 이러한 행동이 유아들 사이에서도 흔히 발생하고 있는 것을 알 수 있다.

☞ 종합하자면 유아들은 아동, 청소년에 비해 힘의 불균형, 의도성이 포함되었건 그렇지 않건 모두 괴롭힘으로 판단하는 경향을 보인다. 즉, 괴롭힘을 보다 포괄적인 개념으로 이해하고 있다.

유아들은 상대의 의도를 파악하기 어려운 상황, 혹은 의도가 모호한 상황에서도 자신에게 불편함을 야기한 것이라면 괴롭힘이라고 판단하는 경향이 있다. 아래 그림은 이러한 유아들의 인식을 보여준다. 자신의 놀잇감을 나누어달라고 하거나, 다른 영역의 놀잇감을 가져와서 노는 행위([그림 6-1])의 경우 상대의 의도가 불분명한데도 결과를 중심으로 괴롭힘을 판단하는 경향을 보여준다. 또는, 상대가 일부러 그랬다고 생각하는 자기중심적인 사고를 반영하는 것일 수도 있다. 이러한 사고는 피아제의 인지발달이론의 전조작기 단계의 자기중심적 사고 특성을 반영한다.

내가 가지고 노는 것을 나눠 줬는데, 더 달라고 그랬어요. (5세 남아 35)

블록 만든 걸 가지고 역할 놀이 영역으로 와서 불편하게 했어요. (4세 여아 20)

[그림 6-1] 유아가 생각하는 괴롭힘 상황(홍인표, 2021)

유아에게 괴롭힘이 무엇인지 생각해 보고 그림으로 그려보게 했을 때, 다음과 같은 공격 행동을 그림으로 표현했다(홍인표, 2021). 이는 유아들은 다양한 유형의 괴롭힘을 인식하고 있다는 점을 보여준다.

- 신체적 공격성: 유아들은 때리는 것, 꼬집는 행동
- 언어적 공격성: 이름을 부르며 놀리는 등의 언어로 나타나는 공격성
- 관계적 공격성: 놀이에 끼워주지 않거나, 자신을 빼고 놀이에 관한 의사결정을 하는 등의 행위
- 도구적 공격성: 자신이 사용 중인 물건을 마음대로 가져가거나, 자신의 의사에 반해서 명령, 지시하는 행위

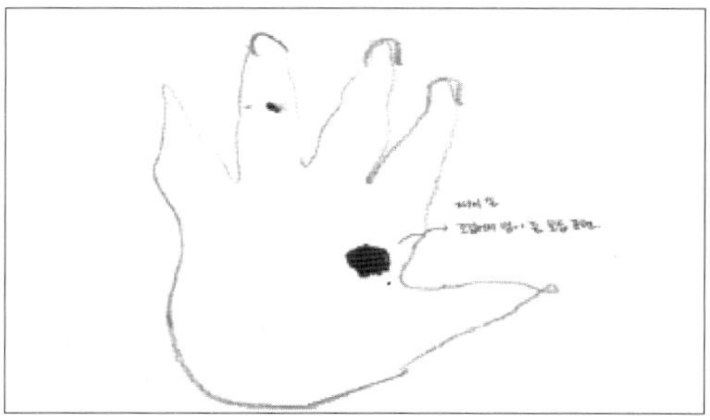

괴롭히는 것은 꼬집는 거예요.(4세 여아)

친구가 때려서 울고 있어요.(4세 여아)

[그림 6-2] 유아가 표현한 신체적 공격성(홍인표, 2021)

괴롭히는 건 기분이 나쁘고 하지 말라고 하는데 놀리는 거예요.(5세 여아)

뱅뱅 돌면서 친구들이 내 이름을 부르는 놀이가 불편했어요.(4세 여아)

[그림 6-3] 유아가 표현한 언어적 공격성(홍인표, 2021)

풍선 배구를 하려고 했는데, 나는 배드민턴 채를 들고 있는 것도 안된다고 했어요.(5세 여아)

해적 게임을 하는데, 친구 둘이서만 마음대로 해서 기분 나빴어요.(5세 여아)

[그림 6-4] 유아가 표현한 관계적 공격성(홍인표, 2021)

내가 먼저 책을 가져왔는데
친구가 가져갔어요.(5세 남아)

[그림 6-5] 유아가 표현한 도구적 공격성(홍인표, 2021)

2) 괴롭힘에 대한 유아들의 도덕적 판단 및 태도

(1) 도덕적 판단: '얼마나 나쁜가'

유아들은 대체로 괴롭힘, 따돌림에 대해 나쁘다고 생각한다(Lee et al., 2011; 2021). 그러나 공격성 유형에 따라 나쁜 정도를 다르게 생각하는데, 신체적 공격성, 언어적 공격성과 같이 눈에 띄는 공격성은 관계적 공격성처럼 눈에 종종 띄지 않는 공격성보다 더 나쁘다고 생각한다(Lee et al., 2021)(<표 6-2> 참조). 이러한 결과는 괴롭힘 예방 교육 시 유아가 관계적 공격성에 대한 민감성을 가질 수 있도록 하는 교육이 이루어져야 한다는 것을 의미한다.

〈표 6-2〉 6세 유아의 공격성 유형별 괴롭힘이 나쁘다고 생각한 정도에 대한 평균(표준편차)

(1점: 나쁘지 않다 ~ 4점: 매우 나쁘다)

공격성 유형	6세 (61명)
나쁜 말 하기(언어적)	3.82(0.50)
때리기(신체적)	3.79(0.58)
놀이에 끼워주지 않기(직접적, 관계적)	3.64(0.68)
소문 퍼뜨리기(간접적, 관계적)	3.66(0.66)
망가뜨리기(도구적)	3.82(0.43)

출처: Lee et al.(2021). 재구성.

(2) 괴롭힘 발생의 원인: '누구 잘못인가'

괴롭힘이 왜 일어났다고 생각하는지 라고 6세 유아들에게 물어보았을 때, 유아들은 공격적 행동을 하는 유아(가해유아)의 잘못이라고 응답하는 비율이 높았으나, 괴롭힘 유형에 따라 차이가 있었다. 〈표 6-3〉에는 6세 유아가 공격성 유형에 따라 원인을 무엇이라고 생각하는지가 나타나 있다. 신체적 공격성과 언어적 공격성의 원인은 가해유아의 잘못이라고 생각하는 비율이 높았으나, 사회적 배제(놀이에 끼워주지 않는 것)와 소문퍼뜨리기와 같은 관계적 공격성의 원인은 가해유아의 잘못이라고 생각하는 비율이 이보다 낮았다. 또한 관계적 공격성은 가해유아보다 피해유아의 탓으로 그 원인을 돌리는 비율이 높았다.

〈표 6-3〉 6세 유아의 공격성 유형에 따른 원인 귀인(%)

귀인유형 / 공격성 유형	가해유아 탓	피해유아 탓	상황적 요인	모르겠다
나쁜 말 하기	34.4	16.4	1.6	47.5
때리기	29.5	32.8	4.9	36.1
끼워주지 않기	21.3	31.1	16.8	34.1
소문 퍼뜨리기	24.6	27.9	4.9	42.6

출처: Lee et al.(2021). 재구성.

(3) 괴롭힘 관련한 느낌 혹은 경험

유아들은 괴롭힘을 당한 경우 화가 나거나 슬프다고 생각한다. 반면, 괴롭힘을 하는 유아는 즐겁거나 화가 났을 것이라 생각한다. 이는 유아들이 괴롭힘을 하는 유아가 화가 나서 남을 때리거나 욕하는 등의 행위를 한다고 생각하고 있으며, 남을 괴롭히면서 자신이 원하는 대로 타인을 지배할 수 있으므로 만족감을 느낄 것이라고 인식하고 있었다(홍인표, 2021). 또한, 유아들은 괴롭힘 상황에는 선생님이 존재한다는 점을 인식하고 있었다([그림 6-8]). 이는 괴롭힘 상황에서 교사가 개입해야 한다는 점을 간접적으로 보여주고 있다.

괴롭힘을 당하는 유아의 화난 얼굴　　괴롭힘을 당하는 유아의 슬픈 얼굴

[그림 6-6] 괴롭힘을 당하는 유아의 마음(홍인표, 2021)

괴롭히는 유아의 즐거운 얼굴 괴롭히는 유아의 화난 얼굴

[그림 6-7] 괴롭힘 행동을 하는 유아의 마음(홍인표, 2021)

여자친구가 남자친구 때리는 것을
선생님이 보고 있어요.(4세 여아)

[그림 6-8] 괴롭힘 상황을 보고 있는 교사(홍인표, 2021)

2 부모의 경험 및 인식

1) 괴롭힘 판단의 어려움

유아기 자녀를 둔 어머니들은 무엇이 괴롭힘인지는 대체로 정확하게 인식하고 있는 편이다. 상대적으로 약한 아이를 대상으로 신체적·심리적 해로움을 반복적으로 가하는 행위가 괴롭힘이라고 인식하고 있다(Ju & Lee, 2019). 또한, 모든 요소가 반드시 포함되지 않아도 괴롭힘이라고 인식하고 있으며, 유아들은 대체로 고의적으로는 남을 괴롭히지 않는다고 생각한다(Cameron & Kovac, 2016). 그러나 유아기에 나타나는 괴롭힘에 대한 성인의 인식이 항상 정확한 것은 아니다. 몇몇 부모들은 사회적 배제는

괴롭힘이 아니라고 인식하기도 했다(Harcourt et al. 2014; Sawyer et al. 2011).

부모는 괴롭힘이 무엇인지에 대해 인식하고 있더라도 실제 상황에서 괴롭힘을 판단하는 데 어려움을 느끼기도 한다. 예를 들어, 유아의 공격적 행위가 먼저 공격받은 것에 대한 자기방어 행동인지, 아닌지에 따라 괴롭힘 여부를 판단하는데 혼란스러워했다. 또한 자녀가 가해 입장인지 피해를 입었는지에 따라서도 괴롭힘인지 아닌지에 대해서 다른 입장을 보였다. 아래는 유아기 자녀를 둔 어머니들의 괴롭힘에 대한 인식을 면담한 내용이다(Ju & Lee, 2019; Lee & Ju, 2019 재구성).

(1) 자기 방어 vs 먼저 공격

부모들은 누가 먼저 때린 것인지, 자신의 자녀가 가해유아라 하더라도 먼저 맞았을 수 있으니 괴롭힘 판단이 쉽지 않다고 이야기한다.

> A가 B를 때렸는데, 만약 B가 먼저 건드린 게 아닌데 때린 거 하고, B가 먼저 건드려서 때린 거 하고 다르잖아요. 뭐를 괴롭힘으로 봐야 하나요?

(2) 양쪽 잘못

아이들은 자신의 입장에서만 이야기를 하기 때문에 성인이 보았을 때의 상황과 차이가 존재한다.

> 선생님이 하도 애들이 와서 이르니까, 7번 참아보고 그래도 안 되면 와서 이야기하라고 했대요. 선생님이 둘 다 나름의 이유가 있지, 어느 한쪽만 잘못한 게 아니라고 했대요. 근데 아이들은 자기 입장만 생각하니까… 선생님이 균형을 맞추기가 어려울 것 같아요. 어른의 입장에서 보면 괴롭힘이 아닌데, 애들은 그렇게 느낄 거예요.

(3) 가해유아 어머니와 피해유아 어머니의 다른 입장

자녀의 괴롭힘 사건으로 부모들간의 가장 큰 갈등은 가해유아, 피해유아 부모 간 입장차이다. 가해유아 부모들은 괴롭힘이 아니라고 판단하기도 하지만, 피해유아 부모입장에서는 명백한 괴롭힘이라 생각한다. 때로는 자신의 자녀 이야기만 듣고 오해를 하기도 한다.

> 우리 딸은 밤에 잠도 못 자고 유치원 가기도 싫어했었어요. 그런데 가해유아의 엄마는 본인 딸이 당한 게 아니잖아요. 상황을 너무 단순하고 간단하게 생각하고 별거 아닌걸로 여기더라고요. 그게 또 상처였어요.

> 그 애(가해유아)의 엄마한테 전화해서 이야기를 했어요… 나중에 그 엄마는 본인 아들한테서 완전히 다른 이야기를 들은 걸 알게 되었어요. 만약 내가 진실을 몰랐다면, 교육청에 민원제기라도 했을 거예요.

2) 유아기 자녀의 괴롭힘 사례

부모가 자녀의 괴롭힘 상황을 인식하는 것은 괴롭힘에 효과적으로 대응하기 위해 필수적이다. 그러나 부모는 자녀가 이야기를 하지 않아 괴롭힘을 인지하지 못하고 있거나, 들었더라도 심각한 상황이라고 인식하지 못하는 경우가 있다. 또한 자녀의 입장에서만 상황을 듣게 되어, 괴롭힘이 발생한 상황에 대한 객관적인 정보를 얻지 못하는 경우가 생기기도 한다.

대개 유아들은 부모에게는 괴롭힘당했다고 말하는 것을 꺼린다(Mishna, 2004). 왜냐하면 부모에게 말하면 일이 더 심각해질까 봐 두려워하거나, 부모가 '개랑 놀지 마!' 하면서 자신의 친구, 우정관계가 끝날까 염려하기 때문이다. 만약 자녀가 괴롭힘 상황을 이야기했을 때, 부모가 적절한 개입을 하지 않는다면, 아이들은 상황이 나아지거나 바뀔 것이라는 기대를 하지 않게 된다. 따라서 부모가 괴롭힘의 기준을 명확하게 지니고, 자녀의 괴롭힘 상황에 적절하게 대응하는 것이 중요하다. 다음은 부모가 들은 자녀의 괴롭힘 사례다(Ju & Lee, 2019; Lee & Ju, 2019).

> 그 아이(가해유아)가 비눗방울을 먹으라고 했대요. 다른 애들이 겁에 질려가지고… 그 반에 남자애들이 열 명 있었다는데 다섯 명이 마셨다는 거예요.

A가 B한테 손들고 저기 서 있으라고 했대요. 그 말을 듣고 할 말을 잃었어요. 선생님이 A한테 그렇게 하지 말라고 했다고 하더라고요.

우리 애한테 "너는 이 반 아니야. 너는 다른 유치원에서 왔잖아. 너는 내 친구 아니야!"라고 했어요. 그래서 우리 애가 맨날 울고 유치원 가기 싫다고 하고, 제가 같이 가서 맨날 같이 있어 줬어요.

성인이 괴롭힘에 개입하지 않으면 유아는 이런 괴롭힘이 계속될 것이라 생각하며 무력감, 두려움 느끼게 된다. 이러한 스트레스와 정서적인 불안은 유아의 경우 신체화 증상으로 나타나거나, 유치원이나 어린이집을 가기 싫어하고, 일상생활을 정상적으로 유지하기 어렵게 한다.

3) 괴롭힘 해결의 어려움

부모는 자녀의 괴롭힘 상황을 알게된다 하더라도 어떻게 대응해야 할지 몰라 해결에 어려움을 겪는다. 부모는 자녀가 괴롭힘 상황을 겪었다는 사실을 알게 되었을 때, 자녀가 가해행동을 했는지 피해를 입었는지에 대해 두려움을 느낀다. 따라서 자녀에게 어떤 말을 해주어야 할지 고민을 하게 되고, 때로는 담임교사에게 말하더라도 교사의 개입이 적절하거나 충분했다고 생각하지 않기도 한다.

부모는 자녀가 괴롭힘당한 것을 알게 되었을 때 직접 혹은 간접적으로 개입하거나, 개입하지 않기도 한다. 아래는 부모가 자녀의 괴롭힘에 개입하는 방식이 나타나 있는데, 이는 직접 개입, 간접 개입, 무반응(혹은 개입하지 않음)으로 나누어볼 수 있다(Ju & Lee, 2019; Lee & Ju, 2019).

(1) 직접 개입

직접 개입하는 방법에는 가해유아 부모에게 연락해서 이야기하기, 교사에게 자녀의 괴롭힘 피해사실을 이야기해서 해결을 논의하기, 자녀를 상담센터에 데리고 가는 방법이 있다.

(2) 간접 개입

간접적으로 개입하는 방법은 부모가 가장 많이 사용하는 방법이었는데 자녀가 괴롭힘 가해유아일 경우, 아이를 타이르거나, 상대 아이의 입장을 설명해 주고 공감 능력을 키워주는 것이다. 또한 갈등을 평화적으로 해결할 수 있는 사회적 기술을 가르쳐주기도 한다. 때로 자녀가 이야기를 부풀리거나, 자기 유리한 쪽으로 이야기를 하고 있다는 것을 알게 될 경우, 아이의 말을 그대로 믿지 않고, 정확한 상황 파악을 위해 노력하기도 한다.

(3) 무반응, 개입하지 않음

일부 부모들은 상황을 이해하기 위해 노력하기보다는 친구와 잘 지내라고 형식적으로 이야기하거나 아이들 사이의 일이니 상관하지 않는 것이 좋다고 생각하기도 한다. 또는 어떻게 반응해야 할지 모르겠다는 부모들도 다수 존재한다. 〈표 6-4〉에는 부모들이 사용하는 개입 방식과 그 사례가 제시되어 있다.

〈표 6-4〉 부모가 사용하는 대응방법 및 사례

부모가 사용하는 대응 방법		사례
직접개입	• 가해유아 부모에게 이야기하기.	나는 그 애 엄마한테 전화해서 만나자고 했고 그래서 만났는데, 우리 애 다친 거 볼 때만 해도 잠을 잘 수 없다고 이야기했어요.
	• 심리, 상담 서비스와 같은 외부 도움 요청.	저는 우리 애를 상담센터 데리고 가서 세 번인가 상담했어요.
	• 담임 교사에게 이야기하기: 가해, 피해유아 분리시켜 줄 것을 요청, 가해유아 부모 만나게 해달라고 이야기, 상황 파악 등.	진짜 심각했어요. 선생님한테 이야기해서 우리 딸이랑 그 애랑 같은 반에 있지 않게 해달라고 했어요.
간접 개입	• 내 아이 교육시키기: 상대 유아의 입장에 대해 자녀에게 설명해 주기, 공감, 사회성 교육.	'너가 ㅇㅇ라면 어땠을 것 같아?'라고 자꾸 다른 사람 입장에서 생각하게끔 이야기해요. 친구들끼리 그렇게 하면 안 되는 거라고 이야기하고, 친구에게 부탁하는 방법을 가르쳐줘요.

부모가 사용하는 대응 방법		사례
무반응 혹은 개입하지 않음	• 무반응, 개입하지 않음.	아이들끼리의 일이라 생각해요. 어른이 상관 안 해도 돼요. 그냥 같이 잘 놀으라고 해요. 어찌해야 할지 모르겠어요.

출처: Lee & Ju(2019). 발췌 후 재구성.

(4) 교사와의 소통문제

자녀의 괴롭힘 문제와 관련하여 담임교사는 부모에게 가장 큰 도움을 주는 존재이기도 하지만, 때로는 그렇지 못하기도 했다. 부모들도 교사가 유아들 간 괴롭힘 사건으로 인해 스트레스가 심할 것이라고 교사의 입장을 이해하기도 한다. 교사를 신뢰하며 교사가 상황을 해결해 줄 수 있는 적임자라고 생각하지만 때로는 교사가 자녀와 관련한 사건에 대해 잘 모르고 있고, 대응책이 부실하다고 느끼기도 한다. 부모 스스로도 자녀의 상황에 너무 예민하게 반응하지 말아야지 하면서도 때로는 자신이 너무 무심했나 하는 생각을 하는 등 어느 수준에서, 어느 정도까지 교사에게 부탁과 요구를 해야 하는지 혼란을 느끼기도 한다. 아래는 그러한 부모들의 면담 내용이다(Lee & Ju, 2019).

선생님께 전화로 말씀드렸는데, 선생님은 별로 심각하게 생각을 안 하시더라고요.

선생님이 정말 많이 도와주셨어요. 선생님이 제게 '먼저 아이에게 어떤 일이 일어났는지 차근차근 물어보세요.'라고 하셨어요. 아이들은 전체적으로 말하기보다 자기 입장에서 아주 조그만 부분만을 말하는 경향이 있다고도 하셨어요.

하지만 선생님이 만약에 엄마들끼리 만나서 이야기하게 내버려두면, 엄마들끼리는 해결하지 못할 거예요. 엄마들은 자기 아이만 생각해서 감정적일 수 있잖아요. 선생님이 그 중간에서 중재역할을 할 수 있죠. 선생님은 양쪽을 다 보지만 엄마들은 자기 아이 말만 믿으니까요.

(5) 전문화된 개입의 필요성

부모들은 유아들 간 괴롭힘 대응책에 대한 관련 시스템이나 교육의 필요성을 느끼고 있었다. 아래는 그러한 면담 내용이다(Lee & Ju, 2019).

> 모든 학교에 보건교사가 배치되는 것처럼, 심리 상담사 같은 분도 같이 참여해서 유치원 선생님이 해결하지 못하는 부분을 해줄 수 있지 않나요?
>
> 교육프로그램들을 한 학기나 한 달에 한 번이라도 하면 좋겠어요. 화재나 안전 훈련은 실제로 거의 안 일어나는데도 정기적으로 하고 있잖아요. 그런데, 정서 교육이나 또래 관계와 같은 사회성 교육은 자주 일어나는 일인데도 이런 것에 관한 교육프로그램은 드문 거 같아요.

3 교사의 경험 및 인식

대부분의 교사들은 학급 내에서 유아들 간 괴롭힘을 목격한 적이 있다. 교사들이 경험한 괴롭힘은 신체적·언어적·관계적 괴롭힘 등 다양했고, 특히 관계적 괴롭힘의 경우 연령이 높아질수록, 그리고 여아에게서 더욱 정교하고 은밀하게 나타났다(이승민, 이승하, 2022). 유아기 괴롭힘 상황이 발생했을 때, 상황을 분석하고 개입하는 방식은 교사의 교육경력에 따라서 다르게 나타날 수 있다. 초임교사들은 괴롭힘 상황 자체에 직접적으로 드러난 요인들을 중심으로 괴롭힘 상황을 이해하는 반면 경력 교사들은 상황에 따른 전후 맥락이나 평소 유아들의 관계 등을 함께 고려하여 자신이 목격한 괴롭힘 상황을 이해하려는 특징이 있다. 대부분의 교사들은 유아기 괴롭힘 상황을 예방하고, 효과적으로 개입하기 위해 노력하고 있으나, 효과적인 대응방법을 몰라 어려움을 겪고 있다.

1) 괴롭힘 파악의 어려움

교사들은 괴롭힘을 목격하거나 유아들에게 괴롭힘 상황을 들었을 때, 괴롭힘인지 명확하게 판단하기 어려운 경우를 경험한다. 아이들마다 상황을 다르게 설명하거나 양쪽(가해, 피해) 입장을 들으면 피해유아만 있는 것처럼 여겨지기 때문이다. 또한 교사의 눈을 피해 괴롭힘이 발생하거나 교사가 예상하기 어려운 유아들 간의 사소한 일이 괴롭힘으로 느껴지는 경우도 있기에 교사가 모든 괴롭힘을 다 파악하는 것은 매우 어렵다.

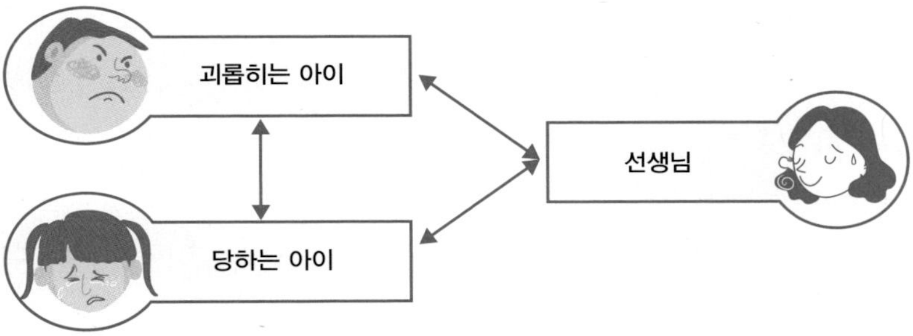

[그림 6-9] 괴롭힘에 대한 입장 차이

(1) 유아 당사자들과의 관점이 다름

교사들은 유아들이 또래관계에서 나타나는 여러 가지 갈등들을 중재하는 역할을 한다. 사소한 갈등은 유아들 스스로 해결하기도 하지만 스스로 해결이 안 되는 문제들은 교사에게 도움을 요청한다. 유아의 또래관계에서 나타나는 문제상황은 잘잘못이 명백한 것들도 있지만, 그렇지 않은 경우도 많다. 특히 신체적·언어적 괴롭힘과 같이 명백히 눈으로 나타나는 공격성은 상대적으로 잘못을 판단이 쉬운 반면, 관계적 공격성은 누구의 잘못인지 판단하기 어려운 경우가 많다. 유아들은 자신의 입장에서만 상황을 설명하기 때문에 교사는 양쪽말을 들으면 모두 그럴만한 이유가 있었다고 생각하게 된다. 따라서 유아들 간의 합의점을 찾아내고 유아의 마음을 설득하는 것에 어려움을 느낀다(이승민, 이승하, 2022). 아래는 교사의 면담 사례다.

양쪽 말을 들으면 틀린 게 하나도 없어요.

'지금은 저 친구랑 안 놀고 싶어서 그런 거예요.' 이런 것처럼 관계에 있어서는 옳고 그르다가 명확하지가 않다 보니까 제 생각과 아이 생각이 달랐을 때 무조건 교사 생각을 주입시키기도 어렵고, 그래서 그런 중간점을 찾는 과정이 좀 어려운 거 같아요.

(2) 숨어서 하거나, 숨기거나, 사각지대에서 발생

교사가 유아의 관계에서 발생하는 미묘한 괴롭힘을 인지하고 개입을 시도할 때, 유아들은 자신의 괴롭힘 가해 혹은 피해경험을 숨기기도 한다. 자신이 좋아하는 친구와의 관계를 유지하기 위해 피해를 받았음에도 '저 괜찮아요.', '아무 일 없어요.'라고 말하기도 한다. 또한, 갈등 상황이 발생했을 때 자신이 교사에게 혼날까 봐 아무렇지 않은 척하기도 한다. 간혹 교사에게 혼날까 봐 말하지 않고, 집에 가서 부모에게 말하는 경우, 교사들은 그 상황을 알지 못해서, 또는 알고 있던 상황과 달라서 당혹감을 경험한다. 선행 연구에 나타난 교사들의 면담 사례는 다음과 같다(권슬기 이승하, 2022; 이승민, 2023).

7세면 선생님한테 혼날 것을 아니까 자기들끼리 하는 게 있어요. 뒤에서 '너 선생님한테 말하지 마.' 이러면서…. 올해 여자애들이 친구를 잘 안 이르더라고요.

제 눈이 미치지 않고, 소리가 미치지 않는 곳 모두 사각지대에요. 제가 계속 다니는 건 아니니까 전체적으로 보잖아요. 전체적으로 보니까…. 놀이할 때 소곤소곤하며 이야기하는 소리, 저 몰래 앉아서 하는 이야기들, 제 눈이 미치지 못하는 곳들…. 애들도 선생님이 한 사람이니까 다 알거든요. '이쪽에 가면 선생님이 못 본다.' 이런 걸 알고 있어요.

유아에게 '친절하게' 이야기하는 것을 강조하였더니 나중에는 교사도 안 들릴 정도로 '너 이렇게 하면 내가 이거 너 못 하게 할 거야'와 같은 협박은 자기 스스로 괜찮다고 생각해서 그런 건지 계속 하더라구요. 그래서 친구들이 '쟤 너무 무섭다. 난 유치원 못 다니겠다' 하는 경우가 생겼어요.

(3) 교사가 전혀 예상할 수 없는 일, 매우 사소한 일로도 발생

교사 입장에서는 매우 사소해 보일 수 있는 유아들의 대화도 때로 괴롭힘의 시작이 된다. 아래의 사례는 화장실에서 자신의 외모에 대해 칭찬을 듣지 못한 유아가 이를 괴롭힘으로 인식하여 친구 관계가 멀어진 사례이다. 교사는 이러한 상황에서 해당 유아가 상처받았으리라 전혀 예상할 수 없기 때문에 괴롭힘을 파악하는 데 어려움을 겪기도 한다. 따라서 교사는 유아들 간의 사소한 일상적인 대화 속에서도 유아가 소외감을 느끼고 따돌림을 받았다고 느낄 수 있다는 점을 이해할 필요가 있다. 아래는 그러한 사례다(권슬기, 이승하, 2022).

제가 보기엔 별것도 아닌 걸로 갈등이 발생하는 거죠. 화장실에서 별것도 아닌데… 여자애들 3명이 있어요. 여자애들 2명이서 서로 '야 그 머리핀 너무 예쁘다.' 칭찬을 해요. '너도 오늘 옷 예뻐.' 그럼 그 칭찬을 안 하던 가만히 손 씻고 있던 여자애 있잖아요. 걔는 그걸 또 듣고 기분을 나빠해요. 자기들끼리만 친하고 나는 소외됐다는 건지….

2) 개입의 어려움

교사들은 유아들 간의 괴롭힘 상황을 인지하고 개입하는 과정에서 여러 어려움을 경험한다. 〈표 6-5〉에는 교사들이 괴롭힘 행동 지도의 어려움에 대한 설문 결과이다. 교사들은 모든 문항에 65% 이상이 '그렇다', '매우 그렇다'로 응답하여 많은 교사가 괴롭힘 개입에 어려움을 경험하는 것으로 나타났다. 특히 괴롭힘 상황에 교사가 개입을 해도 괴롭힘 행동이 반복해서 일어난다는 점(86.1%)이 가장 큰 어려움으로 나타났으며, 피해유아의 부모의 지속적 항의에 대처하는 것(70.5%)은 그다음으로 어려운 점으로 나타났다(이승하, 김유중, 2020).

〈표 6-5〉 유아기 괴롭힘 행동 지도의 어려운 점(N=237)

문항	N (%)				
	전혀 그렇지 않다	그렇지 않다	그렇다	매우 그렇다	계
가해, 피해유아의 부모가 아닌, 학급 내 다른 유아의 학부모에게 괴롭힘 상황을 전달하는 것이 어렵다.	14 (5.9)	63 (26.6)	121 (51.1)	39 (16.5)	237 (100)
가해, 피해유아를 지도해도 반복해서 일어나는 점이 어렵다.	3 (1.3)	30 (12.7)	151 (63.7)	53 (22.4)	237 (100)
괴롭힘 행동을 따라 하는 유아들이 발생한다는 점이 어렵다.	10 (4.2)	66 (27.8)	123 (51.9)	38 (16.0)	237 (100)
가해유아의 부모가 비협조적이라 어렵다.	14 (5.9)	76 (32.1)	90 (38.0)	57 (24.1)	237 (100)
피해유아의 부모의 지속적인 항의와 불만에 대처하는 것이 어렵다.	8 (3.4)	62 (26.2)	113 (47.7)	54 (22.8)	237 (100)
괴롭힘 발생 원인을 교사에게 돌리는 듯한 기관, 부모의 분위기가 어렵게 한다.	17 (7.2)	60 (25.4)	93 (39.4)	66 (28.0)	236 (99.6)
초, 중, 고등학교의 위클래스 혹은 학교폭력대책위원회 같은 학교폭력 · 괴롭힘과 관련한 제도적인 장치가 존재하지 않는 점이 어렵다.	24 (10.1)	78 (32.9)	93 (39.2)	42 (17.7)	237 (100)
교사의 어려움을 상담해 주는 곳이 없어서 어렵다.	10 (4.2)	60 (25.3)	102 (43.0)	65 (27.4)	237 (100)

출처: 이승하, 김유중(2020). p.797.

교사들의 목소리를 직접 들어보면, 지도해도 반복된다는 점에서 가장 큰 좌절감을 느끼고 있으며, 발달수준이 빠른 일부 유아들은 교사가 타일러도, 자기 행동에 대한 합리화를 하며 잘못을 인정하지 않아 지도가 어렵다고 호소한다. 아래는 교사들의 면담 사례다(권슬기, 이승하, 2022).

(1) 지도해도 반복됨

교사들은 유아들에게 아무리 알려주더라도 언제까지 알려주어야 바뀌게 되는지 모르기 때문에 반복으로 인한 피로감을 느끼게 되며(권슬기, 이승하, 2022), 이로 인해 교사로서의 좌절감을 경험한다.

> 한 번에 바뀌는 것이 아니라 계속 얘기를 해야 되니까 여러 번 이야기해 주는 게 힘든 것 같아요. '이제 그만할 때도 됐지 않아?'라는 생각이 들죠. 계속 똑같이 말하다 보니….

> 100번 얘기해도 기억하지 못할 때? 그리고 자칫하면 잔소리가 되어 버릴까 봐 조심스러운 것도 있어요. (중략) 그런데 그 와중에 얘기는 해야 할 것이 있을 때 그때 잔소리가 시작돼요. '얘들아 들어봐~'

(2) 잘못을 합리화하는 유아

신체적, 언어적으로 발달이 빠른 유아들은 발달이 비교적 느린 유아들의 행동을 답답하게 느끼고, 이를 괴롭히는 행동으로 표출하기도 한다. 발달이 느린 유아들은 다른 유아들보다 행동이 빠르지 못해 결과적으로 원하는 것을 얻지 못하는 상황이 발생하며, 해당 유아 또는 주변의 유아가 이를 교사에게 괴롭힘으로 이야기하기도 한다. 발달이 빠른 유아는 높은 인지능력, 언어능력으로 인해 교사가 잘못을 지적하고 정정해 주려고 해도, 자신의 잘못을 인정하지 않고 행동을 합리화하기 때문에 지도가 어렵다(이승민, 이승하 2022). 아래는 이러한 내용을 보고한 교사들의 응답 사례다(권슬기, 이승하, 2022; 이승민, 이승하, 2022).

> 아이들은 순수하기 때문에 교사가 "누구야 누가 혼자 있어서 심심해 보인다. 같이 놀면 어떨까?"라고 말하면 함께 놀이하는 데 이건 4세까지는 가능한데 5세만 되어도 그 배제된 유아랑 같이 놀아도 재미없기 때문에 놀이 성향이 맞는 유아들끼리 함께 놀이하는 것 같아요.

> 우리 반에 가해자라고 지목되는 아이는 그런 게 아니에요. 그냥 아이가 행동이 빨라요. 말도 빠르고 행동도 좀 빠르고. 예를 들어서 물건이 하나 있는데 얘는 행동이 빠르니까 먼저 가져가요. 그런데 다른 아이는 행동이 조금 느리니까 그걸 못 가져가는 거예요. 이런걸 (학부모들은) 괴롭힘이라고 이야기를 해요.

제가 이야기를 했을 때 '선생님 아니에요. 이런 거였어요.'라고 자기가 반박할 수 있는 똑 부러진 아이들은 가끔은 저도 난감하기는 해요. 실제적으로, 이런 애랑 느린 애가 붙어버리면 느린 애가 완전히 약자가 되어버리거든요. (중략) 빠른 아이는 너무 똑부러지니까 이 아이 말은 다 맞는 거 같은데 느린 아이는 근데 그걸 표현을 잘못하니까 '얘는 그럼 어떤 마음이지?' 이렇게 되어버리는 거예요. 저는 이야기가 끝나고 따로 이 아이를 데리고 와요. 그러면 '너 아까 어떤 일이 있었니?, 선생님한테 설명해 줄 수 있겠니?'하고 물어봐도 그런 아이들은 긴장도가 너무 높은 거죠. 말을 못 해요. 그래서 그럴 때 되게 고민이 많이 돼요.

3) 부모와의 소통에 있어서의 어려움

교사들은 괴롭힘 상황이 발생했을 때 부모와의 소통에 어려움을 경험하고 있었다. 교사들은 부모와 의사소통을 하는 과정에서 때로 부모가 과도한 요구를 하거나(예: 상대 아이를 다른 원으로 보내달라), 자녀의 괴롭힘 상황에 대해 무관심으로 대응할 때 어려움을 느낀다. 교사들은 부모와의 의견 차이가 부모가 자신의 자녀 입장에서만 괴롭힘 상황을 이해하기 때문이라고 여기기도 한다(권슬기, 이승하, 2022). 다음은 이러한 어려움에 대한 교사의 면담 사례다(권슬기, 이승하, 2022; 이승민, 이승하, 2022).

부모들은 우리 아이만 생각하지 다른 아이들 생각을 전혀 하지 않기 때문에 힘든 것 같아요. 또 유치원 아이들이 악의가 있어서 하는 행동이 아닌데도 악의가 있어서 우리 아이를 때렸다고 생각하다 보니까 일이 더 커지는 것 같아요.

학부모님은 내 아이의 성향에 대해서 더 많이 알고 있지만 다른 아이들에 대해서 듣는 통로는 제한적이잖아요. 자주 만나는 아이면 알겠지만 아이를 통해서 이 아이가 어떻다더라, 아니면 참여수업을 통해서 어떤 말을 하는지 단편적으로 보다 보니까 학부모님들은 내 아이의 친구가 내 아이에게 도움이 되는 친구이기를 우선적으로 생각을 해요. 하지만 교사 입장에서는 도움을 받을 수도 있고, 도움을 줄 수도 있고, 새로운 친구관계를 시도할 수도 있고, 좀 더 복합적으로 보죠. 반 아이들의 성향에 대해 알고 있다 보니까 전체적으로 바라보는 것이 다른 것 같네요.

4) 괴롭힘 예방 및 개입 관련 교육의 부족

많은 교사들은 유아기 괴롭힘 개입에 어려움을 경험하고 있지만, 괴롭힘 개입과 관련한 전문적인 교육이나 연수를 받은 경험은 적었다. 괴롭힘 개입 방법과 관련한 교사 연수(예: 아동학대 예방교육, 학교폭력 예방교육) 및 예비교사를 위한 전공교과(예: 유아생활지도 등)를 경험했다는 응답은 총 14% 정도에 불과했다(이승하, 김유중, 2020). 이는 예비유아교사들에게 유아기 괴롭힘 예방 및 개입과 관련한 교육이 필수적으로 이루어져야 함을 시사한다.

〈표 6-6〉 괴롭힘 관련 사전 교육 여부(N=237)

항목			N	%
괴롭힘 관련 사전 교육	연수경험	없다	205	86.5
		있다	32	13.5
	수강과목여부	없다	193	81.4
		있다	42	17.7
		무응답	2	0.8

출처: 이승하, 김유중(2020). p.800.

본 장에서는 유아기 괴롭힘에 대한 경험, 인식, 태도를 유아, 부모, 교사의 입장으로 나누어 살펴보았다. 유아들은 학령기 아동보다 괴롭힘을 보다 포괄적인 개념으로 이해하고 있기에 학령기보다는 더 유연한 접근이 필요하다. 부모나 교사 또한 유아들의 괴롭힘을 발견하고, 이에 대한 어려움을 느끼고 있으나 마땅한 해결책을 찾지 못하고 있다. 따라서 유아기 괴롭힘에 대한 전문적인 예방책과 개입 절차가 시급히 마련되어야 함을 보여준다.

요약

유아기 괴롭힘에 대한 유아의 인식 및 태도

- 유아들은 의도성, 힘의 불균형, 반복성에 대한 구분이 아동, 청소년들보다 모호하며 더 포괄적인 경향이 있다.
- 자신에게 불편함을 주는 행위라면 괴롭힘이라고 판단하기도 한다.
- 유아들이 생각하는 괴롭힘에는 일반적인 공격적 행동과 실제 괴롭힘 행동이 공존한다.
- 따라서 교사가 볼 때에는 괴롭힘이 아니라고 판단될 수 있지만 유아 자신은 괴롭힘당하고 있다고 생각하는 경우도 종종 존재한다.
- 교사는 유아들이 괴롭힘이라고 인식하는 행위들을 잘 파악한 후, 괴롭힘이든 아니든 간에 일단 유아의 호소에 귀를 기울이고 개입하여야 한다.

유아기 괴롭힘에 대한 부모의 경험 및 인식

- 부모는 괴롭힘이 무엇인지는 개념적으로는 알고 있으나 실제 상황에서는 괴롭힘을 판단하는 데 어려움을 겪는다.
- 유아들은 부모에게 괴롭힘 경험을 잘 이야기하지 않거나 이야기하더라도 객관적으로 전달하지 못하는 편이다.
- 부모는 자녀의 괴롭힘에 직,간접적으로 개입을 하거나 무반응을 보이기도 하고 어떻게 해야 할지를 모르는 경우도 존재한다.
- 부모는 교사들을 믿고 따르기도 하지만 때로는 자신들만큼 심각성을 인지하지 못하는 것 같아 속상함을 느끼기도 한다.
- 부모는 교사, 전문가, 사회적 시스템을 통한 효과적인 중재와 해결을 기대한다.

유아기 괴롭힘에 대한 교사의 경험 및 인식

- 교사는 유아 당사자들의 관점이 달라서, 숨기거나 사각지대에서 일어나서 알 수가 없으며, 교사가 전혀 예상할 수 없는 사소한 일로도 발생할 수 있다는 점에서 괴롭힘 파악, 판단에 어려움을 겪고 있다.
- 교사는 개입에 어려움을 느끼고 있었는데, 특히 괴롭힘 행동을 지도해도 반복해서 일어난다는 점, 피해유아의 부모의 지속적 항의에 대처해야 하는 점, 발달이 빠른 유아들 중에서 자신의 잘못을 합리화하는 유아들로 인해 어려움을 겪고 있었다.
- 교사는 부모와의 소통에 있어서 관점이 달라 어려움을 느낀다.
- 교사는 유아기 괴롭힘 예방 및 개입 관련 교육이 부족하다고 생각한다.

생각해 보기

괴롭힘은 인식의 문제

누가 괴롭힘에 대해 가장 정확한 판단을 하는 것일까? 교사의 눈에 가해유아로 보이는 아이가 또래들에게도 가해유아일까? 자신은 피해유아라고 생각하는데 교사나 또래의 눈에도 피해유아로 보일까? 이것이 괴롭힘 파악을 어렵게 하는 요인이며, 유아, 교사, 부모들 간에 괴롭힘 가해, 피해여부를 놓고 갈등을 일으키는 원인이 된다. 괴롭힘이 상대적으로 심각한 아동, 청소년의 경우에는 명백한 가해, 피해가 나타난다. 그러나 유아들 간에는 이것이 애매한 경우가 많다. 어느 누구도 거짓을 말하는 것은 아니다. 자신의 입장에서는 진실을 이야기하고 있으나 관점이 일치하지 않는 것이다. 유아, 교사, 부모의 의견과 관점이 다르다면 해결은 어디부터 시작해야 할까.

괴롭힘 연구의 아버지라 불리우는 Olweus는 괴롭힘은 사람들의 '인식의 문제'라고 했다. 저자는 더 나아가 '관계에 대한 인식의 문제'라 지칭하고 싶다. 사람 간 관계는 상대적이어서 자로 잰 듯 정확한 공통된 정답이 있는 것이 아니기 때문이다. 서로의 입장에서 바라보고 상대가 원하는 것, 자신이 원했던 것에 대해 돌이켜보고 조정해 나가지 않으면 괴롭힘은 해결되지 않는다. 왜냐하면 괴롭힘이 아니라고, 상대가 그런 행위를 받을만한 짓을 했다고 여기게 되면, 괴롭힘 행위를 괜찮다고 여기기 때문이다. 피해유아에 대한 '편견'이나 '낙인'이 존재하는 한, 궁극적으로 사람들의 인식이 바뀌지 않는 한 가해는 얼마든지 정당화될 수 있으며, 이렇게 되는 한 괴롭힘은 멈추어질 수가 없다.

우리는 피해자의 입장에서 생각하기를 시작해야 한다. 피해를 위로해 줄 수 있는 방법, 피해자가 입은 신체적, 정신적 상처를 '회복'시켜줄 수 있는 방법을 중심으로 해결해 나가야 할 것이다.

II 부

학교폭력 및 유아기 괴롭힘의 예방과 개입

CHAPTER 7

학교폭력 예방 및 개입 정책, 제도, 교육

본 장에서는 학교폭력 예방 및 개입과 관련한 정책, 제도, 교육이 어떻게 이루어져 왔는지 총체적으로 살펴본다. 이를 위해 학교폭력 관련 정책을 살펴보고, 학교폭력 발생 시 개입 절차를 이해한 후, 학교폭력을 예방하고 개입하기 위한 시스템 및 교육 프로그램을 알아본다.

1 학교폭력 예방 및 개입 정책의 주요 내용

학교폭력이 사회적 문제로 대두되면서 2004년 「학교폭력예방 및 대책에 관한 법률」이 제정되었다. 해당 법 제6조(기본계획의 수립 등)에 의거, 학교폭력예방 및 대책 기본계획이 5년마다 수립되어 시행되고 있으며, 2020년 제4차 계획이 발표되었다. 2023년 4월에는 「학교폭력 근절 종합대책(관계부처합동, 2023. 4. 12.)」이 발표되어 시행되고 있다.

1) 제4차 학교폭력 예방 및 대책 주요 추진과제

2020년 발표된 「제4차 학교폭력 예방 및 대책 기본계획」에서는 '모두가 함께 만드는 행복한 학교'라는 비전과 '존중과 배려가 가득한 학교문화', '적극적 보호와 교육으로 신뢰받는 학교', '민주시민의 성장을 돕는 가정과 사회'라는 목표 아래 5개 영역 14개 추진과제를 선정하여 제시하고 있다. 〈표 7-1〉에는 각 정책영역별 추진과제가 나타나 있다. 다음의 내용은 「제4차 학교폭력 예방 및 대책 기본계획(관계부처합동, 2020. 1. 15.)」의 핵심내용을 정리한 것이다.

(1) 학교공동체 역량 제고를 위한 학교폭력 예방 강화

학교폭력 예방을 위한 교육 내실화는 학교폭력 문제를 예방하기 위해 가장 먼저 제시되는 영역이다. 국가 수준에서 학교폭력 예방교육 프로그램(어울림 프로그램)을 개발하여 적용하고 있으며, 안전 교과를 신설하여 주요 교과에 학교폭력 예방교육 내용을 반영하여 교육과정을 운영해 왔다. 그러나 학교폭력 경험 연령이 하향화되고 있으며, 언어폭력, 집단따돌림 등 정서적 폭력의 비중이 증가함에 따라 학생 참여형 교육의 확대와 예비 및 현직 교직원의 학교폭력 예방역량 강화가 요구되고 있다. 이를 위해 정부에서는 '학교·학급 단위의 학교폭력 예방교육 내실화', '학생 참여·체험 중심의 학교폭력 예방활동 확대', '학교폭력 유형·추세 대응 예방활동 강화', '전 사회적 협력을 통한 학교폭력 예방문화 조성'의 네 가지 추진과제를 제시하였다.

(2) 학교폭력에 대한 공정하고 교육적인 대응 강화

학교폭력에 대한 체계적인 대응 절차를 수립하는 것은 학교폭력에 대한 조기발견과 해결에 있어 가장 기초적인 영역이다. 집단 따돌림, 사이버 폭력 등 쉽게 발견하기 어려운 학교폭력을 조기에 발견하고, 학교 내 자치역량을 강화하기 위하여 '학교폭력 조기 감지 및 대응체계 강화', '학교의 교육적 해결역량 제고', '사안처리의 공정성·전문성 확보'의 세 가지 추진과제를 제시하고 있다.

〈표 7-1〉「제4차 학교폭력 예방 및 대책 기본계획」 정책 추진방향

비전	모두가 함께 만드는 행복한 학교		
목표	• 존중과 배려가 가득한 학교문화 • 적극적 보호와 교육으로 신뢰받는 학교 • 민주시민의 성장을 돕는 가정과 사회		
5대 정책영역		14개 추진과제	
1	학교 공동체 역량 제고를 통한 학교폭력 예방 강화	1	학교 · 학급 단위의 학교폭력 예방교육 내실화
		2	학생 참여 · 체험 중심의 학교폭력 예방활동 확대
		3	학교폭력 유형 · 추세 대응 예방활동 강화
		4	전사회적 협력을 통한 학교폭력 예방문화 조성
2	학교폭력에 대한 공정하고 교육적인 대응 강화	5	학교폭력 조기 감지 및 대응체계 강화
		6	학교의 교육적 해결역량 제고
		7	사안처리의 공정성 · 전문성 확보
3	피해학생 보호 및 치유 시스템 강화	8	피해학생 맞춤형 보호 · 지원체계 강화
		9	사후지원 강화 및 학교 안팎 협력체계 구축
4	가해학생 교육 및 선도 강화	10	가해학생 교육 · 선도 내실화
		11	중대한 학교폭력 가해학생에 대한 엄정 대처
5	전 사회적 학교폭력 예방 및 대응 생태계 구축	12	가정의 교육적 역할 강화
		13	지역사회의 역할 및 책무성 강화
		14	전사회적 대응체계 강황 및 대국민 인식제고

출처: 관계부처합동(2020: 10).

(3) 피해학생 보호 및 치유 시스템 강화

학교폭력으로 인한 피해학생을 위한 보호 시스템을 구축하고 재발방지 대책을 수립하는 것은 학교폭력 대처에 있어 가장 중요한 과제이다. 그동안 학교폭력 피해학생 지원을 위해 위(Wee)클래스 · 센터 · 스쿨 및 전문상담교사 등 피해학생의 상담을 위한 인프라 및 인력을 확충해 왔다. 그러나 피해학생에 대한 지원이 일시적

으로 이루어지는 경우가 많아 지속적인 사후지원 방안을 구축해야 할 필요성이 제기되었다. 이에, '피해학생 맞춤형 보호 · 지원체계 강화', '사후지원 강화 및 학교 안팎 협력체계 구축'의 두 가지 추진과제를 중심으로 가족의 지원이 없는 경우와 같이 피해학생의 개별적 상황을 고려한 지원, 피해학생의 가족을 위한 지원을 통해 사후지원이 보다 체계적으로 이루어질 수 있도록 하였다.

(4) 가해학생 교육 및 선도 강화

학교폭력 가해학생에 대한 교육을 통해 가해학생이 학교생활에 다시 적응하도록 돕는 것 또한 학교폭력 대처에 있어 중요한 과제이다. 가해학생을 위한 정책으로 특별교육기관을 지정하여 운영하고 있으며, 가해학생 보호자를 위한 특별교육을 의무화하여 실시해 왔다. 또한 법적 처벌을 받은 학생과 교사를 1:1로 매칭하여 관리하는 '보호관찰멘토링' 제도를 실시하고 있다. 그러나 최근 소년법 적용사건 수준의 중대한 폭력 사건 발생 비율이 높아지고, 심판 · 소송을 통한 가해학생의 불복사례가 증가함에 따라(관계부처합동, 2023) 소년법 적용사건 수준의 폭력 대응을 위한 전문인력 운영, '청소년비행예방센터' 운영 내실화 등의 내용을 포함하는 중대한 학교폭력 가해학생에 대한 엄정대처가 새로운 과제로 추가되었다.

(5) 전 사회적 학교폭력 예방 및 대응 생태계 구축

학교폭력 예방을 위해서는 가정과 학교에서의 노력뿐만 아니라 지역사회의 지원 및 학교폭력에 대한 인식 개선이 함께 이루어져야 한다. 학교폭력에 관한 근본적인 해결을 위해 학부모의 사이버폭력 예방 및 대응 지도 역량 강화를 위한 프로그램을 실시해 왔으며, 지역별 여건에 알맞은 배움터지킴이 운영, 청소년 유해환경 관리 강화 등 유관기관과의 협력체계를 구축하여 학교폭력을 예방하기 위해 노력해 왔다. 또한 국민을 대상으로 하는 예방 캠페인을 통해 국민의 인식 개선을 위한 정책을 추진해 왔다. 그러나 그동안 학부모를 대상으로 이루어진 교육이 일방적으로 진행되었다는 한계를 보완하기 위해 학부모의 자발적인 참여를 중심으로 한 가정의 교육적 역할 강화를 추진 과제로 제시하고 있다. 이와 더불어 '지역사회의 역할 및 책무성 강화', '전사회적 대응체계 강화 및 대국민 인식제고'를 추진과제로 제시하고 있다.

2) 학교폭력 근절 종합대책 주요 내용

2023년 4월 발표된 「학교폭력 근절 종합대책(관계부처합동, 2023. 4. 12.)」은 학교폭력 피해학생 중심의 보호조치 강화 및 지속적인 학교폭력에 대한 무관용 원칙을 강조하고 있으며, '학교폭력 없는 안전하고 정의로운 학교'라는 비전 아래 4개 영역 14개 추진과제를 선정하여 제시하고 있다. 기본방향에 대한 내용은 아래 〈표 7-2〉와 같다.

〈표 7-2〉 '학교폭력 근절 종합대책' 기본방향

비전	학교폭력 없는 안전하고 정의로운 학교		
추진방향	• 일방 · 지속적인 학교폭력에는 무관용 원칙 • 학교폭력 피해학생 중심의 보호조치 강화 • 현장의 학교폭력 대응력 제고 및 인성교육 강화		
정책영역		14개 추진과제	
1	중대한 학교폭력 엄정 대처	1	학교폭력 조치사항 기록 · 관리 강화
		2	학교폭력 2차 가해 원천 차단
		3	가해학생 조치사항 대입 수시 · 정시 반영
2	피해학생에 대한 빈틈없는 보호	1	학교폭력 사안 발생 시 초기 보호체계 강화
		2	가해학생 조치 불복시 피해학생 보호제도 마련
		3	다중 안전망을 통한 피해학생 맞춤지원
3	교권강화를 통한 단위학교 대응력 제고	1	학교폭력 대응역량 강화 및 지원확대
		2	학교의 조기감지 및 대응체계 강화
		3	학교폭력 대응을 위한 교원 권한 강화 및 책무성 제고
		4	학교의 교육적 조정 기능 강화

정책영역		14개 추진과제	
4	학교의 근본적 변화 유도 · 견인	1	학교 구성원의 사회 · 정서 교육 지원 강화
		2	학교폭력 예방을 위한 인성 · 체육 · 예술교육 활성화
		3	언어 · 사이버폭력 예방교육 강화
		4	학교폭력 대응을 위한 학부모 교육 지원

출처: 관계부처합동(2023: 6).

3) 학교 안전교육 7대 표준안

교육부는 '2014년 교육분야 안전 종합대책'을 마련하고, 「학교안전사고 예방 및 보상에 관한 법률 시행규칙」제2조1항에 근거하여 「학교안전교육 실시 기준 등에 관한 고시」를 제정하였다. 이를 통해 안전교육의 내용 및 방법, 실시 기준 등을 마련하였다. 또한 유·초·중·고 학습자의 특성에 따른 「학교안전교육 7대영역 표준안」을 개발하여 각 교육기관에 제공하고 있다.

(1) 7대 안전교육 내용 체계

7대 표준안에서는 안전교육을 7개 영역(생활안전, 교통안전, 폭력신변안전, 약물 및 사이버 과의존 예방, 재난안전, 직업안전, 응급처치)으로 구분하고, 각 영역에 따른 교육활동 자료를 개발하여 안전교육이 체계적으로 이루어지도록 하였다.

〈표 7-3〉 7대 안전교육 내용 체계표

대분류	중분류	소분류
생활안전	시설 및 제품이용 안전	시설안전
		제품안전
		실험실습안전
	신체활동 안전	체육 및 여가 활동 안전
	유괴 및 미아사고 방지	유괴 및 미아사고 방지

대분류	중분류	소분류
교통안전	보행자안전	교통 표지판구별하기
		길을 건너는 방법
		보행안전
	자전거안전	안전한 자전거 타기
		안전한 자전거 관리
	오토바이안전	오토바이 사고의 원인과 예방
		오토바이 운전 중 주의 사항
	자동차 안전	자동차사고의 원인
		자동차사고 예방법
	대중교통안전	대중교통 안전, 대중교통 이용 안전 수칙
폭력 및 신변 안전	학교폭력	학교폭력
		언어/사이버 폭력
		물리적 폭력
		집단따돌림
	성폭력	성폭력예방 및 대처방법, 성매매 예방
	아동학대	아동학대 예방 및 대처방법
	자살	자살예방 및 대처방법
	가정폭력	가정폭력 예방 및 대처방법
약물 · 사이버 중독	약물중독	마약류 폐해 및 예방
		흡연 폐해 및 예방
		음주폐해 및 예방
		고카페인 식품 폐해 및 예방
	사이버중독	인터넷게임 중독
		스마트폰 중독

대분류	중분류	소분류
재난안전	화재	화재발생
		화재발생 시 안전수칙
		소화기 사용 및 대처방법
	사회재난	폭발 및 붕괴의 원인과 대처방법
		각종 테러사고 발생 시 대처요령
	자연재난	홍수 및 태풍 발생 시 대처요령
		지진 · 대설 · 한파 · 낙뢰 발생 시 대처요령
직업안전	직업안전의식	직업안전 의식의 중요성
		직업안전 문화
	산업재해의 이해와 예방	산업재해의 의미와 발생
		산업재해의 예방과 대책
	직업병	직업병의 의미와 발생
		직업병의 예방과 대책
	직업안전의 예방 및 관리	산업재해 관리
		정리정돈
		보호구 착용
응급처치	응급처치의 이해와 중요성	응급처치의 목적과 일반원칙
		응급상황 시 행동요령
		응급처치 전 유의사항 및 준비
	심폐소생술	심폐소생술
		자동제세동기의 사용
	상황별 응급처치	기도폐쇄
		지혈 및 상처처치, 염좌, 골절, 화상 등
7개 영역	25개 중분류	52개 소분류

(2) 학교폭력 영역 안전교육 내용

〈표 7-4〉는 7개 안전교육 대분류 중 하나인 폭력 및 신변안전의 학교폭력(중분류) 내용을 각 유형(소분류)로 나누고 이를 학교급별로 제시한 내용이다. 이 내용에는 유치원부터, 초등학교, 중학교, 고등학교까지 학교폭력 유형별로 이루어져야 할 안전교육내용이 연계되어 있어 유아기부터 학교폭력 예방교육이 이루어져야 함을 강조하고 있다.

또한, 「학교안전사고 예방 및 보상에 관한 법률」 제8조제1항에 따라 학교는 학기별 안전교육 실시결과를 매년 8월과 12월에 교육감에게 보고하여야 한다. 결과 보고서 작성 시 학급별 평균 교육 실적을 입력하며, 유치원은 교육과정 내 단위활동을 기준으로 보고한다. 유치원의 경우 학교폭력 예방교육이 포함된 폭력예방 및 신변보호교육의 경우 학기당 8차시 이상, 최소 2회 교육할 것을 제도화하고 있다.

〈표 7-4〉 학교폭력 영역 안전교육 내용

중분류	소분류	유치원	초등학교
학교 폭력	학교 폭력	학교폭력을 알고 친구와 사이좋게 지내기	학교폭력을 이해하기 학교폭력 예방 동영상, 노래를 통한 학교폭력 인식 학교폭력의 개념과 유형 이해 손이 하는 좋은 일 부끄러운 일 발표 학교폭력 처벌과 징계절차 이해 학교폭력의 예방 및 대처법 이해와 발표
	언어/ 사이버 폭력	언어(사이버)폭력의 의미를 알고 바르고 고운 말을 사용 언어폭력의 유형 및 사례를 알고 예방,대처하기 올바른 언어 사용 언어폭력 대처법 거부 표현하기 도움 청하기 신고하기	친구에게 하는 좋은 말, 싫은 말 알고 실천하기 언어/사이버 폭력의 의미를 알고 생활 반성하기 소셜 네트워크 서비스의 이해와 올바른 사용 언어생활 점검 언어/사이버 폭력폭력의 유형을 사례를 통해 알고 나의 상태 점검하기 언어폭력의 유형 이해 (놀리기, 욕설) 고운말 칭찬 릴레이 올바른 이모티콘 사용 악성 댓글 예방 가해자와 피해자 되지 않기 올바른 언어습관, 바람직한 대화법 알기 자가 체크 및 적절한 표현 올바른 채팅 용어 사용 예방 표어 제작 언어/사이버 폭력의 위험성을 알고 예방 및 대처하기
	물리적 폭력	신체폭력의 의미를 알고 사이 좋게 신체놀이하기 신체폭력 예방과 대처 알기 친구의 물건을 소중히 다루기 다른 사람의 물건을 뺏거나 가져가지 않기	신체폭력을 알고 그에 대한 피해와 예방대책 알기 – 신체폭력의 개념이해 – 그림과 동영상을 통한 신체폭력 인지 사례를 통해 신체폭력의 유형 이해 – 신체폭력 피해자 심정 이해 및 발표 노래를 통한 신체폭력의 예방방법 이해 신체폭력의 구체적 사례를 통해 심각성을 인식하기 – 뮤지컬 활동을 통해 피해자 가해자 마음이해 신체폭력 가해자와 방관자에 대한 징계조치 이해하고 예방하기 금품갈취 사례를 통해 금품갈취의 심각성을 이해하고 유형을 구별하기 – 그림을 통한 금품갈취 유형 인식 – 글을 통한 금품갈취 유형의 이해 – 동영상을 통한 금품갈취 인지 – 역할극을 통한 금품갈취의 유형 인지 학교에서 나타나는 금품갈취 사례를 통한 금품갈취의 유형과 법적 조치 알기 괴롭힘에 대해 자신을 보호하고 대처하기 또래 조정활동을 통한 친구문제 도움주기 학교폭력 피해자로서 보호할 수 있는 방법 배우기
	집단 따돌림	집단 따돌림의 이해-친구의 의미 집단 따돌림의 유형 및 사례를 알고 예방, 대처하기 집단 따돌림의 예방 집단 따돌림의 대처법 신고접수방법 및 도움요청	집단 따돌림의 의미 이해하기 가해자, 피해자, 방관자, 조력자에 대한 이해를 통한 예방 집단 따돌림의 유형 및 사례 집단따돌림의 위험성 알기 집단 따돌림의 경험을 이해하고 예방(공감하기, 편지쓰기, 학급규칙 만들기) 집단 따돌림 대처법(거부하기, 도움청하기, 신고하기)

중분류	소분류	중학교	고등학교
학교 폭력	학교 폭력	학교폭력의 위험성 인식 학교폭력의 유형 및 현황	학교폭력의 심각성 이해하고 학교폭력 문제점 인식하여 예방 하기 학교폭력 예방교육의 중요성 인식 학교폭력 유형 및 구체적 사례이해 학교폭력 예방 및 대처법 이해
	언어/ 사이버 폭력	모바일 메신저를 올바르게 사용하기 사이버 언어 폭력에 대하여 알고 예방하기 사이버 불링의 문제점을 인식하고 역할극을 통해 예방법을 모색하기	언어/사이버폭력의 심각성 및 문제점 이해하기 사이버폭력의 유형 및 사례 알기 언어/사이버 폭력 예방을 위한 UCC 만들기
	물리적 폭력	신체폭력의 위험성 인식하기 – 자신의 경험 또는 목격한 사례발표를 통한 신체폭력의 유형 이해 – 신체폭력 원인과 대처방법 이해 – 신체폭력 사례와 법적조치 이해 신체폭력의 구체적 사례에 대해 대처 및 예방법 생각하기 사례를 통해 금품갈취의 위험성 인식하기 – 뉴스보도에 나타난 금품갈취 유형과 위험성 이해 – 자신의 경험이나 목격사례 이야기하고 토론하기 – 금품 갈취의 원인과 대책 모색하기 나비효과 이해와 비폭력평화학급 활동으로 예방의지 강화	신체폭력의 심각성 이해하기 청소년독립영화를 통해본 신체폭력의심각성 이해와 생각발표 실제 신체폭력 사례를 통해 심각성을 깨닫고 예방하기 건강한 분노조절과 갈등해결법 공유하기 금품갈취 사례 찾아 유형별 사건 분석을 통해 심각성 이해하기 갈등의 원인을 알고 예방하기
	집단 따돌림	집단 따돌림의 유해성 이해하기 집단 따돌림의 다양한 유형을 알고 예방하기 집단 따돌림 예방하기 피해학생 이해하기 중재 및 상담 갈등해결 조력(토의)	집단 따돌림의 심각성 이해 집단 따돌림의 유형 및 사례 집단 따돌림 예방 학생자치법을 통해 갈등해결하기 집단 따돌림의 대처법 거부, 저장, 신고, 도움청하기 관련법률

출처: 교육부(2015). 안전교육 7대영역 표준안.

2 학교폭력 개입 절차

1) 학교폭력 대응 절차

학교폭력 사안처리의 공정성과 신뢰성을 제고하기 위하여 교육부와 이화여자대학교 학교폭력예방연구소에서는 2024년도 학교폭력 사안처리 가이드북을 발행하였다. 가이드북에서 제시하는 학교폭력 사안처리 흐름도는 [그림 7-2]에 나타나 있다. 대략적인 사안처리 과정은 다음과 같다. 먼저, 학교폭력을 인지한 즉시 학교에서는 신고를 접수하고 가해, 피해학생을 분리한 후 교육청에 보고한다. 이후 교육청 내의 학교폭력제로센터[1]에서는 사안을 구체적이고 정확하게 파악할 수 있는 조사관을 배정하고, 조사관은 해당 학교에 방문하여 사안을 조사한다. 이후 조사결과에 대하여 전담기구심의를 개최하여 자체해결이 가능한지 여부를 판단한다. 자체해결사안의 객관적 요건에 충족하고 피해학생 측의 동의가 있을 경우 학교장이 자체해결을 결정할 수 있다. 만일 자체해결이 불가할 경우에는 교육지원청의 심의위원회의 논의를 거쳐 학교장, 가해 및 피해학생 측에 조치결정을 통보한다. 단계별에 따른 구체적 사항은 아래 설명과 같다.

(1) 학교폭력 초기 대응 절차

교사는 학생들의 행동이나 교실 분위기 등을 통해 학교폭력을 감지하거나 학생 및 학부모, 목격자를 통해 학교폭력 신고를 받은 경우 관련학생을 안전조치하고 보호자에게 연락한 후 학교장에게 해당 사항을 보고해야 한다(학교폭력예방법 제20조제4항). 학교장은 지체 없이 전담기구 또는 소속 교원으로 하여금 가해 및 피해 사실 여부를 확인하도록 해야 한다(학교폭력예방법 제14조제4항). 또한 학교폭력 업무

1) 학교폭력 피 · 가해학생 간의 관계회복, 피해학생의 치유, 피해학생에 대한 법률자문 등 통합지원 업무를 수행하는 교육(지원)청 내 전담부서(시행령 제8조제1항).

담당자 혹은 학교폭력 전담기구[2]는 학교폭력 발생사안을 인지한 후 48시간 이내로 교육(지원)청에 사안을 의무적으로 신고해야 한다.

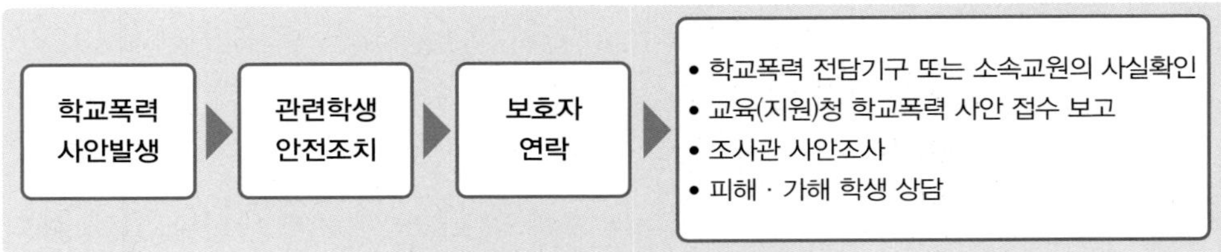

[그림 7-1] 학교폭력 발생 시 대응 순서

출처: 교육부, 이화여자대학교 학교폭력예방연구소(2024). 학교폭력 사안처리 가이드북. p.26.

2) 학교의 장은 교감, 전문상담교사, 보건교사 및 책임교사(학교폭력문제를 담당하는 교사), 학부모로 구성된 학교폭력 문제를 담당하는 전담기구를 구성한다. 학부모는 전담기구 구성원의 3분의 1이상이어야 한다(학교폭력예방법 제 14조).

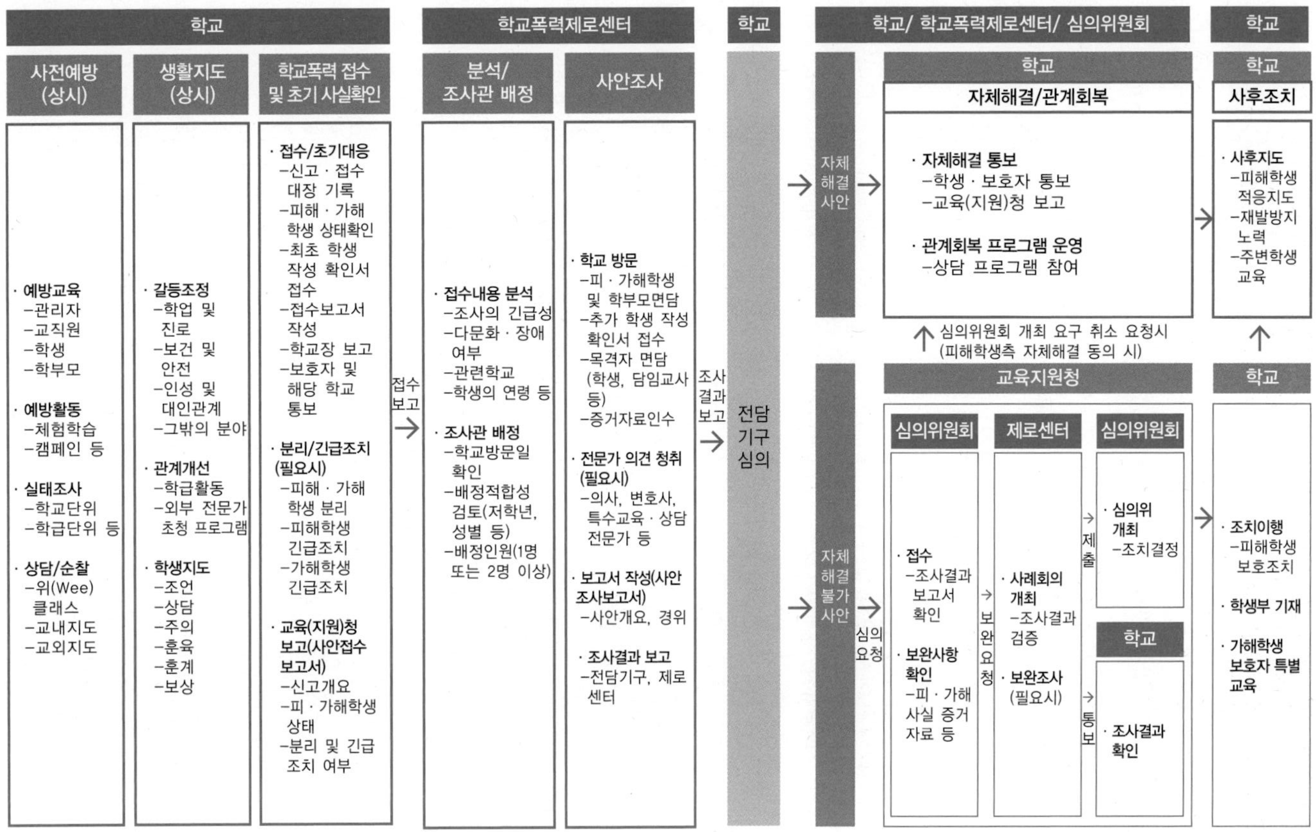

[그림 7-2] 사안처리 흐름도

출처: 교육부, 이화여자대학교 학교폭력예방연구소(2024). 학교폭력 사안처리 가이드북. p.8

(2) 학교폭력 접수 및 전담기구 사안조사

학교폭력 사안이 접수되면 학교는 전담기구를 통해 학교폭력 사안조사를 진행하며 전담기구에서는 해당 사안에 대하여 학교장 자체해결 요건을 충족하는지를 심의하고, 요건을 충족하고 피해학생 측의 서면 동의가 있으면 해당 사안은 학교장 자체해결로 처리 후 교육청으로 보고한다. 학교장 자체해결로 처리되지 않는 사안에 대해서 학교장은 교육지원청의 심의위원회 개최를 요청하고, 심의위원회[3]에서 관련 학생들에 대한 보호조치와 선도 조치를 심의·의결한다.

(3) 학교장 자체해결 심의

학교장의 자체해결 제도(학교폭력예방법 제13조의2)는 경미한 학교폭력 사안, 이미 학생 간 화해가 이뤄진 사안, 담당 교원 및 학교장의 생활지도를 통해 관계회복과 교육적 해결을 돕는 제도이다. 학교장 자체해결 요건(<표 7-5>) 해당 여부는 전담기구 심의에서 협의를 통해 결정하며, 요건을 충족하는 사안이더라도 피해학생이 자체해결에 동의하는 경우에 한하여 자체해결이 가능하다. 다만, 사안 조사과정에서 피해학생 및 그 보호자를 상담할 때 학교장 자체해결을 강요하지 않도록 유의해야 한다. 학교장의 자체해결 절차는 [그림 7-3]과 같다.

3) 학교폭력의 예방 및 대책에 관련한 사항을 심의하기 위하여 「지방교육자치에 관한 법률」 제 34조 및 「제주특별자치도 설치 및 국제자유도시 조성을 위한 특별법」 제 80조에 따른 교육지원청(교육지원청이 없는 경우 해당 시도 조례를 정하는 기관으로 한다. 이하 같다)에 학교폭력대책심의위원회(이하 "심의위원회"라 한다)를 둔다. 심의위원회는 학교폭력의 예방 및 대칙을 위하여 다음 각호의 사항을 심의한다. 1.학교폭력의 예방 및 대책 2. 피해학생의 보호 3. 가해학생에 대한 교육, 선도 및 징계 4. 피해학생과 가해학생 간의 분쟁조정 5. 그밖에 대통령령으로 정하는 사항. 심의위원회는 10명 이상 50명 이내의 위원으로 구성하며 전체위원의 3분의 1 이상을 해당교육지원청 관할 구역 내 학교(고등학교를 포함한다)에 소속된 학생의 학부모로 위촉하여야 한다.

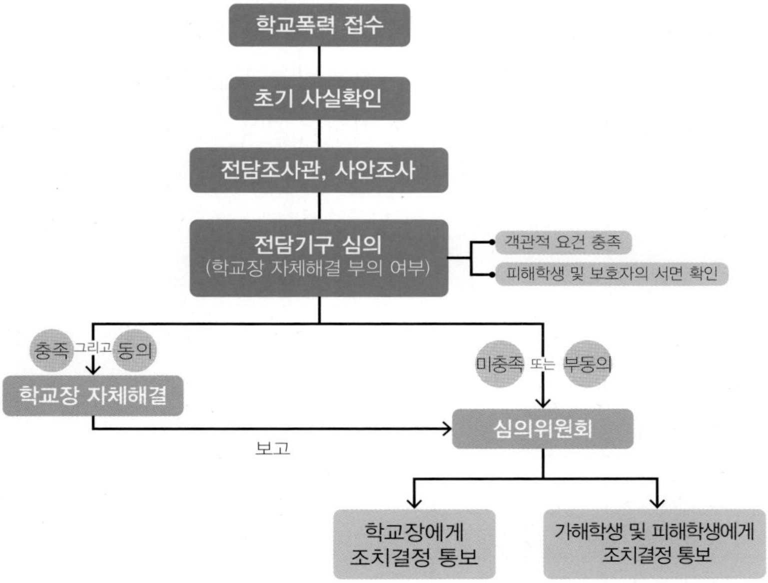

[그림 7-3] 학교장 자체해결 사안처리 흐름도

출처: 교육부, 이화여자대학교 학교폭력예방연구소(2024). 학교폭력 사안처리 가이드북. p.60.

〈표 7-5〉 학교장 자체해결 요건

학교폭력예방법 제13조의2(학교의 장의 자체해결)
다음 각호에 모두 해당하는 경미한 학교폭력에 대하여 피해학생 및 그 보호자가 심의위원회의 개최를 원하지 아니하는 경우 학교의 장은 학교폭력사건을 자체적으로 해결할 수 있다. 이 경우 학교의 장은 지체 없이 이를 심의위원회에 보고하여야 한다. 1. 2주 이상의 신체적 · 정신적 치료가 필요한 진단서를 발급받지 않은 경우 2. 재산상 피해가 없는 경우 또는 재산상 피해가 즉각 복구 되거나 복구 약속이 있는 경우 3. 학교폭력이 지속적이지 않은 경우 4. 학교폭력에 대한 신고, 진술, 자료제공 등에 대한 보복행위(정보통신망을 이용한 행위를 포함한)가 아닌 경우

(4) 학교폭력대책심의위원회 조치결정

학교장 자체해결 사안이 아닌 학교폭력의 경우 학교장은 학교폭력대책심의위원회에 심의를 요청해야 한다. 심의위원회는 각 지역의 교육지원청에 설치되어 있으며, 「학교폭력예방법」 제12조제2항에 근거하여 학교폭력 예방 및 대책(제1호), 피해학생의 보호(제2호), 가해학생에 대한 교육, 선도 및 징계(제3호), 피해학생과 가해학생 간의 분쟁조정(제4호) 사항을 심의한다. 피해 및 가해학생과 보호자는 심의위원회에 직접 출석하여 진술해야 하며, 해당학교 교원, 관련 분야 전문가 등의 의견을 요청할 수 있다. 심의위원회 진행절차는 [그림 7-4]와 같다.

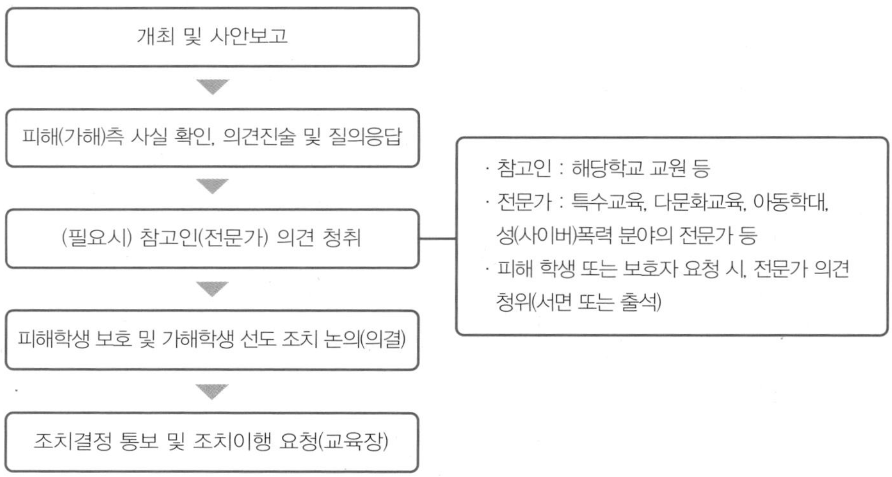

[그림 7-4] 학교폭력대책심의위원회 진행 절차

출처: 교육부, 한국교육개발원(2022). 학교폭력 피해학생 맞춤형 지원 안내서. p.41.

2) 피해학생에 대한 조치

(1) 피해학생에 대한 보호조치

심의위원회는 「학교폭력예방법」 제16조1항에 근거하여 피해학생 보호를 위한 조치를 내릴 수 있다. 전학권고 조치(제5호)는 피해학생의 의사와 관계없이 전학 조치를 권고하는 문제가 발생하여 삭제되었다. 법률에 나타난 피해학생 보호조치는 〈표 7-6〉과 같다.

〈표 7-6〉 피해학생 보호조치 종류

종류	내용
제1호 학내외 전문가에 의한 심리상담 및 조언	– 학교폭력으로 받은 정신적 · 심리적 충격으로부터 회복할 수 있도록 학교 내 · 외의 심리상담 전문가로부터 심리상담 및 조언을 받도록 하는 조치이다. – 학교 내 상담교사가 없을 시 지역 내 피해학생 전담지원기관, 위(Wee)센터, 정신건강복지센터, 청소년상담복지센터, 전문 상담기관 등 외부기관을 통하여 진행할 수 있다.
제2호 일시보호	– 가해학생으로부터 지속적인 폭력이나 보복을 당할 우려가 있는 경우, 일시적으로 보호시설이나 집 또는 학교상담실 등에서 보호를 받을 수 있도록 하는 조치이다.
제3호 치료 및 치료를 위한 요양	– 학교폭력으로 인하여 생긴 신체적 · 정신적 상처의 치유를 위하여 의료기관 등에서 치료를 받도록 하는 조치이다. – 피해학생이 보호조치로 집이나 요양기관에서 신체적 · 심리적 치료를 받을 때는 치료기간이 명시된 진단서 또는 관련 증빙자료를 첨부하여 학교에 제출하도록 보호자에게 안내할 수 있다.
제4호 학급교체	– 지속적인 학교폭력 상황 및 정신적 상처에서 벗어나도록 하기 위해서 피해학생을 동일 학교 내의 다른 학급으로 소속을 옮겨주는 조치이다. – 피해학생 입장에서는 새로운 학급에 적응해야 하는 부담이 있으므로, 조치 결정에 있어 피해학생 및 보호자의 의견을 적극 반영하는 것이 바람직하다.
제6호 그밖에 피해학생의 보호를 위하여 필요한 조치	– 학교폭력 피해 유형 및 연령 특성 등을 감안하여 필요 시 해바라기센터 지정 병원 등 의료기관 연계, 대한법률구조공단과 같은법률구조기관, 학교폭력 관련 기관 등에 필요한 협조와 지원요청 등을 할 수 있다.

출처: 교육부, 이화여자대학교 학교폭력예방연구소(2024). 학교폭력 사안처리 가이드북. p. 82.

(2) 피해학생 맞춤형 지원

학교폭력 피해학생의 치유와 회복, 일상 복귀를 위해서는 폭력 피해의 정도, 개인적 특성 및 환경적 특성, 피해 기간과 장소, 개인 또는 집단에 의한 폭력 등의 다양한 상황을 고려한 지원이 이루어져야 한다. 피해학생의 상태나 욕구를 충분히 고려하지 않은 획일화된 지원은 효과적이지 않을 수 있으며 오히려 피해학생에게 상처를 주는 일이 발생할 수 있기 때문이다. '학교폭력 근절 종합대책' 및 「제4차 학교폭력

예방 및 대책 기본계획」에서는 피해학생을 위한 통합적인 지원을 강조하고 있으며, 피해학생에 대한 심리, 법률, 의료 지원뿐만 아니라 가족 및 보호자를 위한 지원 내용을 포함하고 있다. 교육부에서 제시하는 피해학생 맞춤형 통합지원 유형 및 내용은 [그림 7-5]과 같다.

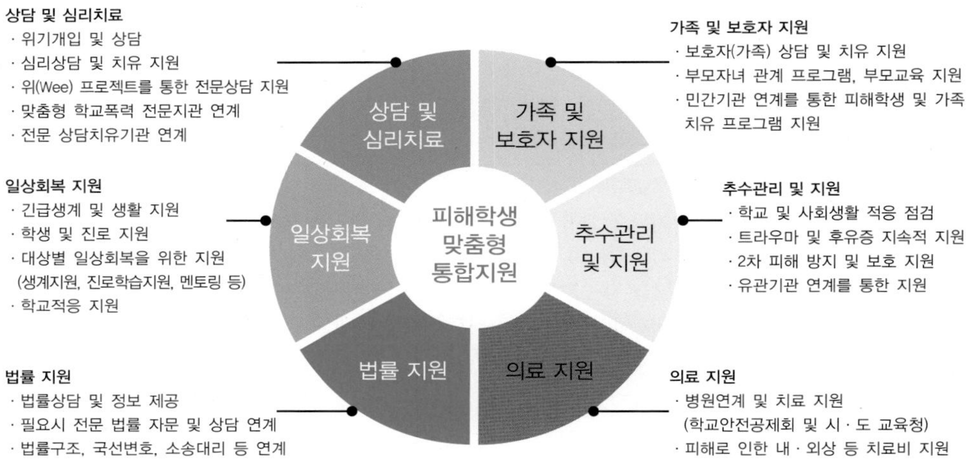

[그림 7-5] 피해학생 맞춤형 통합지원 체계도

출처: 교육부, 한국교육개발원(2022). 학교폭력 피해학생 맞춤형 지원 안내서. p. 77.

3) 가해학생에 대한 조치

(1) 가해학생에 대한 선도·교육 조치

심의위원회는 가해학생의 선도·교육을 위하여 학교폭력예방법 제17조제1항에 근거하여 가해학생에 대한 9가지의 조치를 내릴 수 있다(〈표 7-7〉). 심의위원회는 가해학생에 대하여 각 호의 어느 하나에 해당하는 조치(수 개의 조치 동시 부과하는 경우 포함)를 할 것을 교육장에게 요청하여야 하며, 각 조치별 적용 기준은 대통령령으로 정한다. 단, 퇴학처분은 의무교육과정에 있는 가해학생에 대해서는 적용하지 아니한다.

〈표 7-7〉 가해학생 교육 · 선도 조치 종류 및 내용

종류	내용
제1호 피해학생에 대한 서면 사과	– 가해학생이 피해학생에게 서면으로 그동안의 폭력행위에 대하여 사과하는 조치이다.
제2호 피해학생 및 신고 · 고발 학생에 대한 접촉 협박 및 보복행위(정보통신망을 이용한 행위 포함)의 금지	– 피해학생이나 신고 · 고발학생에 대한 가해학생의 접근을 막아 더 이상의 폭력이나 보복을 막기 위한 조치이다. – '접촉'의 범위 : 접촉 금지는 조치를 받은 학생이 의도적으로 피해학생에게 접촉하는 것(인터넷, 휴대전화 등 정보통신망을 이용한 행위를 포함)을 금지하는 것으로, 교육활동 및 일상생활 가운데 이루어지는 의도하지 않은 접촉에 대해 모두 금지하는 것은 아니다.
제3호 학교에서의 봉사	– 교내에서 봉사활동을 통해 자신의 행동을 반성하는 기회를 주기 위한 조치이다. – 봉사의 진정한 의미를 알고 학생 스스로 잘못을 깨달을 수 있는 봉사방법(학교폭력 예방 홍보 및 캠페인 활동, 학생회 주관 행사 도우미, 장애 학생의 등교 도우미, 학교 내 환경정화 활동 등)을 선정해 선도적 · 교육적 차원에서 실시한다.
제4호 사회봉사	– 학교 밖 행정 및 공공기관 등 관련 기관에서 사회구성원으로서의 책임감을 느끼고 봉사를 통해 반성하는 시간을 마련하기 위한 조치이다. – 지역 행정기관에서의 봉사(환경미화, 교통안내, 거리질서유지 등), 공공기관에서의 봉사(우편물 분류, 도서관 업무보조 등), 사회복지기관(노인정, 사회복지관 등) 봉사 등이 있다.
제5호 학내외 전문가, 교육감이 정한 기관에 의한 특별 교육이수 또는 심리치료	– 가해학생이 봉사활동 등을 통하여 스스로 행동을 반성하는 것이 어려워 보이는 경우 전문가 도움을 받아 인식을 개선하고 스스로의 행동을 반성하게 하는 조치이다. – 학내외 전문가, 교육감이 정한 기관에서 특별교육을 이수하거나 심리치료를 받아야하며 그 기간은 심의위원회에서 정한다.
제6호 출석정지	– 가해학생을 수업에 출석하지 못하게 함으로써 일시적으로 피해학생과 격리시켜 피해학생을 보호하고, 가해학생에게는 반성의 기회를 주기 위한 조치이다. – 가해학생에 대한 출석정지 기간은 출석일수에 산입하지 않는다. – ※ 법률 제17조제1항제6호 : 출석정지는 미인정결석으로 처리함
제7호 학급교체	– 가해학생을 피해학생으로부터 격리하고 가해학생의 교육환경 변화를 위하여 같은 학교 내의 다른 학급으로 옮기는 조치이다.

종류	내용
제8호 전학	– 가해학생을 피해학생으로부터 격리시키고 피해학생에 대해 더 이상 폭력행위를 하지 못하도록 하기 위하여 다른 학교로 소속을 옮기도록 하는 조치이다. – 가해학생이 다른 학교로 전학을 간 이후에는 전학 전 피해학생 소속 학교로 다시 전학 올 수 없도록 하여야 한다.
제9호 퇴학처분	– 피해학생을 보호하고 가해학생을 선도 · 교육할 수 없다고 인정될 때 취하는 조치이다. – 다만 의무교육과정에 있는 가해학생은 적용하지 아니한다.

출처: 교육부, 이화여자대학교 학교폭력예방연구소(2024). 학교폭력 사안처리 가이드북. p. 88-89.

(2) 가해학생 및 보호자 특별교육

특별교육은 「학교폭력예방 및 대책에 관한 법률」 17조 '가해학생에 대한 조치'에 근거하여 학교폭력 가해학생 대상 교육적 선도 및 재발 방지를 목적으로 학교 또는 전문기관에서 교육, 상담을 진행하는 조치를 의미한다. 제2호부터 제4호 및 제6호부터 제8호까지의 처분을 받은 가해학생은 교육감이 정한 기관에서 특별교육을 이수하거나 심리치료를 받아야 하며, 해당 학생의 보호자도 함께 교육을 받아야 한다. 특별교육 프로그램은 학교폭력 개념 및 유형에 대한 이해, 가해행위에 대한 인식 변화, 갈등 해결 기술, 재발 방지 및 피해 회복을 위한 노력 등의 내용으로 구성된다. 프로그램 내용 및 진행 절차는 학교폭력 유형, 학생의 현재 학교생활 및 가정환경 등에 따라 변경될 수 있다.

4) 학교폭력 사안처리 시 유의사항

학교폭력 사안이 발생한 경우 학교장은 전담기구 또는 소속 교원이 가해 및 피해 사실 여부를 확인하도록 하여야 한다(학교폭력예방법 제14조). 사안조사의 주요 기능은 피해 사실 여부를 확인하고 학교장 자체해결 부의 여부를 심의하는 것이다. 사안조사를 시행하는 주체는 공정하고 객관적인 태도를 유지하는 것이 중요하며, 학생과 학부모의 입장과 심정에 대한 이해와 공감을 바탕으로 불필요한 분쟁이 추가적으로 발생하지 않도록 유의해야 한다. 이를 위해 피해 사실 여부가 명확히 확인되기 전까지는 피해학생 가해학생의 용어를 사용하기보다는 관련학생이라는 용어를 사용하며, 사안조사 과정과 조치 결정에 대해 관련학생 및 보호자의 의견 진술 기회를 보장하여야 한다. 학교는 학교장 자체해결 부의 여부 심의 과정에서 학교폭력 사안을 축소·은폐하거나 성급하게 화해를 종용하지 않도록 유의한다. 다만, 성범죄 관련 사안 등 소년법 적용 수준의 사안이 발생한 경우 수사기관에 즉시 신고하여야 한다.

3 학교폭력 예방 및 개입을 위한 시스템 및 교육 프로그램

「학교폭력예방 및 대책에 관한 법률」이 제정되고, 「학교폭력예방 및 대책 기본계획」을 수립하여 실시하게 되면서 학교폭력 발생 시 이를 신고하고, 가해, 피해학생들에게 즉각 개입하여 도움을 줄 수 있는 체제(시스템)가 마련되었으며 학교에서의 학교폭력 예방 교육이 의무화됨에 따라, 국가수준 학교폭력 예방 교육 프로그램 및 관련 프로그램을 교육과정에 포함시켜 실시하고 있다. 이에 대한 구체적인 내용은 아래와 같다.

1) 시스템

(1) 위(Wee) 프로젝트

위(Wee) 프로젝트는 학교폭력 가해, 피해뿐 아니라 다양한 고민과 문제를 겪는 학생들을 대상으로 종합적인 진단·상담·치유 프로그램을 지원하는 사업으로, 학교와 교육청, 그리고 지역사회의 연계를 지원하는 통합적인 서비스를 2008년부터 제공하고 있다. 위(Wee) 프로젝트는 학교폭력·학업 중단 등 학교에서 발생하는 다양한 위기요인들로부터 우리 모두(We)가 학생을 보호하고 건전한 교육(Education)을 통해 건강한 마음(Emotion)을 도모하기 위한 목적으로 운영되고 있다. 위 프로젝트는 초, 중, 고등학생을 대상으로 하며, 학생들이 처한 상황에 따라 다양한 지원을 받을 수 있다.

[그림 7-6] 위(Wee) 프로젝트의 의미

출처: 위(Wee)프로젝트 홈페이지(https://www.wee.go.kr/home/cms/cmsCont.do?cntnts_sn=1)

학교에는 위(Wee)클래스, 지역 교육지원청에는 위(Wee)센터, 교육청에는 위(Wee)스쿨, 가정형 위(Wee)센터, 병원형 위(Wee)센터가 개설되어 있다. '위클래스'는 학습 부진, 따돌림, 대인관계 미숙, 학교폭력, 미디어 중독, 비행 등으로 인한 학교 부적응 학생 및 징계 대상자를 발견하여 예방 및 학교 적응력을 높이기 위하여 단위 학교에 설치한다. '위센터'는 시·도교육청 차원에서 설치하며, 단위학교에서 선도 및 치유가 어려운 학생을 대상으로 전문가의 지속적인 관리가 이루어진다. 학교에 위클래스가 설치되어 있고 전문 상담교사 또는 전문상담사가 배치되어 있는 경우, 학교 내에서 심리상담, 심리검사 등의 지원이 이루어지며, 위클래스가 설치되지 않은 학교의 경우 교육지원청 또는 교육청의 위센터의 순회상담을 통해 지원이 이루어진다. '위스쿨'은 심각한 위기로 장기적인 치유·교육이 필요한 학생을 대상으로 하며 시·도교육청 차원에서 설치하여 장기교육 위탁서비스를 제공한다.

'가정형 위센터'는 안정적인 주거 및 돌봄 지원, 부모 상담 및 교육을 통해 학생의 적응 환경을 개선하기 위한 서비스를 제공하고 있다. '병원형 위센터'는 고위기학생을 위한 심층적인 지원을 하기 위해 운영된다. 각 프로그램들의 운영 기간 및 지원 내용은 다음과 같다.

〈표 7-8〉 Wee 프로그램의 유형 및 운영 방식

	대상	기간	주요 운영 내용
위(Wee) 클래스	초,중,고등학생	학교운영시간내	상담, 교육, 체험활동, 심리검사
위(Wee) 센터	초,중,고등학생	평일 9:00~18:00, 공휴일 제외	상담, 심리검사, 문화, 교육 지역사회 서비스 연계
위(Wee) 스쿨	중 · 장기적인 위탁 교육 및 치유, 상담이 필요한 학생	최소 1개월에서 최장 2년까지 가능	대인교과교육(웹디자인, 제빵, 도예, 스포츠), 공통교과교육(국민공통기본교과), 상담, 인성교육, 예방교육, 체육, 문화 사회적응력, 학교폭력 가해학생 · 피해학생 · 학부모 특별교육
가정형 위(Wee) 센터	학교폭력 위기학생 사회적 위기학생, 가정적 위기학생	3개월(필요시 연장 가능)	보호, 상담, 심리검사, 교육, 사후관리
병원형 위(Wee) 센터	심리적 · 정서적 어려움으로 학교 적응에 어려움이 있고 치료가 필요한 학생	평일	상담, 기초 건강검진 및 심리검사, 담임과 연계기관 실무자 회의, 학교복귀를 위한 교과학습 진행, 심리치료프로그램(음악치료, 미술치료, 놀이치료), 체험활동(직업체험활동 공예활동, 재난대비 체험형 안전교육 활동 등)

출처: 교육부, 한국교육개발원(2017). 2017년 Wee 프로젝트 홍보 리플렛.

(2) 에듀넷 티-클리어: 도란도란 학교폭력 예방교육

'에듀넷·티-클리어'는 교육부와 한국교육학술정보원(KERIS)에서 운영하는 디지털 교육 플랫폼으로 교육과정과 교육정책 전반의 정보를 제공하는 교육정보 통합 지원 서비스이다. 교사 및 학생을 대상으로 교육정책 및 교육과정 정보를 제공하고 있으며, '도란도란 학교폭력 예방교육', '사이버폭력예방교육'을 중심으로 관련 정책을 안내하고 교육 자료를 제공하고 있다.

'도란도란 학교폭력 예방교육'에서는 학교폭력에 대한 정의와 유형, 학교폭력의 징후와 대처방법을 안내하고 있으며 어울림 프로그램을 중심으로 예방교육 자료를 제공하고 있다. 또한 교사, 학부모, 학생을 대상으로 예방교육 동영상 자료를 탑재하여 학교폭력의 정의와 유형, 대처방식에 대한 이해를 도모하고 있다. 학교폭력 대응을 위한 정보도 함께 제공하고 있으며, 학부모를 대상으로 피해학생 보호지원 기관, 가해학생 선도교육 기관, Wee프로젝트 관련 기관, 지역별 교육지원청 및 학교안전공제회의 주소와 연락처 정보를 제공하고 있다.

사이버폭력예방교육과 관련하여 '사이버어울림 프로그램'에 대한 안내와 관련 프로그램을 탑재하고 있으며, 현장에서 바로 활용할 수 있는 동영상 자료, 그림 자료 등을 제공하고 있다. 또한 정보윤리교육 자료 및 ICT활용 진단 검사도구 및 스마트폰 과의존 진단 도구를 제공하여 사이버 상에서 발생하는 학교폭력을 예방하고자 노력하고 있다.

(3) 안전Dream 117 학교·여성폭력 및 성매매피해자 긴급지원센터

117 학교·여성폭력 및 성매매피해자 긴급지원센터는 여성가족부, 교육부, 경찰청의 협력 하에 운영되는 기관으로 경찰병원 내 성폭력 의료지원센터를 개편하여 아동(청소년), 여성, 장애인 등 사회적 약자에 대한 피해신고에 대하여 신고 접수 즉시 긴급구조·수사·법률상담·쉼터 연계 등의 통합지원을 제공하고 있다. 24시간 신고가 가능하며 전화, 문자, 인터넷, 방문을 통해 신고할 수 있다. 지원센터는 전국의 병원과 의료원에서 위탁 운영되고 있으며, 해바라기 여성·아동 센터에서도 지원을 제공한다. 학교폭력과 관련한 상담 및 신고가 함께 이루어지고 있으며, 신고 처리 과정에 대한 정보를 제공하고 있다.

[그림 7-7]도란도란 학교폭력 예방교육 홈페이지

출처: https://doran.edunet.net/main/mainForm.do

[그림 7-8] 안전Dream 홈페이지

출처: https://www.safe182.go.kr/index.do

(4) 청소년안전망

여성가족부 산하기관인 한국청소년상담복지개발원은 「청소년복지지원법」에 의거, 전국 청소년을 위한 심리 상담, 교육, 자립 지원 등 다양한 복지 서비스를 제공하고 있다. 그중 청소년안전망 사업은 지역사회 내의 다양한 자원(예: 경찰청, 교육청, 학교, 쉼터, 복지시설)과 연계하여 위기상황에 처한 청소년들을 발견하고 맞춤형 지원을 제공하는 청소년통합지원서비스다. 청소년안전망에서는 청소년 고민, 상담복지 지원, 학교 밖 청소년 지원, 정서 · 행동장애 청소년 지원, 인터넷 · 스마트폰 과의존 치유, 가정 밖 청소년 지원, 청소년 자립지원, 이주배경 청소년 지원 등이 이루어지고 있다. 도움이 필요한 청소년은 https://www.1388.go.kr로 접속하거나, 1388 로 전화, 문자 등으로 상담이나 도움을 신청할 수 있으며 365일 24시간 온라인 서비스가 가능하다. 청소년들은 자신에 맞는 서비스를 선택하여 도움을 요청할 수 있으며, 1388청소년지원단에서는 각 청소년들에 필요한 기관과 연계를 하여 이를 지원한다. 상담, 정서적 지원, 사회적 보호, 교육 · 학업지원, 건강지원, 자립지원 등 필요한 유형의 지원을 제공하여 가정과 사회로의 복귀를 돕는다.

[그림 7-9] 청소년 1388 홈페이지

출처: https://www.1388.go.kr/ind/YTOSP_SC_IND_01

한국청소년상담복지개발원에서는 청소년안전망이 현장에서 실행될 수 있도록 프로그램을 개발 및 전문가 교육 지원을 담당하고 있다. 전국 240여 개의 청소년상담복지센터는 청소년안전망의 허브 기관으로 각 지역의 청소년안전망을 구축하고 위기 청소년을 조기발견하고 맞춤형 지원을 제공하는 역할을 하고 있다. 청소년안전망의 경우 도움이 필요한 위기청소년을 직접 찾아가서 맞춤형 서비스를 제공하는 '청소년동반자(Youth Companion)'서비스와 지역사회 내 약사, 의사, PC방 점원, 택시기사, 학원강사, 변호사, 교사 등 지역사회 구성원의 자발적 참여로 운영되는 '1388청소년지원단' 서비스를 통해 위기청소년 긴급구조와 지원을 위해 노력하고 있다.

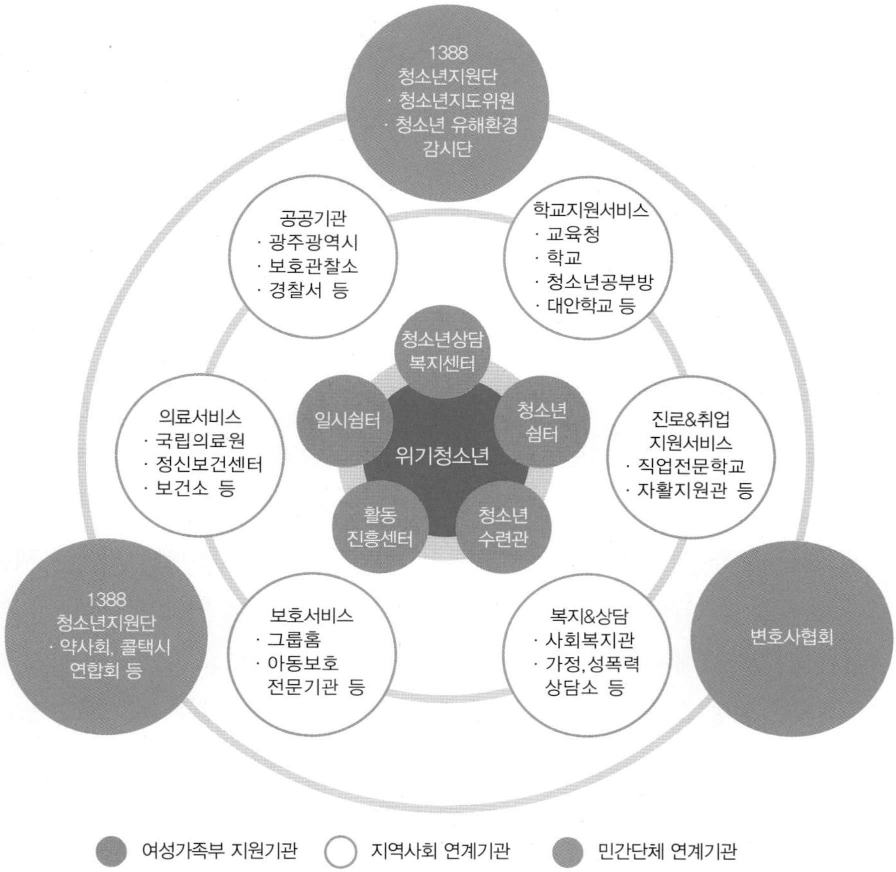

[그림 7-10] 청소년안전망 체계도

출처: 광주광역시 동구청소년상담복지센터 홈페이지(http://www.dg1388.com/docs/sub02/cys-net)

(5) 학교폭력예방교육지원센터

학교폭력예방교육지원센터는 한국청소년정책연구원의 부설센터로 2018년 교육부 지정을 받아 운영되고 있다. 국가 수준 학교폭력 예방 교육인 어울림 프로그램 개발 및 운영 지원, 학교폭력 예방을 위한 교원·학생 참여 활동 활성화, 대국민 대상 학교폭력 예방 인식제고 및 정보제공 등의 사업을 추진하고 있다. 2018년부터 학교폭력 어울림 프로그램 운영 학교를 지정하여, 프로그램 정책을 추진해 왔으며, 2020년 교육부에서는 전국 모든 초·중·고등학교에서 어울림 프로그램 운영을 권장하고 있다. 또한 학생주도로 이루어지는 어깨동무활동과 또래활동 프로그램을 개발하여 안전한 학교문화를 조성하는 데 기여하고 있다. 이외에도 변화하는 학교폭력 추세에 대응하기 위한 자료를 개발하여 학교 현장 및 학생 상황에 적합한 학교폭력 예방교육이 이루어지도록 지원하고 있다.

2) 프로그램

(1) 어울림(사이버어울림) 프로그램

어울림 프로그램은 교육부와 시도교육청이 함께 개발한 국가수준의 학교폭력 예방교육 프로그램으로 한국청소년정책연구원의 부설인 학교폭력예방교육센터에서 개발과 운영, 보급 등을 지원하고 있다. 어울림 프로그램은 학교폭력 예방 역량의 체계적인 강화를 위해 학교급별 학생, 교사, 학부모 대상으로 나뉘어 있으며 프로그램을 통해 참여자들이 함양해야 할 다양한 사회·정서 역량을 중심으로 다양한 유형의 활동으로 구성되어 있다. 특히 초등학교 고학년부터 개발되어 왔던 기존의 프로그램과 달리 초등학교 저학년에도 별도의 프로그램을 개발하여 보급하고 있다.

학생용 어울림 프로그램은 미술활동, 놀이치료 등 다양한 유형으로 개발되었으며, 학생들의 자기이해 및 타인이해, 분노조절, 학교폭력 대응기술 습득 등의 내용으로 구성되어 있다. 교사용 어울림 프로그램은 학생 이해하기, 학생 및 학부모와의 대화법, 감성코칭 등을 통해 교사의 공감능력 및 향상시키기 위한 내용으로 구성되어 있다. 학부모용 어울림 프로그램은 자녀 이해하기, 대화의 기술, 학교폭력 대응방안 등을 통해 학부모의 공감능력 및 의사소통능력을 증진하기 위한 내용으로 구성되어 있다.

① 학생용 어울림 프로그램

학생용 어울림 프로그램은 '어울림 프로그램'과 '사이버어울림 프로그램'으로 구성되어있다. 각 프로그램은 기본 프로그램과 심층 프로그램으로 구분되며, 기본 프로그램은 모든 학생들을 대상으로 학생 개개인의 역량을 함양시키는 예방교육으로 구성되어있다. 심층 프로그램은 학교폭력 사안으로 발전될 여지가 있는 징후 발견 시 해당 학생을 대상으로 교육이 이루어진다.

어울림 기본 프로그램은 학생들의 사회성 · 정서 역량 함양 및 학교폭력 예방을 위한 프로그램으로, 공감, 의사소통, 감정조절, 자기존중감, 갈등해결, 학교폭력 인식 및 대처의 6대 역량을 중심으로 구성되어 있다. 최근 사이버 학교폭력이 증가함에 따라 사이버어울림 프로그램을 개발하였으며, 8대 역량으로 사이버 공감, 사이버 의사소통, 사이버 감정조절, 사이버 자기존중감, 사이버 상의 갈등 관리 및 문제해결, 사이버 폭력 인식 및 대처, 사이버 자기조절, 인터넷 윤리의식 및 활용을 제시하고 있다.

어울림 심층 프로그램은 학교급에 따라 4가지 학교폭력 유형별(신체·물리적 폭력, 언어폭력, 따돌림, 사이버폭력)로 개발되었다. 사이버어울림 심층 프로그램은 6가지 주요 사이버폭력 유형(언어폭력, 갈취, 명예훼손, 스토킹, 따돌림, 영상유포)으로 구성되어있다. 어울림 프로그램은 초등 1~2학년군, 초등 3~4학년군, 초등 5~6학년군, 중학교, 고등학교 수준으로 구분되며, 사이버어울림 프로그램은 초등 저학년, 초등 고학년, 중·고등학교 수준으로 개발되었다.

② 어울림(사이버어울림) 기본 프로그램 역량 개념

어울림 프로그램 운영을 통해 달성하고자 하는 어울림 기본 프로그램의 6대 역량 및 사이버어울림 기본 프로그램의 8대 역량의 개념은 다음과 같다.

〈표 7-9〉 어울림 프로그램 역량 개념 정의

역량		개념 정의
어울림 프로그램 6대 역량	공감	• 자신과 타인의 마음을 정서적으로 느끼고 인지적으로 이해하여 효과적으로 반응하거나 의사소통하는 능력
	의사소통	• 타인과 언어 및 비언어적 상호작용을 통해 인간관계를 형성하고 유지·조절할 수 있는 능력
	감정조절	• 효과적인 방법으로 감정을 표현하거나 스스로 해소하며, 상황에 맞는 대처 행동을 할 수 있도록 감정을 조절하는 능력
	자기존중감	• 자신에 대해 '스스로 충분히 가치 있다'고 느끼는 감정적 개념이며, 자신의 약점을 인식하고 수용하는 과정을 통해 자신을 긍정적으로 바라보는 마음
	갈등해결	• 자신이 경험하는 대인 간 갈등 상황을 인식하고 해결하는 능력
	학교폭력 인식 및 대처	• 학교폭력의 개념과 심각성, 학교폭력 관련 법률, 학교폭력의 결과 등에 대해 인식하고, 대인 간 관계 회복과 학교폭력 근절의 중요성에 대해 이해하며, 학교폭력 상황에서의 대처 방법을 아는 능력

출처: 교육부, 17개 시도교육청, 한국청소년정책연구원(2023).

〈표 7-10〉 사이버 어울림 프로그램 역량 개념 정의

역량		개념 정의
어울림 프로그램 6대 역량	사이버 공감	• 온라인과 디지털을 통해 다른 사람의 경험과 감정을 그 사람의 관점에서 이해하려 하고 자신의 일처럼 이해하고 느끼고 표현할 수 있는 능력
	사이버 의사소통	• 온라인과 디지털을 통해 문자와 사진 및 동영상 등으로 자신의 생각, 관점, 느낌 등을 전달하며 서로를 이해하고 원만히 상호작용하며, 대인관계를 유지 및 발전시킬 수 있는 능력
	사이버 자기존중감	• 사이버 공간에서 자신의 장점이나 특징 등에 대하여 자부심이나 효능감을 느껴 자신을 인정하고 소중하게 대함으로써 긍정적 자아를 형성할 수 있는 능력
	사이버 자기조절	• 사이버 공간에서 스스로가 주인의식을 가지고 옳고 그름, 좋고 나쁨의 판단 기준에 따라 자신의 충동적이고 일시적인 욕구를 정도에 넘지 않도록 조절하여 행동할 수 있는 의지와 태도
	사이버 감정조절	• 사이버 공간의 다양한 경험 속에서 발생하는 자신의 감정 변화를 인식하고 적절히 조절하여 표현할 수 있는 태도

역량		개념 정의
어울림 프로그램 6대 역량	사이버폭력 인식 및 대처	• 다양한 사이버폭력의 유형과 특성 및 발생 원인을 이해하고 사이버폭력의 심각성을 인식할 수 있으며, 사이버폭력이 발생하였을 때 올바르게 대처할 수 있는 인지적 · 정의적 · 행동적 역량
	사이버상의 갈등관리 및 문제해결	• 사이버 공간에서 발생하는 갈등의 원인과 유형을 인식하여 갈등에 적절히 대응하거나 중재하면서 해결할 수 있는 능력
	인터넷 윤리 의식 및 활용	• 사이버 공간에서 네티즌으로서 인터넷을 올바르게 사용하기 위한 가치관, 윤리관 및 행동

출처: 교육부, 17개 시도교육청, 한국청소년정책연구원(2023).

③ 초등학생 대상 어울림 프로그램 활동 내용

초등학생 대상 프로그램의 역량별 세부 활동 내용을 살펴보면 다음과 같다.

〈표 7-11〉 초등학생 대상 어울림 프로그램 6대 역량별 세부 활동 내용

역량	초등 1~2학년군	초등 3~4학년군	초등 5~6학년군
공감	정서적 공감	인지적 공감	추상적 공감
	– 자신과 타인의 언어적 · 비언어적 표현의 의미를 깨닫고, 정서적 공감하기	– 자신과 타인의 표정, 말투, 태도 등을 통해 타인의 상황과 생각을 이해, 인식하며 적절히 반응하기	– 자신과 타인뿐만 아니라 사람의 감정 생각, 상황(환경조건) 등 포괄적이고 추상적인 개념 공감하기
의사소통	(비)언어적 표현 의사소통	(역)기능적 의사소통기능	자기감정 인식 및 표현 의사소통
	– 의사소통에 대한 기본적인 특질 이해하기 – (비)언어적 표현 기술과 기본적인 대화예절 습득하기	– (역)기능적 의사소통 차이 이해하기 – 긍정적인 단어사용의 연습을 통해 바른 언어 습관 형성하기	– 상대방과의 원활한 의사소통의 중요성 인식하기 – 적극적 경청, 공감표현과 인식 등의 기술 습득하기
감정조절	감정알기	감정조절의 필요성	감정조절 양식 진단 및 평가
	– 다양한 감정을 인식하고 그 종류를 구별하기 – 자신의 감정을 인식하는 능력 향상하기	– 감정의 발생 원인과 다양한 감정표현방법에 따른 결과를 예측해 감정조절의 필요성을 느끼고 실천하기	– 자신이 활용한 감정조절 방법을 정리하기 – 효과적인 방법을 강화하여 바르고 안전한 감정 해소 방안 습득하기

역량	초등 1~2학년군	초등 3~4학년군	초등 5~6학년군
자기 존중감	자기탐색과 자기이해	자기수용 및 자아상 형성	유능감, 자기수용 및 타인수용
	– 다차원적인 자신의 특성 탐색활동을 통한 긍정적인 자기 발견의 기회로 자기존중감 형성하기	– 자신의 강점, 약점 인식하기 – 자신을 있는 그대로 수용하여 올바른 자아상 형성하기	– 협동을 요구하는 활동과 타인을 지지하는 경험을 통해 공동체 의식, 유능감, 자신과 타인을 수용하는 태도 형성하기
갈등 해결	갈등인식, 갈등표현, 갈등해결방식	갈등이해, 갈등해결방안 탐색, 또래중재연습	본인의 갈등해결유형 파악 타인갈등 중재
	– 갈등을 구분할 수 있도록 갈등을 명확하게 인식하기 – 갈등상황을 적절한 언어를 표현하기	– 가치관이나 생각의 차이로 갈등이 발생함을 인식하기 – 갈등해결방안 탐색과 또래 중재자 역할 연습하기	– 본인의 갈등해결유형 파악하기 – 또래중재자로서 역할 연습을 통해 친구들의 갈등해결에 도움을 줄 수 있는 역량 함양하기
학교 폭력 인식 및 대처	학교폭력 인식 및 이해	– 학교폭력 개념과 유형의 습득 및 인식하기	
	학교폭력 관련 법령, 학교 · 학급 규칙, 사회 · 정서적 결과 이해	– 학교폭력 가해학생은 학교폭력으로 인한 결과를 통해 경각심 인식하기 – 피해학생은 보호체계 인식하기	
	학교폭력 대처 기술 함양	– 학교폭력 발생 시, 주변 사람들에게 도움을 요청하거나 스스로 대처방안 학습하기	
	관계 회복 · 폭력 근절	– 관계회복 · 폭력근절의 중요성과 필요성을 인식하고 실천방안 모색하기	

출처: 교육부, 한국청소년정책연구원 학교폭력예방교육지원센터(2022). 2022년 개정 어울림 프로그램으로 열어가는 학교폭력 예방교육 안내서. p. 26-26 내용 재구성.

(2) 어깨동무 활동

어깨동무 활동은 또래활동(또래활동 프로그램, 또래상담), 사이버폭력 예방활동, 언어폭력 및 언어문화개선 활동, 회복적 생활교육 활동, 평화교육 활동, 학교자율적 학교폭력 예방활동 등 각 학교의 특색 있는 활동을 지원하는 프로그램이다. 어울림 프로그램과 마찬가지로 학교폭력예방센터에서 개발 및 보급하고 있다. 이 중 대표적으로 또래활동 프로그램은 교실에서 학생들이 직접 참여하는 활동중심 프로그램으로, 학생들의 공동체 역량을 함양하는 데 중점을 두고 있다(성윤숙 외, 2019). 초등학생을 대상으로 한 프로그램은 좋은 친구의 가치와 중요성, 또래갈등을 푸는 방법에 대한 활동으로 구성되어 있어, 우정을 증진시킴으로써 서로 간의 신뢰를 구축하고 이를 통해 안전하고 평화로운 분위기를 형성하여 학교폭력을 예방하는 데 목적을 둔다(〈표 7-12〉).

〈표 7-12〉 〈또래활동 프로그램 – 초등학교〉 의 구성

대주제	소주제	초등학교용 제목 및 내용
친구알기	우정지키기 (1차시)	〈좋은 친구〉 • 좋은 친구의 덕목 유목화 • 좋은 친구의 모습 만들기
	마음으로 듣기 (1차시)	〈너의 이야기를 들어줄게〉 • 공감적 경청 방법 실습
친구와 소통하기	마음전달하기 (1차시)	〈친구야 부탁해〉 • 게임을 통한 평화로운 부탁 방법 연습
	어려움에 처한 친구 돕기 (1차시)	〈또래 도우미 출동〉 • 친구 돕기 행동의 창의적 방법 고안 • 돕기행동을 일상에 적용하기
친구되기	사과개념이해 (1차시)	〈화해의 문을 여는 열쇠, 사과〉 • 갈등 사례 분석을 통한 사과의 상황과 개념 이해
	사과 방법 익히기 (1차시)	〈사과 전문가 「Dr.앱」〉 • 사과의 언어와 태도 찾아보기 • 사과의 언어와 태도 연습하기

출처: 성윤숙 외(2019: 9).

(3) 솔리언 또래상담 프로그램

'솔리언 또래상담'은 한국청소년상담복지개발원에서 개발하여 보급하는 또래상담 프로그램으로, 공감·배려의 청소년문화 확산을 위해 개발되었다(한국청소년상담복지개발원 홈페이지, https://www.kyci.or.kr/userSite/sub02_4.asp). 또래상담 프로그램은 또래 상담가 양성과정을 수료한 청소년들이 어려움을 호소하는 다른 또래를 지지하고 지원하는 과정을 통해 피해학생의 학교 적응을 지원하는 프로그램이다. 또래상담 사업은 여성가족부와 교육부에서 공동으로 담당하고 있으며, 청소년상담복지센터 및 학교는 해당 사업을 신청하여 운영할 수 있다. 또래상담 프로그램을 운영하고자 할 경우, 담당자는 또래상담 기본 프로그램을 훈련 받아야 한다(한국청소년상담복지개발원, 2024). 또래상담 운영절차는 [그림 7-11]과 같다.

[그림 7-11] 또래상담 운영모형

출처: 또래상담 홈페이지(https://www.peer.or.kr/sub01_1.asp)

또래상담 프로그램은 초등학생용, 청소년용, 대학생용으로 구분되며 또래상담자로 선발된 학생은 또래상담자 기본교육을 이수한 후 또래상담을 진행할 수 있다. 초등학생용 또래상담 기본 프로그램의 구성은 〈표 7-13〉과 같다.

〈표 7-13〉 또래상담 기본 프로그램(초등용)

회기	프로그램명	목적 및 활동
들어가기	또래상담의 의미	또래상담의 의미 소개
	나를 소개합니다	집단원들의 친밀감과 신뢰감 형성
	함께 지킬 약속	집단프로그램의 참여 규칙 익히기
친한 친구 되기 (Friendship)	친구의 의미	친구의 의미 인식
	친구관계 살펴보기	친구를 대하는 태도 및 친구관계 탐색
	친구 다시 보기	다양한 관점에 대한 이해 및 수용
대화하는 친구 되기 (Counselorship)	대화는 주고받는 것	쌍방 의사소통의 중요성
	대화의 기본자세	원활한 의사소통을 위한 기본자세
	친구마음 이해하기	자신과 타인의 감정 이해
	생기리 대화 전략	공감을 바탕으로 하는 대화전략 습득
도움주는 친구 되기 (Leadership)	잠하둘셋 전략	친구관계의 갈등을 해결하기 위한 접근법 습득
	친구를 이렇게 도울래요	또래상담자의 역할 이해

출처: 한국청소년상담복지개발원(2024). 청소년 폭력예방을 위한 또래상담 사업 운영 매뉴얼. p. 5.

요약

- 「학교폭력예방 및 대책에 관한 법률」은 2004년 제정되었으며, 법률에 근거하여 「학교폭력 예방 대책 기본계획」을 5년마다 수립하여 시행하고 있다.
- 2020년 「제4차 기본계획」을 발표하였으며, 2023년 4월 「학교폭력 근절 종합대책」을 발표하여 시행하고 있다.
- 학교 안전교육 7대 표준안에는 학교폭력 예방 영역이 포함되어 있으며, 유치원부터 학교폭력 예방교육이 이루어져야 함을 강조하고 있다.
- 학교는 학교폭력 사안을 인지한 경우, 가해학생과 피해학생을 즉시 분리하고 교육청에 보고하고 교육청은 학교폭력 전담기구에서 조사관을 배정하여 학교폭력 사안 조사 후 심의를 통해 자체해결 가능 여부를 결정한다.
- 학교폭력대책심의위원회는 지역의 교육(지원)청에 설치되어 있으며, 피해학생 보호를 위해 법률에서 정하는 5가지 보호조치를 내릴 수 있으며, 가해학생의 선도 · 교육을 위하여 법률에서 정하는 9가지 조치를 내릴 수 있다.
- 학교폭력 발생 시 이를 신고하고, 가해, 피해학생들을 위한 개입이 즉각적으로 이루어질 수 있는 시스템이 마련되어 있다.
- 학교폭력 예방 및 개입을 위한 시스템 중 위(Wee)프로젝트는 학교폭력 가해, 피해학생들을 대상으로 종합적인 진단 · 상담 · 치유 프로그램을 지원한다.
- 학교에서는 학교폭력 예방 교육을 의무적으로 실시해야 하며, 정부에서는 국가 수준 학교폭력 예방교육 프로그램인 어울림(사이버어울림) 프로그램을 개발하여 현장에 적용하고 있다.

CHAPTER 8

유아기 괴롭힘 예방 및 개입 절차

유아기 괴롭힘은 괴롭힘을 일으키는 유아 개인만의 문제가 아니다. 괴롭힘은 관계의 문제이기에 괴롭힘을 일으키는 개인의 정서적 능력, 사회적 기술의 증진만으로는 해결되지는 않는다. 괴롭힘은 교사를 비롯한 유아교육기관과 가정에서의 부모의 협력이 모두 함께 이루어질 때 가장 효과적으로 멈추어질 수 있다. 본 장에서는 유아교육기관에서의 예방 및 개입 절차에 대해 알아본다.

1 교사의 중요성

유아교사는 괴롭힘을 중단할 수 있는 가장 중요한 지위에 있다. 교사는 유아들 간 괴롭힘이 시작되기 전에 교육을 통해 이를 예방해야 하며, 상황이 발생했을 때 개입하고, 후속 조치를 해야 한다. 교사는 유아들이 긍정적인 상호작용을 하도록 지원하고, 다른 아이를 공격하는 행위에는 적극적 개입을 실시해야 한다. 교사가 개입하지 않는다면, 아이들은 괴롭힘이 교실 내에서 허용되는 행위라고 생각하게 된다. 아래와 같은 이유에서 교사는 괴롭힘 예방 및 개입의 핵심적인 역할을 한다(Storey & Slaby, 2008).

첫째, 교사는 유아를 전체적으로, 전반적으로 관찰할 수 있는 유일한 위치에 있다. 교사는 각 유아의 성향뿐 아니라 인지적, 정서적, 행동적 발달 수준을 살피고, 다른 유아들과의 관계 형성 방법과 특징을 관찰할 수 있다(Green, 2021). 유아 개인이 지닌 특성과 또래와의 관계적 차원에서 보이는 특성을 파악하여 특정 유아가 다른 유아와의 관계에서 나타나는 행동의 이유를 총체적이고 종합적으로 가늠할 수 있다.

둘째, 괴롭힘에 대한 교사의 지식, 태도, 행동 등은 유아들의 괴롭힘 행동에 영향을 미칠 수 있다. 괴롭힘이 모든 학급에서 발생하는 것은 아니며, 학급에 따라 괴롭힘의 발생 비율이 다르다는 점은 괴롭힘 발생 여부에 학급 구성원들의 특성뿐 아니라 교사 또한 영향을 미친다는 것을 의미한다(Veenstra et al., 2014). 교사가 유아들 사이에 발생하는 괴롭힘을 민감하게 발견하고, 단호하고 즉각적으로 개입할 때, 유아들은 괴롭힘이 잘못된 행동이며, 멈춰야 한다는 것을 인식하게 된다.

셋째, 교사는 유아들의 또래관계에 대한 다양하고 풍부한 정보를 지니고 있으므로, 유아들이 괴롭힘 상황에서 어떤 역할을 하고 있는지 정확하게 파악할 수 있다. 예를 들어, 괴롭힘 상황에서 피해유아는 이전에 가해 경험이 있을 수 있기 때문에 단발적인 사건만으로 유아의 괴롭힘 참여자 역할을 구분하는 것은 섣부른 판단일 수 있다. 평소 유아들 간의 친밀도, 갈등 여부 등과 같은 유아들의 또래관계에 대한 배경지식이 있다면 괴롭힘 발생 여부와 유아들의 가해, 피해 상황을 보다 정확하게 판단할 수 있다. 교사는 학급에 속한 모든 유아들의 관계를 어느 정도 파악하고 있기 때문에 괴롭힘 상황의 전후 맥락, 개별 유아의 특성, 유아들 간의 관계적 특성 등을 고려하여 괴롭힘 상황을 파악할 수 있다.

넷째, 교사는 가장 먼저 괴롭힘 상황을 인지하고 개입할 수 있는 위치에 있다. 유아들 사이에서 괴롭힘이 발생했을 때, 교사는 상황을 목격하거나 유아에게 상황을 전해 들을 수 있기 때문에 가장 먼저 괴롭힘을 알게 된다. 따라서 괴롭힘 상황과 직접 관련된 유아들 뿐 아니라 이를 목격한 유아들과도 의사소통이 가능하므로 괴롭힘 상황에 대한 보다 객관적이고 구체적인 정보를 신속하게, 그리고 총체적으로 파악할 수 있다.

다섯째, 교사는 유아들 간의 긍정적인 관계를 형성하는 데 핵심적인 역할을 한다. 유아들은 정서적으로 편안하고 안전하다고 느끼는 교실에서 또래들과 긍정적인 관계를 형성할 수 있다. 교사가 먼저 유아 모두가 존중받아야 하는 존재라는 것을 몸소 실천해 보이며, 유아들과 신뢰가 가고 배려있는 관계를 맺어야 한다. 이를 통해 유아들은 배려가 무엇인지, 학급의 다른 친구들이 왜 소중한 존재인지 깨닫게 된다. 따라서, 유아들은 학급 내 어떠한 유아도 함부로 대할 수 없으며, 괴롭힘은 잘못된 행동이라는 느끼게 된다. 교사는 다른 사람을 괴롭히는 것은 잘못된 행동이라는 점을 단호하고 명확하게 전달할 때, 유아들은 또래관계에서 안전함을 느낄 수 있다.

2 교사가 지켜야 할 원칙

유아기 괴롭힘을 예방하고 개입하기 위해서 교사가 지켜야 할 기본 원칙은 다음과 같다.

1) 구성원 모두가 존중받아야 한다.

그 어느 누구도 부당한 대우를 받아서는 안 된다. 괴롭힘은 합당하지 않은 힘에 의해 자신이 원치 않는 상황에 놓이게 되는 것이라 할 수 있다. 다만 특정 행동으로 해당 유아를 가해유아로 규정하는 것은 위험하다. 괴롭힘 행동을 하는 유아가 잘못된 행동을 했으므로 처벌받는 것이 당연하며, 관계에서 배제되거나 차별받는 것이 합당하다는 메시지를 전달하는 것은 교사가 괴롭힘 분위기를 조장하는 것과 다름없다.

교사는 괴롭힘 상황을 중재하는 과정에서 모든 유아의 입장을 존중하는 태도를 가져야 하며, 교사가 유아뿐 아니라 동료 교사, 주변인들에 대해 존중하는 모습을 솔선수범하여 보여주는 것은 유아가 타인에 대한 올바른 태도를 모방하고, 실천하도록 하는 근본적인 방법이다.

2) 유아 자체가 아닌 유아의 행동에 초점을 둔다.

특정 유아가 반복해서 괴롭힘 행동을 하고, 이로 인해 교실 분위기가 어수선해지고 유아들이 동요하는 상황이 지속되면 교사는 좌절감을 느끼게 되고, 자신도 모르게 '도대체 저 아이는 왜 저럴까'하는 마음이 생기게 될 수 있다. 주의할 점은 남을 괴롭히고 있는 '유아'가 아니라 유아의 '행동'에 초점을 두어야 한다는 것이다.

교사가 괴롭힘 상황에 개입하는 과정에서 괴롭힘 행동을 하는 유아를 탓하고 질책하는 등의 상호작용이 반복되면 해당 유아와의 부정적인 관계가 고착될 수 있다. 남을 괴롭히는 유아와 교사와의 관계에서 갈등이 반복되면, 그 유아는 또래들 사이에서도 문제아로 인식될 가능성이 높고, 유아의 괴롭힘 행동을 변화시키기 어려워진다. 따라서 교사는 남을 괴롭히는 유아를 원망하거나 탓하는 마음을 가지기보다는 그 유아 입장에서 그러한 행동을 하는 이유를 생각해 보며 다양한 개입 방법을 고민해야 한다.

3) 괴롭힘 발생 시 즉시 개입한다.

교사가 괴롭힘 상황을 인지하면, 그 즉시 개입해야 한다. 특히 다른 아이를 때리는 등의 신체적 공격성이 나타날 때는, 즉각적으로 개입하여 행동을 중지시킨다.

누군가 다른 아이를 배제하거나 놀리는 등의 행동을 목격했을 때도 '아이들의 관계를 좀 더 지켜보고 개입하자.', '상황을 좀 더 지켜보자.'라고 생각하기보다는, 일단 현재 일어나고 있는 상황을 중단시켜야 한다. 그리고 나서 이와 유사한 상황이 또 있었는지, 유아들 사이에 위계가 있는지 등을 파악하여 장기적 혹은 단기적 개입 방안을 세울 수 있다.

4) 감정적인 대응하기보다는 문제 해결에 초점을 둔다.

교사 자신의 감정이 아닌, 괴롭힘 상황을 해결하는 데 초점을 두어야 한다. 교사의 지속적인 노력에도 유아의 행동이 나아지지 않거나, 괴롭힘 상황으로 인해 학부모 민원이 발생하면 교사는 해당 유아나 학부모에 대한 원망과 분노를 느끼거나, 무력감을 경험할 수 있다. 그러나 학부모, 유아의 말과 행동에 감정적으로 반응하게 되면 또 다른 갈등 상황이 발생할 수 있으므로, 가장 중요한 것은 괴롭힘 사안을 해결하는 것임을 기억해야 한다.

5) 부모를 협력자로 참여시킨다.

부모는 괴롭힘 상황을 해결하는 데 있어서 방해자가 아닌 협력자이며 조력자이다(Roberts, 2015). 자녀가 괴롭힘 가해 혹은 피해유아인 경우 부모는 교사에게 방어적이거나 공격적인 태도를 취할 수 있다. 또한 자신의 자녀의 입장만 내세우거나, 무리한 요구를 하는 경우 교사는 부모를 문제 해결의 방해자로 느낄 수 있다.

그러나 괴롭힘 상황을 해결하기 위해서는 부모의 협조적인 태도가 중요하므로, 교사는 부모의 감정을 수용하고 공감하는 태도를 보여야 한다. 부모와의 긍정적인 관계를 바탕으로 교사가 부모에게 문제 해결을 위한 협력자로서의 역할을 요청하는 것은 괴롭힘 문제를 해결하기 위한 효과적인 방법이 될 수 있다.

6) 괴롭힘 예방 및 개입은 개인 수준, 학급 수준, 가정과의 연계 차원에서 동시에 이루어져야 한다.

괴롭힘 예방 및 개입은 개인 수준, 학급 수준, 가정과의 연계 차원에서 함께 이루어질 때 가장 효과적이다. 개인 수준의 괴롭힘 예방 및 개입은 유아가 사회·정서 기술을 습득하고 연습하는 과정으로 이루어질 수 있다. 이는 학급 전체 유아를 대상으로 한 교육과 연계되어 실시되어야 한다.

괴롭힘 상황과 관련된 유아들뿐 아니라 모든 유아를 대상으로 교육이 이루어질 때 더욱 효과적인 개입이 이루어질 수 있다. 이와 더불어 기관에서 발생하는 괴롭힘 상황을 가정과 적극적으로 공유하여 부모가 유아기 괴롭힘에 대한 지식을 습득하고 올바른 태도를 형성하도록 돕는 것은 괴롭힘을 예방과 효과적인 개입을 위해 반드시 필요하다.

3 괴롭힘 예방 및 개입 단계

괴롭힘 예방 및 개입 단계는 아래의 5단계로 구성할 수 있다(이승하, 2019). 각 단계가 올라갈수록 상황 개입의 관련 인물 및 기관이 늘어나고, 더 형식적(formal)인 측면이 강해진다. 다음은 각 단계에 대한 구체적 설명이다. 모든 단계에서는 공통적으로 유아 사회·정서교육을 비롯한 괴롭힘 관련 교육을 지속적으로 실시해야 한다.

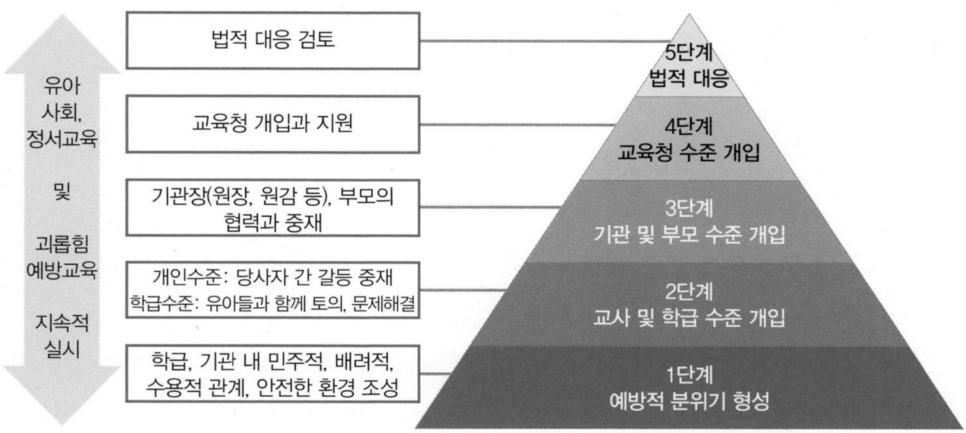

[그림 8-1] 유아 또래괴롭힘 예방 및 개입 단계 모형

1) 1단계 : 예방적 분위기 형성

1단계는 괴롭힘 예방의 단계로, 학급 전체 유아를 대상으로 한다. 평소 학급의 분위기를 민주적이고, 안전하며, 평화롭게 만드는 것이다.

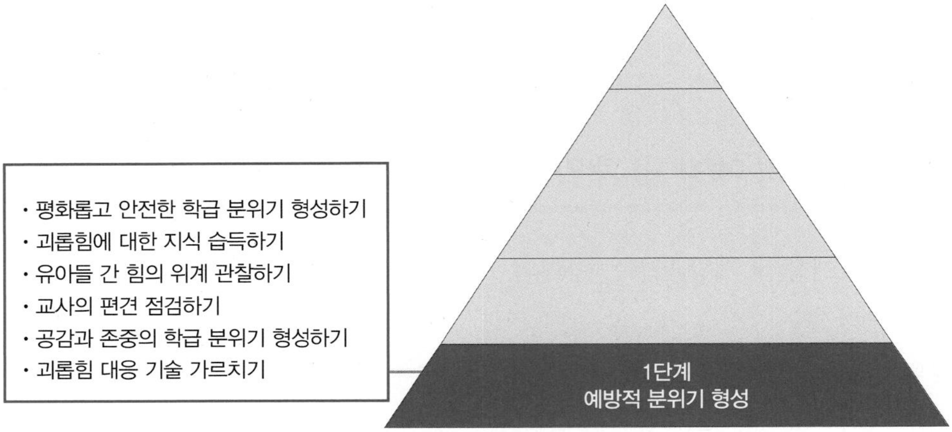

[그림 8-2] 유아 또래괴롭힘 예방 및 개입 단계: 1단계 예방적 분위기 형성

(1) 평화롭고 안전한 학급 분위기 형성하고 유지하기

- 괴롭힘이 예방되는 민주적인 학급 분위기를 형성한다.
- 구성원 간의 동등한 관계를 바탕으로 서로를 존중하는 분위기를 형성한다.
- 민감하고 반응적인 교사의 태도를 유지한다.
- 다양성을 인정하는 분위기와 환경을 조성한다.
- 유아기 괴롭힘과 관련한 지속적인 부모교육을 실시한다.
- 교실 내 놀이 상황의 상시적 감독, 정기적 유아 상담, 놀이 규칙이나 또래 간 약속에 대한 안내, 시청각 교육, 그림책 등을 활용한 문학적 접근방법 등으로 다양한 교육을 실행한다.
- 괴롭힘이 발생할 가능성이 높은 장소에는 유아가 지켜야 할 규칙을 알려주는 포스터나 그림을 붙여서 안내한다(예: 화장실, 복도, 바깥놀이터 등).

(2) 괴롭힘에 대한 지식 습득하기

- 교사가 괴롭힘의 개념 및 유형에 대한 지식을 정확히 습득하고 있어야 한다.
- 교사가 괴롭힘으로 전개될 수 있는 상황을 미리 예견하지 못한다면, 괴롭힘이 발생하더라도 미처 개입하지 못할 수도 있다.

(3) 유아들 간 힘의 위계 여부 관찰하기

- 지배적인 태도의 유아나 놀이 집단에서 소외되는 유아를 파악한다.
- 여럿이 함께 놀이하는 상황에 주의 깊은 관찰이 필요하다.
- 놀이 상황에서 다른 유아에게 지나치게 지시적으로 명령하는 유아가 있는지, 역할 놀이에서 같은 역할을 반복적으로 하는 유아가 있는지 파악한다.
- 놀이집단에 들어가지 못하고 주변을 서성이는 아이가 있는지 파악한다.
- 교사가 있을 때와 없을 때 다르게 행동하는 유아가 있는 경우, 괴롭힘 상황이 발생할 가능성이 높다. 교사와 함께 하루 일과를 보낼 때의 생활 모습과 아이들만의 놀이 세계에서의 모습이 현저히 다른 유아들이 있는지 파악한다.

(4) 특정 유아에 대한 교사의 편애, 편견 등이 없는지 스스로 성찰한다

- 교사가 괴롭힘 분위기를 조성하고 있지는 않은지 되돌아본다.
- 교사가 특정 유아에게만 유독 친절하거나, 칭찬을 하는 경우 유아들은 해당 유아를 동경하기도 한다.
- 이런 모습은 교사가 유아들 간의 힘의 위계를 조장하고 있는 것이라 할 수 있다.

(5) 교실 내 공감과 존중의 분위기를 형성한다.

- 유아 자신이 느끼는 부정적 감정을 상대 유아도 똑같이 느끼고 있다는 것을 알려준다.
- 다른 사람의 감정, 기분을 공감하는 방법에 대해 이야기하고, 교사가 먼저 모델링을 보여준다.

- 우리 모두는 각자 다른 존재이므로, 다르다는 것은 놀림 거리가 아니고 차이는 존중되어야 한다는 점을 강조해야 한다(예: 반편견 교육 등).

(6) 괴롭힘이란 무엇인지, 괴롭힘이 일어났을 때 어떻게 대처해야 하는지에 대해 유아들과 이야기를 나눈다

- 괴롭힘이란 어떤 행동이나 상황을 뜻하는지 유아들과 이야기를 나눈다.
- 다양한 유형의 괴롭힘(신체적, 언어적, 관계적)에 대한 대응 기술을 구체적으로 알려준다.
- 자신의 감정을 이해하고, 적절하게 다루는 방법을 다양한 놀이와 활동을 통해 경험하게 한다.
- 친구가 어려움에 처했을 때 도와주어야 하는 이유와 도와주는 방법에 대해 함께 이야기를 나눈다.

2) 2단계 : 교사 및 학급 수준에서의 개입

2단계는 교사가 괴롭힘 상황을 인지한 경우, 괴롭힘 상황과 관련한 유아뿐 아니라 학급의 전체 유아를 대상으로 개입하는 단계이다. 교사는 괴롭힘 상황을 목격했을 때, 반드시 개입해야 한다. 개입하는 방법은 교사가 직접적으로 개입하는 방법과, 학급의 유아들을 교육하여 간접적으로 개입하는 방법이 있다. 괴롭힘 상황이 상대적으로 경미하여 부모에게 '오늘 이러이러한 일이 있었다.', '앞으로 지속적으로 지켜보겠다.' 라고 알리거나 협조를 요청하기도 할 수 있지만 아직은 부모가 상황 해결에 직접적이고 적극적으로 참여하는 단계는 아니다. 학급 수준에서 자체적으로 해결이 가능한 단계라 할 수 있다.

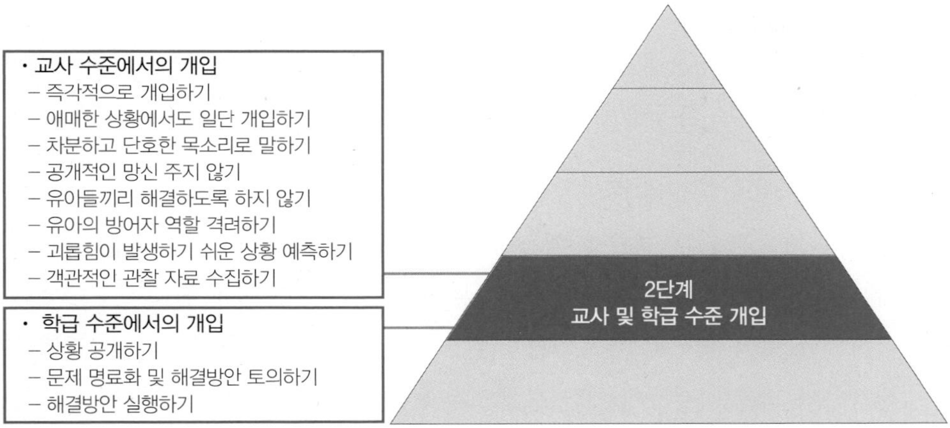

[그림 8-3] 유아 또래괴롭힘 예방 및 개입 단계: 2단계 교사 및 학급수준 개입

(1) 교사 수준에서의 개입

① 즉각적으로 개입한다

- 교사는 괴롭힘 상황을 발견한 즉시 개입해야 한다. 상황을 발견했음에도 교사가 개입하지 않는다면, 유아들에게 괴롭힘은 '그래도 되는(허용적인) 행동'이라는 메시지를 준다.
- 교사가 개입하지 않는다면, 다른 유아들도 괴롭힘 상황에서 도움을 줄 필요성을 못 느낀다. 특히 신체적 공격성이 발생한 상황에서의 교사는 가해유아와 피해유아를 즉시 분리해야 하며, 경우에 따라 필요한 치료적 처치를 한다.

② 괴롭힘 여부가 애매한 상황에도 개입한다

- 괴롭힘인지 아닌지 판단하기 애매한 상황이더라도 공격적 행동이 발생했을 때는 교사가 반드시 개입해야 한다.
- 공격적 행동은 괴롭힘의 전 단계(pre–bullying), 즉 괴롭힘을 예고하고 암시하는 행동일 수 있다. 공격성이 지속적인 괴롭힘으로 발전하기 전에 교사가 우선 개입해야 한다.

③ 차분하지만, 단호한 목소리로 말한다

- 교사는 괴롭힘 행동을 유발하는 유아에게 감정적으로 대응하지 않고, 단호한 표정과 목소리로 행동을 중지시킨다.

④ 공개적인 비난, 망신을 주지 않는다

- 교사의 개입 목표는 괴롭힘 행동을 중지시키는 것이다. 따라서 괴롭힘 행동을 하는 유아에게 망신을 주거나 비난하는 행동을 하지 말아야 한다.
- 이러한 교사의 행동은 때로 괴롭히는 아이 입장에서 교사의 관심을 끌었다고 생각하여 괴롭힘 행동에 대한 보상으로 여길 수도 있다.

⑤ 교사가 유아들에게 '너희들끼리 해결해 보세요.'라고 말하는 것은 적절하지 않다

- 괴롭힘은 유아들 간의 일반적 갈등이나 논쟁과는 다른 측면에서 접근해야 한다.
- 유아들 간에 힘의 불균형이 존재하는 괴롭힘은 유아들끼리 해결하기 어려우며, 교사가 반드시 개입하여 함께 해결해야 한다.

⑥ 교사는 괴롭힘 상황에서 피해유아를 도와주는 유아(방어자 역할)를 격려한다

- 교사가 친구를 도와주는 행동에 대해 칭찬과 격려를 아낌없이 할 때, 유아들의 방관적인 태도가 방어자의 행동으로 변화될 수 있으며, 행동을 강화할 수 있다.

⑦ 괴롭힘이 발생할 수 있는 상황, 장소, 시간을 예측하고 관찰한다

- 괴롭힘 상황이 빈번하게 발생하는 장소나 시간을 파악해 둔다.
- 문제상황의 근본적 원인을 찾고, 이를 해결하기 위한 관찰 및 자료 수집을 한다(예: ABC 분석).

⑧ 객관적인 상황을 파악하기 위해 사실적인 기록을 남긴다

- 교사의 관찰과 기록이 중요하다. 교사가 직접 관찰하지 못한 상황이라면, 당시 파악된 정황이나 주변 유아들의 이야기 등의 정보를 수집하여 상황에 대한 기록을 반드시 남겨야 한다.

- 이러한 기록은 이후 부모 상담에도 유용하게 활용될 수 있다. 관찰 기록 방법에는 일화기록, 체크리스트, 평정척도, ABC 사건표집법 등이 있다.
  - 일화기록(anecdotal records)은 하나의 사건을 사실적으로 기록하는 것이다. 현장에서 가장 많이 활용되는 관찰방법이다.

일화기록 예시			
관찰 유아	김 ○ ○	생년월일	20 . . .(만 3세)
관찰 일시	2024. ○○. ○○	관찰자	담임교사
관찰 장면	자유선택활동	관찰장소	교실
관찰기록			
종이벽돌블록으로 배를 구성한 후, 색도화지를 말아서 만든 깃발을 세우려고 여러 번 시도하나 계속 앞으로 기울어진다. "선생님, 배에 깃발을 꽂고 싶은데 자꾸 쓰러져요. 도와주세요." 라며 도움을 요청한다. 교사가 "(구멍이 뚫린 벽돌블록을 건네며) 깃발이 쓰러지지 않게 구멍에 꽂아보는 건 어때?" 라고 제안하자 깃발을 꽂아본다. 그래도 깃발이 쓰러지자 "아! 좋은 생각이 났어요."라고 말하며 구멍이 뚫린 벽돌블록 3개를 위로 쌓은 후, 깃발을 구멍에 꽂는다. 깃발이 세워지자 "제 아이디어 어때요? 이제 튼튼해서 깃발이 안 쓰러져요."라고 말한 후, "얘들아, 이것 좀 봐. 내가 만든 배야. 여기에 깃발도 세웠어."라고 말하며 친구들에게 자신이 만든 배를 소개한다.			

  - 체크리스트(checklist)는 특정 행동이 측정 시점에서 존재하는지 여부를 기록하는 것이다. 유아가 괴롭힘과 관련한 공격적 행동을 하는지 하지 않는지 확인차원에서 활용해 볼 수 있다.

항목	예	아니요
다른 놀이에 친구를 끼워주지 않는다.		

  - 평정척도(rating scale)는 특정한 행동을 어느 정도로 나타내는지 파악할 때 활용하는 방식으로 행동의 심각성을 알고자 할 때 유용하다. 응답 기준은 3점, 5점, 7점 등으로 다양하게 활용할 수 있으며 객관식으로 되어 있어 유아들 간 행동의 수준을 파악할 수 있으며, 개인 내 어떤 영역에서 발달이 잘 이루어지는지 혹은 덜 이루어지는지 알 수 있다.

항목	전혀 그렇지 않다	약간 그렇지 않다	보통이다	조금 그렇다	매우 그렇다
원하는 대로 되지 않으면 소리를 지른다.					

– 사건표집법은 특정 사건이나 행동이 발생할 때 사건을 기록하는 방식으로 유아의 특정행위에 대한 원인을 파악하고자 할 때 유용하다. 대표적 사건표집법으로는 ABC 표집법이 있다. 특정 행동(Behavior)이 나타나기 전에는 어떠한 사건(Antecedent)이 있는지 관찰, 기록하고, 특정 행동 이후에는 어떠한 결과(Consequences)를 유아가 얻게 되는지를 파악하기 위한 것이다.

ABC 사건표집법 양식 예시			
관찰 유아	이 △ △	생년월일	20 . . .(만 3세)
관찰자	담임교사	관찰일자	2024. ○○. ○○
관찰행동	실내놀이터에서 보이는 부정적 행동		

시간	사건 전 A : Antecedents	사건 B : Behavior	사건 후 C : Consequences
10:00	△△이는 자전거를 타고 있는 ○○이를 바라본다. 혼잣말로 "나도 타고 싶다." 라고 중얼거린다. △△이는 ○○이가 타는 자전거를 따라간다. 그러다 ○○이가 자전거에서 떨어진 공을 주으러 자전거에 내리는 모습을 본다.	△△이는 ○○이가 자전거에서 내리자마자 말없이 탄다. ○○이는 "이거 내가 타고 있던 거야. 얼른 내려."라고 말하며 얼굴을 찌푸린다.	교사는 "△△이가 자전거가 타고 싶구나. 그럴 땐, ○○이한테 자전거를 타도 되는지 물어볼까?"라고 제안한다. △△이가 "나 이거 타도 돼?"라고 물어보자 ○○이는 "긴 바늘이 5되면 빌려줄게."라고 말한다. △△이는 "싫어. 지금 탈거야."라며 계속 탄다.

시간	사건 전 A : Antecedents	사건 B : Behavior	사건 후 C : Consequences
10:20	자전거를 타는 도중에 비눗방울놀이를 하고 있는 친구들의 모습을 발견한다.	△△이는 타고 있던 자전거를 그대로 두고, ##이의 손에 있는 비눗방울 도구를 가져가서 비눗방울을 분다. ##이는 울음을 터뜨린다.	##이가 "내 거야. 돌려줘"라고 말하며 가져가려고 하자, △△이는 비눗방울 도구를 세게 쥐고 놓지 않는다.
10:30	여러가지 경사로에 자동차를 굴리며 자동차 속도를 비교하며 놀이하는 @@이와 ##이에게 다가간다.	△△이는 @@이가 굴리던 자동차를 말없이 가져가서 경사로에 굴려본다. 내려온 자동차를 다시 가져가서 다른 경사로에 굴린다.	"선생님한테 이를 거야."라고 말하자, △△이는 "미워."라고 말하며 자동차를 바닥에 던진다.

요약 및 해석

- △△이는 또래에게 자신의 생각을 말로 표현하는 것이 서툴다.
- 하고 싶은 놀이 또는 가지고 놀고 싶은 놀잇감이 있을 경우 충동적으로 가져가는 모습을 보인다.
- 자신이 가지고 놀았던 놀잇감을 정리하지 않고, 자리를 옮긴다.
- 놀잇감을 함부로 사용할 때가 있다.

교수전략

- 또래와 갈등 발생 시, 자신의 생각, 감정, 의견을 말하며 문제해결 방안을 모색하도록 지도한다.
- 놀이 시, 자신의 차례가 될 때까지 기다릴 수 있도록 지도한다.
- 다 사용한 놀잇감은 제자리에 정리할 수 있도록 지도한다.
- 친구들과 함께 사용하는 놀잇감을 소중하게 여기도록 지도한다.
- 친구들과 함께 어울리며 놀이에 참여할 수 있도록 지도한다.

(2) 학급수준 개입

괴롭힘 당사자 유아들끼리 갈등 해결이 잘되지 않거나, 교사가 학급의 모든 유아와 상황을 공유하는 것이 필요하다고 판단하는 경우, 교사는 괴롭힘 상황을 모든 유아들과 공유하고 해결 방안을 함께 찾아보도록 할 수 있다. 유아들과 해당 상황에 대해 함께 이야기하는 것은 괴롭힘을 지속적으로 예방하는 데 매우 필수적인 방법이기도 하다. 다만 이러한 개입 방법은 평소 민주적인 학급 분위기가 형성되어 있을 때 효과적이다.

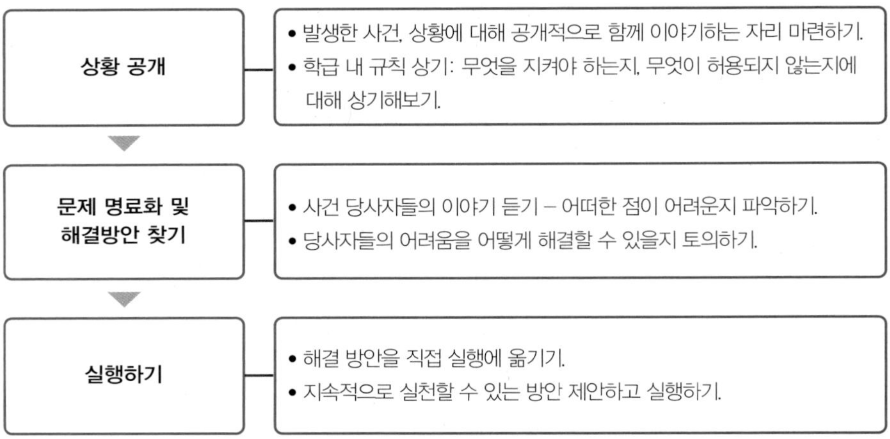

[그림 8-4] 학급 수준 개입 절차

① 상황공개

- 대소집단 통해 괴롭힘 상황에 대해 공개적으로 이야기하는 자리를 마련한다.
- 괴롭힘 상황이 발생했을 때 이를 숨기려는 교사의 태도는 괴롭힘 예방에 도움이 되지 않는다. 괴롭힘 행동을 하는 유아가 교사 혹은 유아들이 이 이야기를 꺼려한다는 것을 인지한다면 유아는 이를 이용하여, 괴롭힘 행동을 지속하거나 더 심각한 수준의 행동을 할 수 있다.
- 유아들 간 괴롭힘 에피소드의 약 85% 정도는 목격자(주변의 방관자)가 존재한다(Perren & Alsaker, 2006). 이는 이미 학급 내 어떤 일이 일어나고 있는지 유아들

이 이미 대부분 인지하고 있다는 것을 암시한다.

- 다만 공개적으로 이야기를 할 때 교사가 반드시 취해야 하는 태도는 가해유아, 피해유아를 탓하기 위한 자리가 아님을 분명하게 명시해야 한다. 따라서, 이 시간은 친구를 돕기 위한 방법을 함께 고민하는 시간이라는 점을 강조해야 한다.
- 이러한 토의 과정이 원활하게 이루어지기 위해서 교사는 평소 유아들이 서로 존중하며 동등한 관계를 형성하도록 도와야 한다.

② 문제 명료화 및 해결 방안 찾기

- 괴롭힘이 발생한 문제상황에 초점을 두고 무엇이 문제인지, 해당 문제를 명확히 파악한다.
- 상황에 관련된 당사자(가해유아, 피해유아)들의 이야기를 들어본다. 무엇이 힘들고 어려웠는지 생각해보고, 유아들의 마음이 어땠을지 교사도 함께 공감해 본다.
- 학급의 다른 유아들과 함께 상황을 해결할 수 있는 방법에 대해 생각해 본다.
- 유아들 간 유대가 충분히 형성되어 있는 경우, "○○는 자꾸 참으려고 하는데, 자꾸만 (　　　) 해져서 때리게 된대. 우리가 ○○의 마음을 도와줄 수 있는 방법이 무엇이 있을까?"라는 질문을 통해 문제해결 방안을 함께 찾아본다.
- 교사는 이야기 나누기를 진행하며 가해유아의 잘못보다 상황 자체에 초점을 두어야 한다. 가해유아의 정서, 행동의 조절이 어려운 경우에는 다른 유아들이 어떤 방법으로 도와줄 수 있을지를 생각해 볼 수 있도록 한다. 예: "오늘 (　　　) 일이 일어났는데, ○○는 (　　　) 하려다가 힘들었대. 어떻게 하면 좋을까?"
- 피해유아에게 우리 모두가 함께 도와줄 것이라는 믿음을 준다.

③ 실행하기

- 유아들과 의논한 해결 방안을 실행에 옮긴다.
- 실행한 후에는 해당 행동을 강화하고 지속시키기 위한 피드백을 제공한다.
- 우리 모두는 어려움에 처한 친구를 도울 수 있는 힘을 가졌으며, 어려움이 있을 때 서로를 도와주고 지켜줄 수 있는 공동체 역할에 대해 꾸준히 강조한다.

괴롭힘 예방 및 개입 방안으로써 회복적 접근 (12장 참조)

괴롭힘을 예방하고 멈추게 하는 접근 중의 하나로써 회복적 접근이 활용되고 있다. 회복적 접근은 공동체의 역할을 강조하며, 잘못에 대한 처벌이 아닌, 당사자 간의 화해와 피해의 회복, 치유에 중점을 둔다. 괴롭힘 행동에 대한 교사의 대응에 따라 학생들의 행동은 달라질 수 있는데, 교사에 의한 처벌을 받은 집단에서 괴롭힘 발생률이 더 높게 나타났다(Repo & Sajaniemi, 2015). 또한 처벌 방법을 쓴 학급의 교사는 괴롭힘을 끝내는 데 어려움을 경험하였다. 이에, 기존의 응보적 관점에서 잘못된 행동에 대한 처벌을 강조하는 생활지도의 대안으로 회복적 접근이 활발하게 적용되고 있으며, 회복적 생활교육이라고 부르기도 한다.

응보적 정의
- '잘못을 저지른 것에 대해 그에 응당한 처벌을 받는 것' 에 초점.
- 피해를 준 사람을 찾아 응당한 대가를 치르게 하는 것에 중점.

응징, 처벌, 보복 중심에서 용서, 치유, 회복 중심으로

회복적 정의
- '관계가 파괴되고 피해를 입은 부분이 어떻게 보상, 회복될 수 있는가' 에 초점.
- 깨어진 관계를 회복하기 위해 사건에 영향을 받은 모든 구성원이 해결에 주체적으로 참여하도록 하는 데 목적을 둠.
- 서로에 대한 신뢰, 자율적 책임을 경험하고, 나와 너, 우리가 포함된 공동체의 회복을 지향.

3) 3단계 : 기관 및 부모 수준 개입

학급 내에서 해결이 어렵거나 사안이 보다 심각한 경우, 기관장, 당사자 유아의 부모들과 함께 의논하여 해결책을 모색하는 단계이다. 이 단계에서는 상황에 대한 최대한의 정보수집, 객관적 상황 파악, 부모 입장에서의 공감하는 태도 등이 중요하다. 상황에 대한 객관적이고 구체적인 파악을 토대로 서로 간의 대화를 통해 평화적인 해결책을 이끌어내도록 노력한다.

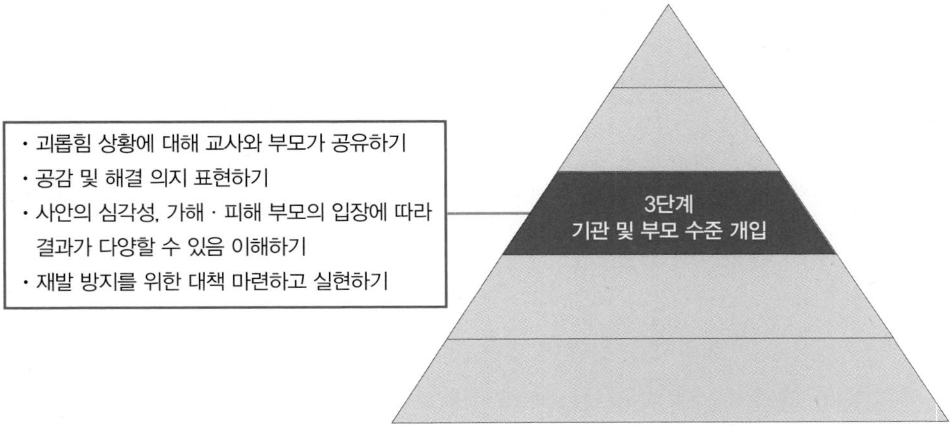

[그림 8-5] 유아 또래괴롭힘 예방 및 개입 단계: 3단계 기관 및 부모 수준 개입

(1) 교사가 부모에게(혹은 부모가 교사에게) 상황을 알린다

- 교사는 가해, 피해유아들, 그 주변의 유아들의 이야기를 종합하여 상황을 파악한 후 괴롭힘 상황을 부모와 공유한다. 혹은 교사가 모르고 있는 상황에 대해 부모가 먼저 연락을 하기도 한다. 이때 교사가 취해야 할 태도는 다음과 같다. '잘 알겠습니다. 우리 원에서는 유아들 사이에서 발생할 수 있는 이러한 일들을 면밀히 관찰하고 있습니다.'(교사가 이미 알고 있는 사실이라면, 양쪽 부모의 이야기를 모두 듣고 객관적으로 상황을 파악한다).

(2) 공감 및 해결 의지를 표현한다(Roberts, 2015)

- 학부모들이 민원이나 불만을 표현할 때에는 교사의 관심 부족으로 인한 경우가 많다('선생님이 우리 아이에게 관심이 없어요.', '우리 애는 선생님에게 여러 번 말했다는데요.').
- 부모가 괴롭힘 상황을 먼저 인지하여 교사에게 이야기하는 경우, 혹은 반복되는 괴롭힘 상황에 대해 속상함을 표현하는 경우 교사는 우선적으로 부모의 불안, 걱정 등의 감정을 공감해 주어야 한다.

(3) 부모의 성향, 사건의 심각성, 가해유아 혹은 피해유아의 부모인지에 따라 결과가 다양할 수 있음을 염두한다

- 기관 내 구성원들이 노력했음에도 불구하고 모두가 만족할 만한 결과가 아닐 수도 있다. 이는 모든 상황을 기관에서만 해결하는 것이 현실적으로 어렵기 때문이다.
- 괴롭힘 상황을 해결하기 위한 방법은 입장(부모, 교사, 기관장 등)에 따라 다를 수 있다. 따라서 관련 구성원들은 자신과 다른 입장을 이해하고자 노력해야 한다.
- 가해유아 부모와 피해유아 부모의 입장 차이는 가장 크게 나타날 수 있다. 따라서 각자의 주장을 양보하려는 태도가 필요하다. 부모들 간의 대화 과정에서 기관의 중재적 역할은 매우 중요하며, 교사가 작성한 관찰 기록 자료를 제시하여 부모가 괴롭힘 상황을 객관적으로 파악할 수 있도록 도와야 한다. 또한 대화 과정에서 누군가의 잘못을 판단하기보다는 유아에게 어떤 지원을 할 수 있는지를 함께 논의하도록 해야 한다.
- 괴롭힘 상황을 교사 혹은 부모의 탓으로 여기는 말과 태도는 교사와 부모의 관계에 부정적인 영향을 줄 수 있다. 따라서 누구의 잘못인지를 판단하기보다는 문제를 해결하기 위한 방안을 논의하는 것에 집중하도록 해야 한다(8장 참조).

중재 시 유의점
• 객관적 판단이 중요하다. 아이에 대한 교사의 선입견을 배제해야 양쪽 부모들로부터 공감을 얻을 수 있다. • 가해유아와 피해유아의 부모는 하나의 사건에 대해 매우 다른 관점으로 바라볼 수 있다. • 흥분한 상태의 부모에게 그 정보가 정확하지 않다고 말하는 것은 사건 해결에 도움이 되지 않는다 • 우선 부모의 말을 들어주고, 부모의 의견에 잘못된 사실이 있다면 추후 자료로 제시한다. (CCTV, 관찰기록, 다른 아이들의 이야기 등)

(4) 재발 방지를 위한 대책을 마련하고 실행한다

- 유아교육기관 혹은 학급 내 유아를 대상으로 유아기 괴롭힘 예방 프로그램, 사회정서 기술 증진 프로그램, 인성교육 프로그램 등을 마련하여 형식적, 비형식적 교육을 지속적으로 실시한다.

중재 및 해결 방안의 핵심
• 유아기에만 나타날 수 있는 괴롭힘의 특징을 파악한다. • 징벌적 손해배상이 아닌, 유아들 간의 관계를 회복하는 데 초점을 둔다(회복적 정의, 회복적 생활교육). • 객관적 입장에서 상황을 관찰하고 해석하여 부모에게 안내한다. • 유아교육기관에서의 교육과 일관성 있는 교육을 위해 올바른 양육방법을 가정에 안내한다. • 개별 유아의 특성을 교사와 부모가 함께 공유한다. 이 단계에서 해결이 되지 않는다면, 교육청 개입이나 법적 대응 단계로 이행한다.

4) 4단계 : 교육청 수준의 개입

유치원은 학교폭력예방법의 적용대상에 포함되지 않는 기관이기에 학교폭력심의위원회 혹은 전담기구가 존재하지 않는다. 하지만 괴롭힘으로 인해 심각한 신체적 상해가 발생하게 되었다면 안전사고 개입 차원에서 교육(지원)청에 사안을 보고하고 학교안전공제회에 사고를 통지할 수 있다. 이는 괴롭힘에 관한 대응조치를 받는 것은 아니지만 사안에 따라 교육(지원)청의 조사와 지원을 받을 수 있다. 다음은 이에 대한 내용이다.

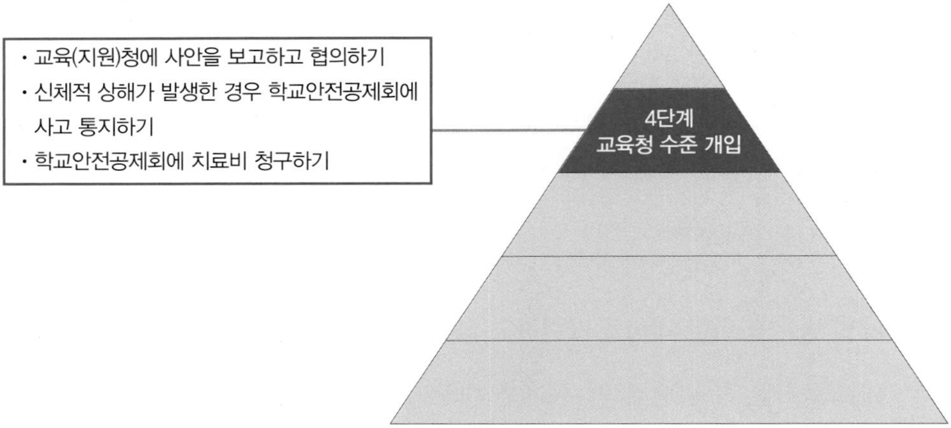

[그림 8-6] 유아 또래괴롭힘 예방 및 개입 단계: 4단계 교육청 수준 개입

(1) 교육(지원)청에 사안을 보고하고 처리 과정을 협의한다.

- 교사 또는 관리자는 사안의 심각성에 따라 교육(지원)청에 사안을 보고하고 처리 과정을 협의할 수 있다.
- 학부모 또한 교육(지원)청에 해당 사안을 신고하고 처리 과정을 협의할 수 있으며, 이때 교육(지원)청은 사안에 대한 객관적인 정보를 수집하여 사안처리 과정을 지원한다. 학부모와 유치원에서는 교육지원청이 제시하는 방향을 상황에 맞게 수용하여 사안 해결을 위한 공동의 노력을 기울인다(서울특별시중부교육지원청, 2017).
- 만약 유아에게 교육부 및 시·도 교육청 보고 기준에 해당하는 상해가 발생한 경우, 기관이 속한 교육(지원)청에 즉시 유선으로 사안을 보고하고 공문을 작성하여 송부하여야 한다.

교육부 재난 · 안전사고 보고 대상

- 교육활동 중 사고: 병원 진료를 요하는 중상 이상의 사고
- 교육활동 외 사고: 사망 1명 또는 부상 5명 이상의 사고
- 학교관련 시설에 대한 화재, 붕괴, 폭발 사고 등
- 학교현장의 폭발사고로 인명피해가 발생하고 시설피해가 심대한 경우
- 학교현장에서 신종 전염병 최초 발생 및 법정 전염병 집단 발생 시
- 기타 사회적 파장이 예상되는 사건, 사고 및 국가적 대응이 필요한 대응 발생 시

[그림 8-7] 교육부 재난 · 안전사고 보고 대상

출처: 경기도교육청(2024). 2024년 경기도교육청 학교안전관리 종합계획.

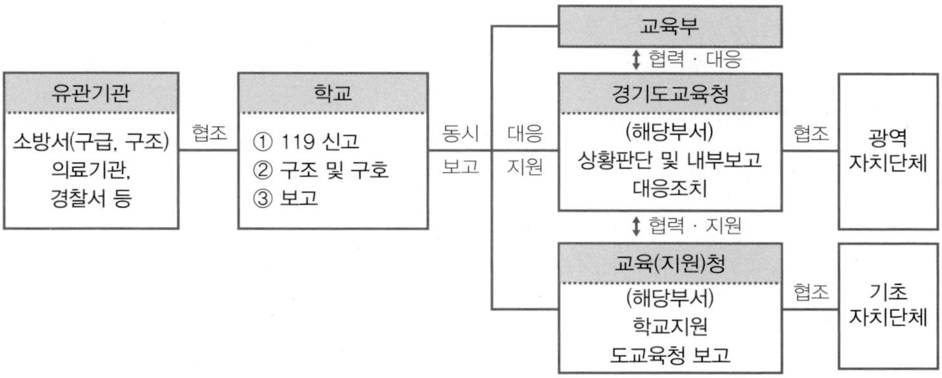

[그림 8-8] 재난 · 안전사고 상황 보고체계

출처: 경기도교육청(2024). 2024년 경기도교육청 학교안전관리 종합계획.

(2) 유아에게 신체적 상해가 발생한 경우 교육청 및 학교안전공제회에 사안을 접수한다.

- 교육부 안전사고 보고 대상에 해당될 경우([그림 8-7]), 안전사고 사안보고서를 작성하여 교육청에 보고해야 한다. 사안보고서는 「학교안전사고 예방 및 보상에 관한 법률 시행규칙」에서 정한 서식 [그림 8-9]를 기준으로 작성해야 한다. 사고 일자와 시간, 장소 및 사고부위, 사고 당시의 활동, 사고의 의도성 등을 구체적으로 기입한다.
- 유아에게 의료기관의 치료가 필요한 신체적 상해가 발생한 경우 교사는 '학교안전공제회 학교안전사고보상지원시스템'을 통해 학교안전사고통지서를 작성하고, 학교장 결재 후 공제회로 통보한다. 공제회에서는 해당 사건에 대해 심사 후 접수한다(학교안전공제중앙회, 2020)([그림 8-10] 참조).
- 교사는 사고가 발생한 후의 긴급 조치 내용을 작성하고, 사고 전·후에 이루어진 안전교육의 내용을 구체적으로 기입하여 제출한다.

학생안전사고 사안보고서

- 수　　신: ㅇㅇ교육지원청, 경기도교육청 ㅇㅇㅇㅇ과
- 보 고 자: 소속)　　　　　　　　　직)　　　　　성명)
- 보고 일시:　　　년　　월　　일, 00:00
- 기본 사항

학교명			
소재지		전화번호	
주요내용		발생일시	2023.ㅇㅇ.ㅇㅇ. 00:00 ~ 00:00
사고	· 피해자: ㅇㅇㅇ(학년　　반, 남/여) · 피해현황: 사망 · 부상 · 중상/경상 0명 등		

- 세부현황

• 사고경위
　− 6하 원칙에 의거하여 상세하게 기술

• 언론 보도 내용(해당없는 경우 미기재)

• 경찰 조사 내용(해당없는 경우 미기재)

- 사안 발생 후 학교 조치사항

가.

나.

- 교육지원청의 조치 및 지원 내용

가.

- 기타

[그림 8-9] 교육청 보고를 위한 학교안전사고 보고서식(예시)

출처: 경기도교육청(2024). 2024년 경기도교육청 학교안전관리 종합계획.

[그림 8-10] 학교안전사고 통지 절차

출처: 경기도학교안전공제회 홈페이지(https://ggssia.or.kr/index.php)

(3) 피해유아의 치료비 청구는 학교안전공제회의 청구 기준 및 절차를 따른다.

- 학부모가 때로 무리한 요구(예: 추후 발생할 치료비의 전액을 피해유아 혹은 유아교육기관이 부담할 것을 요구, 가해유아의 퇴원 처리 요구 등)에 대해서는 학교안전공제회의 관련 규정을 살펴보고 안내하되, 불확실한 사항에 대해서는 함부로 구두나 문서로 약속하지 않는다(서울특별시중부교육지원청, 2017).
- 의료기관에서 치료를 받아야 하는 사고가 발생한 경우 유치원에서는 지체 없이 공제회로 통지하여야 하며, 접수가 된 사안에 한하여 치료비를 청구할 수 있다.
- 치료비 청구는 치료를 받은 유아의 부모 또는 유치원에서 신청할 수 있으며, 진료비 영수증, 진료비 세부산정내역, 진단서 등의 증빙서류를 첨부한다. 공제회는 서류 검토 후 급여 지급 기준에 따라 치료비를 해당 유아의 학부모에게 지급한다(학교안전공제중앙회, 2020).

[그림 8-11] 치료비 청구 절차

출처: 경기도학교안전공제회 홈페이지(https://ggssia.or.kr/index.php)

5) 5단계 : 법적 대응

법률전문가의 자문을 받아 고소, 소송 등의 단계를 걸쳐 사건의 진위, 책임소재를 논하는 최종적 단계로서, 이전 단계에서 해결이 어려운 경우 가장 최후에 활용해야 하는 단계이다.

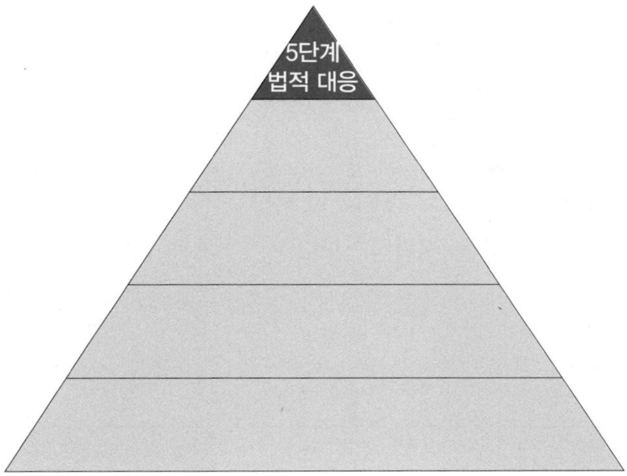

[그림 8-12] 유아 또래괴롭힘 예방 및 개입 단계: 5단계 법적 대응 단계

4 괴롭힘 역할에 따른 지도 방법

1) 다른 유아를 괴롭히는 유아

- 공격성의 원인을 파악하고 괴롭히는 행동은 다른 친구에 피해를 주므로 하면 안 되는 행동이라는 것을 인지시킨다. 또한 사회정서적 기술 훈련을 통해 타인의 입장에서 공감하는 능력을 학습한다. 피해유아를 위로하고, 피해를 보상해 줌으로써 자신이 저지른 행동에 대해 스스로 책임지는 경험을 할 수 있도록 돕는다.
- 가해유아에게도 가해 행위에 대한 나름의 이유가 종종 있을 수 있다. 따라서 가해 행위에 대해 잘못을 지적하기보다는, 가해유아의 입장을 우선적으로 들어준다. 이야기를 들어주는 것은 객관적 상황의 파악과 공정한 판단을 위해서도 꼭 필요하다.

"ㅇㅇ이가 잘못한 것이에요."(X)	→	"ㅇㅇ이를 혼내려는 게 아니라, 도와주려는 거예요."(O)

- 어떠한 사건이나 원인으로 인해 공격적 행동을 하게 되는지 경위를 파악한다. 이때 기록한 관찰 기록물을 통해 상황에 대한 원인을 분석한 후 그에 맞는 지도 계획을 세운다.

교사의 중재 단계	교사의 말
괴롭힘 행위가 잘못된 행동임을 상기시킨다.	"우리 반에서 이런 행동을 하지 않기로 약속 했지요?"
피해유아의 입장을 공감하고 피해를 복구할 수 있는 방법을 함께 이야기 해본다.	"○○이가 너무 속상해하고 있는데, 어떻게 해주면 좋을까요?"
피해유아에게 먼저 사과하고, 재발 방지를 위한 약속을 정한다.	"친구한테 '고마워/미안해' 사과하세요." "화가 날 때는 잠시 뒤를 돌아서 1부터 10까지 천천히 세어봐요."
응원과 격려를 통해 유아가 할 수 있다는 자신감을 갖도록 한다.	"○○이는 할 수 있어요!" "선생님은 우리 ○○이가 충분히 잘 할 수 있다고 생각해요."

[그림 8-13] 괴롭힘 상황에서 교사의 중재과정

2) 다른 유아에게 괴롭힘을 당하는 유아

- 우선적으로 괴롭힘을 당하는 유아가 괴롭힘에 대항할 수 있는 태도를 기르고 대응 기술을 익히도록 지원해야 한다. 괴롭힘을 당한 후에 상대(가해)유아에게 위축되지 말고, 자신을 도와줄 부모, 교사가 있음을 생각하고 당당하게 대처할 수 있도록 알려준다(정종진, 2012b).

대응 기술 지도하기
• 자신에게 나쁜 말을 하거나 때리는 행동을 하는 경우, 단호하게 말하기 • 상대방의 눈을 마주보면서 자신의 감정과 생각을 단호하게 표현하도록 하기 "하지 마!", "이렇게 하면 내가 기분이 나빠.", "또 이러면 선생님한테 이야기할 거야." • 자극하는 행동 무시하기 "너 지금 나 화나게 하려고 그러는 거지? 나는 괜찮아."하고 자리를 뜨기 • 누군가가 나를 때리거나 괴롭히려고 할 때, 즉시 큰 소리로 주변의 도움을 요청하는 방법 알려주기 "ㅇㅇ이가 지금 저를 때리려고 해요!"

- 유아가 자신의 의사를 명확하게 표현하기 위해서는 또래 관계에서 자신감을 갖는 것이 중요하므로, 교사가 해당 유아의 장점을 부각하여 격려해 주거나 짝꿍을 만들어주는 등 유아가 자신감을 가질 수 있도록 지원하는 것이 필요하다.
- 교사는 유아가 자신의 잘못으로 인해 괴롭힘을 당하는 것이 아니라는 점을 알려주고, 어느 누구도 괴롭힘과 같은 부당한 일을 겪어서는 안 된다는 것을 인지시켜 주어야 한다.

3) 방관하는 유아

방관자적 태도를 가진 대부분의 유아들은 그저 상황을 바라보거나 아무것도 하지 않는다. 주변 유아들의 이러한 태도는 괴롭히는 유아에게 오히려 힘을 실어주게 된다. 교사는 유아들에게 괴롭힘 행동을 막기 위해 행동하는 것과 아무것도 하지 않는 것은 차이가 있다는 것을 알려주어야 한다. 괴롭힘 상황에서 유아들이 할 수 있는 말과 행동을 구체적으로 알려주고 반복적으로 연습해 보도록 함으로써 괴롭힘 예방에 대한 효능감을 증진시킬 수 있다.

- 친구들 간의 다툼이 일어나거나, 누군가 맞고 있거나, 괴로워하고 있으면 교사에게 이야기하라고 알려준다.
- 직접 개입하는 방법('하지 마.', '이렇게 하면 되잖아.') 다른 아이에게 도움을 요청하는 방법('○○야, 여기 와봐.') 등을 알려준다.
- 친구가 힘들어할 때 위로하는 방법, 도와주는 방법에 대해 이야기 나눈다.
- 괴롭힘을 멈추기 위해 무엇을 어떻게 할 수 있을지, 유아가 할 수 있는 개입 방안을 함께 도출해 본다.
- 우리 모두는 친구를 도와줄 수 있는 힘이 있다는 확신을 심어줄 필요가 있다.

요약

- 괴롭힘 예방을 위해서는 교실 내 힘의 위계가 발생하지 않도록 민주적인 분위기를 형성(1단계)하는 것이 중요하며, 교사 · 학급수준(2단계), 기관 · 부모수준의 개입(3단계)을 실시한 후, 해결되지 않을 시 교육청(4단계), 법적 대응의 단계(5단계)로 넘어갈 수 있다.
- 가해유아가 자신의 행동에서 무엇이 잘못되었는지, 자신의 행위가 상대 유아에게 어떠한 영향을 미쳤는지, 자신의 행동을 본 다른 유아들은 어떻게 느끼는지 깨닫도록 한다.
- 가해유아는 피해유아에게 사과하고, 유아가 입은 피해를 복구, 회복시켜 주어야 한다.
- 피해유아에게는 괴롭힘의 대응 기술을 연습시킨다
- 유치원 내 다른 교직원에게 상황을 공유한다.
- 해당 유아의 부모에게도 사실을 알린다.
- 부모 상담 시, 교사는 우선적으로 공감적 태도로 접근한다.
- 사건을 기록한다: 공격성의 유형을 비롯해 어떠한 형태의 괴롭힘이 발생했고, 관련 인물은 누구인지, 어디에서, 언제 발생하였는지 등 구체적인 기록은 괴롭힘 상황에 효과적으로 개입하기 위해 필수적이다.
- 괴롭히는 유아, 괴롭힘을 당한 유아를 체크리스트 등의 기록을 활용하여 지속적으로 관찰한다.

CHAPTER 9

가정에서의 유아기 괴롭힘 예방과 개입

가정에서는 자녀 혹은 자녀와 같은 원에 다니고 있는 주변 부모들의 이야기를 전해 듣지 않고서는 자녀의 괴롭힘 상황을 파악하는 것이 쉽지 않다. 따라서 부모는 평소 유아의 말과 행동을 주의 깊게 듣고 자녀와 이야기를 나누는 것이 괴롭힘을 예방하며 조기에 개입하는 데 도움이 된다. 또한, 자녀가 괴롭힘을 겪고 있다는 것을 인지한 경우, 교사에 도움을 요청하여 상황을 종합적으로 파악하는 것이 필요하다. 본 장에서는 부모가 유아기 자녀의 괴롭힘을 파악하는 방법과 개입 및 지도방법을 알아본다. 본 장은 부모를 대상으로 한 내용이나, 이는 교사가 부모의 입장을 이해하고, 부모에게 괴롭힘 관련 지식과 개입 방안을 안내하기 위해서 필요하다.

1 괴롭힘 파악하기

1) 괴롭힘에 대해 이야기하지 못하는 자녀 이해하기

유아들은 부모에게 괴롭힘에 대해 이야기를 하지 않는 경우가 많다. 이야기를 하더라도 사건의 전후 과정이 많이 생략된, 아주 간단하게 결과만을 이야기해서 부모가 대수롭지 않게 넘어가기도 한다. 이야기를 하지 않는 이유는 다음과 같이 다양하다(Lee & Ju, 2019).

(1) 같이 놀고 싶은 욕구

유아들은 자신을 괴롭히는 아이임에도 종종 그 아이와 같이 놀고 싶어 한다. 이는 괴롭힘이 낯선 사이보다는 친근한 사이에서 더 잘 일어나는 점을 암시한다. 괴롭히는 아이 역시 항상 괴롭히는 것은 아니고 피해유아와 즐겁고 재미있게 노는 순간들도 있다. 또한 괴롭히는 아이가 간혹 인기 있는 경우가 있는데, 이러한 가해유아는 빠른 발달 수준(인지적, 정서적, 신체적 발달 등)을 보이기에, 놀이 아이디어도 많고 다른 아이들을 이끄는 리더십을 보이기도 한다. 아이들은 이런 아이와 놀면 놀이가 재미있기 때문에, 또한 인기 있는 아이라서 그 아이와 함께 놀고 싶어 한다.

유아들은 부모에게 자신이 속상했던 일을 이야기하면 부모가 이런 아이와 놀지 못하게 할까봐 이야기를 하지 않는 경우도 있다 (예: "제가 그 애랑 놀지 말라고 했는데도 우리 애가 원해요. 그러면 저도 어쩔 수 없어요. 정말 힘이 쭉 빠지죠.", "제가 너 왜 걔랑 놀고 싶니? 라고 했더니 저희 아이가 '걔는 옷을 공주같이 입고… 음… 다른 애들도 걔를 좋아해.'라고 말하더라고요." – 유아 자녀를 둔 어머니)

하지만 사회적 힘이 우위에 있는 아이와 지배적, 명령적 관계가 형성되고 이것이 지속될 경우, 피해유아가 받는 심리적 압박감과 정신적 고통은 점점 심각해질 수 있으며 가해유아의 인성발달에도 부정적인 영향을 줄 수 있다.

(2) 제한된 언어 능력

유아들이 자신의 괴롭힘 경험에 대해 말을 하지 않거나, 하지 못하는 이유는 아마도 많은 경우 언어적 능력에 기인하는 것으로 보인다.

아이들은 세세한 것까지 표현하기 어려워한다. 특히 유아가 특정 사건의 자초지종을 시간의 순서에 따라 세세히 말하는 것은 쉽지 않다. 괴롭힘은 한순간에 일어나는 것이 아니라, 미묘한 표정, 말투, 행동 등의 상호작용이 또래관계 안에서 누적되어 일어나기 때문에 정확히 무엇 때문에 자신이 괴로운지 뚜렷하게 묘사하기 어렵다. 때로 이러한 스트레스는 신체적으로 나타나거나 문제행동으로 발전하기도 한다.

다만 유아는 무언가 편치 않고 슬프기도 하고, 유치원이나 어린이집에 가기 싫어진다. 이런 일을 당한 유아는 성인에게 '○○랑 놀고 싶은데 같이 안 놀아 주어서 슬퍼요.'라고 이야기를 하는데, 유아들 사이에 이런 경우는 너무나 흔하게 있는 일이라, 교사나 부모는 '그럼 다른 아이랑 놀아봐.'라고 가볍게 이야기를 하기도 한다. 특히 신체적 공격성과 같이 겉으로 드러나는 공격 행위는 누군가 자신을 괴롭히고 못살게 군다고 생각 할 수 있으나, 은밀하고 관계적으로 괴롭힘이 이루어지는 경우 자신이 괴롭힘을 당했는지 반추하기 어렵다.

유아들 사이에 누군가 자신과 놀아주지 않는 일은 일상적으로 일어나기도 하지만 때로는 관계적 공격성이 누적된 것일 수도 있으므로 성인은 유아의 말을 귀담아듣고 해당 아이들간의 관계를 눈여겨 살펴볼 필요가 있다. 특히 3, 4세 유아들은 5세 유아들에 비해서 '그 애 나빠요.', '유치원 가기 싫어요.' 와 같이 간단하게 표현하는 것이 전부일 수 있어 부모는 유아의 괴롭힘 경험을 간과하게 될 수도 있다. 아래는 부모의 경험담이다.

"어떤 애가 아토피가 있었는데 애들이 그 아이의 피부 가지고 놀렸나봐요. 그 당시에는 엄마한테 유치원에 가기 싫다고 이야기해서 그 애 엄마는 이유는 모르고 그냥 투정 부리나보다 해서 유치원에 억지로 보냈대요… 그 애도 그 당시에는 자기가 겪고 있는 것을 어떻게 말해야 할지 몰랐던 것 같아요. 그러기엔 너무 어렸죠."

"애들은 세세한 것까지 말하기 어려워해요. 어느 날 '엄마 A는 진짜 나빴어.' 그러기에, '왜?' 그랬더니 'A는 선생님 있을 때는 착한데, 선생님 없을 때는 자기 맘대로 해.'라고 하더라고요. 그래서 제가 '원래 애들은 어른 없으면 다 자기 맘대로 해.' 라고 했는데… 그 당시에는 제가 그 말의 심각성을 몰랐어요."

(3) 내성적인 성향

유아의 개인적인 성향으로 인해 부모에게 말을 하지 않기도 한다(예: "우리 딸은 원래 말수가 적어요. 어린이집에서 무슨 일일 있었는지 잘 이야기 안 해요. 애가 너무 여려서 어떻게 할 수도 없었을 거예요." – 유아 자녀를 둔 어머니).

2) 유아가 보내는 괴롭힘에 대한 신호 알아채기

부모는 자녀의 괴롭힘 상황을 발견하기 위해 평소와 다른 유아의 기분, 행동이나 옷차림 등을 눈여겨 볼 필요가 있다. 다음과 같은 유아의 말과 행동은 괴롭힘을 당하고 있다는 신호일 수 있다. 선행 연구(Storey & Slaby, 2008, p. 6)를 참고하여 정리한 바는 아래와 같다.

- 유치원, 어린이집에 가기 싫다고 함
- 친구들이 자기를 싫어한다고 이야기함
- 친구가 줄어들거나 친구가 자주 바뀜
- 다른 아이들과 함께하는 놀이를 꺼려함
- 좋아하는 놀이, 활동에 관심을 잃음
- 자주 슬프거나, 기분이 오락가락함
- 외롭고 우울해함
- 갑자기 짜증이 늘었음
- 마음이 이상하다, 마음이 좋지 않다고 자꾸 이야기를 함
- 평소처럼 음식을 먹지 못함
- 수면 문제를 보임
- 야뇨증을 보임
- 이유 없이 배가 자주 아프다고 함
- 옷, 소지품 등이 망가지거나, 잃어버리고 오는데 이유를 설명하지 못함
- 몸에 멍, 긁힌 자국 등이 있음

자녀가 위와 같은 말과 행동을 보이고 부정적인 정서를 표현하는 상황이라면, 더구나 명확한 원인을 찾기 어려운 경우, 괴롭힘을 의심해 볼 수 있다.

2 자녀와 이야기 나누기

1) 자녀의 평소 또래관계 파악하기

부모는 유아기의 또래관계가 어떠한지 파악할 필요가 있다. 부모들은 유아들의 또래관계의 특징이 어떠한지, 자녀가 친구와 있을 때 어떻게 행동하는지 잘 모르는 경우가 많다. 내 아이가 친구와의 관계에서 겪는 어려움에 어떠한 것들이 있는지 함께 이야기해 볼 필요가 있다.

유아들의 갈등은 이럴 때 많이 일어난다(엄정례, 1998; 조형숙, 신남주, 2016).

- 자신의 생각, 사실, 정보에 대한 의견이 다른 유아와 다를 때
- 자신을 놀이에 끼워주지 않을 때
- 다른 유아의 작품이나 구성물을 망가뜨릴 때
- 원치 않는 별명/이름을 부르며 놀릴 때
- 사물의 소유권 문제
- 상대가 자신의 제안을 거부할 때
- 자신의 요청을 무시할 때

2) 구체적인 상황 파악하기. 그러나 자녀의 말을 모두 사실로 믿는 것은 경계하기

부모는 자녀가 기관에서 겪는 갈등 상황을 이야기할 때 자녀의 입장을 공감해 주면서 적절한 질문을 통해 구체적인 상황을 파악하기 위해 노력해야 한다. 부모가 자녀의 입장을 공감해 주지 않는다면 상황을 구체적으로 묘사하기 어려워하는 유아기 특성상 이야기하는 것을 중단할 수도 있다. 또한 언어적 기술이 아직 서툰 아이들의 심정을 이해하기 어려울 것이다. 하지만 동시에 유아들은 자신을 중심으로 사건을 이야기하기 때문에 사건의 개요를 모두 말하기 어려워한다. 따라서 자녀의 느끼는

정서에는 공감하되, 모든 것을 사실로 믿는 것은 경계해야 한다. 유아가 말하지 못한, 혹은 인지하지 못한 다른 상황도 있을 수 있다는 것을 늘 염두에 두어야 한다.

3) 과잉반응에는 조심하며, 아이가 원하는 것에 초점을 둔 지원방법 알려주기

자녀의 어려움을 파악했다면, 이를 위로해 주며 부모가 함께 도와줄 것이라고 이야기한다. 부모가 개입하는 과정에서 지나치게 상대 아이에 대한 분노를 표현하거나 흥분하는 경우 아이는 부모에게 말한 것을 후회하거나 더 큰 불안에 휩싸일 수 있다.

자녀가 원하는 것이 무엇인지 파악하여(예: 그 아이와 계속 노는 것), 그에 맞는 해결방안을 알려주어야 한다. 단순히 '그 애랑 놀지 마.'라고 말하기보다, 그 아이와 놀 때는 어떻게 해야 하는지, 자신이 원치 않는 일을 시킬 때는 어떻게 말하고 행동해야 하는지를 먼저 연습시켜 보는 것이 좋다(예: '하지 마!', '너, 선생님한테 말할 거야.').

4) 자녀가 공격적으로 대응하지 않도록 가르치기

화가 나더라도 똑같이 대응하지 않도록 가르쳐야 한다. 자신의 자녀가 괴롭힘의 대상이 되지 않는 것도 중요하지만, 괴롭힘 가해행동을 하지 않는 것 또한 중요하다. 공격적 행동에 똑같이 대응하게 되면 피해유아가 가해유아가 되는 순환에 빠지게 되므로 건설적인 대응방법을 가르쳐줌으로써 가해-피해유아가 되는 것을 막아야 한다.

5) 선생님께 도움을 요청하도록 격려하기

유아교사는 교실에 유아들과 항상 함께 있는 유일한 성인이다. 따라서 자녀에게 친구와의 관계에서 어려움이 있는 경우, 교사에게 도움을 요청하도록 지도한다. 일부 유아들은 또래와의 관계에서 겪는 어려움을 회피하거나, 교사에게 알리지 않는 경우가 있다(이승하, 2023). 이러한 경우 괴롭힘이 지속될 수 있으므로 반드시 교사에게 이야기해야 그런 일이 다시 발생하지 않을 것이라 이야기해 준다.

나는 어떤 부모인가?

우리 아이가 좋은 친구를 만드는 데 내가 부모로서 얼마나 도와줄 준비가 되어 있는지 점검해 보자.

나는 아이에 대해 얼마나 잘 알고 있을까? '그렇다' 혹은 '아니다'로 응답

- 아이의 반, 담임선생님 이름을 알고 있다.
- 아이의 키, 몸무게, 생일을 알고 있다.
- 아이와 가장 친한 친구가 누구인지 알고 있다.
- 아이가 어려울 때 도와주는 친구를 알고 있다.
- 아이를 제일 힘들게 하는 친구를 알고 있다.
- 아이가 잘 어울리는 그룹, 놀이집단에 대해 알고 있다.
- 아이의 괴롭힘 경험(가해, 피해, 방관, 방어)을 알고 있다.
- 현재 아이의 가장 큰 고민이 무엇인지 알고 있다.
- 아이가 최근에 무슨 일로 마음이 상했는지 파악하고 있다.
- 아이가 제일 좋아하는 놀이가 무엇인지 알고 있다.
- 아이가 제일 좋아하는 책이 무엇인지 알고 있다.
- 아이가 제일 좋아하고, 싫어하는 음식을 알고 있다.
- 아이가 가장 가고 싶어 하는 곳이 어디인지 알고 있다.
- 아이가 좋아하는 캐릭터, 혹은 연예인을 알고 있다.

'그렇다'가 몇 개인가요?
9개 이상: 자녀에게 관심이 많은 부모
5~8개: 자녀에게 관심이 조금 더 필요한 부모
5개 이하: 자녀에게 관심이 부족한 부모, 많은 관심이 더 필요함

출처: 문재현 외(2012b). p. 97. 발췌 및 수정.

3 괴롭힘의 원인 파악하기

유아기 괴롭힘의 원인은 가해유아가 나쁜 아이라서가 아니라 아직 사회적으로 서투르고 미숙해서인 경우가 많으며, 가정환경이나 사회적 환경이 원인인 경우도 있다. 또한 유아들은 아직 자기중심적 성향으로 인해 전체적 상황보다는 자신의 느낌, 자신에게 일어난 일만 부분적으로 설명하는 경향이 있다. 따라서 부모가 자녀의 괴롭힘 상황을 인지한 경우, 교사와의 소통을 통해 상황을 객관적으로 파악하는 것이 필요하다.

1) 개인적 성향이나 특징이 원인인 경우

- 상대방의 의도를 잘못 해석해서 괴롭힘 행동을 하는 경우, 다양한 상황에서 상대의 의도, 감정을 파악하는 연습을 한다.
- 욱하는 성향이 있거나 눈에 보이는 자신의 이득이 우선인 경우에는 자신의 행동으로 인한 결과를 예측할 수 있도록 지속적으로 알려주고 지도한다.
- 사회적 기술이 미흡한 경우에는 일상생활에서 사회적 기술을 지속적으로 연습하도록 지원한다.
- 다른 아이를 지배하고자 하는 성향이 있는 경우에는 타인에게 도움이 되거나, 그 외 건전한 방법으로 자신의 효능감을 느낄 수 있는 기회를 제공한다(예: 심부름하기, 집안 청소 돕기, 동생 도와주기 등).

2) 가정환경의 영향인 경우

(1) 양육방식, 자녀 주변환경 등을 점검

유아의 행동에 영향을 주는 요인들을 살펴본다. 때로, 부모가 의도치 않게 공격적 행동의 모델이 되는 경우도 있다.

부모가 자녀의 공격적 모델이 된 사례

"부모의 영향이 있는 것 같아요. 엄마, 아빠가 다 헬스를 다니는데, 그 아들이 엄마 아빠가 헬스장에서 운동하는 것을 되게 많이 보더라고요. 그러고 나서 학교에 와서 친구들을 때리는데 정말 이 자세를(권투하는 자세)… 주먹을 이렇게 쥐고 때리는데… 그렇게 해서 맞은 애 엄마가 역추적을 해서 봤더니 아이들 데리고 피트니스 센터를 간다는 것을 알게 된 거예요. 그래서 아이는… 그냥 친구들에게 장난치는 걸로 인식하는 거예요. 왜냐면 우리 아빠가 친구가 싫어서 하는 게 아니고 운동하려고 하니까 자기도 보는 것 그대로 하는 거예요."

(2) 자녀의 부정적 정서, 행동에 반응하는 부모의 방식이 중요

- 불안정 애착, 과잉보호, 강압적, 무관심, 학대 등의 잘못된 양육방식은 유아의 괴롭힘 경험과 관련이 있다.
- 가정에서의 공격성, 폭력성은 유아에게 '내 말을 안 들면 때리는 거야.'라는 메시지를 준다. 따라서 이러한 환경에서 자란 유아들은 유아교육기관에서 또래들이 자신의 요구를 들어주지 않으면 때리거나 강압적 방법을 사용하게 된다. 이것이 자신이 알고 있는 유일한, 그리고 당연한 해결방법이기 때문이다. 과잉보호 역시 자녀가 스스로 문제를 해결할 수 있는 기회를 앗아가 버리기 때문에 유아가 적절한 해결기술을 연습할 수 없게 된다.

〈표 9-1〉 자녀의 잘못이나 실수에 대응하는 나의 양육행동 체크

나의 반응	예시
자녀 자체를 잘못된 존재로 여기는가 아니면 행동에 대해 언급하는가?	'또 그랬어?', '너는 하지 말라고 해도 맨날 그러네.' (X) '오늘 그런 일이 있었구나.' (O)
잘못된 행동을 바로잡을 기회가 있다는 것을 자녀에게 알려주는가?	'하지 말랬지. 저기 가서 서 있어.' (X) '그렇게 하는 건 잘못된 거야. 동생 것을 돌려주면 다시 놀 수 있어.' (O)
자녀가 자신의 감정을 인지하도록 돕는가, 아니면 억누르거나 화가 난 감정을 다른데 화풀이하라고 하는가?	'화가 날 때마다 여기 이 베개를 때려.' (X) '지금 ㅇㅇ가 화가 났구나.' (O)

〈표 9-2〉 자녀를 가해 혹은 피해유아로 만들 수 있는 부모 유형

자녀를 가해유아로 만들 수 있는 부모 유형
• 자녀의 행동에 관심과 애정을 가지지 않고 방치하는 무관심한 부모 • 자녀를 자신의 이익만을 알고 타인을 이해하지 못하는 이기적인 아이로 키우는 부모 • 자녀에게 폭력이나 폭언을 사용하여 폭력성을 가르치는 부모 • 과정보다는 결과를 중시하는 부모, 성적만을 중요시하는 부모 • 자녀의 장점에 대해 칭찬해 주기보다는 단점을 들춰내며 야단을 많이 치는 부모 • 다른 집 자녀와 비교하는 부모 • 맞고 들어오거나 따돌림당했을 때 혼내면서 "너도 그렇게 해, 내가 책임질게"라고 폭력을 가르치는 부모 • 공격적이고 경쟁적인 분위기를 조성하는 부모 • 자녀 앞에서 다른 사람의 허물이나 단점을 자주 이야기하는 부모
자녀를 피해유아로 만들 수 있는 부모 유형
• 유아기 및 아동기에 자녀에게 따뜻한 사랑의 표현을 잘 하지 않는 부모 • 자녀와 대화하기보다는 폭력을 많이 써서 자녀를 정서적으로 위축시킨 부모 • 자녀가 해야 할 것을 부모가 대신 해주거나 자녀가 원하는 것은 무조건 다 해주는 과잉보호를 하는 부모 • 자녀의 행동에 대해 칭찬과 지지보다는 잔소리, 비난을 하는 부모 • 자녀에게 친구와 어울리게 하거나 단체생활에 잘 어울리게끔 권장하기보다는 혼자 있는 시간을 많이 가지라고 하는 부모 • 잘못된 것을 보고도 무조건 피하라고 하는 부모 • 형제를 차별하여 정서적으로 위축되게 만드는 부모 • 강압적이고 부모의 의견만 주장하며 자녀의 이야기를 잘 듣지 않고 무시하는 부모 • 자녀의 적성, 특기를 무시하고 부모가 원하는 대로 크길 바라는 부모

출처: 유형근 외(2010). p. 122.

4 괴롭힘과 관련해 가정에서 할 수 있는 교육

괴롭힘과 관련하여 가정에서 할 수 있는 대처방안은 자녀의 공감능력과 사회적 기술을 증진시키고 괴롭힘에 대한 대응방법을 연습해 보는 것이다. 자신의 행동에 따른 결과가 어떻게 될지 예측해 보는 연습을 꾸준히 실시한다. 이를 위해서는 자신과 상대에 대한 존중과 공감이 가장 기본이 된다.

1) 부모가 지켜야 할 기본태도

자녀에게 올바른 행동을 지도하기 전에 부모는 먼저 모범을 보여야 한다. 자녀의 감정을 수용하지 않는 말 ('뭐 그런 일로 울고 그러냐.' 등)이나, '아빠가 혼내줄게, 가만있어봐.'라는 식으로 공격적 행동의 모델을 보여주는 것은 도움이 되지 않는다.

(1) 자녀의 감정을 존중하고 수용하기

부모는 자녀가 괴롭힘과 관련한 이야기를 할 때, 이를 진지하게 듣고, 자녀의 말과 감정을 존중하는 모습을 보여준다. 특히 유아는 같이 노는 친구로부터 괴롭힘을 당했을 때 그 아이가 좋았다가 싫기도 하고, 두려웠다가 다시 놀고 싶기도 하는 등 혼란스러운 심리적 상태를 보일 수 있다. 이럴 때 부모가 "너는 왜 자꾸 이랬다저랬다 하니. 도대체 네 진짜 마음이 어떤 거야." 라는 식으로 다그치게 되면 유아는 자신이 느끼는 감정이 잘못된 것이라고 생각하게 되고 괴롭힘 피해를 경험했음에도 오히려 자신이 잘못했다고 인식하기도 한다.

(2) 상대아이 위협하지 않기

위협은 상대에게 두려움을 주어 자신이 원하는 것을 상대가 하도록 강요하는 행위다. 자녀가 괴롭힘 피해를 입었다는 것을 알았을 때 부모가 상대 아이에 대해 위협적인 말을 사용하는 것은 자녀에게 관계에서 발생하는 문제를 폭력으로 해결하는 것을 가르치는 것이다. “그렇게 해보라고 해. 아주 그냥 아빠가 가서 혼내줄 테니….”와 같은 말보다는 자녀에게 구체적 대안(해야 하는 행동)을 제시해 주는 말이 필요하다(유형근 외, 2010).

2) 부모가 자녀에게 가르칠 것

(1) 다른 사람, 동물, 타인의 소유물을 존중하도록 가르친다

동물을 함부로 대하는 태도는 사람을 대하는 태도와도 관련된다. 사람뿐 아니라 주변의 생명체를 소중히 여겨야 한다는 점을 알려주고, 타인의 소유물 또한 먼저 허락을 받고 사용해야 하는 것임을 알게 한다. 이는 가해, 피해유아뿐 아니라 모든 아이들에게 해당한다.

(2) 관심과 연민을 느낄 수 있는 기회를 제공한다

상대의 입장에서 생각해보는 연습, 주변인뿐 아니라, 그림책, TV 나 미디어에 등장하는 다양한 인물에 감정을 이입해 보는 연습을 한다. 친절하거나 배려 깊은 말과 행동을 보였을 때 칭찬해 준다. 어려운 사람을 도왔을 때 칭찬하며 행동을 강화한다. 모든 아이들에게 필요하나 특히 가해유아, 방관하는 유아들에게 더욱 필요하다.

(3) 단호하게 대응하는 방법을 연습시킨다

단호한 대응은 피해유아, 방관하는 유아들에게 괴롭힘을 멈추게 하기 위해 필요하다.

- 때리기 전에 미리 자리를 피하고 선생님께 이야기한다.
- 나를 자꾸 놀리거나 괴롭힐 때에는 단호하게 눈을 보고 이야기한다.
- 위급 시 큰 소리로 외치고 교사에게 말하게 한다. 신체적 공격성이 갑자기 이루어지는 경우, ‘멈춰! 하지 마!’라고 큰 소리로 외치는 연습을 하고, 선생님에게 즉시 알리도록 한다.

(4) 자신의 행동에 책임지도록 한다

자녀가 가해유아일 경우 자신의 행동을 조절할 수 있는 능력을 키워주는 것이 필요한데 이를 위해서는 스스로 판단하고 자신의 결정에 따른 행동에 책임을 지는 연습을 할 필요가 있다.

이를 위해 "어떻게 하고 싶어?", "친구에게 사과할래?", "친구에게 어떻게 말하면 좋을까?"와 같이 유아가 생각하고 있는 해결방법을 묻거나, 해결방법을 이야기하지 못한다면 구체적 방안을 제시하고 선택하게 할 수 있다. 자신의 행동 때문에 피해유아가 힘들어하고 있다는 것을 인식하고 이를 해결하기 위해 '무엇인가를 해야 한다'는 것을 깨닫도록 해야 한다.

3) 가해유아 부모의 역할

가해유아의 부모는 자신의 자녀가 괴롭힘의 피해를 겪은 것보다 차라리 낫다고 생각할 수 있다. 특히 신체적 공격성이 아닌, 다른 아이를 따돌리는 등의 관계적 공격성의 경우 대수롭지 않게 여길 수도 있다. 반면 또 다른 가해유아의 부모들은 자녀가 가해행위를 했을 때 체벌을 하기도 하는데, 체벌보다는 자녀가 다른 아이를 괴롭힌 원인을 파악하고 해야 하는 것과 하면 안 되는 일을 구분할 수 있도록 훈육하는 것이 필요하다(유형근 외, 2010).

〈표 9-3〉에는 가해유아 부모가 해야 할 일이 제시되어 있다.

〈표 9-3〉 가해유아 부모의 자녀지도

가해유아 부모가 해야 할 일
• 체벌이 아닌 훈육으로 개입하기 – 체벌은 잘못과 관련 없는 행위를 강압적으로 시키는 것(예: 손 들고 서 있기)인 반면 훈육은 자신의 잘못된 행동을 깨닫고 이를 적합한 행동으로 고칠 수 있도록 가르치는 것이 훈육이다. • 타인을 위해 좋은 행동을 할 수 있는 기회 제공하기 – 다른 사람을 보살피고 도울 수 있는 기회를 제공하여, 이를 통해 뿌듯함, 보람, 선의의 가치를 느낄 수 있도록 한다(예: 쓰레기 치우기, 심부름하기, 애완동물 돌보기 등).

- 공감능력 향상시키기 – 다른 사람의 감정과 관점, 입장을 헤아릴 수 있는 연습이 필요하다. 타인에게 피해를 주는 근본적 이유는 자신의 행동이 상대에게 얼마나 해를 끼치는지 알지 못해서이다. 먼저 자신의 느낌, 생각을 인식하고 이에 비추어 타인의 관점에서 느껴볼 수 있도록 지속적으로 연습하는 것이 좋다.
- 사회성 향상시키기 – 친구들을 괴롭히는 이유는 친구를 존중이 아닌 공격성으로 대하고, 이를 통해 자신이 원하는 바를 이루고자 하기 때문이다. 친사회적인 방법으로 친구를 사귀는 방법을 알아야 한다. 좋은 친구가 되는 것과 다른 친구를 괴롭히는 일은 동시에 이루어질 수 없기 때문에, 괴롭힘을 하지 않는 가장 좋은 방법은 다른 아이의 좋은 친구가 되는 것이다. 친구의 중요성을 알고, 좋은 친구가 먼저 되는 방법을 지도하는 것이 필요하다.
- 폭력적인 대중매체 노출 점검하기 – 어린시절 폭력적인 미디어에 지속적으로 노출될 경우 실제 폭력에 무감각해져서 타인의 고통이나 괴로움에 민감하게 느끼지 못하고, 폭력에 수용적인 태도를 보일 수 있다. 따라서 아이가 TV, 인터넷, 게임 등에서 폭력적인 내용을 포함한 영상을 접하고 있지 않는지 점검해야 한다.
- 부모와 함께 활동적인 놀이나 스포츠에 참여하기 – 친구를 괴롭히는 데 사용했던 에너지를 활동적인 놀이나 스포츠에 쏟음으로써 건전한 방식으로 성취감을 느낄 수 있도록 한다. 부모와 함께 활동적인 놀이나 스포츠에 참여하는 것은 관심을 자기 내부로 향하게 하고 건전한 자아를 형성하게 하는 데 도움이 된다.

출처: 유형근 외(2010).

4) 피해유아 부모의 역할

피해유아의 부모는 어떻게 대처해야 할지 몰라 당혹감을 느끼며, 자신의 아이가 겪었을 일이 상상되면서 마음의 상처를 받는다. 부모가 과도하게 자신의 고통에 압도되면, 자녀의 심리상태를 들여다보지 못하게 된다. 따라서 심리상태를 객관화한 후, 자녀의 감정, 상황에 중점에 두고 해결방법을 모색해야 한다(조정실, 차명호, 2012).

피해유아가 괴롭힘에 대한 충격과 상처에서 벗어나기 위해서는 무엇보다도 부모의 도움과 위로, 주변의 지지가 매우 절실하다(유형근 외, 2010). 또한 부모는 자녀에게 이러한 메시지를 전달해야 하며 동시에 피해상황이 발생하기 전 혹은 발생했을 때 용기와 단호함을 지니고 자신의 의사표현을 하는 방법을 알려주어야 한다.

피해유아의 부모가 합리적이고 효과적으로 괴롭힘에 대처해야 하는 것은 가해에 대한 처벌보다는 피해유아의 분노, 상처를 치유하는 것이 중요하기 때문이다.

피해유아의 부모는,

- 자녀가 스스로 해낼 수 있는 일을 제시하고, 성공적으로 해냈을 때 칭찬해 줌으로써 자녀의 자신감을 회복시켜 준다.
- 관심을 가지고 아이를 꾸준히 지켜보며 아이가 자신감, 자존감을 회복하여 지내는지 살핀다. 해결의지를 표명함으로써 자녀를 안심시킨다.

(조정실, 차명호, 2012)

다음은 피해유아 부모가 해야 할 말과 조심해야 할 말에 대한 내용이다.

〈표 9-4〉 자녀가 피해유아인 것을 알게 된 경우 부모의 대처방안

Best 5	Worst 5
1. 자녀와 대화를 통해 공감과 지지를 해준다. • "혼자 많이 힘들었겠다." • "엄마한테 지금이라도 이야기해 줘서 고마워." • "엄마가 어떻게 해주면 좋을 것 같아?"	1. 화를 내면서 아이를 원망한다. • "너도 한 대 때려야지 가만히만 있었니?" • "그런 일을 왜 당하고 있어?"
2. 자녀의 심리적 위축감과 자존감 저하를 가져오므로 자녀에게 원인이 있다는 생각은 하지 않는다.	2. 자녀의 행동에 문제가 있다고 여긴다. • "네가 뭔가 잘못했겠지. 평상시에 좀 잘하지 그랬어?" • 따돌림의 원인을 아이가 제공한 것처럼 이야기하면 자녀는 더 이상 부모에게 의지할 수가 없다.
3. 자녀가 심리적 안정감을 찾을 수 있도록 부모 자신의 감정을 잘 조절하여 차분히 대화한다.	3. 과도하게 흥분하여 감정적으로 대처한다. • "어떤 애야, 엄마가 다 혼내줄게. 당장 걔네 집에 가자." • 부모가 감정적 반응을 보이면 자녀는 일이 커져서 무언가 잘못될까 봐 불안과 두려움에 떤다. 그보다는 자녀의 신체적, 심리적 상처를 세심하게 살펴주는 것이 필요하다.

Best 5	Worst 5
4. 자녀의 말을 주의 깊게 들으며 상황을 파악하되, 자녀의 말이 사건의 전부라고 생각하는 것을 경계한다. • 부모의 추측과 기대대로 대답하게끔 자녀를 유도하는 질문은 하지 말아야 한다. • 유아들은 자기중심적 사고로 인해 전체적인 상황을 묘사하기보다는 자신의 입장에서 말하는 경향이 있으므로, 교사를 통해 객관적 상황을 파악하는 것이 필요하다.	4. 피해상황을 축소해서 말한다 • "그런 일은 다 어릴 때 겪는 거야." • 자녀는 이해받지 못한 상황 때문에 더욱 힘들어지고 부모가 도움을 줄 수 없다고 생각하게 된다.
5. 담임교사에게 상황을 알리고 도움을 청한다. • 담임교사에게 피해사실을 알리고, 상담을 요청하여 함께 해결방안을 논의한다.	5. 아이 때문에 부모가 고통스럽고 창피해진 것처럼 말한다. • "이 일 때문에 엄마가 너무 힘들다." • 자녀는 이미 괴롭힘을 당해 자존감이 낮아져 있는 상황이다. 부모의 이러한 말은 자녀에게 죄책감, 부모에 대한 미안함을 가중시키게 된다.

출처: 정종진(2012b). p. 147. 발췌 및 수정.

5) 방관유아 부모의 역할(유형근 외, 2010)

자녀가 가해 혹은 피해유아가 아니라 방관하는 유아라 하더라도 부모는 자녀에게 바람직한 행동을 지도해야 한다. 왜냐하면 괴롭힘이 언젠가는 나의 자녀에게도 일어날 수 있는 일이기 때문이다. 주변의 또래 유아들이 괴롭힘을 당하고 있다는 것을 알게 된 경우, 부모는 자녀에게 그들을 도와주는 방법을 알려줄 수 있다.

- 괴롭힘의 방어자가 되어라
- 친구를 비하하는 말에 웃지 않기 – 나쁜 소문이나 누군가를 등 뒤에서 비하하는 말에 대해 불쾌감을 표시함으로써 더 이상 그런 말을 하지 못하도록 할 수 있다. "나는 ○○에 대해서 나쁜 이야기하는 거 싫어. 우리 다른 이야기 해."

- 따돌림당하는 친구에게 관심과 친절 보이기, 외톨이 친구와 함께 놀이하기 – 피해유아의 편에서 위로와 관심을 보여주는 것은 피해유아가 자신을 중요한 존재로 여길 수 있게 해준다.
- 가해유아에 대해 "하지 마.", "멈춰!" 라고 이야기하기
- 어른들에게 말하라고 하기 – 교사나 부모에게 상황을 알리는 것 자체도 방어자가 될 수 있다. 나이가 어린 아동의 경우, 어른들이 문제를 해결해 줄 것이라고 믿는 경향이 높다. 괴롭힘은 모두가 관심을 가지고 올바른 개입을 할 때 문제가 악화되는 것이 아니라 해결된다는 것을 기억해야 한다.
- 함께 어울리자고 제안하기 – 자꾸 혼자 남겨지는 아이가 있다면 다른 아이들과 함께 놀 때 다 같이 어울리자고 에게 제안한다. "얘들아, 우리 ㅇㅇ랑 같이 놀자."

5 부모의 인식, 태도 점검하기

부모는 다른 유아의 부모와의 관점 차이를 인식하고, 이를 좁히기 위한 노력이 필요하다. 부모는 상대부모의 관점에서 생각해 보아야만 자녀의 괴롭힘 사안에 대한 원만한 해결이 가능하다는 점을 인식해야 한다. 또한 자녀의 행동이나 다른 유아에 대한 부모 자신의 잘못된 믿음이나 인식이 있는지 점검해 볼 필요가 있다. 구체적 내용은 아래와 같다.

1) 부모들 간 인식의 차이가 존재한다는 점을 인정한다.

부모 간에는 자녀의 입장(가해, 피해)에 따라 같은 사건을 두고도 인식의 차이가 존재한다.

가해유아의 부모는 자녀의 잘못을 인정하면서도, '우리 애가 아무런 이유 없이 그랬을 리가 없어.'라고 생각이 들기도 하고, 피해유아의 부모는 명백히 우리 아이가 피해받았는데, 가해유아 부모의 뜨뜻미지근한 사과에 마음이 풀리지 않기도 한다.

아래는 그러한 예시를 보여준다.

☞ 때리는 아이는 나쁘고 맞는 아이는 착하다?

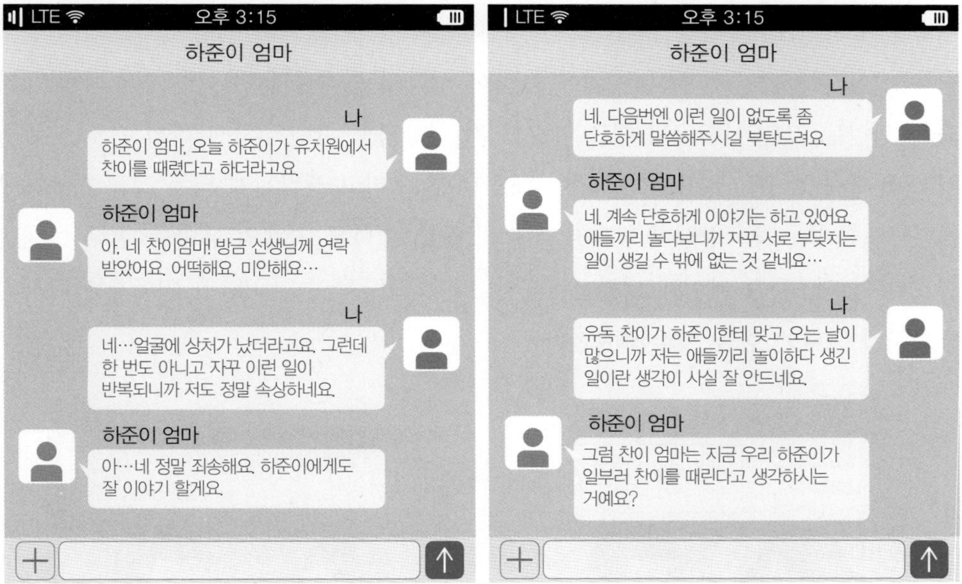

위의 사례에서 누가 더 나쁜 아이인가? 아직 둘 다 아직 미성숙한 아이일 뿐이다. 유아기 발달 특성상 다른 사람과의 관계를 맺고 유지하는 효과적인 방법을 아직 배우지 못해서 문제가 발생하는 경우가 많다. 설령 다른 아이를 이용하여 자신의 이득을 취하려 하거나 다른 아이를 지배하는 데서 쾌감을 느낀다 하더라도 그 아이의 도덕성을 평가하는 대신, 행동을 가르치고 고쳐야 한다는 데 초점을 두어야 해결방법을 논할 수 있다. 장난감을 안 빌려주어서, 나를 놀려서, 놀이에 안 끼워주어서 복수심에…. 등 유아들 간 괴롭힘은 일방적일 때도 있지만, 비하인드 스토리가 있는 경우도 흔히 존재한다. 중요한 것은 친구를 때리거나 괴롭게 하는 것은 안 된다는 것을 반드시 알게끔 하는 것이다.

2) 상대 아이에 대한 편견은 금물이다.

자녀의 또래관계는 부모의 태도와 관련 있다. 부모가 특정 아이에 대한 선입견이나 편견을 지니고 있다면, 해당 유아에 대한 자녀의 태도에도 영향을 줄 수 있다. 자녀가 부모가 정해준 특정 유아하고만 지낸다면 다양한 성향을 지닌 또래들과의 상호작용 기회는 차단된다. 어린 시기에 다양한 성향의 또래들과 만나며 여러 사회적 기술을 익히는 것은 이후 성장했을 때 사회적 적응과도 관련된다. 따라서 부모는 특정 아이에 대해 '저 집 아이는 늘 그래.', '또 그 애야?'라고 생각하게 되는 것을 경계해야 한다. 가정마다 양육방식이 달라서 부모의 잣대로 다른 가정의 유아를 함부로 재단할 수는 없다. 특정 아이에 대한 선입견은 배제하고, 아이 한 명, 한 명에게는 각자의 스토리가 있다는 점을 기억해야 한다.

[그림 9-1] 유아가 대인관계를 유지하는 데 부모의 태도가 미치는 영향

3) 부모의 잘못된 믿음 체크하기

부모도 유치원에서 자녀가 어떻게 행동하는지는 잘 모르기 때문에 자녀에 대해 잘못된 믿음을 가질 수 있다. 또한 잘못된 대응방법을 가르치기도 한다.

〈표 9-5〉 부모의 잘못된 믿음과 올바른 믿음

잘못된 믿음	올바른 믿음
'그 애가 맞을 짓을 했겠지….'	폭력은 어떠한 이유로도 정당화되지 않는다.
'우리 애가 그럴 리가 없어.'	내가 모르는 우리 아이의 행동이 있을 수 있다.
'그럴 때는 맞지 말고 때려.'	화가 나는 일이 있더라도, 상대를 공격하는 것은 안 된다.

6 교육기관에 도움 요청하고 함께 방법을 찾아보기

자녀의 괴롭힘 상황을 인식한 경우, 부모는 유아교육기관에 도움을 요청하고 교사, 원장 등과 해결 방안을 논의해야 한다. 이 과정은 부모가 원하는 해결책으로 마무리하기 위한 것이 아니라, 아이들에게 가장 좋은 것이 무엇일지를 결정하기 위한 것

이다. 가장 먼저 피해유아를 중심으로 피해유아가 받았을 상처에 공감하고 피해를 회복하고 위로해 줄 수 있는 방법을 이야기해야 하며, 재발 방지를 위해 가해유아의 자기조절, 행동통제를 도와줄 수 있는 방법을 함께 고민하는 것이 핵심이다.

또한 유아들의 갈등에는 가해와 피해를 뚜렷이 구분할 수 없는 경우도 많이 있기 때문에, 유아교육기관은 양측 부모의 입장을 충분히 듣고, 갈등 상황을 겪은 유아들의 관계 개선 방안, 사회적 기술을 증진시키기 위한 방안 등을 함께 모색해야 한다.

1) 교사와 협력하기

[그림 9-2] 유아기 괴롭힘의 발생 원인에 대한 인식의 차이

(1) 교사와 협력적 관계 맺기의 필요성

- 부모와 교사는 유아의 학습과 발달을 돕기 위한 공동체다.
- 교사, 부모가 각각 지닌 정보가 서로 보완을 이루어 괴롭힘의 근본적 원인을 보다 정확히 파악할 수 있다.
- 자녀의 장기적인 사회성 발달에 도움을 줄 수 있다.
- 가정과 유치원에서 일관된 지도지침을 세우게 되면 괴롭힘이 반복되는 것을 막을 수 있다.

(2) 부모-기관 협력과정

부모 혹은 교사가 상담을 먼저 제안한다. 유아의 상황을 공유한 후, 지도방안을 논의하고 가정과 기관에서의 일관성 있는 지도지침을 공유하는 것이 필요하다([그림 9-3]).

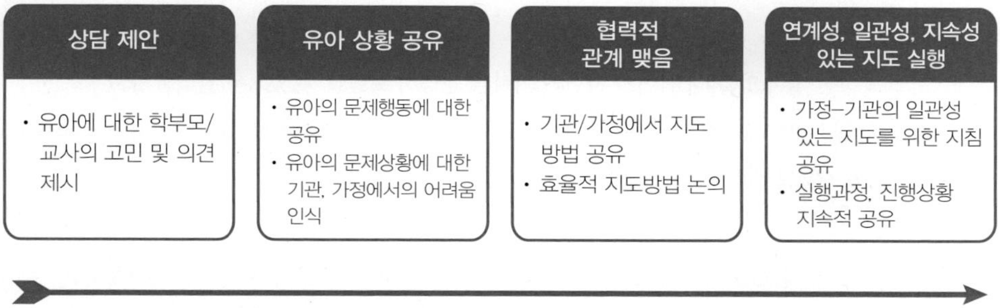

[그림 9-3] 갈등 해결을 위한 부모-기관 협력 과정

2) 다른 부모와 협력하기

상대 유아의 부모를 만날 때에는 가능한 교사, 교육기관의 중재하에 만나는 것이 필요하다. 중재자가 존재할 때 부모간에 과도한 감정 싸움을 예방할 수 있기 때문이다.

(1) 상대방 부모의 입장에서 생각하고 이해하려고 노력하기

'아이가 맞은 일은 세상에서 가장 속상하고 화나는 일입니다.'
'서로를 이해하려는 진실된 노력이 상처를 보듬을 수 있는 방법입니다.'
'정말 죄송해서 어쩌지… 찬이 어머님이 얼마나 가슴 아프실까.'
'친구를 때리면 안 되는 거야!'

(2) '징벌'보다는 '문제해결방법'에 초점 두기

상대 아이도 내 자녀와 동일한 연령의 미숙한 아이일 뿐이다. 사악한 의도를 가지고 내 아이를 건드렸다기보다는 아직 배워나가는 단계에서 나타나는 실수라 생각하고, 바로잡을 수 있는 방법에 초점을 두어야 한다. 유아들 간의 일을 당사자 간의 이야기나 조정 없이 소송의 단계로 직행하는 것은 적절한 수위의 대응이라 하기 어렵다.

예) '저도 속상한 일이 있을 때 찬이가 자신의 의사를 분명히 표현할 수 있도록 알려줄게요.'
'정말 죄송합니다. 강이에게 친구를 때리는 건 잘못된 행동이라 이야기하고 자기 감정을 조절할 수 있도록 지도할게요.'

괴롭힘은 교사의 노력만으로는 해결되기 어려우며 지속적 예방을 위해서는 부모가 합심하여 유아를 지도하는 것이 필요하다. 부모는 평소 자녀를 존중하며 자녀의 생활에 관심을 가지고 공감교육을 실시하며 다양한 사회·정서적 기술을 발달시켜 줄 필요가 있다.

[그림 9-4] 유아기 괴롭힘 해결을 위한 부모의 역할

요약

- 유아들은 괴롭힘에 대해 제대로 인식하거나, 표현하지 못할 수도 있다는 점을 이해한다.
- 부모는 자녀의 괴롭힘 역할과 관련하여 자녀에게 필요한 사회정서기술을 증진시켜주어야 한다.
- 부모는 자녀의 이야기를 귀담아들을 필요가 있으며, 자녀의 괴롭힘을 인지한 경우 감정적으로 대응하기보다는, 자녀에게 도움이 될 수 있는 점을 중심으로 해결해나가야 한다.
- 부모는 괴롭힘에 대해 부모들 간의 인식, 태도의 차이가 있다는 점을 인정해야 하며, 상대 아이에 대한 편견을 갖지 말아야 한다.
- 교육기관과 가정의 연계 및 협력은 괴롭힘이 지속되지 않고 근본적 원인을 해결하는 데 필수적이다.

CHAPTER 10

유아기 괴롭힘 지도 및 부모 상담

본 장에서는 괴롭힘에 직접적으로 관련한 유아들을 개별적으로 상담하고 개입하는 방법을 배운다. 또한 가해유아, 피해유아의 학부모 상담방법 및 과정에 대해서도 자세히 알아본다.

1 유아 지도 및 상담

1) 가해유아 지도 및 상담

(1) 가해유아 지도

유아가 가해행동을 하는 데는 개인적, 가정환경적, 사회적 요인 등 여러 요인이 관련되어 있다. 이를 개인적 수준에서 살펴보면, 타인의 입장이나 감정을 헤아리지 못하는 사회인지적 능력의 미흡, 자신의 감정을 인식하고 적절히 표현하거나 다루지 못하는 정서인식, 정서표현, 정서조절능력의 부족, 또한 자신의 의사를 언어적, 비언어적으로 표현하는 사회적 기술이 부족할 경우 또래유아들과 원만하기 지내기 어려울 수 있다. 따라서 가해유아를 개인수준에서 지도할 때는 이들의 정서, 사회, 인지적 능력을 파악하고 이를 종합적으로 증진시키는데 중점을 둔다. 이들이 아닌 사회적으로 수용되는 방식으로 의사표현을 할 수 있도록 지도가 필요하다. 이러한 기술은 성장하면서 사람들과 원만한 관계를 형성하고 사회에 적응하는 데 중요한 능력이므로(송재홍 외, 2016), 유아기부터 반드시 훈련이 이루어져야 하는 요소다.

유아기 괴롭힘의 가해유아는 종종 피해를 동시에 겪는 경우도 있다. 앞 장에서 살펴보았듯이 가해유아라고 해서 다 같은 성향을 지니는 것은 아니며 그들의 인지, 정서적 발달수준에 따라 사회적으로 미숙한 가해유아와 영리한 가해유아가 존재한다.

따라서, 유아의 개별 성향, 사회·정서·인지적 발달 수준에 따라 각기 다른 개입이 이루어져야 한다. 우선, 사회·정서적 발달이 미숙하여 자신의 의사를 공격 행동으로 표현하는 유아의 경우, 가해유아의 감정에 공감해주되, 괴롭힘 행동은 수용되지 않는다는 점을 분명히 해야 한다. 또한 자신의 의사를 적절하게 표현하는 방법을 지속적으로 알려주고 연습하도록 한다.

반면 사회정서적 기술이 미숙하여 발생한 행동이 아니라, 다른 유아를 내 마음대로 지배하거나 조정하기 위한 괴롭힘 행동의 경우 자신의 행동을 부인하거나 합리화하고, 피해유아를 탓하기도 한다("○○가 나를 화나게 해서 그랬다"). 이러한 경우에는 피해유아의 입장에서 가해유아의 행동이 어떻게 비추어지는지 이야기하면서, 어떤 이유로도 가해유아의 행동이 합리화되고, 변명이 수용되지 않는다는 점을 알려준다.

(2) 가해유아에게 올바른 행동 가르치기

가해유아의 괴롭힘 행동을 멈추게 하기 위한 개별적 수준의 개입은 다음과 같다. 괴롭힘 행동을 했을 때, 가해유아는 다음과 같은 행동을 학습해야 한다. 이와 관련하여서는 자신의 행동, 행동의 결과를 돌이켜보고 성찰할 수 있도록 하기 위한 사회인지적 접근 방법이 유용하다. 조정실, 차명호(2012)가 학교폭력에 대응하기 위해 개발한 대응주체별 평화모델(PEACE-School model)은 괴롭힘을 가하거나 당할 때 자신의 행동을 인식하고 효과적인 반응을 결정하여 실행하는 단계로 구성되어 있다. 이 모델은 총 5단계로 구성되어 있으며 효과적인 개입 반응과 비효과적 개입 반응으로 구분된다.

교사가 괴롭힘 상황에 대응할 때 효과적으로 반응을 하게 되면 괴롭힘이 더 이상 일어나지 않도록 반응하는 선순환 과정이 될 수 있으나 비효과적인 반응은 괴롭힘이 지속되도록 하는 악순환의 과정이 될 수 있다. 교사는 가해유아가 자신의 괴롭힘 행동에 대한 효과적인 반응을 통해 스스로의 행동을 반성하고 수정하도록 안내해야 한다.

각 단계에 대한 설명은 다음과 같다.

- 인식단계: 사건이 일어난 것을 인식하고 나타내는 반응의 첫 단계로, 공감적 인식(효과적 반응)과 판단적 인식(비효과적 반응)으로 구분
- 초기개입단계: 상황을 어떻게 해결할 것인가를 결정하는 단계로, 해결의지(효과적 반응)를 보이는 것과 회피반응(비효과적 반응)을 보일 수 있음
- 중재단계: 문제해결을 위해 도움을 요청하는 단계로 괴롭힘 상황을 공론화(효과적 반응)하거나 오히려 아무 일도 없었다는 듯 무마(비효과적 반응)하는 것으로 구분
- 학습단계: 이전의 대응단계를 통해 새로운 행동과 대응기술을 익히는 단계로 적절한 대응행동(효과적 반응)을 학습하거나 폭력을 수용(비효과적 반응)할 수 있음
- 실행단계: 새로 배운 행동지침을 수행하는 단계로 진정성(효과적 반응)을 지니고 행동하는 것과 현재 상황을 부풀려 과장하는 반응(비효과적 반응)이 있음
- 잠복단계: 이러한 해결과정을 통해 책임감을 배우고 성장하게 되는 단계로, 신가치창출(효과적 반응)반응과 모든 사람을 패배자로 만들고 심리적 상처를 남기게 되는 후유증(비효과적 반응)반응으로 나뉨

〈표 10-1〉에는 가해유아의 효과적인 반응과 비효과적인 반응의 예시가 나타나 있다. 가해유아는 자신의 잘못된 행동과 그 결과를 스스로 깨닫고, 상대 유아에게 미안함을 느끼며, 상황을 해결할 수 있는 방법에 대해 생각해야 한다. 또한 사실을 인정하고 반성하며, 올바른 행동이 무엇인지 학습하여 피해유아에게 사과할 수

있어야 한다. 또한 자신의 행동을 책임질 수 있는 방법, 피해유아를 위로해 줄 수 있는 방법을 실천하고, 이를 통해 올바른 또래 관계를 형성하며 성장할 수 있다.

〈표 10-1〉 가해유아의 효과적, 비효과적인 심리반응의 비교

단계	효과적 반응	비효과적 반응
인식 : 사건이 일어난 것을 인식하기	미안함 • 어, 이럴 생각이 아니었는데. • 나는 왜 화를 참지 못할까? • 많이 아프겠다. 미안해.	왜곡된 감정표현 • 센 척하기 '내 말을 안 들으면 본때를 보여주겠어.' • 피해자 탓 '넌 너무 나대.' • 영웅적 심리
초기개입 : 상황을 어떻게 할 것인지 생각하기	사실 인정 • 내 잘못이야. 내가 그랬으면 안 되는데. • 내가 심했어.	두려움 • 선생님한테 이르면 어떡하지? • 괜찮겠지? 괜찮을 거야.
중재 : 문제해결을 위한 다각적 검토하기	반성하기 • 난 왜 자꾸 때리려고 할까? • 어떻게 하면 좋을까? • 다음부터 조심해야지. • 맞은 친구에게 어떻게 해주어야 할까?	정당화하기 • 다른 애들도 다 그래요. • 살짝 민 것뿐이에요.
학습 : 새로운 행동, 대응 기술 학습하기	사과하기 • 내가 그랬을 때 힘들었지. • 미안해, 용서해 줄 수 있니? • 다시는 안 그럴게.	폭력 상황 즐기기 • 스트레스가 확 풀리네. • 친구들이 나를 무서워해, 내가 시키는 대로 다 해.
실행: 학습한 행동을 수행하기	책임지기 • 내 책임이야. • 너가 슬프지 않으려면 내가 어떻게 하면 도움이 되겠니?	상습화 • 다음번에는 누구를 괴롭히지?
잠복: 문제해결 혹은 문제악화를 결정짓기	성장가능성 탐색 • 다른 사람을 배려하는 행동하기. • 자신의 경험을 바탕으로 중재자, 방어자 되기.	고위험 행동 • 성장할수록 더 큰 문제에 노출됨.

출처: 조정실, 차명호(2012). p. 125-126. 수정.

교사는 유아가 자신의 행동을 깨닫고 반성하며 책임질 수 있도록 지도하며 효과적 반응이 유아에게 습득될 때까지 반복적으로 지도한다. 괴롭힘 행동을 예방하기 위한 활동 및 놀이의 예시는 본 서의 11장, 12장에 제시되어 있다.

(3) 가해유아 상담 과정

가해유아가 자신의 행동을 깨닫고, 괴롭힘을 지속하지 않도록 인식과 행동을 변화시키기 위해서는 교사의 지속적인 지도와 상담이 필수적이다.

가해유아 상담과정은 아래와 같다(문재현 외, 2012a 재구성).

① 상황을 파악한 후 있었던 일에 대해 언급한다. 교사가 상황을 인식하고 있음을 유아에게 알린다.

"오늘 어떤 일이 생겼는지 들었어.", "아까 낮에 ~~한 일이 있었잖아."

② 가해유아의 입장에서 상황을 이야기할 수 있도록 기회를 준다. 이는 가해유아 입장에서(혹시라도 있을) 억울함이 없도록 하기 위함이며, 또한 보다 객관적 정보를 수집하기 위함이다.

"네가 더 자세히 설명해줄 수 있어?"

③ 행동의 이유를 물어본다.

"왜 그랬는지 이야기해 줄 수 있어?"

④ 가해행동을 하게 된 심정이나 원인에 공감해 준다.

"그랬구나, 네가 마음이 그래서 그랬구나."

그러나 만약 자신의 행동을 합리화하거나, 가해 원인으로 피해유아를 탓하는 경우 수용할 수 없음을 명확하게 밝힌다.

"그래? 네가 OO에게 도움을 주는 건 어땠을까. OO가 못 따라온다고 네가 친구를 괴롭힐 수 있는 것은 아니야. 다른 아이를 괴롭히는 것은 안 돼."

⑤ 괴롭히는 행동을 당장 멈춰야 함을 이야기한다.

"친구를 때리는 것은 안 돼.", "친구를 때리는 것은 당장 멈춰야 해."

⑥ 피해유아의 심정에 공감하도록 돕는다.

"지금 네가 때려서 OO는 무척 아프고 힘들어하고 있어", "네가 OO라면 지금 마음이 어떨 것 같니?"

⑦ 바람직한 행동과 더불어 가해유아가 실천할 수 있는 행동에 대해 이야기한다.

"그럴 때는 어떻게 하면 좋을까?", "선생님 생각에는 ~~하면 될 것 같은데", "네가 할 수 있는 것에는 무엇이 있니?"

⑧ 피해유아를 위해 할 수 있는 일에 대해 이야기한다

"OO를 위해서 네가 무엇을 할 수 있을까?"

⑨ 재발 방지에 대한 다짐을 받는다.

"할 수 있겠어?", "만약 도움이 필요하면 언제든 와서 이야기해 줘."

⑩ 교사의 기대를 전한다.

"OO는 할 수 있다고 믿어.", "친구들과 더 즐겁게 지낼 수 있을 거야."

이후에는 가해유아의 행동을 유심히 살펴보며, 사회정서적 기술을 지속적으로 지도한다.

2) 피해유아 지도 및 상담

(1) 피해유아 지도

우선 피해유아를 정서적으로 안정시킨다. 피해를 당한 아픔에 공감하며, 괴롭힘을 당한 것은 피해유아의 잘못이 아니라고 이야기하여 유아의 자존감이 손상되지 않도록 한다. 피해유아가 분노를 느낄 경우 또 다른 공격적 행동으로 연결되지 않도록 유의한다(송재홍 외, 2016).

개별 유아에 대한 지도와 함께, 학급 전체를 대상으로 한 괴롭힘 예방과 개입을 경험해 볼 수 있는 놀이, 활동, 프로그램 등을 실시한다. 피해유아에 대한 편견 등을 이유로 피해유아의 또래관계가 손상되었을 때는 이를 회복시킬 수 있도록 개인뿐 아니라 학급 전체를 대상으로 한 관계 중심의 개입 프로그램을 실시한다(12장 회복적 교육 프로그램 참조).

(2) 피해유아의 효율적 반응 및 대응기술

교사는 피해유아가 괴롭히는 유아에게 효율적으로 대처할 수 있도록 가르쳐야 한다. 〈표 10-2〉에는 피해유아가 보일 수 있는 효과적인 반응과 비효과적인 반응의 예시가 나타나 있다. 교사는 유아가 피해를 당할 시, 효과적으로 반응할 수 있도록 가르쳐야 한다.

유아는 피해 상황에 노출된 즉시, 능동적으로 도움을 요청하며 자신이 느낀 부정적 감정을 표현할 수 있어야 한다. 또한 주변인들에게 자신이 입은 피해를 숨기지 말고 떳떳하게 이야기하고, 가해유아에게 사과를 요구하는 등 정당하게 맞서는 행위를 할 수 있어야 한다. 이를 통해 문제해결 능력을 기를 수 있으며 더 나아가 타인을 도울 수 있는 자신감을 갖도록 한다.

〈표 10-2〉 피해유아의 효과적, 비효과적인 심리반응의 비교

단계	효과적 반응	비효과적 반응
인식 : 사건이 일어난 것을 인식하기	능동적인 행동 표현 • 소리치며 도움을 요청한다. • '야 왜 때려 때리지 마.', '누가 나 좀 도와줘!', '선생님!' • 자리를 피한다.	두려움으로 인한 경직 • 움츠러들고 위축된다. • 아무것도 하기 싫다. • 유치원에 가기 싫다.
초기개입 : 상황을 어떻게 해결할 것인지 생각하기	부정적 감정 표현 • '아프잖아.' • '장난 아니거든! 그만해.' • '내 기분이 무척 나빠.'	표현하지 못하는 마음속 분노 • 마음속에서 억울하고 화가 나는데 이를 어찌할 줄 모른다. • 두통, 복통 등을 호소한다.
중재 : 문제해결을 위한 다각적 검토하기	개방하기 • 주변 친구들, 교사, 부모에게 이야기한다. • 도움과 보호를 요청한다.	폭발하기 • 주변 사람에 화풀이를 한다. • 동물을 괴롭힌다.
학습 : 새로운 행동, 대응 기술 학습하기	자존감 유지 • 정당하게 맞설 수 있다는 것을 보여준다. • '말로 해. 나는 맞을 이유가 없어.' • '내게 함부로 하지마!' • 가해유아에게 사과를 요구한다.	자존감 상실 • '내가 그렇지 뭐. 내가 문제야.' • '내가 잘못했지 뭐.' • '그 아이는 그럴 만해.' • 피해를 모면하기 위해 가해유아 집단에 합류한다.
실행 : 학습한 행동을 수행하기	문제해결능력 향상 • 나는 문제가 없다. 괴롭히는 행동이 문제다. • 이 일이 나를 힘들게 하지만 해결할 수 있다. • 원하는 바를 부모, 교사에게 이야기한다. • 재발 방지를 위해 교실 내 친구들과 이야기한다.	피해의식 일반화 • '사람들은 다 폭력적이야.' • '쟤도 나를 때리겠지.'
잠복 : 문제해결 혹은 문제악화를 결정 짓기	성장동력 회복 • 나는 헤쳐나갈 수 있어. • 나는 다른 아이를 도와줄 수 있어.	절망감 • '내가 할 수 있는 것은 없어.' • '아무도 날 도와주지 않아.'

출처: 조정실, 차명호(2012). p. 120-121. 발췌 및 수정.

(3) 피해유아 상담 과정

피해유아가 괴롭힘에 효율적으로 대처하도록 돕기 위해 교사는 피해유아와의 상담을 통해 언제나 도움을 받을 수 있음을 알려주고, 유아 스스로 충분히 대응할 수 있다는 심리적 자신감을 길러주어야 한다. 피해유아 상담과정은 아래와 같다(문재현 외, 2012a 재구성).

① 피해 상황을 파악한 후 위로를 해준다.

"너무 속상했겠다", "많이 힘들었지?"

② 피해유아의 마음을 표현하게 한다. 스스로 자신의 감정을 표현하는 대화 자체가 유아에게 치유의 과정이 될 수 있다.

"마음이 어땠어?", "선생님한테 이야기해 줄 수 있어?"

③ 피해유아가 바라는 것이 무엇인지 파악한다.

"어떻게 하면 좋을 거 같아?", "어떻게 했으면 좋겠어?"

④ 피해유아가 안심할 수 있도록 안전을 위해 필요한 방안에 대해 이야기한다.

"다시는 OO가 때리지 못하게 선생님이 OO에게 이야기할게.", "이런 일이 일어나지 않도록 우리 반 전체 친구들이 서로를 함께 지켜줄 수 있도록 노력할 거야."

⑤ 재발할 경우, 즉시 교사에게 알려줄 것을 약속한다.

"선생님에게 이야기하는 것은 이르는 게 아니야. 꼭 이야기해 줘야 해."

2 유아기 괴롭힘 개입 및 지도 사례

다음은 유아기 괴롭힘 유형별 개입 과정이다. 8장의 유아기 괴롭힘 예방 및 개입 절차에서 살펴보았듯이, 교사는 괴롭힘 상황이 발견되면 원인을 파악하고 대책을 세워 빠르게 개입해야 한다.

〈개입과정〉

교사는 괴롭힘 상황이 발견되면, 다양한 방법을 동원하여 원인을 총체적으로 분석하고, 동시에 학부모에게 상황을 알리며 학부모와 함께 해결방안을 공유, 논의한다. 이를 통해 지도방향이 설정되면 가정과 연계하여 지속적 지도를 실행한다.

괴롭힘 상황이 발견되면,

① 원인을 파악한다: 교사는 관찰, 일화기록, 심리검사 등 다양한 방법을 통해 가해행동의 원인을 종합적으로 파악한다.

② 지도방향 및 실행방법 설정 및 학부모 상담을 실시한다.
학부모에게 괴롭힘 상황을 알리고, 상담을 통해 유아에게 영향을 주었을만한 가정상황을 파악한다. 이를 통해 지도방향을 종합적으로 설정하고 실행방법에 대해 함께 논의한다. ①, ②는 동시에 진행된다.

③ 지도를 실행한다: 지도방향과 실행방법이 결정되면 가정과 기관에서 함께 지도 및 실행하며, 이후 진행과정에 대해 부모와 교사가 서로 공유하고 지속적으로 논의하며 필요시 지도방향을 수정, 보완해 나간다. 아래는 이에 대한 사례가 제시되어 있다.

1) 신체적 괴롭힘 사례

신체적 괴롭힘은 다른 유아의 안전에 즉각적인 위협을 주기에 교사가 가장 민감하게 반응하는 괴롭힘 유형이다. 발견 즉시 가해유아와 피해유아를 분리하고, 신체적 공격성의 원인을 다각도에서 분석하며 상황을 부모에게 알리고 지도방향을 설정,

실행하는 것이 필요하다. 유아가 신체적 공격성을 사용하게 되는 상황(antecedents)을 파악하는 것도 필요하다.

1. 괴롭힘 상황 발견

ㅇㅇ는 학급 내 다른 아이를 종종 때린다. 주먹으로 때리거나 밀기도 하고 몸을 세게 부딪히기도 한다. 어제는 다른 아이가 '저리 가.'라고 말하면서 살짝 밀었는데 순간 팔을 세게 때렸다. 그런 일이 발생할 때마다 다른 아이들은 울기도 하고, 어머니들에게 연락이 오기도 한다. 그때마다 "때리는 것은 절대 안 돼!" 라고 이야기하고 지도하지만 그때뿐이며, 자꾸 손이 먼저 올라간다. 이에 따라 다른 유아들도 ㅇㅇ와 같이 놀지 않으려 하고, ㅇㅇ는 이에 대해 다른 유아들이 끼워주지 않는다며 슬퍼한다.

↓

2. 유아 행동관찰을 통한 원인분석 및 학부모와 지도방향 논의

1) 유아 행동관찰: 원인분석 및 지도방향 설정

〈원인분석〉

- 유아 행동의 원인을 체계적으로 분석하기 위해서 해당 유아에 대한 ABC 사건기록 진행
- 이를 바탕으로 교사의 지도가 유아의 행동을 교정하는데 왜 도움이 되지 않았는지 지도방안을 설정하고자 함.

〈ABC분석 결과〉

- 해당 유아는 상대방이 나를 먼저 건드린 상황에서(Antecedent)
- 주먹이 나가는 행동(Behavior)을 보이고,
- 그 결과 상대 유아가 도망가거나 울면 다시 자신이 하던 놀이에 집중함(Consequence)

→ 유아가 악의를 가지고 때리는 것은 아님을 파악함.

- 상대가 먼저 쳤기 때문에 자신이 때린 것이라고 생각해서, 미안하다는 사과를 하지 않음. 이에 교사의 지도를 귀담아듣지 않음.

→ 상대의 입장과 행동에 대한 의도를 파악하는 것이 미흡.

〈지도 방향 설정〉

- "때리지 마."가 아닌 "~~해."라는 방식으로 공격적 행동에 대한 대안 행동을 체득할 수 있도록 해야 함.
- 언어적 상호작용 능력을 증진시킬 필요가 있음.
- 다른 유아들이 ㅇㅇ에 대해 편견을 가지지 않도록 예방할 필요가 있음.

↓

2) 부모와의 협력적 관계 형성: 부모 상담 및 지도 방안 논의

- 평소 부모도 이 상황을 알고 있었음. 부모에게 가정에서의 적극적 지도가 필요함을 알리고, 부모 상담 실시.
- 교사가 파악하지 못한 가정에서의 ㅇㅇ 모습, 행동 등에 대해 알게 됨(실수를 허용하지 않는 가정 분위기, 아버지의 고압적인 태도와 반복적 꾸짖음 등).
- 가정과 원에서의 지도 방안에 대해 협의.
- 교사가 유치원에서 실시할 교육 내용을 공유하고, 이와 연계하여 가정에서의 지도방법을 협의함 :신체적 공격을 동반한 행동은 이유 불문 하에 잘못된 행동임을 정확하게 인지할 필요가 있음. 부모는 유아의 감정 공유하며, 언어적으로 감정을 표현하도록 꾸준히 상호작용하며, ㅇㅇ의 의견을 존중해 줄 것.

↓

3. 지도 실행

- 다른 유아의 안전 확보: 교사가 놀이 시간에 유아의 근처에 머물며, 위험 상황이 발생하기 전에 사전 개입 (예: 유아의 손이 올라갈 듯하면 미리 팔을 부드럽게 잡음).
- 사회정서기술 증진: 자신의 감정을 전달하는 방법, 올바른 대안 행동을 지속적으로 알려주고 연습시킴 (예: "말로 해.", "'친구야, 뭐가 필요하니?' 라고 먼저 물어봐.", "'그렇게 하면 내가 기분이 나빠' 라고 이야기해.").
- 잘못을 인정하고 피해유아에게 사과하도록 지도함 ('내가 잘못했어, 때려서 미안해').
- 피해유아가 입은 마음의 상처를 회복할 수 있는 방법을 실행하도록 지도.
  (예: 망가뜨린 놀잇감을 다시 만들어주기, 다시는 안 하겠다고 재발 방지 약속하기, 상처 난 곳을 어루만져주거나 눈물 닦아주기 등) .
- 학급 전체 대상 또래관계 증진활동 실시: 공격적인 유아에 대한 편견이나 선입견을 예방하고, 함께 놀 수 있는 방법에 대해 다 같이 이야기함. 또한 전체 유아들에게도 올바른 상호작용 방법 (예: 먼저 다른 유아의 생각을 물어봐 주기, 허락받고 놀잇감 사용하기 등) 에 대한 연습, 역할극 등 실시.
- 가정과 학급에서의 지도 내용과 진행 사항을 지속적으로 공유.

2) 언어적/관계적 괴롭힘 개입 사례

괴롭힘은 종종 여러 유형이 함께 일어나기도 한다. 아래 사례는 관계적 괴롭힘에서 언어적 공격성을 함께 사용하는 경우다. 교사가 상황을 목격하게 되면, 원인분석을 위해 유아행동분석을 위한 관찰, 측정뿐 아니라, 부모에 이를 알리면서, 부모 상담도 함께 진행하기도 한다. 이를 통해 유아의 행동 원인을 더욱 종합적으로 파악할 수 있다.

1. 괴롭힘 상황 발견

○○은 4세 여아로 언어발달이 빠르고, 사회, 인지능력도 좋다. 친구들과 놀이할 때, 명령을 하고, 상대 유아가 자신이 시키는 것을 하지 않으면 "너 쓰레기통에 갖다 버린다." 라며 위협한다. 자신보다 발달이 느린 아이에게는 "'해떠요.' 아니고 '했어요.' 지." 라고 하거나 불러도 못 들은 척하며 무시하기도 한다. 교사가 친절하게 이야기하는 방법을 반복해서 알려주었더니 나중에는 교사에게 들리지 않을 작은 목소리로 협박을 한다 ("이렇게 할 거면 너 나가."). 하지만 때로는 몇몇 아이들에게 친절과 도움을 베풀고, 우정반지, 스티커 등을 나누어 주며 환심을 사려고 한다. 최근 학부모들로부터 '아이들이 집에 와서 ○○이 너무 무섭다고 한다.', '유치원 못 다니겠다.' 는 연락이 오기도 한다.

↓

2. 유아 행동관찰을 통한 원인분석 및 학부모와 지도방향 논의

1) 원인분석

원인분석을 위한 행동 평가, 관찰(일화기록)과 부모 상담을 함께 진행함

- 유아 면담 실시 - 유아의 의도, 심정을 알기 위하여 면담 실시. 다른 아이들이 자기 말을 듣지 않아 기분이 나쁘다고 함. 자기는 재밌게 놀고 싶은데 아이들이 따라주지 않아 답답하다고 이야기함.
- 평정척도 - 공격성, 지배력 측정

→ 관계적 공격성, 언어적 공격성이 높게 나타남. 지배적 행동 전략은 친절과 공격성을 번갈아 베풀며 자신의 뜻대로 조정하려고 할 때 사용되는 것인데 ○○는 이러한 지배적 행동 전략에 대한 점수가 높게 나타남(〈표 10-3〉 문항 참조).

- 일화기록 - 기록분석 결과, 부정적 감정을 느낄 때, 상대방에게 직접적으로 자신의 감정을 표현하는 것이 아니라, '네가 이렇게 하면 너 이거 못 하게 할 거야.'라고 협박하듯이 말하며 상대를 지배, 통제함으로써 우월감을 느끼는 것으로 보임.
- 부모 상담 및 양육태도 점검 - 부모는 아이가 집에서 그런 모습을 보인 적이 없다고 이야기하며 아이의 이런 모습을 전혀 모르고 있었다며 매우 속상해함. 양육태도 점검을 통해 나타난 결과는 허용적(방임적) 양육으로, 부모가 지나치게 아이가 원하는 대로 내버려두는 것으로 나타남. 이에 자신의 존재를 인정받지 못한다고 생각하여 존재감을 과시하려고 한 것으로 보임.

2) 지도방향

- 부모가 자녀의 행동에 대해 한계를 설정하는 것이 필요함. 동시에 자녀의 말과 행동에 관심을 보이고 보다 애정 어린 반응을 보여주어야 함.
- 부정적 감정을 적절히 다루고 표현할 수 있도록 지도해야 함.
- 존재감을 인정해 주고, 건설적인 방식으로 표현할 수 있는 기회를 제공해야 함.

↓

3. 지도 실행 – 가정과 원에서 함께 실행함
- 유아에게 공감을 가르치기 위해 교사나 부모가 유아의 감정에 먼저 공감하는 반응 보일 것. 그러나 해도 되는 것과 해서는 안 되는 것에 대한 경계를 명확히 설정해 주면서 자신의 행동을 조절, 통제할 수 있도록 안내.
- 자신이 느끼고 있는 부정적인 감정을 언어로 표현할 수 있도록 지도.
- 잘못을 인정하고 피해유아에게 사과하도록 지도.
- 피해유아가 입은 상처, 피해를 보상, 회복할 수 있는 방법을 실행하도록 지도.
  (예: 같이 놀이해도 되는지 물어보기, 다시는 안 하겠다고 약속하기 등)
- 타인을 지배하는 행동이 아닌 스스로에게서 유능감을 느낄 수 있도록 기회를 제공하고 (예: 반에서 키우고 있는 달팽이에게 물 뿌려주기, 간식시간에 책상 깨끗이 치우기, 엄마 심부름하기 등), 긍정적 피드백(강화) 제공.
- 상대를 존중해야 하는 이유와 방법에 대한 관련 활동 실시 (그림책 연계 역할극, 스토리텔링 등)

〈표 10-3〉 지배적 전략(친사회적 전략 및 강압적 전략) 측정문항의 예(Hawley, 2002; 2003)

	이 아이는…	전혀 그렇지 않다	거의 그렇지 않다	때때로 그렇다	자주 그렇다	항상 그렇다
친사회적 전략	1. 자신이 원하는 것을 얻기 위하여, 협상한다(예: '이거 주면 저거 줄게.', '이번에 내가 하면 다음에 너 하게 해줄게.').					
	2. 자신이 원하는 것을 얻기 위하여, 우정을 약속한다(예: '내가 너의 제일 친한 친구가 돼줄게.').					
	3. 자신이 원하는 것을 얻기 위하여, 도움이 전혀 필요 없는 상황에서도 도와준다.					
	4. 자신이 원하는 것을 얻기 위하여, 환심을 사거나, 친절하게 대한다(예: 아부, 마음에 없는 말).					
	5. 자신이 원하는 것을 얻기 위하여 초대하겠다고 한다 (예: '생일에 너 초대할게.', '우리 집에 놀러 와.').					
	6. 다른 아이들에게 미리 잘 해두면, 나중에 자신에게 도움이 될 것이라는 생각에, 아이들에게 잘해준다.					

	이 아이는…	전혀 그렇지 않다	거의 그렇지 않다	때때로 그렇다	자주 그렇다	항상 그렇다
강압적 전략	7. 자신이 원하는 것이 있으면 다른 아이로부터 빼앗는다.					
	8. 자신이 원하는 것이 있으면 그것을 얻기 위하여 다른 아이를 위협한다(예: 말, 몸짓, 눈빛, 행동 등).					
	9. 자신이 원하는 것이 있으면 그것을 얻기 위하여 다른 아이를 밀거나 때린다.					
	10. 자신이 원하는 것이 있으면 그것을 달라고 다른 아이에게 강요한다.					
	11. 자신이 원하는 것이 있으면 그것을 얻기 위하여 다른 아이를 괴롭힌다.					
	12. 자신이 원하는 것이 있으면 다른 아이에게 명령하거나 지시한다.					

〈표 10-4〉 공격성 측정 문항의 예(Crick et al., 1999; Ostrov et al., 2006)

[신체적/물리적, 언어적 공격성(physical, verbal aggression)]
다른 아이를 때리거나 민다.
다른 아이의 놀잇감을 빼앗는다.
다른 아이에게 나쁜 말을 하거나 놀린다.
[관계적 공격성(relational aggression)]
놀이에 끼워주지 않는다.
다른 아이들에게 그 아이와 놀지 말라고 이야기한다.
특정 아이에 대한 소문을 퍼뜨린다.
다른 아이를 무시한다.
자신의 요청에 응하지 않으면 '이제 친구 아니야!' 라고 말한다.

함께 이야기해 보기

다음은 부모가 이야기하는 자녀의 괴롭힘 사례다. 해결방법을 함께 생각해보고 이야기해보자.

신체적/관계적 괴롭힘 사례

선생님이 다른 아이들 하교 시키는 동안 저희 아이가 ㅇㅇ이한테 뭘 물어 본 거예요. 그러니까 ㅇㅇ이가 저희 아이한테 '나한테 묻지 마.' 그러면서 신발주머니로 얼굴을 딱 때린 거예요. 저에게 한 달 전에 이야기를 하더라고요. '엄마 나 다음 주 학교 가는 게 싫어.'라고요. 그러고는 '엄마 나 어떻게 해.'하고 물어요. 그럼 왜 이 아이랑 친하게 지내고 싶냐고 다른 친구랑 놀라고 그랬더니 자기는 이 아이랑 친하게 지내고 싶다는 거예요.

잠깐 뭘 보여 달라고 하면 탁 가리고 안 보여주고. 꼭 때려서 괴롭힘이 아니라 내가 친구들보다 월등히 좋은 거, 예쁜 거 요런 뭔가를 가지고 그 아이가 그런가 봐요. 행동으로 반복해서 안 보여주거나 아니면 친구를 약간 미는 척하면서 때리거나 그런 게 있더라고요.

☞ 가해행동의 원인에는 어떠한 것이 있을 수 있을까요?
☞ 가해유아는 어떻게 지도해야 할까요?
☞ 피해유아 및 피해유아의 부모와 상담 시 어떻게 이야기해야 할까요?

신체적/언어적 괴롭힘 사례

우리 애가 짝이랑 잘 지내다가 짝이 소리를 지르거나 그런 가 봐요. 선생님이 둘이 화해를 시키고 소리를 지르지 말라고 했다고 하더라고요. 지금은 이게 되게 이슈가 되나 봐요. 조금씩 점점 더 심해져가지고 선생님이 되게 신경을 많이 쓰는 것 중 하나라고 하더라고요. 저도 깜짝 놀랐던 게… 선생님이랑 상담을 하면서 이런 일이 우리 ㅇㅇ이가 맞은 일이 있었다고 선생님께 이야기를 했더니 선생님이 깜짝 놀라시더라고요. 왜냐하면 같이 하교를 시키는데 선생님은 때리는 것을 못 봤다고. ㅇㅇ이가 큰 나무가 있는데 그 뒤에서 친구가 자기를 때렸다고 이야기를 하더라고요. 선생님이 잠깐 다른 아이들 보시는 사이에. 그 이야기 했더니 선생님이 되게 깜짝 놀라시더라고요.

☞ 괴롭힘 원인에는 어떠한 것이 있을까요?
☞ 위 상황에서 가해유아는 어떠한 지도가 필요할까요?
☞ 교사가 미처 발견하지 못한 상황에서 일어나는 괴롭힘은 어떻게 대처하면 좋을까요?

3 부모 상담

"학교가 아이들을 위해 진심 어린 노력을 하면 그것이 설령 학부모 마음에 차지 않더라도 학부모가 학교에 적대적이 되지는 않는다."(Roberts, 2015).

1) 부모와의 신뢰형성 방법

부모는 자녀에게 괴롭힘이 일어났을 때 감정적으로 놀람, 분노, 두려움, 불안 등을 느낀다. 교육기관이 관심을 가지고 적극적으로 처리해 주기를 바라나, 때로 부모의 예상이나 기대만큼 교육기관이 노력하고 있지 않다고 느낄 때, 실망하게 되며 더 이상 교사를 신뢰하지 않게 된다. 괴롭힘 발생 시 부모에게 신뢰감을 줄 수 있도록 하기 위해서는 평소 이러한 유아교육기관의 사회적 환경을 안전하고 건전하게 지키려는 노력이 필요하다. 따라서 괴롭힘 사안과 관련해 부모에 신뢰를 주기 위해서는 교육기관에서 괴롭힘을 예방하기 위해 어떤 노력을 하고 있는지, 사안이 발생했을 때 어떤 절차를 통해 해결하는지 등을 부모에게 안내할 필요가 있다. 또한 괴롭힘 사안에 대해 모두가 공유하고 함께 문제를 해결하고자 하는 태도를 보여주는 것도 효과적인 방법이다.

(1) 교육기관의 관심과 노력

부모가 교사 혹은 교육기관이 자녀의 괴롭힘 사안에 비효과적으로 반응한다는 인식을 갖지 않도록 하기 위해서는 평소 교육기관에서 괴롭힘과 관련해 어떠한 예방적 노력을 하고 있는지 알리는 것이 필요하다. 아래는 이에 대한 내용이다.

① 괴롭힘 예방을 위한 교육기관의 노력 안내하기

유아들 간 괴롭힘을 예방하기 위해서는 교육기관의 구성원 모두가 유아기 괴롭힘의 심각성에 대해 공유하고 이를 예방하기 위한 교육의 필요성을 인식하고 있어야 한다. 이를 바탕으로 교육과정 수립과 운영 전반에 괴롭힘 예방과 관련한 내용을 반영하고 부모에게 이를 정기적으로 알리는 것이 필요하다. 예를 들면 형식적 교육과정의 차원에서 유아인성교육, 괴롭힘 예방교육, 사회성 교육, 괴롭힘 예방 프로그램 등을 실시하여 유아들 간 또래관계를 증진시키고자 하고 있다는 점을 정기적으로 알릴 수 있다. 또한, 유아의 사회정서기술을 증진시키기 위한 개별적인 지원 및 상담, 그 외 유아들의 원만한 인성 발달을 위한 가능한 모든 교육적 조치를 실행하고 이를 부모에게 안내하여 기관에 대한 부모의 신뢰를 증진시킬 수 있다.

② 유아기 괴롭힘에 대한 교사의 전문적 개입 방안 공유하기

괴롭힘 발생 시 부모는 교사가 이를 잘 대처해주기를 기대한다. 교사가 유아기 괴롭힘에 대한 전문성을 갖추고 있다면 부모에 신뢰를 줄 수 있으며 협력적 관계를 구축할 수 있다.

괴롭힘과 관련하여 교사가 어떻게 대처하고 있는지, 어떠한 교육을 받고 있는지에 대한 자료를 축적한다. 자녀의 또래관계 특성, 사회 · 정서 발달 수준 등에 대해 부모와 평소에 이야기 나누고 자료를 공유하는 것은 협력적 관계를 형성하는 데 도움이 될 수 있다.

(예: 괴롭힘 예방 및 개입과 관련한 교사 교육 및 연수, 유아에 대한 관찰, 행동 측정 결과, 지도 및 중재 과정 혹은 결과가 담긴 기록 등)

③ 교육기관의 예방 지침과 사안처리 지침 소개하기

괴롭힘까지 진행된 경우가 아니더라도, 유아들 사이에 불공정한 일이나, 차별적인 대우를 받는 일이 생기는 경우, 교사 혹은 교육기관에서 어떠한 원칙을 지니고 어떻게 대처하여 왔는지 알린다. 과거의 사례를 들어 소개하는 것도 좋다. 이를 통해 교육기관의 교육철학과 방향, 원칙을 알릴 수 있으며 유아들 간의 갈등이 심화되어 관계가 악화되는 것을 예방하고, 유아와 부모가 안심하고 유치원에 다닐 수 있도록 도울 수 있다.

(2) 교사의 태도

교사는 괴롭힘 사안을 해결할 때 전문적인 태도를 견지해야 하는데, 괴롭힘 발생 후부터 사안처리 시까지 지켜야 할 핵심적 태도는 아래와 같다(김천기, 2021, p. 163).

〈괴롭힘 사안처리 시 지녀야 하는 교사의 태도〉

① 객관적 태도: 가해, 피해 입장 중 한쪽에 치우치지 말고, 공정하고 객관적인 태도를 처음부터 끝까지 지킬 것

② 공감, 신뢰하는 태도: 유아와 부모의 심정에 대해 이해하고 공감하여 신뢰를 형성하고, 이를 바탕으로 부모와 협력적 관계를 구축하여 추가적인 갈등이나 분쟁을 예방할 것

③ 적극적 해결 자세: 적극적인 자세로 괴롭힘 사안을 처리하기 위해 노력하고, 축소, 은폐하거나 성급하게 화해를 유도하지 말 것

2) 교육기관의 개입 원칙

Roberts(2015)는 괴롭힘과 관련한 교육기관의 개입 원칙을 제안하였는데, 다음은 이를 유아에 맞게 수정한 내용이다.

(1) 아이들에 대한 부모의 관심에 충분히 공감하라

잘못된 행동을 하는 자녀를 둔 부모는 양육에 어려움을 느낄 수 있다. 교사는 아이들과 부모를 다루는 데 최선을 다해야 하는데, 부모의 관심에 대한 최선의 존중은 부모의 의사를 존중하며 언제든 들을 자세가 되어 있다는 점을 보여주는 것이다. 부모의 자녀양육에 대한 고민이나 관심을 폄하하거나 대수롭지 않은 식으로 대하는 것은 교사가 아이들의 문제를 세심하게 보살피지 않는다는 인식을 준다. 이것은 교사에게 무례하게 구는 부모를 참으라는 게 아니라, 전문적이고 성숙한 대처가 필요함을 의미한다.

(2) 해결을 위해 누가 관여, 노력하고 있는지 확인시켜라

괴롭힘 사안을 해결하기 위해 여러 교직원, 원장 등 교육기관 내 많은 구성원들이 노력하고 있음을 알려야 한다. 사안 해결을 위한 회의에 부모를 참여하도록 하여 함께 방안을 논의하는 것이 필요하다.

(3) 구체적 노력 내용, 날짜, 조치 등을 기록해라

어느 정도의 기간 동안, 어떤 교직원이 어떤 내용으로 노력해 왔는지 기록해 놓는다. 이는 필요시 부모에게 보여주기 위한 것도 있으나, 교육기관 내에서 괴롭힘 사안에 대해 어떠한 절차와 매뉴얼대로 행했는지 체계적으로 검토할 수 있다는 점에서 도움이 된다.

(4) 교육기관에서 할 수 있는 것, 없는 것을 명확히 안내해라

아이들은 교육기관이 아닌 곳에서 놀 때도 다친다. 따라서 유치원에서 완벽하게 안전하고 다치지 않을 수는 없다. 그러나 교직원이 안전사고 예방을 위해 최선을 다한다는 것을 부모에게 알려줄 필요는 있다. 전문성이 뒷받침되지 않으면 이러한 것은 오히려 능력이 없다는 점을 보여주는 것이므로, 교사가 전문성을 가지고 노력하고 있는 상황에서 유치원의 방침을 명확하게 안내하는 것은 서로의 신뢰를 다지는 데 도움이 될 수 있다.

(5) 지속적으로 부모와 열린 대화의 장을 마련하고 어떠한 유형의 부모를 만나든 원칙을 지켜라

교사는 때로 부모가 과잉적 반응을 한다거나 까다롭게 군다고 느낄 수 있다. 부모가 감정적으로 격앙된 상태에서 교육기관에 방문할 때 이를 무시, 회피하거나, 부정적으로 여긴다면 부모의 요청 사항에 대해서도 감정적으로 대응하게 되며 정당하지 않다고 여길 수 있다. 부모 자신이 무시당한다는 느낌을 갖게 하는 것은 문제 해결을 위한 열쇠를 내다 버리는 것과 마찬가지다.

어떠한 부모를 만나게 되더라도 의사소통의 문을 열어놓게 되면 부모가 감정을 가라앉히고 사건에 관해 되돌아볼 수 있는 시간을 주게 된다. 결국 부모는 자신의 자녀만을 생각했던 것에서 벗어나 전체적인 상황을 파악할 수 있게 되고 교직원과의 지속적인 만남을 통해 이러한 변화를 보여줄 수 있을 것이다.

3) 부모를 화나게 하는 교사의 말(문재현 외, 2012a)

부모 상담 시 아래와 같은 말은 쓰지 않도록 주의해야 한다.

(1) 책임을 회피하려는 태도

"앞으로 어떻게 될지 잘 모르겠습니다."
"유치원에서는 할 만큼 했습니다. 알아서 하세요."
"유치원 잘못은 없습니다. 법대로 하시지요."

(2) 아이와 가정의 탓으로 돌리는 경우

"그 아이에게도 책임이 있어요. 사회성이 너무 떨어집니다."
"다른 아이는 괜찮은데, 얘만 그래요."
"매일 문제만 일으키는 아이에요."
"가정에서 잘 가르치셨으면 이런 일이 생길까요? 가정에서 어떻게 하시는지 궁금하네요."

(3) 사건을 축소하려는 경우

"뭐 이런 일 가지고 직접 오셨어요?"
"이번만 참으시고 앞으로 한 번 더 이런 일이 생기면 꼭 저희가 처리할게요."
"애들은 다 싸우면서 커요."
"아이들 일이니 아이들끼리 해결하도록 해야 합니다."
"걱정하지 마세요."

4) 부모 상담 방법 및 사례

가해, 피해유아의 부모를 만나 상담하는 것은 쉽지 않은 일이다. 하지만 괴롭힘 해결 과정에서 반드시 필요한 일이며, 괴롭힘 상황의 경중, 부모의 성향이나 심리상태, 교육기관의 대처 과정에 따라 원만하게 해결되거나 법정 다툼으로까지 번질 수 있게 된다. 원만한 해결을 위해서는 가해, 피해유아 부모의 심리상태를 이해하고 교육기관의 책임감 있는 대처 과정을 보여주는 것이 중요하다.

(1) 가해유아 부모의 반응

가해유아의 부모는 자녀의 잘못을 인정하고 피해유아에게 사과를 하는 부모들도 있지만 일부 부모들은 〈표 10-5〉에 나타나 있는 바와 같이 자녀의 잘못을 부정하거나 축소시키고, 상대유아에게 책임을 전가시키기도 한다. 어떠한 유형의 부모를 만나게 되더라도 부모를 탓하거나 이에 감정적으로 대응하기보다는 교사와 기관 차원에서 일관된 원칙과 태도를 지니고 절차대로 대응하는지 먼저 검토할 필요가 있다(문재현 외, 2012a). 괴롭힘은 이에 대한 교사의 명확한 태도, 신념, 기관의 사안 처리 체계나 일정한 방식이나 단계가 있을 때 공정하게 해결될 수 있다.

〈표 10-5〉 괴롭힘 가해유아 부모의 반응유형

절대부정형	쌍방책임형
"우리 애는 착한 아이에요." "우리 애는 모범생인데 절대 그럴 리가 없어요." "우리 애가 왕따시켰다는 증거를 대보세요."	"애들끼리 싸울 수도 있는 거죠." "일방적으로 때린 게 아니라 서로 다툰 것인데요."
사건축소형	**책임전가형**
"한 대 때린 게 무슨 문제인가요." "때린 것도 아니고 같이 안 놀아준 걸 가지고 왜 이 난리죠."	"당한 애가 그럴 짓을 했겠죠." "ㅇㅇ있죠? 걔가 좀 그렇더라고요. 친구를 잘못 사귀어서 그래요."

출처: 정종진(2012b). p. 146.

(2) 가해유아 부모 상담 과정 (문재현 외, 2012a 재구성)

①부모의 감정을 수용하고 이해한다.

"많이 놀라셨지요?", "이렇게 오시라고 한 것은 OO를 야단치려는 것이 아니에요. OO를 어떻게 도와야 할지 함께 의견을 나누고 싶어서요."

② 피해유아의 피해정도를 정확하게 알려준다.

"현재 ○○는 신체적으로 ~한 상태이고, 유치원에 오는 것을 불안해하고 있어요."

③ 괴롭히는 행동은 용납할 수 없으며 중단되어야 함을 밝힌다.

"친구를 때리는 것은 절대 해서는 안 되는 행동이에요. ○○가 이런 행동을 멈출 수 있도록 부모님과 함께 방법을 논의하고 싶습니다."

④ 가해유아의 지도방안에 대해 협의한다.

"○○에게 어떤 도움을 주면 좋을까요?", "지난번 상담에서 ○○가 집에서 ~~ 한 점이 힘들다고 하셨는데, 혹시 지금은 어떤가요?", "○○를 돕기 위해 저는 ~~방법을 생각해 봤어요."

⑤ 가해유아에 대한 기대감을 전한다.

"○○는 이런 장점을 가지고 있고, 그래서 이렇게 지도하면 더 나은 행동을 할 수 있을 거라 믿습니다. 부모님과 함께 협력해서 ○○를 도와주면 꼭 좋아질거라 생각해요."

⑥ 진심어린 사과와 피해 회복의 중요성을 인지시킨다.

"부모님과 ○○의 진심 어린 사과가 ○○가 안정을 찾는 데 큰 도움이 됩니다", "이번 일로 ○○가 많이 힘들어하고 있어서 ○○에게 직접 '미안해' 라고 이야기하고 위로해 주라고 했어요."

⑦ 앞으로의 계획을 이야기한다.

"앞으로 ○○가 괴롭힘 행동을 멈추는지 관심을 가지고 잘 지켜보고 지도할 예정입니다. 가정에서도 아이의 변화에 대해 공유하고 함께 협력하면 좋겠습니다."

(3) 가해유아 부모 상담 원칙

가해유아 부모 상담에서 교사가 지켜야 할 중요한 지침을 사례와 함께 정리하면 아래와 같다(Roberts, 2015, pp. 112–124 재구성).

① 감정적으로 대응하지 않는다.

이를 위해서는 부모의 태도보다는 부모가 이해하고 있는 상황에 초점을 두는 것이 도움이 된다. 아래의 사례에서 수진이 어머니의 첫 마디는 방어적으로 보인다. 수진이의 행위는 정당한 것이었으며 잘못한 것이 없다고 여기고 있다.

> 교사: 이렇게 와 주셔서 고맙습니다(이하 '교')
> 모: 네, 오긴 왔는데 뭐가 문제인지는 모르겠네요. 수진이가 대충 이야기하긴 했는데 저는 그게 문제가 되는지 모르겠어요. 애들끼리는 흔한 일 아닌가요?
> 교: 혹시 수진이에게 어떤 이야기를 들으셨는지 여쭤봐도 될까요?
> 모: 수진이가 친구들에게 좀 안 좋은 말을 하고, 어떤 애한테는 같이 놀 수 없다고 했다 하더라고요. 자기도 화가 나서 그랬다고. 그 친구가 예전에 자기랑 안 논다고 해서 그런거라고요.

수진이에게서 들은 말로 살펴보면 수진의 어머니의 반응은 당연한 것으로 보인다. 교사는 수진 어머니의 태도에 반감을 가지지 말고, 부모가 현재 이해하고 있는 것이 무엇인지 정확하게 묻는 질문만을 하는 것이 중요하다.

② 부모가 자녀에게 잘못이 없다고 주장할 경우, 상담의 목적을 상기시킨 후, 객관적 정보와 증거 등을 보여준다.

> 교: 네, 어머니. 사실 여러 일이 있었어요. 저는 사실 수진이의 원만한 친구 관계를 돕기 위해서 어머님을 뵙고 싶었어요. 현재 상황을 말씀드리고, 함께 방법을 여쭈어보고 도움을 요청하고 싶어서요. 어머니께서 도와주시는 것은 수진이를 돕기 위해 정말 중요합니다. 수진이를 탓하기 위한 것이 아니라 실수를 바로잡고 수진이가 더 즐겁게 친구들과 지낼 수 있도록 돕고 싶어요.
> 모: 하지만, 수진이는 아무런 나쁜 짓도 하지 않았는데요. 우리 수진이는 별문제가 없는데요.
> 교: 네, 어머니. 아마 못 들으셨을 수도 있을 것 같아요. 주변 아이들이 겪은 이야기나 제가 본 것을 말씀드려도 될까요?

부모는 자신의 아이가 여전히 잘못이 없기 때문에 문제가 없다고 주장하지만 교사는 상담의 목적을 잃지 않으려 노력하고 있다. 교사는 이럴 때 객관적 증거, 즉 아이의 행동을 증명할 만한 기록을 보여주는 것이 필요하다.

교사가 유의할 점은 이러한 상담의 목적은 수진이를 난처하게 몰아가거나, 처벌하는 것이 아니고 부모가 자신을 '나쁜 부모', '잘못된 부모'라고 느끼게 하는 것도 아니라는 점이다. 교사는 이 점을 계속 명심하면서 상담의 초점을 지켜나가야 한다. 부모가 듣기를 거부할 때는, 상담의 목적이 처벌이 아니라 책임의 소재를 가려서 학습 환경을 개선하고자 하는 것임을 언급한다. 방법을 논의하고 이에 동의해서 수진이의 행동을 고치기 위한 것이다.

교: 저희 원에서는 모든 아이들을 매일 꾸준히 관찰하고 발달상황을 기록에 남기고 있는데요. 이것은 수진이에 대한 관찰기록입니다. 아마 어머니께서 생각하시는 수진이의 모습과 차이가 있을 수도 있어요.

객관적 정보와 증거를 제시하는 것은 가해유아를 처벌하려는 게 아니라 가해유아의 행동을 고치기 위해 반드시 필요하다. 교사는 수진이가 놀이 중 다른 아이에게 했던 따돌림, 이간질, 명령 등에 대한 일화기록, 공격적 행동에 대한 체크리스트 등을 보여준다. 또한 다른 아이들이 수진이의 행동에 대해 불만을 제기한 일화들도 포함되어 있다.

③ 부모의 도움과 협력이 매우 필요하다는 점을 강조한다.

교사는 서두르지 않으면서 대화를 올바른 방향으로 끌고 가야 한다. 아래의 대화에서 교사는 부모가 책임감을 느낄 수 있도록 협력을 요청하고 있다.

모: (기록을 읽어본 후) 그렇지만 ㅇㅇ가 수진이를 먼저 안 끼워줬다고 하던데요. ㅇㅇ가 자기만 빼고 다른 아이들한테 스티커랑 나누어주면서 집에 놀러 오라고 했다고요.
교: 네, 그러한 행동을 한 ㅇㅇ는 필요한 조치를 취하였습니다. 그 뒤 ㅇㅇ과의 갈등이 많이 잦아들었는데, 수진이는 여전히 같은 행동을 지속하고 있고 지금은 오히려 자신이 다른 아이들에게 명령을 내리고 ㅇㅇ랑 놀지 말라고 하고 있어요. 그래서 다른 아이들이 수진이가 자기 마음대로 한다면서 몇 번 이야기를 했었어요.
모: …
교: 제가 이런저런 말로 수진이를 타일러도 보고 했었는데, 잘 교정이 안되는 것 같아서요. 어머니의 도움이 필요합니다. 수진이가 여러 아이들과 잘 어울리는 방법을 지금 배우는 것은 나중에 학교에 가서도 원만한 학교생활을 하는 데 무척 중요합니다. 수진이의 미래를 위해서도, 꼭 필요한 과정입니다.
모: 알겠어요. 제가 무엇을 하면 되죠?

상담 초반, 자녀의 행동을 부인하고, 합리화하던 모습에서, 교사가 학부모가 이 문제 해결을 위해 꼭 도와주기를 바란다는 것, 부모의 협력이 문제 해결의 과정이라는 점을 강조하자 부모도 책임감을 느끼기 시작했다.

④ 교사가 해결 방안을 제안하되, 부모가 할 수 있는 역할을 제안하고 의논한다.

교: 먼저 어머니께서 수진이에게 지금까지 했던 이러한 행동은 앞으로 하면 안 된다는 것을 이야기해 주시면 좋겠습니다. 두 번째, 수진이가 원하는 것이 무엇인지 물어보시고 관심을 가져주세요. 세 번째, 원하는 것을 얻는 올바른 방법을 가르쳐주시면 좋겠습니다. 친구들에게 명령하거나 시키는 것이 아니라 긍정적인 말로 부탁하는 방법을요. 마지막으로, 상대방의 마음도 존중해야 한다는 것을 알려주세요. 이러한 내용을 중심으로 제가 수진이에게 도움 될 만한 방법을 정리해 둔 메모가 있는데요. 상담이 끝나고 전해드리겠습니다.
모: 우리 애는 그렇게 큰 잘못은 없어요. 잘못된 애가 아닌데….
교: 이 또래의 아이들은 아직 모든 면에서 미흡합니다. 수진이도 이제 세상을 배워나가기 시작한 것뿐이에요. 미흡한 부분을 알려주는 것이지 아이가 잘못되었다는 것은 아니에요.
또한 수진이에게 친구들과 어려움이 있으면 제게 와서 이야기해달라고 전해주세요. 선생님은 늘 수진이를 도울 준비가 되어 있다고요.

⑤ 진심으로 아이의 행동이 바뀌길 원하며 바뀔 수 있다고 믿고 있다는 점을 알린다.

> 모: 그러한 것은 평소에도 제가 말하는 것이에요. 이런 방법이 효과가 있을까요?
> 교: 어머니와 제가 함께 수진이에게 관심과 사랑을 가지고 지도한다면 수진이가 아이들과 지내는 데 문제가 많이 줄어들거라 생각합니다. 일단 이 방법을 지도해 보시고, 혹시 제가 알려드린 방법 중에 효과가 잘 나타나지 않거나, 다른 좋은 방안이 있으시면 말씀해 주세요. 어머님의 말씀은 언제든 환영입니다. 저는 수진이가 더 즐겁게 친구들과 지낼 수 있다면 가능한 모든 방법을 다 시도해 볼 거예요.
> 모: 네, 저도 집에서 해볼게요. 수진이에게 관심 보여주셔서 감사해요.
> 교: 네, 언제든 유치원으로 연락주세요. 어머니께서도 수진이를 지도하시면서 어려운 점이 있으시면 저희가 도움이 되어 드릴게요.

⑥ 긍정적인 분위기에서 마무리하기

상담은 좋은 분위기로 마무리되었지만 부모가 교사가 제안한 모든 것에 동의하고 인정한 것은 아니었다. 하지만 부모는 수진이에게 관심을 가지고 돕고 싶어 한다는 교사의 진심에 마음을 열었다. 이제 부모와 교사의 협력적 관계가 시작된 것이다.

⑦ 부모와 공감대 형성하기

가해유아의 부모를 상담할 때는 부모의 심정, 입장을 이해하고 공감하는 것이 가장 우선시된다. 공감대를 형성하지 않으면 함께 문제를 해결하는 것이 불가능하기 때문이다.

가해유아의 부모는 가해행위를 부인하거나 최소화 혹은 합리화하려고 하며, 자신의 아이가 가해유아가 된 것에 억울해하기도 한다. 자녀가 원래 그런 아이가 아닌데 이유가 있어서 그랬을 것이라 여기기도 하며, 처벌도 최소화되기를 기대한다. 이때 교사는 부모의 이야기를 경청하되, 부모의 양육 방식이나 책임에 대해 점검하도록 하는 것이 필요하다(송재홍 외, 2016).

이때 공격적인 학부모의 태도에 두려워할 필요가 없다. 공격적인 학부모는 고압적인 자세를 보여주며, 자신의 권위를 내세우는 것에 있으므로, 직접적 대립을 피하는 것이 좋다. 면담 초반에 중립적인 소재로 대화를 시작하는 것이 좋다. 예를 들면 공통점을 찾아 방어기제를 낮추는 방식도 좋다. 공격적인 부모는 공감대가 형성되면 면담 분위기를 지배해야겠다는 욕구를 덜 느끼게 된다. 자신에게 호감을 느끼는 누군가를 협박하는 것은 불가능하기 때문이다(Roberts, 2015).

(4) 피해유아 부모 상담 과정

피해유아의 부모들은 자녀의 피해에 대하여 큰 분노를 경험한다. 교사는 피해유아 부모의 심정을 먼저 이해하고 공감을 보여주는 것이 필요하다. 부모의 감정이 가라앉은 이후, 사안의 효과적인 해결을 위해서는 감정적인 대응을 하기보다는 이성적으로 문제 해결 방안을 모색하는 것이 중요함을 안내한다. 이때, 문제 해결의 방향이 가해유아에 대한 처벌이 아닌 가해유아가 자신의 행동을 되돌아보고 수정해 나갈 수 있는 교육적 개입 방안을 모색하는 것임을 분명하게 전달한다(송재홍, 2016). 가해유아와 피해유아의 부모가 서로 아는 경우, 가해유아 부모가 직접 사과하기를 바라는 경우는 부모끼리 직접 만나서 화해하는 것을 원할 수도 있다. 그러나, 가능한 유치원의 중재하에 만날 것을 요청하도록 한다.

피해유아 부모가 경험할 수 있는 여러 가지 감정과 행동은 다음과 같다(조정실, 차명호, 2012, pp.229-230).

- 두려움: 자녀가 괴롭힘 피해를 당했다는 사실에 놀라 두려움과 불안을 느끼게 된다.
- 막연함: 어떻게 해결해야 할지 몰라 막연함을 느낀다. 누구를 만나고 어떻게 이야기해야 하는지를 모르는 상태다. 대부분 교사를 찾아가게 된다.
- 신뢰감: 부모는 교사가 도움을 줄 것이라는 믿음이 있다.
- 당혹감: 교육기관이 문제를 축소, 왜곡, 무시할 때 교사, 교육기관에 대한 신뢰감은 불신으로 바뀌게 된다.
- 분노감: 교육기관이나 교사가 해결할 의지를 보이지 않고 무성의하게 대응하는 경우 부모는 배신감을 느끼며 분노하게 된다. 이때는 매우 감정적으로 교육기관에 대한 불신, 분노로 법적 대응과 같은 다른 방법을 검토하게 된다.

- 공격적 행동: 교사 혹은 가해유아, 가해부모를 찾아가 화를 내고 언성을 높이고, 교육청에 민원을 제기하기도 한다. 심한 경우에는 가벼운 사안도 언론사에 제보하기도 한다.

교사는 이러한 피해유아 부모의 감정을 염두에 두고 상담에 임해야 한다. 상담은 교사가 피해를 파악하고 먼저 요청하거나, 부모가 먼저 파악하고 요청할 수도 있다. 피해유아 부모 상담절차는 아래와 같다(문재현 외, 2012a 재구성).

① (교사가 먼저 상담을 요청하는 경우) 상황을 간략히 이야기한 후 부모에게 유치원으로 와줄 것을 요청한다.

"요즘 OO가 친구들로 인해 힘들어하더라고요. 유치원으로 오셔서 부모님과 함께 이야기하면 좋겠습니다."

② 부모의 아픔에 공감을 표한다

"놀라셨지요. 이런 일이 생겨서 마음이 정말 마음이 아프고 속상합니다."

③ 피해유아의 상태에 대해 물어본다

"집에서는 잘 지내나요?", "유치원에서 있었던 일에 대해 많이 속상해하고 있나요?"

④ 해결의지를 표한다.

"이런 일은 일어나서는 안 된다고 생각합니다.", "모든 아이들은 즐겁고 안전하게 지낼 권리가 있습니다.", "이런 일이 일어나지 않도록 제가 단호하게 아이들을 교육하겠습니다."

⑤ 부모의 요구사항을 파악한다

"부모님의 의견을 반영하여 진행하도록 노력하겠습니다.", "혹시 어떻게 해결되었으면 좋겠다 하는 것이 있으신지요?"

⑥ 피해유아의 보호를 위해 노력할 것을 약속한다

"앞으로 ○○가 안전하고 즐겁게 지낼 수 있도록 여러 방안을 마련하겠습니다."

⑦ 해결방안 및 앞으로의 계획을 밝힌다

"○○를 괴롭힌 아이에 대해서도 제가 개인적으로 지도 중이며, 부모님께도 말씀드렸습니다."
"저희 원 전체에서 이 사안을 진지하게 생각하고 있습니다."
"원 전체 차원에서 괴롭힘 예방과 관련한 교육과정을 운영하고 이런 일에 대해서도 아이들과 진지하게 지속적으로 이야기할 예정입니다."

⑧ 협력 방안을 논의한다

"앞으로 ○○에 더욱 관심을 가지고 지켜볼 것입니다. 언제든지 도움이 필요하시면 연락주세요."
"부모님의 도움이 꼭 필요합니다."
"가정에서도 ○○에게 제가 말씀드린 방법을 해주시기를 부탁드립니다."

(5) 피해유아 부모 상담원칙(Roberts, 2015)

① 부모를 존중하고 공감해라

부모가 하는 말을 귀담아듣고, 부모, 유아의 심정에 공감을 표한다.

"어머니 말씀을 듣고 보니 ○○가 힘들었겠네요. 이러한 정보를 주셔서 고맙습니다. 당장 내일부터 이 문제를 처리하겠습니다. 내일 다시 전화드리겠습니다."

② 학부모의 격앙되고, 공격적인 태도에 방어적으로 대하지 마라

교사의 방어적인 대응은 두려움에서 온다. 두려움은 내가 이 상황을 제대로 대처할 수 없다고 생각하기 때문에 오는 것이다. 부모가 흥분하고 공격적이어도, 단호함, 공정함, 상냥함 등의 전문적 태도로 대응하는 것이 중요하다.

"제가 방금 잘 처리하겠다고 약속드렸는데, 자꾸 이러시면 저도 불쾌하군요. 어머니가 좀 예민하시네요." (X)

③ 상담의 목적을 상기하며 핵심 문제에서 초점을 벗어나지 말아라

부모가 여러 차례 교사 말을 끊거나 격하게 반응하더라도, 이에 대해 감정적으로 대응하면 이성적 사고가 어렵기 때문에 건전한 논의가 이루어지기 어렵다.

④ 해결 과정에 학부모를 꼭 참여시켜라

아이를 위한 해결책은 교사만의 일이 아니라 가정에서 지속적으로 지도해야만 가능하다는 점을 강조한다. 일단 부모와 교사 간의 협력적이고 신뢰로운 관계가 형성되면 추후 문제 생겼을 때 정보를 즉시 공유하고 문제를 효과적으로 풀어나갈 수 있게 된다.

"어머니께서 꼭 도와주셔야 합니다. 그러면 OO에게 이렇게 말씀해 주시겠어요? 저희는 유치원에서 이렇게 하겠습니다. OO가 힘들 때 선생님이 있다는 걸 꼭 알려주세요. 선생님이 도울 수 있다고, 문제가 생기면 언제든 연락주세요."

⑤ 부모에게도 역할을 부여해라

어찌해야 할지 모르는 부모에게는 자녀에게 해줄 말을 부탁하며 부모가 가정 내 훈육에 권한이 있다는 점 주지시킨다. 부모가 괴롭힘 예방을 위한 협력자가 될 수 있도록 이끌어야 이후 소통도 잘 이루어지게 된다.

"어머니께서 OO에게 자신의 잘못이 아님을 알려주세요. 저와 다른 친구들이 도와줄 준비가 되어 있다고, 어머니께서도 도울 거라고 확신을 주세요."

⑥ 가정의 권위자로서 학부모를 인정해라

대화 시작이나 중간에 학부모에 대한 존경과 감사를 표한다.

"아버님이 그렇게 말씀해 주신 것에 감사드립니다.", "아이에게 그렇게 해주신 건 정말 도움이 될 것 같아요."

⑦ 문제 해결을 위한 적극적 태도를 보여라

유아가 겪고 있는 문제를 해결하기 위해 적극적으로 개입하고 있으며, 앞으로도 그럴 것이라는 확신을 주어야 한다.

⑧ 가해유아에 대한 처벌보다 중요한 것은 피해유아의 회복과 유치원 적응이라는 점을 안내하라(신재한, 권민선, 2017)

⑨ 피해 측의 요구가 치료금이나 합의금에 대한 이슈일 경우에 가능한 수준을 제시하고 한계를 수용할 수 있게 설득해라(신재한, 권민선, 2017)

이때 학교안전공제회에 치료비 선지급, 보상 가능 범위에 대해 자세히 문의하고 도움을 받도록 한다.

피해유아 부모의 과도한 요구가 있을 때는 어떻게 하면 좋을까요?

'진심으로 사과만 했어도 법정까지 가진 않았을 거예요.' (피해유아 부모의 호소)
'사과하고 병원비까지 책임진다고 했는데, 진료비 이외에도 이것저것 핑계를 대고 돈을 요구해요.' (가해유아 부모의 말)

피해유아의 부모 입장에서는 아이의 신체적, 심리적 상처와 충격을 고려하면 너무나 마음이 아프다. 유치원에 가서 또 따돌림을 당하거나 가해유아가 또 때리지는 않을까 하는 걱정이 앞선다. 한편으로는 상대도 당해봐야 자신의 입장을 알 것이라는 분노, 진심으로 사과를 하지 않는다는 서운함을 느낄 수 있다. 이런 경우 부모는 적대적 태도를 보이게 되며 피해보상에 대해 과도한 요구를 할 수도 있다.

피해유아의 심리적 상처를 회복하기 위해서는 금전이 아닌 가해유아의 진심어린 사과가 필요하다. 교사는 가해유아, 가해유아 부모의 진심어린 사과가 이루어질 수 있도록 최선을 다해 도와야 한다. 또한 필요시 피해유아가 입은 상처를 회복시키기 위한 가해유아 부모의 적절한 성의도 필요할 것이다.

가해 측이 흔히 저지르는 실수는 말로는 미안하다고 하면서도 어쩔 수 없었다거나 이런저런 이유를 제시하여 핑계를 대는 것이다. '미안해. 하지만~~했어.'라는 것은 사과가 될 수 없다.

피해유아 부모의 경우 금전적 고통을 주고 과도한 치료비를 청구하기보다는 피해를 당한 자녀가 가장 바라는 것, 자녀를 가장 위하는 일이 무엇인가를 생각해야 한다. 교사나 교육기관에 대한 서운함과 분노의 감정에만 머물러 있게 되면 자녀의 고통을 줄여주어야 겠다는 생각을 하지 못하게 한다.

피해유아의 부모가 가장 바라는 것은 결국 자녀가 유치원에서 친구를 잘 사귀고 즐겁게 지내는 것이다. 따라서 양측 부모가 모두 감정적으로 격양되어 있을 때는, 이러한 과정과 방법이 부모 자신의 감정을 해결하기 위한 것인지, 아이들을 위한 것인지 스스로 되짚어 봐야 하며, 아이들이 유치원에서 예전처럼 원만하고 정상적으로 지낼 수 있도록 하는 방법에 초점을 두는 것이 바람직하다.

출처: 조정실, 차명호(2012).

5) 부모와 교사 간 상호작용의 순환

부모는 자녀의 괴롭힘 사건으로 불안한 마음을 지니고 교사와 만나게 된다. 이러한 상황에서 부모는 자녀를 보호하기 위해 여러 방어기제를 사용할 수 있다. 대표적인 방어기제로는, 공격적 행동, 자기합리화가 있다. 이러한 부모들은 상황을 객관적으로 받아들이기 어려운 경우, 교사나 상대 아이를 비난하게 되는데 이로 인해 교사와 부모 간의 긴장이 유발되고, 부모의 공격을 인식한 교사 역시 방어적이 된다. 이는 다시 교사와 부모 사이의 긴장을 고조시키고, 부모는 방어적 태도를 강화함으로써 괴롭힘 사안에 대해 객관적인 정보를 파악하기보다는 감정에서 기인한 파괴적인 순환이 지속되는 것이다([그림 10-1]).

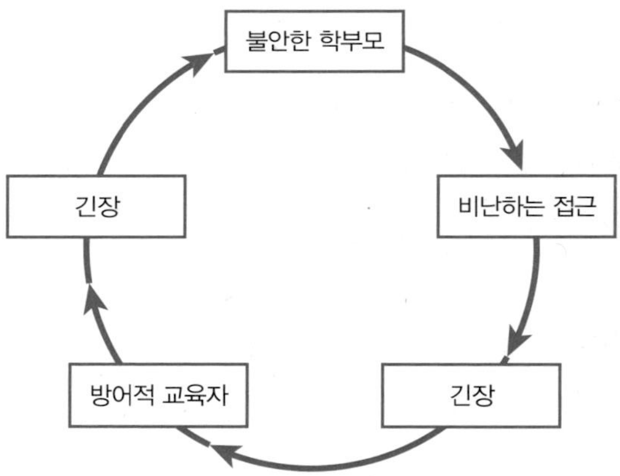

[그림 10-1] 학부모와 교사의 파괴적인 상호작용 순환

출처: Roberts(2015), p. 101.

교육기관에서는 사건에 머무르는 것이 아니라 해결방안을 내는 것이 핵심이라는 점을 놓치지 않고 이를 부모가 깨닫도록 도와야 한다. 교사는 부모에게 공격받을 때 똑같이 흥분하여 그것을 받아치려고 하지 말고, 감정적으로 중립된 행동을 보이는 것이 필요하다. 직접적으로 대응하지 않으면 공격자의 싸움전략은 빗나가게 된다. 상대가 조용한 반응을 보이게 되면 부모는 계속 화를 내고 있을 구실을 잃게 되고 진정된 태도를 보이게 된다([그림 10-2]). 교사는 흥분된 부모의 마음을 진정시킬 수 있도록 다음과 같은 말을 할 수 있다(Roberts, 2015).

> "이 문제에 마음이 상하신 것은 당연합니다. 이 문제를 해결하시고 싶으셔서 그러신 것 같아요. 적극적으로 임해주셔서 함께 해결방안을 논의하는 데 도움이 될 것 같습니다. 어머님께서 함께해주시면 정말 큰 도움이 될 것입니다."

교사의 선의는 학부모를 안심시키고, 이에 학부모도 방어적이거나 공격적인 태도를 철회하게 된다. 학부모가 교사에게 느꼈던 거리감은 친근감으로 바뀔 수 있으며, 이를 통해 자녀의 교육을 위한 교사와 부모의 동반적인 관계가 형성되게 된다.

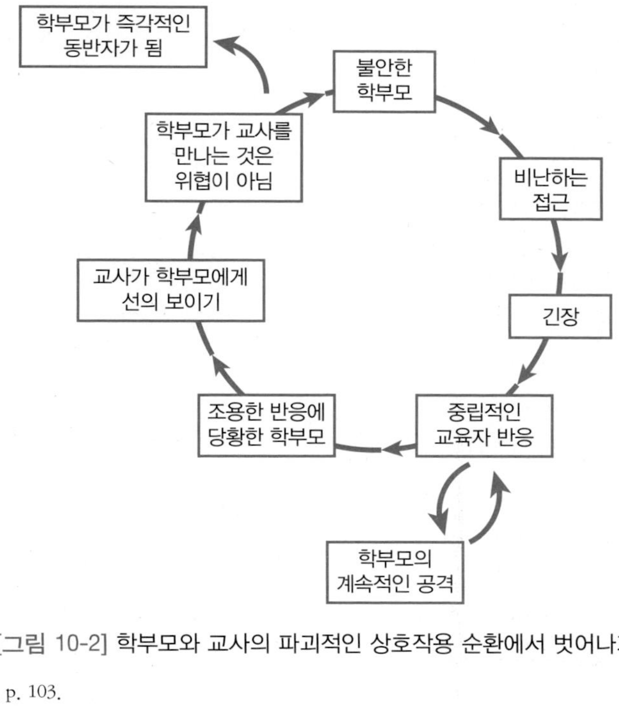

[그림 10-2] 학부모와 교사의 파괴적인 상호작용 순환에서 벗어나기

출처: Roberts(2015), p. 103.

6) 괴롭힘 상담 과정에서의 교사 후유증(송재홍 외, 2016)

괴롭힘은 이를 처리하는 교사에게도 스트레스와 괴로움을 주게 된다. 학교폭력을 처리한 학교 교사들에 관한 연구들에 따르면 교사들은 학생과 학부모의 비난으로 죄책감을 느끼며, 학부모가 학교폭력 사안을 언론에 제보하거나 법적 조치를 가하는 경우, 조사 과정에서 심리적 소진을 경험하고 있었다.

따라서 교사의 신체적, 정신적 상태를 보호해 줄 수 있는 최소한의 보호적 제도 및 교사가 사안처리과정에서 겪는 스트레스에 대한 상담지원 등도 필요할 것이다.

요약

- 교사는 가해유아의 정서, 사회, 인지적 능력을 종합적으로 증진시키는데 중점을 두되, 자신의 행동을 깨닫고 책임질 수 있도록 지도한다.
- 교사는 피해유아가 괴롭힘에 대처할 수 있는 구체적 방법을 알려주고, 언제나 교사나 친구들로부터 도움받을 수 있다는 확신을 준다.
- 괴롭힘 사안에 개입 시, 교사는 관찰, 일화기록, 심리검사 등 다양한 방법을 통해 가해행동의 원인을 종합적으로 파악하고, 부모 상담을 통해 유아 지도방향을 설정하고 실행방법에 대해 함께 논의한다. 이후 교사와 부모가 지속적으로 협력하며 지도한다.
- 괴롭힘 사안을 해결하는 과정에서 부모의 협력을 얻기 위해서는 평소 괴롭힘에 관심을 가지고 예방하려는 교육기관의 노력, 교사의 전문적 대처 역량, 교육기관의 예방 지침과 원칙을 알리는 노력을 통한 신뢰로운 관계형성이 필요하다.
- 괴롭힘 사안처리 시 교사는 상황을 객관적 판단하고, 적극적 해결 자세를 보이며, 부모에게 공감하고 부모를 신뢰하는 태도를 지녀야 한다.
- 피해, 가해유아의 부모를 만나게 될 때는 먼저 부모를 존중하고, 학부모의 격앙되고, 공격적인 태도에 방어적으로 대하지 않고, 이성적인 태도로 문제해결에 중점을 두어야 한다.

생각해 보기

"나는 유아를 얼마나 이해하고 있을까?"

교사는 괴롭힘을 가하는 유아의 공감능력을 증진시키려고 노력한다. 그런데 정작 교사인 나는 얼마나 그 아이를 이해하고, 알며, 그 유아에게 공감하고 있을까. 아래는 A교사의 반성적 저널이다.

우리 반에는 공격적 행동을 하는 만 5세 남아가 있었다. 평소에는 경직된 상태이지만 비교적 말수도 적고 행동 반경이 큰 유아가 아니었는데, 사회적 놀이를 할 때 의견이 충돌하거나 양보를 해야 하거나 게임에서 질 때는 침 뱉기, 때리기, 위협하기 등의 공격적 행동을 보였다. 처음에는 언어적으로 어떻게 표현하는지 몰라서 그러는 것인가 싶어 생각을 표현하는 방법, "이렇게 하지 말고 선생님과 이야기나눈대로 해보면 어때?" 와 같은 말을 알려주기도 했고 단둘이 앉아서 왜 그렇게 행동이 나왔는지(때리기, 침 뱉기) 그 행동에 대해 어떻게 생각하는지(스스로 평가해 볼 수 있도록 지도함) 친구가 어떤 마음이었을지(조망수용능력) 대화를 나눠보기도 했다. 그러나 유아의 행동이 좋아지지 않고 '선생님은 나를 때리거나 위협할 수 없어 힘이 없어.' 라고 생각하며 오히려 공격적 행동이 더 심해졌다. (C: 유아, T:교사)

C: 저는 게임을 한 것뿐이에요. 제가 이기고 있었는데 자꾸 내 거를 가져가려고 하잖아요.
T: 게임 방법이 무엇이지?
C: 주사위에서 많은 수가 나오면 이동하고 거기에 있는 카드를 가져가는 거요.
T: 00이가 카드를 가져가는 게 게임 규칙과 맞지 않니?
C: 싫어요. 그러면 나는 게임 안 해요.
T: 그러면 친구들과 함께 게임할 수가 없는데 그래도 괜찮아?
C: 아니요. 나도 안 하면 친구도 못 해요.
T: 친구는 어떤 마음일 것 같니?
C: 싫을 것 같아요.
T: 00이는 친구가 너를 싫어하는 마음을 느끼면 어때?
C: 저도 싫어요. 그런데 화가 나요. 내가 지면 화가 나요.
T: 게임은 이길 수도 있고 질 수도 있는 거야. 져서 속상하면 다음에 또 다른 게임을 하면 되지! 아니면 게임 말고 이기고 지는 게 없는 놀이를 해보자.
C: 이걸 하고 싶어요. 그리고 나만 이겼으면 좋겠다구요.

T: (반복되는 레퍼토리에 지쳐 말 중단) 그럼 일단 너가 한 행동에 대해서 친구에게 어떤말을 하면 좋을까? 너가 침을 뱉어서 친구가 굉장히 속상한 것 같아.

C: 미안해. (형식적으로)

갈등을 중재한다고 생각했는데 그때의 상황을 돌이켜 생각해 보면 가장 중요한 일인 유아 자체를 공감하는 것이 빠졌다고 느꼈다. 나는 유아를 이해하지 못했다. '분명히 잘못된 행동임을 유아가 알고 있는데 왜 이런 행동을 자꾸 할까?'에만 집중했지, '어떻게 이런 행동을 배웠을까? 유아에게 무슨 일이 있었을까?' 는 집중하지 못했다. 유아도 알았던 것 같다. 선생님이 진심으로 자신을 받아들이지 못한다는 점을 말이다. 다양한 공격적 행동을 지도하는 방법들이 있다. 하지만 나는 유아의 삶에 들어가지 못했다. 부모님과의 상담에서 유아의 공격적 행동이 어떠한지 다른 유아들에 어떤 피해를 주었는지가 주 상담내용이었다. 그 유아는 1년을 채우지 못하고 다른 유치원으로 옮겨갔다. 유아에게 학교에서 배웠던 갈등중재방법, 모델링, 대안 함께 찾아보기 등을 시도했지만 첫 번째는 '유아를 이해하기'라는 것을 배웠다. 이는 공격적 행동뿐만 아니라 모든 문제행동을 보이는 유아를 지도하고 함께할 때 내가 가져야 할 마음가짐이라고 생각한다.

CHAPTER 11

유아기 괴롭힘 예방 및 개입 관련 프로그램

괴롭힘 예방 및 개입을 위해서는 유아뿐 아니라 교직원, 학부모, 교육기관, 더 나아가 지역 사회 등 모든 사회 구성원의 관심과 참여, 이들 간의 협력이 필요하며 이들을 대상으로 한 예방 및 개입 프로그램이 필요하다.

유아교사는 이러한 예방 및 개입의 중심에 있다. 유아교사는 유아 괴롭힘 예방 및 개입 프로그램에 대한 지식과 이해를 갖추고, 유아들 간 괴롭힘에 민감하게 반응하며 괴롭힘으로 발전될 만한 사안들을 파악해내 조기에 대응할 수 있어야 한다. 하지만, 괴롭힘 예방 및 개입 프로그램은 학령기 특히 초등학교 고학년, 중학교, 고등학교 학생을 위주로 개발되어 오고 있어서 유아들을 대상으로 하는 프로그램은 많지 않다. 본 장에서는 유아기 괴롭힘 예방을 목적으로 개발된 개발된 국내외 프로그램의 교육내용 및 활동을 살펴보고, 현장 적용 방법을 탐색해 보고자 한다. 각 프로그램의 구체적 활동사례, 활동계획안이나 활동방법이 공개된 경우 함께 제시하였다. 이를 통해 괴롭힘 예방교육이 유아교육 현장에서 실제로 어떻게 이루어질 수 있는지 파악하고, 괴롭힘 예방교육을 위해 활용해 볼 수 있을 것이다.

1 유아기 괴롭힘 관련 유아 대상 프로그램

1) Free of Bullying Program(https://www.freeofbullying.com)

Free of Bullying Program은 2007년 덴마크의 The Mary Foundation과 Save the Children에서 공동 개발한 괴롭힘 예방 프로그램이다. 이 프로그램은 보육시설 및 유치원, 초등학교 저학년 어린이들 간의 괴롭힘을 예방하기 위한 내용으로 프로그램이 구성되어 있다. 대상 연령은 0세부터 약 8~9세까지(초등학교 저학년)이며, 어린이를 위한 안전하고 긍정적인 환경을 만들고, 괴롭힘을 줄이는 것을 목적으로 하고 있다. 덴마크 유아교육기관(preschoos)의 1/3, 초등학교의 1/4이 이 프로그램을 쓰고 있을 정도로 국가적으로 활용도가 높은 프로그램이다(Smith, 2016).

(1) 기본 관점

- 괴롭힘은 개인적인 현상이 아니라 집단적인 현상이다.
- 괴롭힘은 개인이 가진 특성에 기인하여 발생하는 것으로 이해하는 것은 괴롭힘 현상을 모두 설명할 수 없다.

(2) 목표

- 유치원과 초등학교에서 괴롭힘을 감소시키는 것을 목표로 한다.
- 유치원과 초등학교 어린이들에게 안전하고, 긍정적이며, 건전한 분위기와 환경을 조성하는 것을 목표로 한다.

(3) 교사의 역할

- 아이들에게 좋은 친구가 되는 방법을 가르쳐야 한다.
- 괴롭힘을 당할 때 “아니요”라고 말할 용기를 심어주어야 한다.

- 관용, 존중, 배려, 용기의 가치를 바탕으로 행동하도록 아이들을 지원해야 한다.
- 유아들 간의 공동체 의식을 강화해야 한다.

(4) 4가지 가치(관용, 존중, 배려, 용기) 실현

이 프로그램은 괴롭힘을 줄이기 위하여 관용(tolerance), 존중(respect), 배려(care), 용기(courage)의 4가지 기본 가치를 중심으로 이를 함양하기 위한 내용으로 구성되어 있다.

이 프로그램은 괴롭힘은 아이들의 소속감에 대한 본능적 욕구에서 발생하는 것으로 본다. 아이들은 자신이 안전하지 않다고 생각될 때, 자신이 고립될 수 있다고 느낄 때 불안해하며, 이로 인해 어린이들은 새로운 그룹을 만들어 소속감과 안정감을 느끼고자 한다. 그런데 이러한 집단 형성은 오히려 자신의 집단에 소속되지 않은, 자신의 집단과는 다른 특징을 지닌 아이들을 배제하게 될 우려가 높다는 것이다.

반면 관용과 포용적인 그룹에서는 괴롭힘을 자신과 다른 특징을 지닌 아이 혹은 집단도 이해하고, 배려하며 그 자체로 존중하게 되므로 괴롭힘이 발생하기 어렵다. 다양한 활동을 통해 어린이는 좋은 친구가 되는 것이 무엇인지, 좋은 친구가 되기 위한 사회적 기술을 배우게 된다. 어린이들은 자신의 지킬 수 있는 용기를 키우고, 다른 사람이 부당한 대우를 받을 때 그들을 지켜줄 용기를 배울 수 있다. 이러한 가치, 태도, 행동기술은 긍정적이고, 포용적인 어린이 공동체를 형성하는 데 기여할 수 있다. 따라서, 이 프로그램에서는 따돌림을 예방하는 열쇠를 배려와 관용, 포용적인 문화를 개발하는 것이 중요함을 강조하고 있다.

(5) 활용방법 및 활동예시

본 프로그램은 관용, 존중, 배려, 용기의 가치를 경험하고 배울 수 있도록 도와주는 활동, 관련 도구와 자료들로 구성되어 있다. 프로그램의 마스코트인 곰(the Buddy Bear puppet)을 등장시켜 어린이들과 대화 게시판, 포스터, 음악, 마사지 활동, 바깥놀이 게임 등 등의 활동을 정기적으로 실시한다. 이를 통해 괴롭힘 예방과 관련한 메시지를 전달한다. 0~3세 영아를 위한 주황색 가방세트, 3~6세 유아들을 위한 초록 가방세트, 6~9세 어린이들을 위한 파란 가방세트 버전으로 나뉘어져 있다. 유아뿐 아니라 교사, 부모에 대한 지침서도 개발되어 있어, 프로그램의 주요 대상은 영유아 및 아동이지만, 부모 및 보육 전문가, 유아교사의 역할도 중요함을 강조하고 있다.

[그림 11-1] Free of Bullying 웹사이트 및 사용 교재

출처: https://www.freeofbullying.com/

아래는 free of bullying의 홈페이지에 있는 활동들을 번역하여 표로 작성한 것이다.

① Free of Bullying 활동예시 1 〈슬리퍼 게임〉

이 활동은 다른 사람의 물건을 찾아줌으로써 또래에 관심을 갖고, 서로를 소중한 존재로 인식하기 위한 것이다.

〈표 11-1〉 'Free of bullying'의 '슬리퍼 게임' 활동계획안

활동명	슬리퍼 게임(Slippers Game)
활동목표	• 슬리퍼의 주인을 찾아 짝을 맞추면서 서로를 더 잘 인식하게 된다. • 어떤 물건이 누구의 것인지 인식하고 다른 유아들에게 관심을 가지게 된다. • 자신의 슬리퍼를 다른 유아들이 찾아주게 되면서 타인에게 인정받는 존재로서 자신의 소중함을 느낄 수 있다. • 유아들은 서로 슬리퍼를 찾아주는 과정을 통해 배려를 경험하게 된다.
참여대상	유아
활동자료	담요, 학급 내 유아들의 슬리퍼(혹은 실내화)
활동방법	1. 다 함께 바닥에 원 모양으로 둥글게 앉는다. 2. 영유아들은 한쪽 슬리퍼를 벗고 원 중앙에 쌓아두게 한다. 3. 슬리퍼 위에 담요를 덮는다. 4. 다 함께 간단한 노래를 부른다. "안녕! 좋은 하루! 코트 벗고! 걸어 걸어! 슬리퍼 신자! 발을 올리고, 한번 살펴보자~" 5. 술래(한 명의 유아)가 원 안으로 기어들어가 담요 아래에서 슬리퍼를 하나 꺼낸다. 6. 술래는 원 안의 다른 유아들을 둘러보며 슬리퍼의 주인을 찾아 슬리퍼를 신겨준다. 7. 만약 술래가 슬리퍼의 주인이 누구인지 잘 모른다면, 교사 혹은 다른 유아가 도움을 줄 수 있다.

출처: https://www.freeofbullying.com/the-free-of-bullying-programme/examples-of-activities/

② Free of Bullying 활동예시 2 〈펜을 컵에 넣기〉

이 활동은 혼자서는 해결할 수 없는 과제가 있다는 것을 깨닫고 함께 사람들은 공동체 내에서 서로 의존하며 살아간다는 점을 경험하게 하기 위한 것이다.

〈표 11-2〉 'Free of bullying'의 펜을 컵에 넣기 활동계획안

활동명	펜을 컵에 넣기(Pen in cup)
활동목표	• 협력의 가치를 배우고, 서로 간의 신뢰를 구축하며 집중력을 향상시킬 수 있다.
참여대상	4, 5세 유아 ~ 초등저학년
활동자료	줄, 컵, 펜
활동방법	1. 유아 6~8명씩 한 그룹으로 묶는다. 2. 각 그룹에 컵과 펜을 준다. 하나의 펜에는 아이들 수만큼의 줄이 묶여 있다. 줄의 길이는 펜에서 개별 유아의 손까지 약 80cm 정도가 되게 한다. 3. 각 그룹은 컵을 바닥에 놓고 그 주위에 둥그렇게 선다. 4. 각 유아는 펜에 연결된 줄을 하나씩 잡는다. 교사는 적절한 거리를 조절해 준다. 5. 유아들은 서로 다른 방향으로 줄을 당겨 펜을 컵에 넣기 위해 협력한다. 

출처: https://www.freeofbullying.com/the-free-of-bullying-programme/examples-of-activities/

③ Free of Bullying 활동예시 3. 〈무엇이 보이나요〉

이 활동은 사람들마다 서로 다른 방식으로 사물을 본다는 점에 초점을 두어, 타인의 생각은 나와 다를 수 있다는 점을 강조한다. 초등학교 저학년생을 대상으로 개발된 것이지만 유아에게도 적용 가능하다.

〈표 11-3〉 'Free of bullying'의 '무엇이 보이나요' 활동계획안

활동명	무엇이 보이나요?(What do we see?)
개발의도	• 모든 상황에 항상 옳고 그른 방식만 존재하는 것은 아니며, 각자의 관점에 따라 생각과 판단이 다를 수 있다는 점을 이해하는 것은 서로를 이해하고 갈등을 예방하는 데 중요하다. 따라서 누가 옳은지 논의를 하기보다 다른 사람들이 무엇을 보고 있는지에 대해 호기심을 가지고 이를 이해하려고 노력해야 한다.
활동목표	• 어린이들은 '관용'의 가치를 학습한다. • 사람들은 서로 다르며, 서로 다른 방식으로 사물을 본다는 것을 깨닫는다.
참여대상	초등저학년
놀이자료	• 큰 종이(예: 플립차트 용지)와 마커 또는 분필 • 아래의 그림자료 (보는 관점에 따라 다른 사물로 보임) 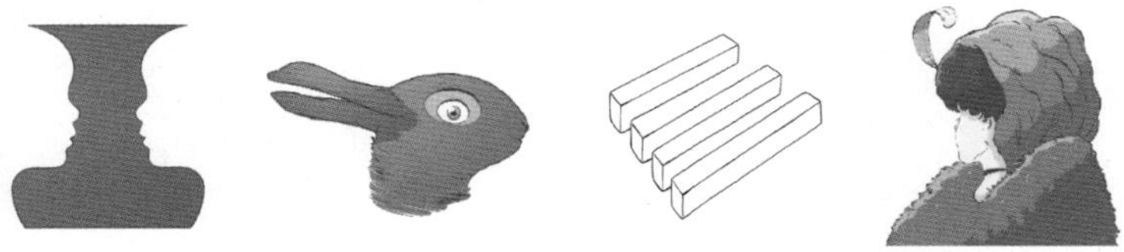
활동방법	1. 위 그림들을 출력한다. 2. 그림들을 하나씩 어린이들에게 보여주며, 무엇이 보이는지 물어본다. (각 어린이마다 다른 대답을 할 수 있다.) 3. 만약 몇몇 어린이들이 다른 아이들이 보는 것을 찾기 어려워한다면, 어디를 봐야 하는지 알려준다. 4. 큰 종이에 숫자 6을 크게 그린 후 바닥에 놓는다. 어린이 두 명에게 그림의 위아래에 서게 한다. 그러면 한 명은 숫자 6을 보고, 다른 한 명은 숫자 9를 보게 된다. 각 어린이에게 차례대로 무엇이 보이는지 물어본 후, 다른 어린이들에게 두 사람 중 누가 옳은지, 왜 그것이 옳은지 묻는다. 그리고 함께 이 상황을 어떻게 생각하는 것이 좋을지 이야기한다. 5. 다른 사람들과의 갈등에서도 이와 유사한 점이 있다는 점을 설명한다. 어떤 상황은 서로 다르게 인식될 수 있다는 점을 강조한다. (특정 아이들의 이름을 언급하거나 구체적인 상황에 대해서 이야기하지 않고, 일반적인 예시로 설명하도록 한다.) 6. 마무리하며, 우리는 모두 각기 다른 방식으로 느끼고 생각할 수 있으며, 이러한 차이와 다름이 우리를 있는 그대로의 모습으로 만들어 준다는 점을 강조한다.

출처: https://www.friformobberi.dk/wp-content/uploads/2020/05/Hvad-ser-vi_samlet_pdf.pdf

2) Promoting Alternative Thinking Strategies(PATHS)

Promoting Alternative Thinking Strategies(PATHS) 프로그램은 1993년 Greenberg와 Kusché에 의해 개발되었으며, 현재 미국 학교에서 가장 광범위하게 활용되고 있는 사회정서학습 기반 프로그램 중 하나이다.

(1) 목적

PATHS는 용어 그대로 갈등상황을 해결하기 위한 '대안적 사고전략'을 촉진하여 문제행동을 줄이고 사회정서적 유능성을 증진하는 데 목적이 있다. 이 프로그램은 정서를 인식하고 이해하며 행동을 조절하고, 이를 기반으로 타인과 긍정적 관계를 형성하는 것을 목표로 삼는다. 전반적인 사회정서능력을 증진시키기 위해 활용되지만 괴롭힘 예방 프로그램으로도 적용되어 오고 있다.

(2) 특징

Preschool의 유아(3~4세)부터 초등학교 5학년까지 어린이들을 대상으로 각 연령별로 적합한 프로그램을 제공하고 있다.

각 키트에는 사용 설명서, 교사용 안내서 및 필요한 다양한 유형의 자료 −인형(puppets), 감정얼굴(feeling faces cards), 교실 게시용 포스터(classroom posters), 스티커 등−이 포함되어 있다(Domitrovich et al., 2019).

3개월간 이 프로그램에 참여한 유아들은 자기인식, 의사소통기술, 자기조절, 또래관계, 문제해결능력 등이 향상되었다(Domitrovich et al., 2019).

[그림 11-2] PATHS 프로그램–유아용 자료

출처: https://pathsprogram.com/preschool-kindergarten

(3) 핵심영역

이 프로그램은 사회·정서영역의 4가지 측면(정서이해, 자기통제, 사회적 문제해결, 또래관계 및 자아존중감)의 기술을 증진시키는 데 초점을 둔다.

교사는 유아들이 프로그램의 핵심 개념이 반영된 활동을 통해, 교실 내 일상적인 갈등상황을 활용해 학생들의 사회–정서적 학습을 촉진할 수 있도록 돕는다.

PATHS 프로그램의 영국 홈페이지에 나타난 각 요소에 대한 설명 및 활동내용, 방법은 아래와 같다(출처: https://www.pathseducation.co.uk/what-is-paths/paths-curriculum).

① 정서이해

정서를 정확히 인식하여 표현하는 것은 자기 조절과 문제해결능력에 필요한 능력이다. 정서이해 영역에서는 약 25가지의 다양한 감정을 다룬다. 기본정서(행복, 슬픔, 화남 등)부터 시작하여 점차 복잡한 정서를 소개하고 있다. 정서 상태를 명확히 표현하는 능력을 증진하기 위해 정서를 명명하는 능력을 강조한다.

정서이해에는 자신의 정서를 인식하는 단서 파악하기, 타인의 정서를 인식하기, 정서에 대한 모니터링 기술하기, 원인과 감정을 연결하는 귀인 훈련하기, 타인의 관점을 고려하기, 타인의 행동이 자신에게 어떻게 영향을 미칠 수 있는지에 대해 추론하기 등의 내용이 포함된다. PATHS에서는 이러한 내용을 그룹 토론, 역할 놀이, 미술 활동, 전기, 이야기 나누기, 게임 등의 방법을 통해 활동을 구성하였다.

② 자기통제(self-control)

자기통제는 효과적인 문제 해결을 위한 전제 조건이다. 자기통제에서는 분노와 좌절 같은 정서를 어떻게 조절하고 통제할 수 있을지에 대해 학습하게 된다. 감정과 행동을 구별하여, 틀린 감정은 없으나, 잘못된 행동은 있다는 점을 배우게 된다. 유아가 화를 인식하고 통제하는 방법을 배우도록 모델링과 역할 놀이가 활용된다.

이를 위해 거북이 기법(Turtle technique), 세 단계 진정 방법(Three Steps for Calming Down), 통제 신호 포스터(Control Signals Poster:CSP)가 적용된다. 거북이 기법은 부정적인 감정을 가라앉히기 위한 기술로 먼저 감정 인식하기, 행동 멈추기, 심호흡하기, 감정을 가라앉힌 후 해결 방법 생각해 내기의 단계로 구성되어 있다.

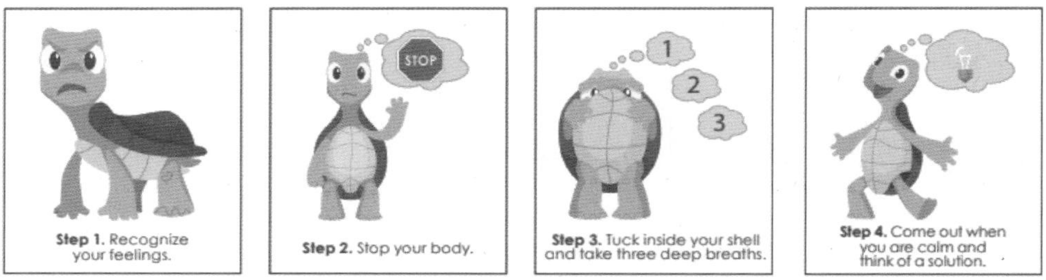

[그림 11-3] 자기 관리에서 활용할 수 있는 'Turtle Technique'

출처: https://challengingbehavior.org/docs/TuckerTurtle_letter.pdf

〈표 11-4〉 PATHS 프로그램의 자기통제영역 활동의 예

거북이 기법 언제 하나요?	
활동목표	• 의사소통에 서투른 유아 거북이 기법하기
주요내용	• 화가 나는 상황 이외에 슬플 때와 두려울 때에도 거북이 기법하기 • 여러 상황이 그려진 그림을 보여주며 이야기 나누기 • 직접 거북이 기법 해보기 • 거북이 기법을 하는 유아에게 도장 찍어주기 • (수건돌리기와 같은) 거북이 전달하기

출처: 박수린(2009). p. 26.

③ 사회적 문제해결

감정 인식과 자기통제 기술이 이루어진 후, 사회적 문제해결에 대한 수업이 이루어진다. 통제 신호 포스터(CSP)를 사용하여 비형식적인 놀이 방식으로 시작하며, 아이들은 사회적 문제 해결의 단계들을 배운다. 초등학교 4학년부터는 사회적 문제해결의 단계에 대한 정식 수업을 받게 된다.

사회적 문제해결의 단계는 멈추고 생각하기, 문제 확인하기, 감정 인식하기, 목표 설정하기, 대안적 해결책 제시하기, 가능한 해결책들의 결과를 예측하기, 최선의 해결책 선택하기, 최선의 해결책 계획하기, 수립된 계획 시도하고 계획을 평가하기, 결과 평가하기로 구성된다. 만일 목표에 도달하지 못하면, 다른 해결책이나 계획을 시도하고, 목표를 재평가한다.

〈표 11-5〉 PATHS 프로그램의 사회적 문제해결영역 활동의 예

문제 해결하기	
활동목표	• 자신의 행동의 적절성에 대해 판단하고, 긍정적인 해결 이해하기
주요내용	• 거북이 기법 사용에 대한 역할극으로 시작하기 • '옳다'와 '옳지 않다'의 신호로 '○ 신호'와 'X 신호' 사용하는 것 배우기 • 상황에 따라 적절한 신호로 표현하기 • 옳지 않을 경우 해결할 수 있는 방안에 대해 그림과 사진 자료로 이야기 나누기 • 생각하는 모자 만들기, 카드 분류하기, 문제와 해결, 결말 꾸미기

출처: 박수린(2009). p.28.

④ 또래관계 및 자아존중감

또래관계와 관련된 주제는 PATHS 교육 과정 전반에 걸쳐서 이루어지며 친구 간의 갈등을 해결하는 방법을 이야기하고 역할극에 참여하는 활동을 해보는 것으로 구성되어 있다.

자아존중감은 정기적으로 칭찬을 주고받는 활동(예: 오늘의 칭찬유아)을 포함하여 다양한 방법으로 이루어진다.

〈표 11-6〉 PATHS 프로그램의 또래관계 영역 활동의 예

친구와 문제 해결하기	
활동목표	• 문제를 해결하기 위한 전략을 습득하고 내면화하기
주요내용	• 놀이 참여와 거절에 대한 역할극 제시하기 • 그림에 그려진 상황에 따른 적절한 해결방안에 대해 이야기 나누기 • 거북이 기법에 대해 다시 이야기 나누기 • 함께 도전하기, 공동 저자 되기, 우정의 벽화

출처: 박수린(2009). p.28.

프로그램 효과를 증진하기 위해서는 프로그램을 학교 입학하는 시기부터 시작해야 하며, 이후 지속적으로 적용하는 것이 필요하다. 프로그램 적용 결과 유아들의 문제 행동, 또래관계 문제을 감소시키고 정서적 지식과 정서이해를 증진시키는 것으로 나타났다(Hughes & Cline, 2015).

3) Second Step

(1) 프로그램 구성

Second Step 프로그램은 1990년대 초에 Committee for Children이라는 비영리 단체에서 유아기부터 8학년까지의 어린이를 대상으로 개발된 폭력 예방 프로그램이다. 이 프로그램의 목표는 충동적, 공격적인 행동을 감소시키고, 친사회적 행동을 증가시키는 데 있다. 이를 위해, 공감, 정서 관리(충동조절, 정서조절, 분노 관리), 사회적

문제해결이라는 세 가지 핵심영역과 관련한 관련한 기술을 가르침으로써 공격적 문제를 줄이고 사회정서적 능력의 향상을 도모한다. 교실 내 모든 유아들을 대상으로 하며 유아, 1~3학년, 4~5학년, 중학교의 4단계로 구분된다(Committee for Children, 2002).

(2) 프로그램 목적

교실 전체 유아에 적용하는 이 프로그램은 문제 해결 전략을 연습함으로써 유아의 충동적이고 공격적인 행동을 줄이고, 화난 감정을 인식하고 분노 조절 기법을 사용하는 방법을 통해 유아의 공격적인 행동을 줄이는 데 목적을 둔다.

또한, 다른 사람의 감정을 인식하고 자신과 다른 관점을 이해하며 공감을 통해 반응하는 능력을 증진시키고자 한다(Aksoy, 2019).

(3) 핵심영역 및 내용

Second Step의 유아 대상 프로그램은 공감훈련, 정서관리, 문제해결의 내용으로 구성되어 있으며, 주제별 교육내용은 〈표 11-9〉와 같다.

공감 활동은 아이들이 다른 사람의 감정을 인식하고, 경험하며, 존중할 수 있도록 돕는 활동으로 구성되어 있다. 정서 관리 단원에는 감정을 인식하고 조절하는 내용, 문제 해결 단원에서는 일상에서 일어나는 또래갈등에 효과적으로 대응하는 내용으로 구성되어 있다.

이러한 교육 내용은 신체 활동과 게임, 노래, 인형극, 이야기와 토론, 역할극 등으로 구성되어 있다(Committee for Children, 2002). Second Step 프로그램에 참여한 유아들은 문제행동이 감소된 것으로 나타났다 (Mcmahon et al., 2000).

〈표 11-7〉 Second Step 프로그램의 교육과정

단원(Unit) 및 레슨	유아/유치원을 위한 교육 범위와 순서
Unit I: 공감 훈련 (Empathy Training) Lesson 1: Second Step 학습 준비 Lesson 2: 감정 Lesson 3: 더 많은 감정들 Lesson 4: 우리 몸에서 느껴지는 감정들 Lesson 5: 감정의 변화 Lesson 6: 같을까 다를까? Lesson 7: 사고 Lesson 8: 나는 관심을 가져요 Lesson 9: 나는 도와줄 수 있어요	• Second Step 프로그램 소개, 경청 규칙 설정 • 신체적 단서를 통해 타인의 감정 파악하기 • 상황적 단서를 이용해 타인 감정 이해하기 • 자신의 감정 파악하기 • 상황에 따라 사람들의 감정이 달라질 수 있음을 이해하기 • 같은 상황에서도 사람마다 다른 감정을 느낄 수 있음을 이해하기 • 어떤 행동은 실수로 발생할 수 있음 이해하기 • 관심과 배려를 표현하는 방법으로 말과 행동을 사용하기 • 도와주는 것이 관심을 표현하는 중요한 방법임을 이해하기
Unit II: 감정 조절 (Emotion Management) Lesson 1: 강한 감정 Lesson 2: 강한 감정을 진정시키기 Lesson 3: 감정을 조절하는 추가적인 방법 Lesson 4: 기다리는 법 배우기 Lesson 5: 원하는 것을 얻지 못할 때 대처하기 Lesson 6: "내가 화가 났나요?" Lesson 7: 상처받았을 때 대처하기	• 감정의 강도가 다를 수 있음을 이해하기 • 감정조절 방법 연습하기 • 강한 감정을 관리하는 다양한 방법 익히기 • 강한 감정을 진정시키는 전략 찾기 • 실망감에 대처하기 위한 진정 방법 연습하기 • 몸에서 화가 나는 신호를 파악하고, 진정이 필요함을 인식하기 • 실수로 남에게 상처를 주었을 때 대처하는 방법 찾기
Unit III: 문제 해결 (Problem Solving) Lesson 1: 무언가를 잃어버렸을 때 대처하기 Lesson 2: 주의가 산만할 때 대처하기 Lesson 3: 놀이 중간에 예의 있게 들어가기 Lesson 4: 공정한 놀이 규칙 배우기 Lesson 5: 물건을 빼앗겼을 때 적절히 대처하기 Lesson 6: 이름 부르며 놀리지 않기 Lesson 7: 친구들과 재미있게 노는 법 배우기 Lesson 8: 함께 참여하기 Lesson 9: Second Step 기술 복습하기	• 문제 해결 단계 소개하기 • 문제 해결을 통해 주의 산만을 해결하기 • 놀이 중간에 들어가는 방법 시연하기 • 공정한 놀이를 위한 해결책 이해하기 • 빼앗겼을 때 진정하고 문제를 해결하는 방법 익히기 • 놀림에 대해 문제 해결법 사용하기 • 재미있는 놀이가 왜 중요한지 이해하기 • 함께 참여하는 과정 이해하기 • Second Step 프로그램 복습하기

출처: Committee for children(2002). Scope and sequence for preschool/kindergarten. Downloaded from https://www.cfchildren.org/resources/previous-programs/

4) 유아기 괴롭힘 예방·개입을 위한 다중체계지원 프로그램

(1) 프로그램 개발 배경

이 프로그램은 이승하(2019)가 개발한 유아 대상의 괴롭힘 예방 및 개입 프로그램이다. 괴롭힘 현상은 괴롭힘과 관련한 유아들 간의 문제가 아니라, 유아를 둘러싼 다층적이고 복합적인 요인들이 관여하기 때문에 포괄적인 접근이 필요하다. 몇몇 연구자들은 Bronfenbrenner의 생태학적 모형을 활용하여 괴롭힘의 원인을 개인적 수준, 미시체계, 중간체계, 외체계, 거시체계로 구분하고 이에 맞는 예방책을 개발해야 함을 제안하였다(Hong & Espelage, 2012). 이 프로그램은 괴롭힘 발생 요인에 대한 생태학적 접근을 바탕으로, 유아의 괴롭힘에 개입하는 접근을 취하였다. 괴롭힘 예방은 괴롭힘과 관련된 유아 개인의 수준에서만 이루어져서는 불가능하며, 학급 전체 유아, 유아교육기관(미시체계), 가정(미시체계)이 모두 참여하고 기관과 가정 간의 연계(중간체계)가 이루어져야 효과적으로 이루어질 수 있기 때문이다.

따라서 이 프로그램은 유아교육기관에서 접근이 가능한 미시체계, 중간체계를 고려하여 학급, 부모, 교사의 차원에서 프로그램을 각각 개발하였으며, 내용이 서로 보완, 연계되도록 구성하였다.

(2) 목적 및 목표

학급지원 프로그램의 목적은 다음과 같다.

"유아기 괴롭힘 예방·개입을 위한 다중체계지원 프로그램 중 학급지원 프로그램은 유아가 자신의 주변에서 발생하는 괴롭힘을 인식하고 이에 대한 효과적인 예방 및 대처능력을 함양하는 것을 목적으로 한다."

이에 따른 구체적인 목표는 다음과 같다.

〈표 11-8〉 유아기 괴롭힘 예방 · 개입을 위한 다중체계지원 프로그램-학급지원 프로그램의 목표

목표	
1	친구의 소중함을 안다.
2	나와 친구의 생각이나 감정이 다를 수 있음을 알고 존중한다.
3	자신의 행동이 다른 사람에게 불편함을 줄 수 있음을 안다.
4	자신의 감정을 조절하고 적절한 말과 행동으로 표현한다.
5	친구 사이에서 일어나는 갈등 상황을 인식하고 원만하게 해결한다.
6	친구의 어려움에 관심을 가지고 적절한 도움을 준다.

(3) 교육내용

본 프로그램에서는 괴롭힘을 예방하고 멈추기 위해서 유아들이 함양해야 할 핵심적 가치를 6가지로 선정하여 프로그램의 구성요소로 지칭하고, 각 구성요소별 가르쳐야 할 교육내용이 구성되어 있다.

〈표 11-9〉 유아기 괴롭힘 예방 · 개입을 위한 다중체계지원 프로그램
-학급지원 프로그램의 구성요소 및 의미

구성요소	의미
민감성	특정한 상황 속에 내포된 도덕적 이슈들을 지각하고 상황을 해석하며, 그 상황에서 자신이 할 수 있는 행동은 무엇이 있는지, 자신의 행동이 타인에게 어떻게 영향을 끼칠 것인가에 대해서 고려할 수 있는 능력을 말한다(Rest, 1984).
다양성	자신과 다른 사람의 다른 점을 알고 너그럽게 받아들이며, 편견 없이 함께 어울리는 태도를 뜻한다(Kendall,1983).
또래관계 기술	자신과 상대방의 권리, 요구, 만족, 의무를 훼손하지 않고, 원만하게 의사소통하여 동등한 또래 관계를 맺고 유지하는 능력을 의미한다(Phillips, 1978).
갈등해결	개인이나 집단 사이에 목표나 이해관계가 달라 서로 적대시하거나 충돌하는 상태에서 다른 사람과의 생각 및 입장 차이를 인식하고 문제 해결에 필요한 사회적 기술을 기르는 것을 말한다(교육부, 한국교육개발원, 2019).

구성요소	의미
자율성	외부의 어떤 권위나 제재의 개입 없이 자기 결정에 의해서 생각하거나 행동하는 것을 말하며, 자신의 행위를 지배하는 규범, 규칙을 자신이 선택, 결정하여 실행하는 자유를 뜻한다(홍순정, 2011).
공동체의식	친구, 이웃, 교사와 협력하고 화목하게 지내며, 정직, 배려, 예의, 공공규칙 등 사회적으로 중요하게 공유하는 가치를 실천하는 태도를 의미한다(교육부, 2015).

괴롭힘을 예방하고 해결하기 위해서는 가장 먼저, 주변 친구 및 친구에게 일어난 일에 관심과 애정을 갖는 민감성을 지니며 나와 친구의 차이를 인정하고 수용하는 다양성이 필요하다. 또한 서로 예의를 지키며 원만한 관계를 유지하기 위한 또래관계 기술, 갈등 상황 해결의 중요성을 인식하고 스스로 해결할 수 있다고 믿고 시도해 보는 갈등해결기술이 필요하며, 이러한 능력은 스스로 올바른 행동을 하고 책임을 지는 자율성을 함양함으로써 지속적으로 유지할 수 있다. 이러한 요소를 바탕으로 같은 반 친구의 소중함을 알고 너의 문제가 아닌 우리의 문제로 여길 수 있는 공동체 의식을 지닐 수 있을 때 괴롭힘이 예방될 수 있다.

각 요소별 교육내용은 다음 〈표 11-10〉과 같다.

〈표 11- 10〉 유아기 괴롭힘 예방 · 개입을 위한 다중체계지원 프로그램
–학급지원 프로그램의 구성요소별 교육내용

구성 요소	교육내용
민감성	1) 친구에 관심 갖기
	2) 친구의 마음 알기
	3) 내가 하는 행동이 친구에게 도움이 될 수 있음을 알기
	4) 도움이 필요한 상황을 발견하고 도와주기
다양성	5) 나와 친구의 다름을 알기
	6) 서로의 다름을 인정하기
	7) 친구를 차별하지 않기

구성 요소	교육내용
또래 관계 기술	8) 친구가 되기 위한 방법 알아보기
	9) 친구에게 도움을 요청하거나 주기
	10) 친구에게 예의 바르게 말하기
갈등 해결	11) 갈등 상황을 인식하기
	12) 갈등이 일어난 원인 찾아보기
	13) 다른 사람의 말을 귀 기울여 듣기
	14) 적절한 해결 방법 제안하기
	15) 갈등 상황에서 생각과 감정을 적절한 말로 표현하기
	16) 자신의 잘못을 인정하고 사과하기
	17) 친구 입장에서 생각해보기
자율성	18) 스스로 생각하고 선택하기
	19) 내가 한 선택에 따라 행동하기
	20) 도움이 필요한 상황을 발견하고 도와주기
공동체의식	21) 친구의 소중함 알기
	22) 함께해서 좋은 점 알아보기
	23) 모두 함께 잘 지내기 위한 약속 정하기
	24) 함께 정한 약속 지키기

(4) 학급지원 프로그램의 활동구성

학급지원 프로그램의 목적과 목표, 구성 요소와 그 내용은, 12개의 활동으로 구현되었으며, 이 활동들은 이야기 나누기, 신체, 상황극, 음악, 미술, 토론 등 다양한 방법을 통해 적용된다. 학급지원 프로그램의 각 회기별 활동은 교수방법에 따라, 20분~60분 정도 소요되었으며 활동계획안과 관련한 자료(예: PPT 그림자료, 그림책 등)가 함께 제공되어 교사가 사용하기 용이하게 개발되었다. 프로그램의 각 회기별 활동 및 상세 내용은 다음 〈표 11-11〉과 같다.

〈표 11-11〉 학급지원 프로그램의 각 회기별 활동 및 상세 내용

회기	활동명	핵심 구성요소	활동내용	활동방법
1	괴롭힘이 뭐에요?	민감성	괴롭힘 상황을 알고 친구의 감정에 대해 관심 갖기	이야기 나누기
2	마음이 뾰족뾰족!	또래관계기술 갈등해결	언어적 괴롭힘이 좋지 않은 것임을 알고 바른 말을 사용의 중요성 알기	이야기 나누기
3	불편한 건 이제 그만	다양성 민감성 자율성	우리 몸에서 기분 좋은 접촉과 기분 나쁜 접촉을 알고 구분하여 행동하기	신체표현
4	용기가 필요해	갈등해결 민감성	괴롭힘을 당하는 친구를 도와주는 방법 알기	이야기 나누기
5	이제 그만!	또래관계기술 민감성	친구를 따돌리는 행동이 무엇인지 알고 어울리는 방법을 표현하기	상황극
6	삐죽이 빼죽이	다양성 갈등해결 민감성	교실에서 발생할 수 있는 괴롭힘 상황을 노래로 만들기	음악
7	'용기 있게 말하는 방법' 만들기	공동체 의식 민감성	괴롭힘 상황에서 적절하게 대처하는 방법을 알아보기	토론
8	사이좋은 우리 반을 위한 표지판	민감성 갈등 해결	친구들과 함께 사이좋게 지내는 방법을 생각하여 표현하기	미술
9	마리모 이야기	다양성 민감성	나와 다른 모습을 지닌 친구를 존중하고, 차별하지 않는 마음과 태도 갖기	이야기 나누기
10	예쁜 손 미운 손	자율성 또래관계기술 민감성	친구 간의 좋은 행동에는 어떠한 것이 있는지 알아보기	동시
11	행복한 유치원을 만드는 용기	민감성 또래관계기술 갈등해결	나와 친구의 차이를 받아들이고, 존중하는 마음을 기르기	동화 및 이야기 나누기
12	내 탓이 아니야!	민감성 또래관계기술 자율성	어려움에 처한 친구를 돕는 일은 모두의 책임이라는 것을 알고, 괴롭힘 상황에 자발적으로 개입하여 도움을 제공하기	이야기 나누기 및 역할극

출처: 이승하, 홍인표(2021).

(5) 활동계획안 및 현장적용사례

본 프로그램은 A유치원 만 4세 3학급, 만5세 3학급, 총 6학급에 약 8주간 적용되었다. 다음은 활동계획안의 일부 및 현장적용사례다.

① 〈1회기 괴롭힘이 뭐예요?〉 활동사례

㉠ 활동계획안

<table>
<tr><th>활동명</th><th>괴롭힘이 뭐예요?</th></tr>
<tr><td>괴롭힘 예방
관련 요소</td><td>• 갈등해결–갈등 상황에서 생각과 감정을 적절한 말로 표현하기</td></tr>
<tr><td>누리과정
관련요소</td><td>• 의사소통–듣기와 말하기
• 사회관계–더불어 생활하기</td></tr>
<tr><td>놀이 자료</td><td>• 괴롭힘 관련 그림 자료</td></tr>
<tr><td>활동 방법</td><td>1. 친구의 얼굴 표정을 보며 무슨 일이 있는지 생각해 본다.
– 지금 이 친구는 어떤 얼굴을 하고 있니?
– 친구의 기분이 어떨까?
– 왜 이 친구는 이런 표정을 짓게 된 걸까?
2. 다양한 상황을 보며 이야기를 나눈다.
<table>
<tr><th>그림 유형</th><th>상호작용 예시</th></tr>
<tr><td>신체적
괴롭힘에
관한 그림</td><td>– 지금 친구들한테 어떤 일이 있는 것 같아?
– 친구를 때리면 친구의 마음이 어떻게 될까?
– 친구를 때리는 친구가 있으면 우리는 어떻게 하면 좋을까?</td></tr>
<tr><td>언어적
괴롭힘에
관한 그림</td><td>– 이 친구는 지금 어떤 표정이야?
– 이 친구한테는 무슨 일이 있는 것 같아?
– 다른 친구들이 친구에게 어떤 행동을 하고 있는 것 같아?
– 친구에게 나쁜 말을 하는 것은 좋은 행동일까?</td></tr>
<tr><td>관계적
괴롭힘에
관한 그림</td><td>– 다른 친구들이 지금 무엇을 하고 있을까?
– 친구를 놀이에 껴주지 않는 것은 괜찮은 것일까?
– 다른 친구에게 어떤 친구에 대해 나쁘게 이야기하는 것은 괜찮은 것일까?</td></tr>
</table></td></tr>
</table>

활동명	괴롭힘이 뭐예요?
활동 방법	3. 함께 이야기 나누었던 것을 회상한다. – 친구가 슬픈 이유가 무엇 때문이었니? – 친구를 슬프게 하는 행동들을 우리는 왜 하게 되는 것일까? – 장난으로 친구를 때리거나, 싫어하는 말을 하는 것은 어떤 것이니? – 친구와 함께 놀지 못하게 하는 행동을 보았을 때 어떤 생각이 들었어? – 이렇게 친구를 때리거나, 친구가 싫어하는 말을 하는 것은 친구를 괴롭히는 거야. 4. 활동을 마무리한다. – 우리가 친구의 마음을 슬프지 않게 하려면 어떻게 해야 할까?

㉡ 활동사례

괴롭힘이 뭐예요?	
1. 괴롭힘 상황에 대한 그림을 보며 이야기 나누기	2. 옳은 행동과 나쁜 행동 O, X 퀴즈맞추기

3. 괴롭히는 친구에게 '하지 마!' '멈춰!' 연습하기 (방어자 되기)	4. '친구를 슬프지 않게 하려면?' 나의 생각 표현하기

5. 생각 나누기	6. 방관자 아닌 방어자가 되는 방법 표현하기
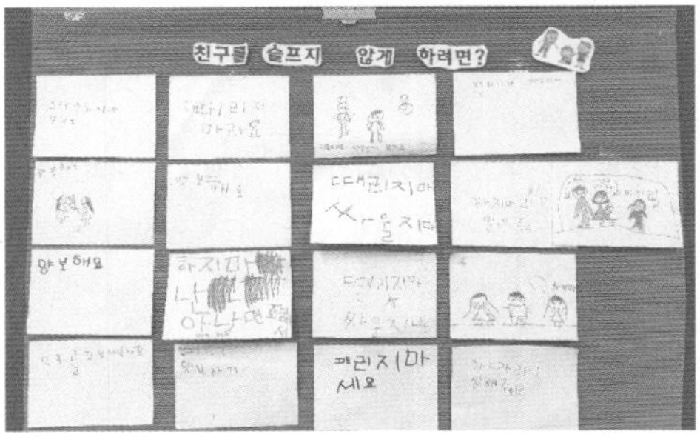	

② 〈8회기. 사이좋은 우리 반을 위한 표지판〉 활동계획안 및 활동사례

㉠ 활동계획안

활동명	사이좋은 우리 반을 위한 표지판
괴롭힘 예방 관련 요소	• 민감성 – 친구의 마음 알기, 도움이 필요한 상황을 발견하고 도와주기 • 갈등해결–다른 사람의 말을 귀 기울여 듣기
누리과정 관련요소	• 사회관계–더불어 생활하기 • 예술경험 – 창의적으로 표현하기
놀이 자료	• 여러 가지 모양의 두꺼운 도화지, 채색도구
활동 방법	
1. 손인형의 이야기를 감상한다. **손인형의 이야기** 안녕! 나는 준우야! 친구들이랑 노는 게 정말 좋아. 그래서 맨날 친구들하고 장난치면서 노는데, 친구들이 불편하거나 화가 날 때가 있대. 친구의 마음을 불편하게 하지 않게 하는 좋은 방법이 있으면 알고 싶어. 나도 친구들이 불편하게 할 때가 있어서 마음이 아픈 적이 있었는데, 내가 친구한테 이야기를 하기 전에 내 마음을 알고 행동을 멈췄으면 좋겠어. 그런데, 말로 하지 않으면 친구의 마음을 아는 건 너무나 어려워. 길을 알려주는 표지판처럼 친구들의 마음을 알 수 있는 표지판이 있으면 정말 좋겠어. 아! 너희가 그럼 나한테 마음 표지판을 하나 만들어줄래??	

2. 손인형의 이야기를 회상하며 이야기 나눈다.
   - 친구를 불편하게, 슬프게 하는 행동에는 무엇이 있을까?
   - 그런 행동을 보면 어떻게 했어?
   - 친구를 불편하게 하지 않는 사이좋은 우리 반이 되기 위해서는 어떤 약속들이 있어야 할까?
3. 표지판의 모양과 기능에 대해 알아본다.

   - 너희들 표지판이 무엇인지 알아?
   - 친구가 사이좋은 우리 반을 위한 약속을 잠깐 잊었을 때, 알려주기 위한 표지판을 만들어볼 수 있겠니?
4. 미술활동 방법에 대해 알아본다.

활동방법

1) 세모, 동그라미, 네모 등 여러 가지 모양의 두꺼운 도화지를 준비한다.
* 파란색 테두리는 지시 표지판, 빨강과 노랑색으로 되어 있는 것은 주의 표지판, 빨간색으로만 된 표지판은 금지 표지판
2) 친구와 잘 지내기 위해 해야 할일, 하지 말아야 할일을 다양한 표지판 모양의 도화지에 그린다 (예: 해야 할 일은 파란색 세모 도화지에, 하지 말아야 할 일은 가운데 선이 그어진 빨간 동그라미 도화지에 그리기).
3) 원하는 채색 도구로 그림을 색칠한다.
4) 친구를 괴롭히는 장면에는 빨간색으로 크게 X자를 표시한다.
5) 교실의 잘 보이는 공간에 표지판을 세워둔다.

5. 미술 활동을 한다.
6. 활동을 평가한다.
   - ㅇㅇ이가 만든 표지판은 무슨 뜻일까?
   - 왜 그렇게 생각했어?
   - ㅇㅇ이가 어떤 표지판인지 친구들에게 소개해 줄래?

유의 사항	• 괴롭힘 행동이 신체적인 행동에 치중되지 않도록, 언어나 관계적인 괴롭힘에 대해서도 짚어줄 수 있도록 지도해야한다.

㉡ 활동사례

사이좋은 우리 반을 위한 표지판	
1. 친구를 괴롭히지 않고, 친구와 잘 지낼 수 있게 알려주는 표지판에 대해 생각해보기	2. 친구와 잘 지내기 위해서 해야 할 일, 하지 말아야 할 일이 담긴 표지판 만들기

3. 자신이 만든 표지판 소개하기	4. 표지판에 담긴 상황을 연습해보기

5. 유아들이 만든 표지판 감상하기	6. 스스로 만든 표지판 내용을 기억하기 위하여 놀이할 때 각 영역에 놓아두기
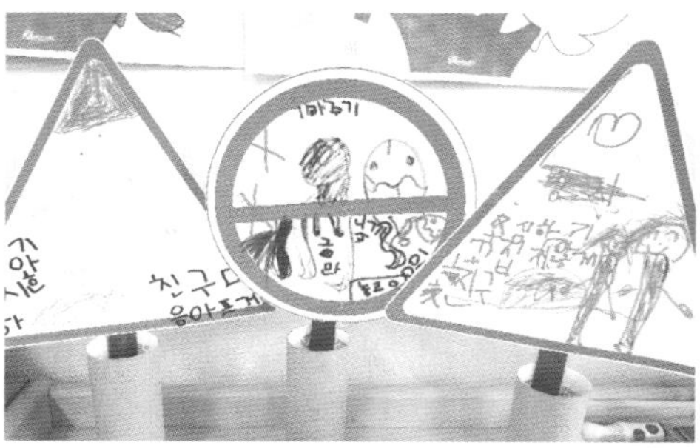	

③ 〈9회기. 마리모 이야기〉 활동사례

〈마리모 이야기〉 활동은 자신과 다른 특징을 지닌 또래(마리모)를 배제하는 것이 아닌, 함께 놀이할 수 있는 방안을 고민해 보는 내용을 담고 있다. 이를 통해 타인의 관점에서 이해하고, 다양성을 수용하는 태도를 함양시키고자 하는 활동이다.

㉠ 활동계획안

활동명	마리모 이야기
괴롭힘 예방 관련 요소	• 다양성 – 서로의 다름을 인정하기, 친구 차별하지 않기 • 민감성 – 친구의 마음 알기
누리과정 관련요소	• 사회관계 – 더불어 생활하기 • 의사소통 – 책과 이야기 즐기기
놀이 자료	• 괴롭힘 관련 그림 자료
활동 방법	• 1. 마리모 이야기를 듣는다. 마리모 이야기  동그란 모양의 '마리모'가 바닷속에 살고 있었습니다. 마리모는 함께 놀 친구가 없어 늘 심심했어요. 어느 날 '마리모'가 바닷속을 헤엄치고 있는데 빨강, 노랑, 파랑 물고기들이 다가왔어요. '마리모'는 반가운 마음에 물고기들에게 다가가 말했어요. 마리모 : 나도 함께 놀자 그러자 빨강 물고기가 마리모를 쳐다보며 이야기했어요. 빨강 물고기 : 안 돼! 너는 물고기가 아니잖아! 마리모 : 하지만 나도 너희들처럼 바닷속에 사는걸! 그러자 이번엔 노랑 물고기가 이야기했어요. 노랑 물고기 : 안 돼! 너는 우리처럼 지느러미도 없고 꼬리도 없잖아!

<table>
<tr>
<td>활동 방법</td>
<td>
마리모 이야기
마리모 : 하지만 나도 너희들처럼 헤엄칠 수 있는걸! 우리 같이 수영하자!
이번엔 파랑 물고기가 말했어요.
파랑 물고기 : 안 돼! 너는 꼭 풀처럼 생겼잖아! 우리랑 놀려면 반짝 반짝 비늘이 있어야 해! 애들아 가자!
빨강, 노랑, 파랑 물고기가 떠나자. '마리모'는 혼자 남았어요. '마리모'는 다시 함께 놀 친구를 찾아 헤엄을 치기 시작했어요. 한참을 헤엄치던 마리모는 돌에 앉아 잠깐 쉬기로 했어요. 옆에 있던 산호초가 마리모에게 이야기했어요.
산호초 : 넌 누군데 여기 앉아 있는 거야?
'마리모'는 반가운 마음에 산호초를 보고 웃으며 이야기했어요.
마리모 : 안녕! 난 '마리모'야! 나랑 같이 놀자!
산호초는 마리모를 쳐다보며 이야기했어요.
산호초 : 안 돼! 우린 함께 놀 수 없어.
'마리모'는 슬픈 목소리로 물었어요.
마리모 : 왜?
산호초 : 너랑 나는 서로 생김새가 다르잖아!
마리모 : 하지만 생김새가 달라도 함께 재미있게 수영하며 놀 수 있어!
산호초 : 너는 바다를 둥둥 자유롭게 떠다니지만 나는 이렇게 바닷속 깊은 곳에서 움직일 수 없는걸. 그래서 우린 함께 놀 수 없어.
그때 마리모와 산호초의 이야기를 옆에서 듣던 돌이 이야기했어요.
조개 : 서로 모습은 다르면 친구가 될 수 없는 거야? 산호초야 우린 모습은 다르지만 오랜 시간 함께 자라온 친구잖아.
산호초는 바위의 이야기를 듣고 고개를 끄덕였어요. 마리모는 바위의 말에 용기를 내서 산호초에게 이야기했어요.
마리모 : 그래! 바위 말처럼 우리 모습은 달라도 함께 할 수 있는 놀이가 있을 거야!
산호초 : 그런데… 어떤 놀이를 하지…? 나는 너처럼 움직일 수 없는데?

2. 이야기의 내용을 회상한다.
– 왜 빨강, 파랑, 노랑 물고기는 마리모와 친구가 될 수 없다고 했을까?
– 왜 산호초는 마리모와 친구가 될 수 없다고 했을까?
– 친구가 될 수 없다고 했을 때 마리모의 기분은 어땠을까?
3. 친구의 의미에 대해 이야기 나눈다.
– 서로 생김새가 다르면 친구가 될 수 없는 걸까?
– 친구란 무엇일까?
4. 마리모와 산호초가 함께 놀이할 수 있는 방법에 대해 이야기 나눈다.
5. 마리모와 산호초가 친구가 되어 함께 놀이할 수 있는 방법을 그림으로 그린다.
6. 자신이 생각한 방법을 친구들과 공유한다.
7. 활동에 대한 느낀 점과 새롭게 알게 된 점을 이야기 나누며 활동을 평가한다.
</td>
</tr>
</table>

㉡ 활동사례

마리모 이야기 활동사례	
1. 마리모 이야기 듣기	2. 친구의 의미에 대해 이야기 나누기

3. 동극 역할 나누기	4. 마리모 이야기 동극하기
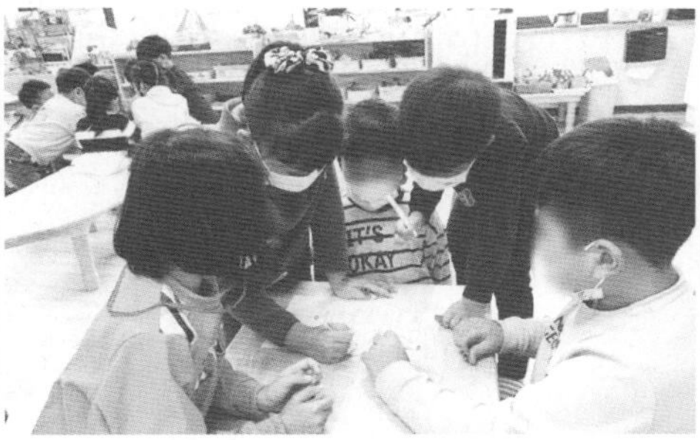	
5. 마리모와 산호초가 함께 놀이할 수 있는 방법에 대해 이야기 나누기	6. 자신의 생각을 친구들과 공유하기
	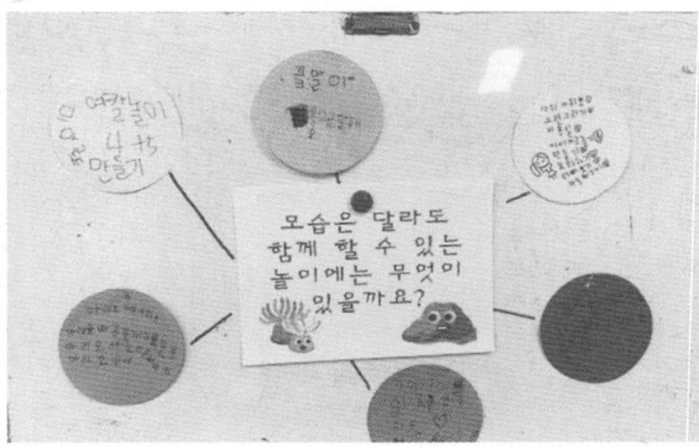

7. 방관자가 아닌 방어자가 되어 괴롭힘당하는 친구를 도와주는 방법 표현하기	

(6) 프로그램 적용 결과

이 프로그램을 통해 유아들은 방관자가 아닌 방어자로의 변화를 보였으며, 타인의 입장에서 생각하려고 노력하는 모습을 보였다. 자신의 행동을 조절하는 방법을 배우게 됨으로써 괴롭힘 뿐 아니라 다른 행동에도 긍정적 영향을 미쳐 학급의 분위기가 평화롭게 변화된 것으로 나타났다(이승하, 홍인표, 2021).

2 유아기 괴롭힘 관련 교사 대상 프로그램

교사 대상의 전문화된 프로그램은 매우 드물다. 국외에서는 유일하게 Be-Prox가 있으며, 국내에서는 최근 개발된 유아기 괴롭힘 예방 및 개입을 위한 다중체계지원모형에 포함된 교사지원 프로그램을 제시할 수 있다.

1) 'Bernese Program against Victimization(Be-Prox)'(Alsaker & Valkanover, 2012)

(1) 프로그램 특징

'Bernese Program against Victimization(Be−Prox)'는 스위스 베른 대학의 교수인 Alsaker가 개발한 유아교사교육 프로그램이다. 유치원(5~6세) 어린이들의 괴롭힘 피해를 예방하고 괴롭힘 발생 시 적극 개입하게 하기 위하여, 유아교사들을 대상으로 괴롭힘에 대한 지식, 태도, 대응기술을 교육하는 내용으로 구성되어 있다. 이 프로그램에서는 유아들 간의 괴롭힘에 관심을 기울이고 이를 조기에 알아채는 교사의 민감성을 강조하는데, 이는 다음과 같은 괴롭힘의 위험성에 기반한 것이다(Alsaker & Valkanover, 2012).

〈표 11-12〉 Be−Prox 프로그램에서 제시하는 유아기 괴롭힘의 위험성

괴롭힘의 위험성
괴롭힘은 특히 그 형태가 미묘할 때 인식하기 어렵다
아무도 괴롭힘에 대해서 이야기를 하지 않으며, 종종 하찮게 여겨진다.
괴롭힘을 당하는 아이들은 스스로 적절히 방어하지 못하며, 주변에서 적절한 도움을 받지 못한다.
괴롭히는 아이들에게 괴롭힘은 즐거운 행동이다.
괴롭히는 아이들은 공감 능력과 도덕적 동기가 부족하다.
괴롭힘은 아이들에게 엄청난 심리적 결과를 초래한다.

이 프로그램은 유아 교실에서 발생할 수 있는 괴롭힘의 다양한 상황을 예방하고 이에 대응하는 방법으로 구성되어 있다. 또한, 교육 컨설턴트와 함께 학부모와의 협력을 지원하는 4개월 간의 프로그램이 포함되어 있다.

(2) 교육내용

하나의 모듈(module)은 해당내용을 습득할 때까지 지속되며, 대체로 두 번 정도의 모임 혹은 만남(meeting)에 걸쳐 실시된다. 각 모듈의 주제 및 학습내용은 아래와 같다.

〈표 11-13〉 Be-Prox 프로그램의 교육과정

Module 1.민감화: 주관적 태도 점검 (Sensitization: "Subjective attitudes")
• 유아기 괴롭힘에 대한 자신의 태도를 점검한다. • 괴롭힘과 반대되는 가치가 무엇인지 생각한다. • 괴롭힘이 일어난 초기에 진단하는 것이 중요하다는 점을 배운다. • 다양한 유형의 갈등, 공격적 행동, 가해, 피해 문제들에 대해 배운다. • 가정과의 협력과 의사소통의 방법에 대해서는 매주 이야기한다.
Module 2. 괴롭힘은 파악하기 어렵다 (Bullying may be hard to detect: "Look at it")
• 괴롭힘을 조기에 파악하는 과정과 방법에 대해 학습한다. • 괴롭힘 조기 파악에 대한 교사의 부정적 감정과 직관에 대해 생각한다. • 유아의 행동을 체계적으로 관찰할 것을 다음 주까지의 과업으로 부여받는다.
Module 3. 침묵의 규칙: "괴롭힘에 대해 함께 이야기해 봅시다" (The rule of silence: "Let's talk together about bullying and victimization)
• 지난주에 학습했던 체계적 관찰에 대한 경험을 이야기하며 시작한다. • 괴롭힘에 있어서 침묵의 규칙에 대한 정보를 학습한다. • 가해유아, 피해유아, 그 외 유아들이 괴롭힘에 대해 잘 이야기하지 않는다는 것을 이해하고, 가해유아가 이러한 침묵을 교실을 지배하기 위해 어떻게 이용하는지 파악한다. • 침묵의 규칙을 깨뜨릴 때 괴롭힘은 예방될 수 있다는 점을 학습한다. • 자신이 맡고 있는 학급의 이야기로 돌아가서 아이들에게 어떻게 괴롭힘에 대한 민감성을 키워줄 것인지 이야기한다(참여교사들이 이 시점에서 불편해할 수 있으므로 먼저 교사가 느꼈던 긍정적, 부정적 감정에서 시작하여 부드럽게 이끌어 가야 한다).

Module 4. 괴롭힘에 저항하는 규칙 만들기 (Rules against bullying: "The contract")
• 괴롭힘은 학급의 구조, 위계에 아주 깊은 관련이 있다. • 괴롭힘은 괴롭힘에 반대하는(저항하는) 태도와 규칙을 지녔을 때만이 예방될 수 있다. • 가해유아들의 미흡한 공감능력, 도덕적 동기의 부족, 괴롭힘에 대한 긍정적 태도 등에 대한 지식을 습득한다. • 괴롭힘을 막기 위한 올바른 행동은 무엇인지, 이것과 관련한 가치가 무엇인지 파악한다. • 유아들에게 어떠한 행동을 해야 하는지에 대해 생각해 보게 한 후 이에 대해 그림으로 표현하게 한다. • 유아들과 함께 논의하여 규칙을 만든다.
Module 5. 실행하기 "긍정적 제재와 부정적 제재의 사용" (Take action: "The use of positive and negative sanctions")
• 규칙을 세우기만 하는 것은 충분치 않으며 긍정적 혹은 부정적 제재를 사용하여 규칙을 실행에 옮길 수 있는 원칙이 필요함을 인식한다. • 괴롭힘에 대해 불안해하고 교사의 역할을 인지하지 못하게 된다면 괴롭힘에 대한 지속적 대응을 어렵게 하므로 필요에 따라 부정적 제재도 사용한다. • 유아들에게 괴롭힘이 일어날 경우 교사에게 보고하도록 하며, 고자질이 아니라는 점을 이야기한다. • 괴롭힘이 학급에서 허용되지 않는다는 진지한 태도를 습득하고 교실에서 유아들에게 보여주도록 한다. • 유아들이 규칙에 따라 스스로 행동하도록 동기를 부여하는 방법을 논의한다. • 공정, 규칙 등에 대해 유아들과 토의한다. • 위반 행동이 무엇인지 명확하게 알린다. • 피해와 가해가 반복되게 하는 요인을 학습한다. • 관련 자료 찾아 교실에 비치하도록 한다.
Module 6. 사회적 유능성 증진하기 (Promoting social competence)
• 사회적 유능성, 공감, 긍정적 행동, 시민적 용기에 대해 알아본다. • 문제가 발생한 상황일수록 유아들이 서로 돕고 의지할 수 있도록 가르치는 방법을 논의한다. • 유아들이 공격성과 힘을 구분할 수 있도록 훈련 시킨다. • 피해유아들이 자신의 신체적 힘과 능력을 인식하고 괴롭힘에 대항할 수 있도록 돕는다.
마무리 미팅 (Concluding meeting: Consolidation through prevention goals)
• 교사교육이 모두 끝난 이후 실제 교실에서 실행되어 가는 과정에 대해 교사들이 함께 논의하는 시간을 갖는다. • 학부모와의 만남, 회의를 마련하여 괴롭힘 예방에 대한 내용을 알리고 협력을 구한다.

각 모듈은 아래와 같은 교육 방법의 단계로 진행된다.

1단계		2단계		3단계		4단계		5단계
괴롭힘에 대한 정보를 제공하는 단계	⇨	제공 받은 정보에 대한 논의를 하는 단계	⇨	구체적인 실행 과제를 소개하는 단계	⇨	그룹별로 자신의 학급에서 활용할 수 있는 괴롭힘 방지 실천 방법을 개발하는 단계	⇨	구체적인 예방요소를 실행하도록 권장받으며, 발생할 수 있는 잠재적 문제를 논의하는 단계

[그림 11- 4] Be-Prox 각 모듈의 교육 방법 단계

매 모듈에는 교사들에게 괴롭힘에 대한 새로운 정보를 제공하고, 이에 대해 다른 교사들과 유아들에 대한 지도방법, 교사의 대응방법을 논의할 수 있도록며 이를 교실에 돌아가서 실천할 수 있도록 과제를 제시한다. 이러한 과정을 지속하며 이 과정에는 교사의 실행에 대한 관리·감독(supervision)이 이루어진다(Alsaker & Valkanover, 2012).

(3) 프로그램에 대한 평가 및 효과

Be-Prox 프로그램은 유아교사를 대상으로 한 최초의 유아기 괴롭힘 예방 프로그램이라 할 수 있다. 교사들에게 괴롭힘과 관련한 지식을 제공하고 관련기술을 훈련시킴으로써 대응능력에 자신감을 갖도록 한 점이 높이 평가되고 있다. 이 프로그램에 참여한 교사들은 유아들의 괴롭힘에 개입하고자 하는 동기(motivation) 수준이 높아졌으며, 교사들이 담당하고 있던 학급에서는 유아들의 신체적, 간접적 공격성의 피해율이 감소하는 긍정적 효과가 나타났다(Alsaker & Valkanover, 2001).

2) 유아기 괴롭힘 예방 및 개입을 위한 다중체계지원모형-교사지원 프로그램

(1) 목적 및 목표

교사지원 프로그램의 목적은 교사가 '교실에서 발생하는 괴롭힘에 대한 민감성을 기르고, 유아 간 발생하는 괴롭힘 상황을 예방하며, 괴롭힘 상황에 효과적으로 대처하는 능력을 기르는 것'이다. 이를 성취하기 위한 구체적인 목표는 다음과 같다.

〈표 11-14〉 유아기 괴롭힘 예방 및 개입을 위한 다중체계지원모형-교사지원 프로그램의 목표

구분	내용
목표	1) 유아기 괴롭힘의 개념 및 유형과 특징을 안다.
	2) 교실 내 괴롭힘 상황을 예방하고 개입하기 위한 민감성을 기른다.
	3) 유아기 괴롭힘 예방 및 개입을 위한 학급지원 프로그램을 적극 실행한다.
	4) 자기성찰 및 사례발표를 통한 실천적 지식을 구축한다.
	5) 가정과의 협력을 통해 유아들의 긍정적인 또래관계를 지원한다.

(2) 각 주차별 내용

교사지원 프로그램은 총 4차시로 이루어지며, 교사에게 필요한 괴롭힘 관련 지식, 대응기술을 중심으로 내용이 구성되어 있다.

이 프로그램은 유아기 괴롭힘의 개념, 교실 내 괴롭힘을 파악하고 개입하는 교사 역할의 중요성, 괴롭힘에 대한 경험 나누기와 자기성찰, 부모와의 협력관계를 형성하는 방법을 알아보는 것으로 내용이 구성되어 있다. 민감성 증진, 교사의 경험 공유는 'Be-Prox'프로그램을 기초로 하여 국내에 알맞게 보완하였다.

〈표 11-15〉유아기 괴롭힘 예방 및 개입을 위한 다중체계프로그램 – 교사지원 프로그램의 각 차시별 주제, 내용 및 지원방법

차시	주제	내용	지원방법
1	괴롭힘 개념 및 특징 파악	• 유아기의 괴롭힘 개념 및 특징을 파악하기 • 교실 내에서 일어나는 유아 간의 갈등을 주의 깊게 살피기	동영상 강의
	민감성 증진	• 학급 내 유아들 간 힘의 위계가 존재하는지 살피기 • 소외되는 유아를 파악하기	
2	경험나누기	• 유아기 괴롭힘에 대한 사례와 경험을 공유하기 • 유아기 괴롭힘과 관련된 부모와의 상담 경험나누기	Zoom 실시간 강연
	개입 필요성	• 교사개입의 중요성 파악하기 • 괴롭힘을 예방을 위한 유아, 가정, 기관 차원의 협력 필요성 이해하기	
3	부모 상담 기술 익히기	• 또래관계와 관련한 부모의 관심사 파악하기 • 또래관계와 관련한 부모 상담기술 익히기	동영상 강의
4	학급지원 프로그램 이해 및 적용	• 유아기 괴롭힘 예방 개입을 위한 학급지원 프로그램의 내용을 이해하고 적용하기	동영상 강의

교사들은 이 프로그램을 통해 유아들 간 괴롭힘 행동에 대해 관심을 기울이고 더 민감하게 반응하게 된 것으로 나타났다. 또한 교사들은 교실 내 보이지 않는 유아들 간 힘의 관계와 소외된 유아들을 더 세심하게 파악할 수 있게 되었다고 보고하였으며 전반적으로 괴롭힘 대응 능력이 증진되었다고 인식하였다(이승하, 홍인표, 2021).

3 유아기 괴롭힘 관련 부모 대상 프로그램

유아 부모를 대상으로 한 괴롭힘 예방프로그램은 거의 존재하지 않는다. 다만, 유아기 자녀의 품행, 행동지도를 위한 부모교육 프로그램에 지속적으로 나타나는 공격적 행동문제를 포함하고 있다. 여기서는 부모의 양육기술 훈련을 통해 자녀의 문

제행동을 줄이기 위해 개발된 Triple P 프로그램과 앞서 소개된 유아기 괴롭힘 예방 및 개입을 위한 다중체계지원모형 프로그램 중 부모지원 프로그램의 내용을 소개하고자 한다.

1) Positive Parenting Program(Triple P)

(1) 프로그램 개발 의도

Triple P는 부모가 자녀와 건강한 관계를 구축하고 자녀의 행동을 자신있게 관리, 지도하며 행동 문제를 감소시키기 위해 개발된 부모 대상의 양육기술 훈련 프로그램이다. 호주에 위치한 University of Queensland의 Parenting and Family support Centre의 Mattew R. Sanders 교수가 1980년대에 개발하였으며, 여전히 활발히 적용되고 그 효과성을 널리 인정받고 있다. 이 프로그램은 출생 이후부터 12세까지의 자녀를 둔 부모를 대상으로 한 강도 높은 개입 프로그램으로, 주로 품행문제를 비롯한 심각한 사회적 행동문제, 정서적 문제를 보이는 자녀를 둔 부모를 대상으로 한다. 괴롭힘에 전문화된 프로그램은 아니지만, 괴롭힘과 같은 공격적 행동문제들을 다루고 있어, 공격적 행동문제를 지속적으로 보이는 괴롭힘 가해유아, 혹은 가해-피해유아의 부모들에게도 유용할 것으로 보인다.

2~12세의 문제행동을 보이는 자녀를 둔 부모 4,018명을 조사한 결과 이들 중 70%는 자녀에게 소리치고 매우 화를 내며, 43%는 자녀를 때리는 것으로 보고하였다(Sanders et al., 2007). 문제행동을 보이는 자녀로 인해 화가 나는 것인지 그러한 양육으로 인해 자녀가 문제행동을 보이는 것인지 그 관계는 알 수 없으나, 부모부터 변화하지 않는다면 자녀의 행동은 고치기가 어렵다. 따라서 이 프로그램은 부모-자녀 간의 긍정적인 상호작용, 애정있는 양육환경을 조성함으로써 자녀의 행동을 정상화시키고 발달을 증진시키는 것을 목적으로 한다.

(2) 목표

이 프로그램은 부모들에게 긍정적 양육훈련(Positive Parenting)을 제공함으로써, 부모의 양육에 대한 지식, 기술, 자신감, 자기효능감을 증진하고, 안전하고 비폭력적이며 애정있는 양육환경을 촉진시켜, 자녀의 사회, 정서, 언어, 지적, 행동적 유능성을 증진시키는 것을 목표로 한다. 이러한 목표를 성취하기 위한 긍정적인 양육(Positive parenting)은 안전한 양육환경, 긍정적 학습환경, 단호한 훈육, 부모의 현실적 기대전달, 부모의 자기돌봄(self-care)이라는 원칙을 지니고 있다(Sanders, 2008).

(3) 양육기술

긍정적 양육 원칙을 반영한 핵심양육기술은 기초기술과 중급기술로 나뉠 수 있다. Triple P에서 소개하는 핵심양육기술(Core parenting skills introduced in Triple P)의 구체적 내용은 아래 <표 11-16>과 같다.

〈표 11-16〉 Triple P에서 소개하는 핵심양육기술 중 기본기술

영역	하위내용
부모-자녀 관계증진 기술	• 짧지만 의미있는 시간 함께 보내기 • 자녀와 이야기 나누기 • 애정을 보이기
바람직한 행동 격려	• 구체적인 칭찬하기 • 비언어적인 애정 표현하기 • 흥미로운 활동 제공하기
새로운 기술, 행동 격려	• 모범보이기 • 우연적 교수기회 활용하기 • 묻고, 말해주고, 행동하기
잘못된 행동 다루기	• 기본 규칙 설정하기 • 직접 토의하기 • 의도적으로 무시하기 • 명확하고, 조용하게 지침전달하기 • 논리적 결과 (logical consequences) 사용하기 • 조용한 시간 갖기 • 타임아웃(time-out) 사용하기

영역	하위내용
촉진하고 계획하기	• 계획 및 사전 준비하기 • 특정 상황에 대한 기본 규칙 논의하기 • 흥미로운 활동 선택하기 • 인센티브 제공하기 • 결과(consequences) 사용하기 • 후속 논의 진행하기

〈표 11-17〉 Triple P에서 소개하는 핵심양육기술 중 중급기술

영역	하위내용
자기조절 기술	• 자녀의 행동 모니터하기 • 부모 자신의 행동 성찰하기 • 발달적으로 적절한 목표 세우기 • 연습 과제 설정하기 • 강점과 약점에 대해 자기평가하기 • 변화를 위한 목표세우기
기분(mood)다루기 및 대응기술	• 유익하지 않은 생각 포착하기 • 심신을 편안히 하고 스트레스를 잘 다루기 • 개인적 대응기술 개발하기 • 유익하지 않은 생각에 도전하기 • 위험상황에 대비하는 계획짜기
배우자 지원 기술	• 의사소통 증진하기 • 건설적인 대화와 피드백을 주고받기 • 일상에서 대화를 많이 주고받기 • 문제행동 발생 시 서로 지원하기 • 문제해결하기 • 부부관계에서 오는 행복을 증진하기

출처: Sanders(2008).

(4) 개입수준

이 프로그램의 개입단계는 5 수준(levels)으로 구분되어 있으며, 단계가 올라갈수록 심각한 행동에 대한 개입을 의미한다. 부모와 자녀의 행동문제에 따라 부모는

수준을 선택하여, 각 수준에 속한 다양한 실행방법을 실시할 수 있다. 이러한 각 개입수준은 발달단계에 따라 적용이 세분되어 있다. 출생 후 영아, 걸음마기 영아, 유아, 초등학생의 4유형으로 발달단계를 구분하여 각 단계별로 양육개입 기술을 제시하고 있다.

〈표 11-18 〉 Triple P프로그램의 개입단계

개입수준	대상	개입방법	가능한 목표행동
Level 1: Universal Triple P	자녀의 발달과 양육에 관한 정보를 얻고자 하는 모든 부모	• 경미한 행동 문제 혹은 발달 문제 해결 방법, 정보 제공 • 자녀의 건강 관리 및 행동 지침에 대한 자료 제공 및 간단한 상담 • 그룹 발표 및 대중 매체를 활용한 지원	• 일상적인 행동문제
Level 2: Selective Triple P	자녀의 행동, 발달에 특별한 문제가 있는 부모	• 특정 문제 행동에 대한 구체적인 조언 제공 • 자기 주도(self-directed) 방식, 전화 또는 대면으로 임상의와의 접촉, 그룹 세션의 방법 등으로 이루어짐	• 취침(bedtime)에 드는 문제 • 분노 발작 • 식사 시간과 관련한 행동 문제 • 배변 훈련
Level 3: Primary Care Triple P	자녀의 행동, 발달에 대한 문제로 인해 적극적 기술 훈련이 요구되는 부모	• 간단한 치료 프로그램(1~4회 클리닉 세션) 실시: 조언, 연습 및 자기 평가를 활용해 부모가 자녀의 문제 행동을 관리하도록 가르침	• 레벨 2의 모든 사항 포함 • 식사와 관련한 지속적인 문제 • 통증 관리
Level 4: Standard Triple P	심각한 행동문제를 지닌 자녀의 부모, 긍정적 양육 기술에 대한 강도 높은 훈련을 원하는 부모	• 부모-자녀 상호작용 및 다양한 목표 행동에 대한 양육 기술 적용에 관한 집중 프로그램 실시 • 자기 주도(self-directed)방식, 전화 또는 대면으로 임상의와의 접촉, 그룹 세션의 방법 등으로 이루어짐	• 일반적인 행동 관리 문제 • 공격적인 행동 • 적대적 반항 장애(oppositional defiant disorder) • 품행장애(conduct disorder) • 학습장애(learning difficulties)

개입수준	대상	개입방법	가능한 목표행동
Level 5: Enhanced Triple P	자녀의 행동문제와 가족의 불화를 동시에 겪고 있는 부모	• 양육 기술 향상, 기분 관리전략, 스트레스 대처기술 및 배우자 지원 기술을 포함한 모듈이 있는 집중 프로그램 • 가정 방문 실시	• 지속적인 행동문제 • 동시적인 아동 행동 문제 및 부모 문제 (ex 관계 갈등, 우울증) • 아동 학대

출처: Sanders(1999). p. 73.

(5) 프로그램 효과

Triple-P 프로그램을 33년 동안 이루어진 수많은 적용사례(101편의 연구)를 분석한 결과, 자녀의 문제행동의 심각성이 경감되었으며, 부모, 가족, 자녀의 웰빙을 촉진하고 양육환경을 개선하는 등의 효과를 보여주어, 이 프로그램은 부모들에게 직접적 도움을 주는 데 효과적인 것으로 나타났다(Sanders et al., 2014).

2) 유아기 괴롭힘 예방 및 개입을 위한 다중체계 지원모형-부모지원 프로그램 (이승하, 2019; 이승하, 홍인표, 2021)

유아기 괴롭힘 예방 및 개입을 위한 다중체계 지원모형 중 부모지원 프로그램은 유치원에서 해당 프로그램을 실시할 때 가정과 원이 동시에 실행되는 것으로 유아의 미시체계, 중간체계에서의 괴롭힘 예방을 강화하기 위한 것이다.

(1) 목적 및 목표

부모지원 프로그램의 목적은 '부모가 자녀에게 발생하는 괴롭힘에 대해 관심을 갖고, 또래와의 관계에서 겪는 어려움이나 상황에 효과적으로 대처하는 능력을 기르는 것'이다. 구체적인 목표는 '유아기 괴롭힘의 특징을 안다', '자녀가 겪는 또래 관계의 어려움과 원인을 파악한다', '자녀가 겪는 괴롭힘 상황에서 자녀에게 적절한 도움을 제공한다', '자녀의 긍정적인 또래 관계를 위한 부모의 역할을 인식하고 교사와 협력한다'로 제시하고 있다.

(2) 내용

부모가 유아기에 발생하는 또래 괴롭힘에 대해 관심을 갖고, 자녀가 또래 괴롭힘 상황에 가해를 하거나 피해를 당하는 상황이 발생했을 경우 적절하게 대처할 수 있도록 돕기 위해 다음과 같은 내용을 구성하고 있다(〈표 11-19〉).

〈표 11-19〉 유아기 괴롭힘 예방 및 개입을 위한 다중체계 지원모형-부모지원 프로그램 각 회기별 주제, 내용 및 지원방법

차시	주제	내용	지원방법
1	또래관계에서 경험하는 유아의 어려움 이해하기	• 유아기 또래관계에 대해 이해하기 • 유아가 또래관계에서 겪는 어려움을 파악하기	동영상 강의
2	유아기 괴롭힘에 대해 이해하고 대처하기	• 유아기에 일어날 수 있는 괴롭힘 사례 알아보기 • 유아기 괴롭힘의 다양한 원인과 해결방법 알아보기	동영상 강의
3	다른 부모와 협력적인 관계 맺기	• 유아기 괴롭힘에 대한 부모들 간의 관점이 다를 수 있음을 알기 • 유아 간 괴롭힘을 원만하게 해결할 수 있는 부모 간의 협력 방법 알아보기	동영상 강의
	기관과 협력적 관계 맺기	• 유아기 괴롭힘에 대한 부모와 교사의 관점이 다를 수 있음을 알기 • 유아기 괴롭힘을 예방하고 개입하기 위한 유아교육기관과 협력 방법 알아보기	
4	괴롭힘 문제 해결하기	• 유아기 괴롭힘에 대해 적절한 대처방법 알아보기 • 유아들의 또래 간 갈등에 대한 해결방법 알아보기	동영상 강의

(3) 프로그램 결과

프로그램에 참여한 부모들은 평소에 자녀가 유치원에서 겪는 일에 더욱 관심을 갖고 들으려고 노력하게 되었으며, 자녀가 또래 관계에서 겪는 어려움이 있을 수 있다는 점을 인식하고 이를 공감하고 이해하게 되었다고 하였다. 또한, 평소에 고려하지 못하였던 유아기의 괴롭힘 상황에 대한 지식을 습득하고, 이에 대한 대처방안

을 알 수 있게 되었다고 보고하였다. 또한 참여 부모들은 발생하는 괴롭힘을 해결하기 위해서는 나의 아이뿐만 아니라 다른 아이들을 이해하려는 자세와 다른 학부모, 교사와의 협력이 필요함을 깨닫게 되는 경험을 할 수 있었다고 평가하였다(이승하, 홍인표, 2021).

요약

유아를 대상으로 하는 괴롭힘 예방 및 개입 프로그램

- 유아들을 대상으로 하는 괴롭힘 예방 및 개입 프로그램은 국내외에 많이 개발되어 있지는 않지만, 개발된 프로그램의 경우 괴롭힘과 관련한 유아의 사회 · 정서적 능력을 함양하기 위한 다양한 지침들과 활동들로 구성되어 있다.
- 프로그램들은 다양한 유형의 공격적 행동을 예방하기 위한 활동들과 또래관계를 개선하기 위한 활동들을 제시하고 있다.
- 대체로 가해, 피해유아에 대한 집중적인 교육보다는 전체 학급유아를 대상으로 한 프로그램들이 많이 존재한다.

교사 대상 유아기 괴롭힘 예방 및 개입 프로그램

- 교사교육 프로그램은 가장 기초적으로 괴롭힘에 대한 지식을 갖추고, 이를 바탕으로 유아들 간 괴롭힘 발생에 대한 민감성을 지닐 것을 강조한다.
- 교사가 유아들의 괴롭힘에 대응할 수 있는 기술과 괴롭힘에 대한 올바른 인식, 태도를 갖추는 것은 괴롭힘 예방 및 개입을 위해 중요하다.
- 부모와의 상담기술, 협력방법도 괴롭힘 해결을 위해서 포함되어 있다.

부모 대상 유아기 괴롭힘 예방 및 개입 프로그램

- 부모를 대상으로 한 프로그램에서는 부모의 양육태도와 기술, 자녀에 대한 애정이 중요함을 강조하고 있다.
- 프로그램에서는 자녀의 문제행동이 심각할 경우 부모 자신을 성찰하고 돌보는 기술, 주변의 전문적 지원도 필요함을 제시하고 있다.
- 유아기에 일어날 수 있는 괴롭힘 행동에 대한 부모의 이해, 올바른 인식, 대처방안을 증진시킬 것을 강조하고 있다.

함께 해보아요

괴롭힘 예방 활동을 만들어보아요

- 유아를 대상으로 한 괴롭힘 예방 및 개입 프로그램은 아래와 같이 괴롭힘 예방 및 개입에 중요하다고 여겨지는 다양한 가치, 핵심요소 및 영역 등을 포함하고 있다.

프로그램명	핵심 가치/요소 및 영역
Free of Bullying	관용, 존중, 배려, 용기
Promoting Alternative Thinking Strategies(PATHS)	정서이해, 자기통제, 사회적 문제 해결, 또래관계 및 자아존중감
Second Step	공감훈련, 정서 관리, 문제해결
유아기 괴롭힘 예방 · 개입을 위한 다중체계 지원 프로그램	민감성, 다양성, 또래관계 기술, 갈등 해결, 자율성, 공동체 의식

이 중 자신이 중요하다고 생각하는 가치 혹은 요소들을 선택해 유아 대상 괴롭힘 예방 활동을 만들어봅시다.

활동명	
활동개발의도	
활동목표	
활동자료	
활동방법	

CHAPTER 12

회복적 생활교육 및 유아 대상 회복적 교육 프로그램 사례

회복적 생활교육은 학교폭력을 예방하고 해결하기 위한 대안적 접근 중의 하나로 국내외에서 적극적으로 활용되어 오고 있다. 본 장에서는 회복적 생활교육이 무엇인지 알아보고, 학교폭력 사안처리 과정에서 회복적 정의가 어떻게 적용될 수 있는지 살펴봄으로써 회복적 생활교육에 대한 이해를 넓힌다. 또한, 유아 대상의 회복적 접근 프로그램 사례를 통해 유아기의 회복적 접근을 활용한 괴롭힘 예방교육의 가능성을 탐색해본다.

1 회복적 정의와 회복적 생활교육

1) 회복적 정의의 개념

회복적 정의(resorative justice)는 피해를 회복하고 잘못을 바로잡기 위한 노력을 강조하는 패러다임으로(Zehr, 2019) 사법 영역에서 처음으로 실천되었다. 회복적 정의 패러다임에서는 가해자에 대한 처벌보다는 피해자와 공동체의 피해가 무엇인지를 파악하고, 이를 회복하기 위해 공동체 구성원 모두가 문제해결 과정에 함께 참여하는 과정을 강조한다. 따라서 회복적 정의는 문제를 일으킨 가해자를 비난하며 처벌하는 것을 정의라고 바라보는 응보적 정의 패러다임에 대한 대안으로 여겨진다.

응보적 정의 패러다임에 기반한 재판 과정은 가해자에 대한 처벌을 중심으로 이루어진다. 이 과정에서 피해자가 입은 피해와 피해의 회복은 소외되는 경우가 대부분이다. 따라서 가해자를 교정기관에 격리하고 처벌하더라도 피해자의 피해가 회복되지 않는 한계를 지닌다. 또한 가해자는 자신의 행동을 되돌아보고, 피해자의 피해를 회복시켜주기 위한 방안을 고민하기보다는 자신에게 주어진 처벌의 부당함에 초점을 맞추게 된다(Zehr, 2019). 회복적 정의는 이에 대한 대안으로 제기되었으며, 가해자의 행위를 처벌하는 것뿐만 아니라 가해자가 피해자의 피해를 회복시키는 것으로 자신의 행위에 대한 책임을 지는 것까지를 정의라고 바라본다. 응보적 정의와 회복적 정의의 특징을 비교하면 〈표 12-1〉과 같다.

〈표 12-1〉 응보적 정의와 회복적 정의 특징 비교

응보적 정의	회복적 정의
비난 확정 중심	문제해결 중심
과거에 초점	미래에 초점
고통 부과가 원칙	원상회복, 배상이 원칙
가해자에 의한 해악을 가해자에 대한 해악으로 균형	가해자에 의한 손해는 잘못을 바로잡음으로써 균형
가해자에 초점, 피해자 무시	피해자의 요구가 중심
국가와 가해자가 핵심요소	피해자와 가해자가 핵심요소
피해자는 정보 결여	피해자에게 정보제공
피해자의 '진실'은 이차적	피해자에게 '진실을 말할 기회' 부여
피해자의 고통 무시	피해자의 고통 인식, 슬픔을 나눔
가해자에 대한 국가의 조치, 가해자는 수동적 태도	가해자에게 해결에 대한 책임, 역할을 부여
잘못에 대한 대응을 국가가 독점	피해자, 가해자, 공동체의 역할 인식
가해자는 해결할 책임이 없음	가해자는 해결할 책임이 있음

응보적 정의	회복적 정의
가해자의 무책임을 조장	가해자의 책임 있는 행동 고무시킴
가해자 비난	피해를 일으킨 행위를 비난
공동체에 대한 가해자의 결속 약화	가해자의 공동체 통합 유지, 강화
피해자–가해자 관계 무시	피해자–가해자 관계가 중심
전문 대리인이 핵심적 행위자	피해자, 가해자가 중심, 전문가 조력 제공
승 · 패의 결과를 가정	승 · 승의 결과 가능
절차가 당사자의 소외, 배제를 조장	절차의 목적은 당사자 간 화해

출처: Zehr(2019), pp. 251-252에서 발췌 및 수정.

회복적 정의는 가해자의 처벌 중심이 아닌 피해자가 입은 피해를 중심으로 정의의 실현을 추구한다. 즉, 피해자의 피해 내용, 피해 정도, 회복 및 복구의 방법에 초점을 두며 국가가 가해자를 처벌하는 것이 아니라 국가는 가해자에게 피해자의 피해를 회복시켜줄 것을 요구한다. 따라서 회복적 정의에서 회복하고자 하는 핵심 요소는 피해, 책임, 관계라 할 수 있다(이재영, 2020).

피해의 회복	• 잘못된 행동으로 인해 누구에게 어떤 피해가 발생했고, 그 피해를 어떻게 회복할 것인가를 고려하는 것을 의미한다.
책임의 회복	• 잘못을 일으킨 사람이 자신이 일으킨 피해를 회복하기 위해 무엇을 할 수 있는지를 '자발적'으로 생각하고 실천할 수 있도록 책임을 지는 것을 강조한다.
관계의 회복	• 갈등으로 인한 피해가 무엇인지를 가해, 피해, 더 나아가 공동체 구성원이 다 함께 고민하고 해결해가는 과정을 강조하며, 이를 통해 공동체 구성원으로서 가해, 피해 양쪽 다 지속적으로 기능할 수 있도록, 관계를 회복하는 것을 의미한다.

[그림 12-1] 회복의 3가지 요소

출처: 이재영(2020). p. 85-94.

2) 회복적 생활교육의 개념

사법 영역에서 사용되어 왔던 회복적 정의는 1990년대 중반부터 회복적 생활교육(Restorative Discipline)[1]이라는 명칭으로 학교와 교육 분야에 적용되기 시작했다. 회복적 생활교육은 회복적 정의가 추구하는 내용을 학교에서 발생하는 갈등 해결, 학급 운영, 괴롭힘 예방 및 개입, 학교폭력 사안처리 등에 적용하는 것을 의미한다(경기도교육청, 2014). 이는 단순히 생활지도 방식을 새롭게 바꾸는 것을 넘어 학교 공동체에 대한 이해, 갈등을 이해하는 방식, 공동체 구성원 간의 관계에 대한 새로운 관점을 적용하는 것을 포함한다(이재영, 2020). 따라서 회복적 생활교육은 잘못된 행동에 대해 비난, 강제, 처벌, 배제의 응보적 방식이 아닌 치유, 자비, 조정과 화해의 방식으로 문제를 해결하는 경험을 강조한다(경기도교육청, 2014). 특히, 피해자의 회복과 가해자의 책임을 강조하는 회복적 생활교육은 학교폭력 예방을 위한 교육적 대안으로 활용되고 있다.

현재 학교폭력 사안이 발생하면 학교폭력 사안에 대한 조사가 이루어지고, 피해 사실이 확인되면 '학교폭력대책심의위원회'에서 심의를 받는 것이 법률로 정해져 있다(학교폭력예방법 제12조). 해당 법에 근거하여 피해 및 가해학생과 보호자는 심의위원회에 직접 출석하여 사안에 대해 진술해야 하며, 심의위원회는 가해학생에 대한 교육, 선도 및 징계 조치를 결정하고 통보한다. 이러한 가해학생에 대한 처벌 중심의 응보적 방식은 학생들이 관계에 대한 책임을 통해 배울 수 있는 기회를 제공하지 못한다. 이에 대한 대안으로 2019년 법률 개정을 통해 경미한 학교폭력의 경우 학교의 장이 이를 자체적으로 해결할 수 있도록 하는 조항을 신설하였다. 또한 학교폭력 사안을 자체적으로 해결하는 경우, 학교장은 피해학생과 가해학생 사이의 관계회복 프로그램을 권유하도록 명시하고 있다(법률 제13조의2 제3항). 이는 학교폭력에 대한 학교의 교육 기능을 강화하려는 시도로(박지현, 임기호, 2021) 각 시도교육청은 '관계회복 프로그램'을 개발하여 현장에 보급하는 등 회복적 관점에서의 개입 노력이 이루어지고 있다.

1) 회복적 생활교육은 회복적 실천(Restorative Practice)이나 회복적 접근(Restorative Approach)이라는 용어로 사용되기도 한다.

Hopkins(2011)는 회복적 생활교육의 특성을 기존 응보적 접근과 비교하여 정리하였다. 내용은 아래 〈표 12-2〉와 같다.

〈표 12-2〉 학교에서 이루어지는 생활지도(behavior management)에 대한 응보적 접근과 회복적 접근

응보적 접근	회복적 접근
잘못된 행동은 학교 규칙을 어기거나 학교에서 금지한 행동을 하는 것을 의미한다.	잘못된 행동은 개인 또는 집단의 복지를 침해하는 행위를 의미한다.
과거에 일어난 일에 대한 비난과 처벌, 즉 무슨 일이 일어났고, 누가 그 행동을 했는지에 초점을 둔다.	감정과 요구를 인식하고, 어떻게 충족시킬 수 있을지를 탐색함으로써 문제를 해결하는 것에 초점을 둔다.
적대적 관계와 절차를 사용: 잘못한 사람은 처벌을 결정하는 권력자와 적대적인 관계에 놓인다.	대화와 중재를 사용: 소통하고 협력하는데 관련된 모든 사람 간의 대화와 중재를 강조한다.
잘못된 행동을 억제하거나 예방하기 위해 고통이나 불쾌감을 부과한다.	잘못된 행동에 대한 책임은 피해자와 가해자 및 공동체 구성원 모두의 회복을 의미한다. 또한 관계를 회복하고 앞으로의 관계에 대한 책임을 지는 것을 목표로 한다.
잘못된 행동은 개인 간의 관계의 문제가 아니며, 추상적인 것으로 여겨진다.	잘못된 행동을 개인 간의 갈등으로 여기며, 배움의 기회로 바라본다.
잘못된 행동으로 인해 피해를 받은 사람들이 필수적으로 관련되지는 않는다. 피해자의 요구는 무시되며, 권력을 가진 사람들이 문제를 처리한다.	관련된 모든 사람의 참여와 권한을 부여하는 것을 강조한다.
가해자의 책임은 처벌을 받는 것으로 정의된다.	가해자의 책임은 – 자신의 행동이 미치는 영향을 이해하고, – 그 영향이 자신의 선택의 결과임을 확인하고, – 피해를 회복하기 위해 무엇을 해야 할지 판단하는 데 기여하는 것으로 정의된다.

출처: Hopkins(2011), p. 199.

2 회복적 생활교육의 실천

1) 회복적 생활교육 실천원리

회복적 생활교육이 추구하는 가치를 교육 현장에 적용하기 위한 기본원리를 살펴보면 다음과 같다(경기도교육청, 2014, p. 9-10에서 발췌 및 수정).

원리 1. 공동체 형성의 중심은 관계

- 모든 학생과 교직원이 학교 공동체의 가치 있는 구성원으로 다 함께 서로 존중하는 문화와 분위기를 형성한다.
- 학생들이 학교 공동체에서 생활하면서 지켜야 할 가치와 원칙(학교규칙, 학급규칙)을 만드는 일에 직접 참여한다.

원리 2. 잘못된 행동과 피해를 해결할 수 있는 관계 회복시스템의 고안

- 관계를 회복할 수 있는 시스템을 고안하는 일에 모두가 참여한다.
- 관계회복을 위한 시스템에서는 발생하는 문제뿐 아니라 문제를 일으키게 되는 근본적 원인도 파악하고 해결해야 한다.

원리 3. 단순 규범 위반이 아닌 피해가 발생한 부분에 초점

- 피해를 입은 당사자가 관계 문제 해결에 있어 1차적 고려 대상이다. 2차 관계자들은 사건에 영향을 받았을 다른 학생들, 교사, 학부모, 교직원, 주변 공동체 등이 될 수 있다.
- 피해자는 본인이 겪은 부당함을 바로 잡으려다가 자칫 잘못된 행동을 할 수도 있다. 또한, 피해자는 자신이 부당하게 대우받고 있다고 생각한다. 회복적 생활교육은 피해자가 느낄 수 있는 이러한 가능성도 고려해야 한다.

원리 4. 피해자가 자기 목소리를 낼 수 있는 여건 조성

- 피해자가 현재 느끼는 불안감, 안전에 대한 걱정과 우려를 가장 우선적으로 다루어야 한다.
- 피해자에게 자신이 문제 해결에 직접 목소리를 낼 수 있도록 기회를 준다.

원리 5. 공동으로 참여하는 문제 해결방식의 적용

- 가족과 학생들, 학교 공동체는 서로 격려함으로써, 함께 문제를 인식하고 해결책을 찾아 나간다.
- 잘못된 행동에 대해 모두가 함께 참여하여 해결책을 찾아 나가면, 이 또한 귀중한 배움의 시간이 될 수 있다.

원리 6. 변화와 성장이 가능하도록 힘을 실어 주기

- 학생들이 변화하고 성장할 수 있게 하려면, 학생들이 자신의 요구를 인식하게 하고, 그런 요구를 충족시키는 생활 방식과 대안을 찾아갈 수 있도록 도와야 한다.
- 문제를 해결하는 과정이 경청과 성찰, 신뢰와 책임 등을 통해 관계를 바로 세우는 데 초점을 둔다면 갈등을 계기로 학생들 사이에 긍정적인 변화와 성장이 일어날 것이다.

2) 예방 및 개입 단계

일반적으로 회복적 생활교육은 갈등, 폭력을 예방하기 위한 회복적인 공동체의 문화 형성의 측면과, 갈등, 폭력이 일어났을 때 개입하여 관계를 회복시키는 관계 개선, 회복의 측면으로 나누어 실천된다.

Morrisson과 동료들(2005)은 개입의 단계를 더 구체화하여 회복적 생활교육의 실천 방법을 예방 및 개입 정도에 따라 3수준으로 나누었는데, 이는 회복적 생활교육 안내 시 많이 활용되어 오고 있다. 각 수준의 내용은 아래와 같다(Morrison et al., 2005).

[1 수준] 보편적(Universal) 단계: 예방의 차원에서 이루어지는 준비 단계.

모든 학생을 대상으로 사회·정서교육 실시. 학생들 간 신뢰를 구축하여 서로 간 관계를 강화시킴(re-affirming relationships). 구성원 간의 신뢰로운 관계 형성과 회복적 가치를 추구하는 공동체 문화를 조성하는 것에 중점을 둠. 사회·정서 기술을 증진하기 위한 다양한 교육적 활동을 실시. 신뢰서클, 존중의 약속, 평화감수성 훈련 등이 이루어짐.

[2 수준] 목표(Targeted) 단계: 문제가 있는 학생을 중심으로 개입이 이루어지는 단계. 교실 전체, 혹은 소그룹, 당사자들에 대하여 손상된 관계를 회복시키는 교육활동이 이루어짐. 문제해결 서클, 회복적 상담, 회복적 성찰문 쓰기 등의 활동이 이루어짐.

[3 수준] 집중(Intensive) 단계: 심각한 갈등, 학교폭력 등을 다루는 단계. 전체 학생의 약 1~5% 가 해당되며 외부전문가가 투입되어 심각한 갈등을 겪고 있는 소수의 당사자들 간의 대화 실시. 이를 통해 관계를 재건(rebuilding relationships)시킬 수 있도록 조정하는 단계. 전문가가 회복적 조정 절차를 적용하여 관계를 개선하는 회복적 대화 모임(conferencing), 중재(mediation)가 이루어짐.

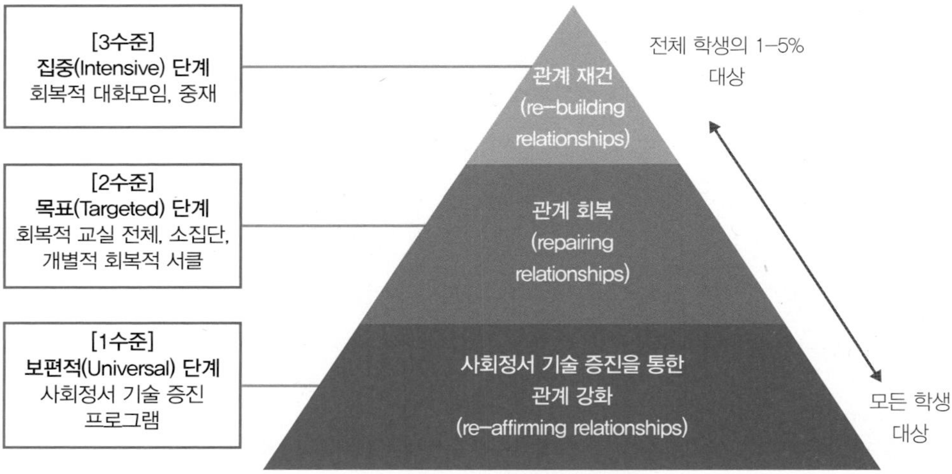

[그림 12-2] 회복적 접근의 수준(levels)

출처: Morrison et al(2005). p.335-357.

3) 회복적 생활교육의 실천 방법

회복적 생활교육은 학생들이 신뢰로운 관계와 평화로운 공동체 문화 속에서 정서적 안정감을 느끼고 공동체에 대한 소속감을 형성하도록 하는 데 초점을 둔다. 또한 갈등해결을 위한 프로그램으로도 다양하게 활용되고 있다. 이를 위한 대표적 방법으로 '서클 활동하기', '존중의 약속 만들기', '공동체놀이', '또래조정'과 같은 방법이 있다.

(1) 서클

서클은 학급 구성원들이 동그랗게 둘러앉아 서로의 의견을 나누는 모임이다. 서클에서는 한 사람씩 돌아가며 자신의 의견을 이야기하고, 다른 사람의 의견을 경청하는 과정으로 이루어지며, 이 과정에서 서로에 대한 신뢰를 형성하고 평등한 관계를 경험한다. 서클은 첫 만남을 위한 서클, 관계를 회복하기 위한 서클 등 상황에 따라 다양하게 운영할 수 있다. 서클을 지속적으로 운영하는 것은 서로를 존중하는 학급 문화를 형성하는 데 기여할 수 있다.

① 서클의 유형

서클은 크게 예방적 차원에서 공동체 구성원 간의 관계를 증진하기 위한 서클과 갈등을 해결하기 위한 개입적 차원의 서클로 구분할 수 있다. 회복적 생활교육에서는 전자는 관계증진, 관계강화 혹은 신뢰서클 등의 명칭으로 부르며, 후자는 문제해결, 갈등해결 서클이라 부른다.

[그림 12-3] 서클의 유형

출처: 정진(2016). p. 169.

[그림 12-4] 서클의 예

② 서클의 약속

서클의 약속은 참여자 모두가 동등한 발언권을 가질 수 있도록 돕고 자신의 의견이 수용되는 경험을 할 수 있도록 하는 장치이다. 서클의 기본 약속은 다음과 같다. 서클을 운영하면서 필요한 규칙은 구성원의 동의를 얻어 추가할 수 있다.

〈표 12-3〉 서클 약속 예시

서클 약속
• 토킹피스(또는 토킹스틱)를 가진 사람만 이야기하기 • 다른 사람의 이야기를 끝까지 듣기 • 서클의 시작부터 끝까지 함께 하기 • 서클에서 나온 이야기는 비밀을 유지하기

③ 토킹피스와 센터피스

토킹피스(또는 토킹스틱)는 서클에서 이야기를 하는 사람이 들고 있는 도구로 토킹피스를 가진 사람이 발언권을 가진다. 토킹피스는 참여자들에게 의미를 지닌 물건을 함께 정하여 사용할 수 있다. 연령이 어린 경우 긴장을 완화시켜줄 수 있는 부드러운 소재의 인형을 사용하는 것이 좋다. 토킹피스를 소중하게 다루도록 약속을 하고 서클을 진행한다.

센터피스는 원으로 둘러앉은 가운데에 두는 물건으로 서클의 참여자들이 가져온 물건을 놓아둔다. 센터피스는 참여자들의 시선이 편안하게 원 안에 머무를 수 있도록 도와주고 따뜻한 분위기를 느끼게 해준다.

[그림 12-5] 토킹피스의 예

출처: OpenAI(2024).

[그림 12-6] 센터피스의 예

출처: 경기도교육청(2018). 평화로운 학급공동체 워크북 ver 2.0(초등). p. 26.

④ 서클 진행방법

서클의 구체적인 운영 방법을 살펴보면 다음과 같다.

환영인사
- 자리에 앉은 후 참가자들을 환영하고 소개한다.

▼

서클 열기
- 서클의 의미를 담은 의식으로 서로의 마음을 모은다.
  (예: 차분한 음악이나 싱잉볼 소리를 들으며 명상, 마음 가라앉히기 등)
- 토킹스틱을 소개하고 기본규칙을 상기한다.

▼

서클 진행
- 오늘 이야기할 주제, 문제, 이슈 등을 소개한다.
- 돌아가면서 주제에 대한 서로의 생각을 나눈다.
- 어떻게 실천, 적용할 것인지 이야기 나눈다.

▼

서클 닫기
- 오늘의 모임에서 배우거나 느낀 소감을 나누며 마무리한다.

유의점
• 서클 진행 전 간단한 공동체놀이를 통해 편안한 분위기 속에서 대화를 나눌 수 있도록 한다. • 서클을 여는 질문 단계에서 감정카드, 이미지 카드 등의 매체를 활용하여 대화를 촉진할 수 있다. • 할 말이 생각나지 않거나 말하고 싶지 않은 경우 '침묵'을 의사 표현의 형태로 인정해 줄 수 있다. • 그러나 '패스'는 가능한 한 사용하지 않는 것이 좋으며, 대화에 진지하게 참여할 수 있는 분위기를 조성하는 것이 필요하다. • 떠들거나 주의집중을 하지 않는 상황에서 개인을 지목하거나, 강한 부정적인 표현보다는 말하지 않고 기다려주기, 동의한 침묵 사인을 보내기, 혹은 '존중의 약속' 환기시키기 등의 방식을 사용한다. • 서클이 익숙해지면 서클의 의미를 설명하는 단계를 생략할 수 있다. • 서클의 약속은 서클 시작 전 간단하게 상기시켜 주는 것이 좋다.

출처: 경기도교육청(2021). 경기형관계회복프로그램 워크북(초등) 마음을 잇다, 평화가 있다. p.5-8.

⑤ 신뢰서클

신뢰서클은 구성원들 간의 관계를 맺는 과정에서 이루어지는 서클로, 회복적 생활교육에서 가장 먼저 시행되는 서클 유형이다. 신뢰서클은 구성원들이 각자의 이야기를 나누고 경청하는 과정으로 진행된다. 이 과정에서 서로의 감정을 공감하고 수용하면서 관계를 형성해 나간다. 신뢰서클은 관계를 유지하는 과정에서 발생하는 갈등을 드러내고 함께 해결해 나갈 수 있는 기초를 제공한다(정진, 2016). 신뢰서클을 지속적으로 운영하는 것은 학생들이 관계에서 존중과 배려를 실천할 수 있도록 돕는다. 학급 구성원 모두가 균등한 기회를 가지며, 이를 존중하는 경험을 통해 구성원들 사이에 안전한 관계망을 형성하게 된다. 수평적인 관계 속에서 공감, 경청, 수용 등을 경험하며 평화적인 공동체 문화를 형성하는 경험을 하게 된다.

⑥ 문제해결(갈등해결) 서클

문제해결 서클은 갈등으로 인해 가해자와 피해자가 생긴 경우 진행하는 서클이다. 갈등을 빨리 해결하기 위해 잘못된 행동을 교사가 지적하고 피해자에 대한 형식적인 사과로 마무리하는 방식은 긍정적인 관계를 유지하는 데 걸림돌로 작용할 수 있다. 서클을 통해 서로의 마음을 공유하고 가해자가 자신의 행동을 돌아보고 피해를 복구하는 방식으로 자신의 행동에 책임을 질 수 있는 기회를 제공하는 것이 필요하다. 갈등해결 서클을 통해 문제 상황을 확인하고 참여자의 감정과 의견을 들어보는 기회를 제공할 수 있다.

(2) 존중의 약속 만들기

회복적 생활교육은 '존중과 책임', '관계'라는 가치에 기반한 공동체 문화가 형성되는 과정을 강조한다. 이를 위해서는 구성원 모두가 관계에서의 존중과 책임을 실천해 나가는 것이 중요하다. 존중의 약속은 관계에서 지켜야 할 약속으로 구성원 모두가 실천할 수 있는 행동과 언어사용 규칙이 포함된다. 존중의 약속을 만드는 시기는 학기 초인 3월 말 4월 초가 적당하며, 한 달 동안 함께 지내며 겪은 불편함과 어려움을 바탕으로 존중의 약속을 만들고 수정 보완해 나간다. 학기 초에는 약속을 매일 확인하면서 이 약속이 우리 교실에서 중요하다는 인식을 갖도록 한다. 존중의 약속을 스스로 만들고 지키는 경험을 통해 존중받는 것의 가치를 느끼게 되고, 서로를 존중하는 교실 문화를 만드는 데 참여하게 된다. 학급에서 존중의 약속을 운영하기 위한 구체적 방안과 유의점을 살펴보면 다음과 같다.

〈표 12-4〉 존중의 약속 운영 방안 및 유의점

존중의 약속 만들기	
경험나누기	– 한 달 동안 함께 지내면서 좋았던 경험과 싫었던 경험을 생각하기 – 포스트잇에 좋았던 경험과 싫었던 경험을 표현해서 붙이기 – 비슷한 경험끼리 정리해서 살펴보기 – 자신의 경험과 친구들의 경험을 통해 꼭 필요하다고 생각하는 약속을 만들도록 안내하기
존중의 약속 만들기	– 자신이 만든 약속을 포스트잇에 적어서 붙이기 – 공유한 약속을 바탕으로 문장을 만들고 정리해서 존중의 약속 만들기
존중의 약속 게시하고 실천하기	– 만들어진 약속을 정리하여 잘 보이는 곳에 게시하기 – 1~2주(또는 3~4주간) 시행하며 수정해야 할 부분 함께 생각해 보기
존중의 약속 확정하기	– 수정이 필요하다고 생각하는 규칙에 스티커 붙이기 – 스티커가 붙지 않은 항목은 존중의 약속으로 확정하고 스티커가 한 개라도 붙어 있으면 함께 이야기 나누기 – 존중의 약속을 보완할 방안을 논의하고 의견 공유하기 – 스티커를 붙인 친구들에게 불편함이 해소되었는지 확인하기 – 존중의 약속을 확정하고 잘 보이는 곳에 게시하기
존중의 약속 운영 방안	
• 정기적으로 아침 인사 시간에 긍정적인 기대감을 갖고 약속을 확인한다. • 일과 평가 시간에 약속을 지킨 것에 대한 격려를 통해 약속을 스스로 지키는 것에 대한 기대를 표현한다. • 약속을 지키지 못하는 일이 발생했을 때, 그 행동을 지적하는 대신 존중의 약속을 가리키고 어떤 말과 행동을 해야 하는지 생각하고 바꾸어 행동할 수 있게 돕는다. • 주기적으로 존중의 약속을 지키고 있는지 확인하고 수정 · 보완해 나간다.	

유의점
• 약속은 구체적으로 만들고 부정적인 표현보다는 긍정적인 표현을 사용한다. • 교사가 관찰한 행동에 대해 말할 때 평가나 판단을 제외하고 있었던 사실에 대해서만 이야기하도록 한다. • 약속을 지키지 않은 경우, 처벌의 방식이 아닌 자신의 행동에 대해 스스로 책임지고 회복할 수 있도록 한다.

출처: 경기도교육청(2014). 평화로운 학교를 위한 회복적 생활교육 매뉴얼. p. 25. 경기형관계회복프로그램 워크북(초등) 마음을 잇다, 평화가 있다. p. 21.

(3) 공동체놀이

공동체놀이란 경쟁하지 않고 놀이에 참여하는 모두가 함께하는 활동을 의미한다. 공동체놀이를 통해 아이들은 함께하는 즐거움과 공동체 구성원으로서의 경험을 하게 된다. 또한 놀이 과정에서 다양한 의사소통과 정서적인 교류를 통해 긍정적인 관계를 형성하도록 돕는다. 승패가 없는 공동체놀이를 통해 결과보다 과정에서의 즐거움을 느끼고 상호작용 과정에서 관계 형성 방법을 배우도록 지원할 수 있다.

〈표 12-5〉 공동체 놀이의 예

놀이명	프라이팬 놀이
놀이방법	1. 술래 한 명을 뽑는다. 2. 3명씩 한 팀이 된다. 3. 두 명이 손을 서로 맞잡고 서면 사이에 남은 한 명이 들어가 가운데 선다. 4. 손을 잡은 친구 두 명은 '흰자', 가운데 친구는 '노른자'라고 이름을 붙여준다. 노른자는 두 손을 들어 반짝거린다. 5. 모두 함께 "지글지글 보글보글 프라이팬 놀이"라고 외친다. 바로 이어서 술래가 '달걀 프라이', '흰자', '노른자' 중에 하나를 선택하여 말한다. 6. 술래가 "노른자!"를 외치면 노른자는 다른 흰자들을 찾아 자리를 옮긴다. 7. 술래가 "흰자!"를 외치면 노른자는 그대로 있고 흰자들은 다른 노른자를 찾아 자리를 옮긴다. 8. 술래가 "달걀 프라이!"를 외치면 모두 흩어져 새로운 달걀 프라이를 만든다. 9. 짝을 짓지 못한 사람이 술래가 된다.
놀이팁	• 놀이에 익숙해질 때까지 교사가 술래가 되어 노른자, 흰자, 달걀 프라이를 외치며 연습을 해본다. • 놀이가 익숙해지면 아이들끼리 해볼 수 있도록 한다.

출처: 경기도교육청(2021). 경기형관계회복프로그램 워크북(초등) 마음을 잇다, 평화가 있다. p. 29-30.

놀이명	몸대 몸
놀이자료	넓은 공간
놀이방법	1. 두 사람씩 짝을 정한다. 2. 진행자가 신체의 두 부분을 말하면 서로 해당되는 신체 부위를 맞닿게 한다. 예를 들어 "손바닥-귀"라고 하면 자신의 손바닥은 상대방의 귀에 붙이고 상대방의 손바닥은 내 귀에 붙인다. 3. 손바닥-귀, 무릎-허리, 팔꿈치-무릎, 발목-발목, 발바닥-발바닥, 어깨-손, 주먹-주먹 등 다양한 부위를 맞닿게 한다. 4. 신체 부위를 바꿀 때마다 짝을 바꿔야 한다.
놀이팁	• 처음에는 교사가 이야기하고, 점차 아이들이 해볼 수 있게 제안한다. • 안전사고를 예방하기 위해 넓은 공간을 확보한다.

출처: 정진(2016). 회복적 생활교육 학급운영 가이드북. p. 98-99.

(4) 또래 조정

또래 조정이란 학생들의 자율적인 갈등해결 방법으로 구성원들 간의 갈등이 있을 때 또래가 중재자가 되어 대화를 통해 문제해결을 할 수 있도록 돕는 과정으로 이루어진다(경기도교육청, 2014). 또래조정은 학급에서 발생하는 미묘한 갈등이나 누적된 갈등을 가장 먼저 알아채기 쉬운 또래가 갈등을 중재함으로써 또래 간 문제를 조기에 발견해 해소할 수 있도록 돕는다. 또래 조정자는 갈등을 관리할 수 있는 역량, 또래와의 의사소통 능력, 문제해결력, 자기결정 능력 등을 기를 수 있다(경기도교육청, 2021).

① 또래 조정을 위한 교육 및 훈련

또래 조정이 효과적으로 이루어지기 위해서는 또래 조정자를 위한 교육이 체계적으로 이루어져야 한다. 또래 조정자는 최소 15차시의 교육을 받아야 하며 갈등 당사자를 탓하는 것이 아니라 갈등을 객관적으로 바라보고 해결할 수 있도록 하는 관점을 갖는 것, 의사소통 기술, 문제해결 기술 등 조정자로서 필요한 태도와 기술을 익히는 과정이 포함되어 있다.

② 또래 조정의 단계

또래조정의 단계는 아래와 같이 서클과 비슷한 형태로 이루어질 수 있다.

〈표 12-6〉 또래조정의 단계

단계	내용
1단계 환영 및 규칙 설명	• 규칙을 설명한다. 첫째, 진심으로 이야기하기 둘째, 상대방이 이야기할 때 끼어들지 않기 셋째, 중간에 가지 않기 넷째, 다른 친구들에게 이야기하지 않기
2단계 이야기하기 및 듣기	• 갈등 당사자가 충분히 이야기할 기회를 주고, 친구의 말을 잘 들었는지 확인한다. – 무슨 일이 있었니? – 들은 대로 말해줄래?
3단계~4단계 갈등 문제와 해결 책 찾기	• 서로에게 바라는 마음이 무엇인지 물어본다. – 가장 걱정되는 것은 무엇이니? – 진심으로 바라는 것은 무엇이니?
5단계 약속하기	• 구체적인 행동으로 약속을 정한다. – 지금보다 마음이 편해지기 위해서 어떤 약속을 정하면 좋을까?
6단계 격려와 마무리	• 약속을 확인하고 마무리한다. 서로가 원하면 사후모임을 정한다. – 서로 마음을 열고 이야기해 줘서 고마워. 또 갈등이 생기면 이야기해 줘.

출처: 경기도교육청(2021). 경기형관계회복프로그램 워크북(초등) 마음을 잇다, 평화가 있다. p. 70.

③ 또래 조정의 유의점

또래 조정자 선발에서 가장 중요한 것은 자발성이며, 교육 과정에 충실하게 참여할 수 있는 학생으로 선발하는 것이 중요하다. 다른 친구의 문제에 관심을 가지고 있고, 친구들이 신뢰할 수 있는 학생을 또래 조정자로 선발하는 것이 좋다. 또래 조정자 선발 시 두 명 이상씩 짝을 지어 선발하면 학급에서 일어나는 갈등을 발견하고 조정하는 과정에서 서로 도움을 주고받을 수 있다.

학급에서 발생하는 모든 갈등을 또래 조정으로 해결할 수 있는 것은 아니며, 학교폭력 사안이나 안전과 관련한 사안은 반드시 교사가 개입하여 진행해야 한다. 또래조정 실시 초기에는 교사가 조정 과정에 참여하여 또래 조정자를 지원할 수 있다. 만약 또래 조정 이후에도 갈등이 반복되거나 더 심화되는 경우 즉시 교사가 개입하는 것이 필요하다. 이 경우, 또래 조정자와 갈등 당사자가 함께 갈등 조정의 과정에서 경험한 어려움과 개선 방안을 함께 모색한다.

3 유아를 대상으로 한 회복적 접근 프로그램

회복적 생활교육은 유아를 대상으로 적용될 수 있다. 유아 또한 자신의 실수나 잘못된 행동으로 상대 유아가 피해를 입었을 때, 자신의 행동을 되돌아보고 피해를 회복할 수 있는 방법을 고민하는 과정이 필요하다. 이 과정에서 유아는 자신의 행동에 대한 책임감, 타인과의 신뢰를 쌓아 건강한 관계를 형성하는 경험을 할 수 있다. 또한, 이러한 갈등 해결의 경험은 성인의 지시에 의한 것보다 스스로 고민하고 스스로 문제를 해결해 보는 능력을 키울 수 있도록 돕는다. 현재까지 유아를 대상으로 하는 회복적 생활교육 프로그램은 국내 2편만이 존재한다(이승하, 이해민, 2024; 정유미, 이승하, 2022). 본 장에서는 그중 한 편을 소개한다.

회복적 접근에 기반한 유아 또래관계 증진 프로그램은 학급지원 프로그램과 가정연계 프로그램으로 구분되어 있으며, 학급지원 프로그램은 놀이와 서클 활동으로 개발되었다. 회복적 접근에서 강조하는 용서, 책임, 관계의 가치를 반영한 놀이 및 서클 활동은 유아교육 현장에서 이루어지는 인성교육, 생활교육, 사회교육 전반에 활용될 수 있다. 또한 가정연계 활동을 통해 유아의 삶 전반에서 회복적 접근이 추구하는 가치를 실천할 수 있도록 개발되었다.

1) 프로그램 개괄

(1) 목적 및 목표

본 프로그램의 목적은 '회복적 접근을 통해 자신과 타인을 존중하고, 원만한 또래관계를 형성하여 평화로운 학급 문화를 조성한다.'이다.

이를 위한 구체적인 목표는 다음과 같다.

첫째, 자신에 대해 긍정적으로 인식한다.

둘째, 자신과 타인을 존중한다.

셋째, 친구와의 관계를 회복할 수 있는 방법을 함께 찾아본다.

넷째, 학급에서 발생하는 문제를 다른 친구와 함께 해결한다.

다섯째, 학급 친구들과 서로 이해하고 배려하는 태도를 기른다.

(2) 프로그램 구성 요소 및 교육내용

본 프로그램의 구성 요소는 회복적 가치 중 유아의 인지·정서 발달 수준에 적합한 핵심 가치 6가지로 선정하였다. 구성 요소의 의미와 교육 내용을 살펴보면 다음과 같다.

〈표 12-7〉 프로그램 구성 요소의 의미 및 교육 내용

구성 요소	의미 및 교육 내용	
공감	의미	다른 사람의 생각과 느낌을 인식하고 사고와 기분에 대해 적절하게 대응하는 능력. 다른 이의 정서적 상태를 이해 · 추론하는 인지적 공감과 다른 이가 느끼는 바와 동일한 정서를 경험하는 정서적 공감을 통해 적절한 사회적 기술로 반응하는 것
	교육 내용	친구의 어려움에 관심 가지기, 타인의 감정을 인정하기, 상대방의 입장이 되어 마음을 느껴보기, 상대방의 요구와 필요에 반응하기
용서	의미	잘못을 한 사람을 탓하거나 미워하지 않고 그 사람이 처한 상황이나 행동을 이해하여 너그러이 덮어주는 것
	교육 내용	나의 상처에 대해 솔직하게 표현하기, 친구의 실수를 마음에 담아두지 않기, 누구나 실수나 잘못을 할 수 있다는 점 이해하기, 친구를 비난하거나 탓하지 않기, 친구가 나에게 한 잘못을 친구에게 똑같이 하지 않기, 용서를 구하는 방법 알고 실천하기

구성 요소		의미 및 교육 내용
책임	의미	스스로 잘못을 인정하고 해결하기 위해 노력하며, 공동체 구성원으로서 내가 할 수 있는 일을 실천하는 것
	교육 내용	나의 잘못을 인정하기, 잘못에 대해 사과하기, 함께 만든 약속 지키기, 해야 할 일을 스스로 하기, 내가 하는 행동이 주변 사람들에게 영향을 줄 수 있음을 알기
소통	의미	언어적 또는 비언어적인 방법으로 서로의 감정이나 생각 등을 전달하면서 상호 간에 영향을 주고받는 순환적 과정
	교육 내용	자신의 생각과 감정을 적절한 방법으로 표현하기, 다른 사람의 이야기를 끝까지 듣고, 의도를 생각해 보기, 다른 사람의 이야기에 적절하게 반응하기, 서로의 차이를 발견하고 존중하기, 합의해서 결정하기
회복	의미	상처 입은 사람의 아픔을 공유하고, 피해를 바로 잡기 위한 노력으로 당사자뿐 아니라 공동체의 다른 구성원들도 함께 참여하는 행위
	교육 내용	실수, 잘못하게 된 원인을 찾아보기, 상처받은 친구를 위로하기, 잘못된 행동은 바로 잡을 수 있다는 것 알기
관계	의미	타인과 함께 살아가는 과정 중에 나타나는 것으로, 존중과 신뢰를 바탕으로 한 일정한 상호작용 패턴이 누적됨으로써 생성된 것
	교육 내용	친구들과 함께 생활하는 즐거움 알기, 서로에게 도움이 될 수 있음을 느끼기, 우리 반 친구들을 모두 소중히 여기기, 친구 사이에는 다툼이나 갈등이 있을 수 있다는 것 인정하기

2) 학급지원 프로그램

학급지원 프로그램은 놀이와 서클로 구분되며, 놀이는 교사가 대집단 활동으로 운영하거나 유아가 자유롭게 놀이할 수 있도록 구성되어 있다. 서클 프로그램은 유아의 발달 수준과 학급의 상황에 따라 융통성 있게 운영할 수 있도록 구성되어 있으며, 각 회기별로 서클 진행 절차를 제시하였다. 놀이 및 서클의 구체적인 내용을 살펴보면 다음과 같다.

(1) 놀이 프로그램

놀이 프로그램의 놀이 제목 및 내용은 아래와 같다.

〈표 12-8〉 학급지원 프로그램 회기별 놀이 제목 및 세부 내용

번호	놀이 제목	내용	구성요소
1	누군지 맞혀봐	• 목표: 우리 반 친구에 대해 관심을 갖는다. 친구의 말을 경청한다. • 놀이방법: 궁금이 상자에는 각 유아의 사진과 이름이 붙어있는 블록이 담겨 있다. 궁금이 상자에서 블록을 하나 뽑은 후 뽑힌 유아가 친구에게 듣고 싶은 말이 무엇인지 이야기한다. 혹은 뽑힌 유아에 대한 수수께끼를 내고 어떤 유아가 뽑혔는지 맞혀본다.	소통 관계
2	위로의 스트라이크	• 목표: 자신과 타인의 부정적 정서를 인식하고 명명한다. 친구의 부정적인 감정에 관심을 갖고 함께 해결하려고 노력한다. • 놀이방법: 자신/타인이 느끼는 부정적 감정을 나타내는 카드를 찾아서 볼링핀에 붙인다. 이후 볼링공으로 핀을 쓰러뜨린다.	공감 용서 소통 회복 관계
3	우리 반 기차	• 목표: 우리 반 기차 만들기 놀이를 하면서 함께 하는 즐거움을 느낀다. • 놀이방법: 교사가 불러주는 친구 뒤로 가서 손을 올려 기차를 만들고 모든 유아가 다 연결되면 교사에게 모인다.	용서 소통 관계
4	용서 나무	• 목표: 친구에서 속상했던 마음을 솔직하게 표현한다. 사과하는 말, 용서하는 말을 알고 친구에게 해본다. • 놀이방법: 사과의 말, 용서의 말을 씨앗 모양의 포스트잇에 적고, 서로에게 그 말을 해준 친구들은 열매를 나무그림에 붙인다.	공감 용서 소통 회복 관계
5	내 마음을 들어봐	• 목표: 친구에게 마음을 전달하는 다양한 방법을 알아본다. 친구에게 관심을 갖고 자신의 마음을 적절한 말로 전달해 본다. • 놀이방법: 친구에게 해줄 수 있는 따뜻한 말을 알아보고, 사운드 카드에 친구에게 하고 싶은 말을 녹음해서 전달한다.	공감 용서 소통 회복 관계
6	우리 반 장난감 놀이터	• 목표: 친구가 소중하게 생각하는 것을 존중한다. 친구와 놀잇감을 나누어 사용해 본다. • 놀이방법: 집에서 친구와 함께 놀이해 보고 싶은 놀잇감을 가져와 놀이 방법을 소개하고 함께 놀이해 본다.	공감 용서 책임 관계

번호	놀이 제목	내용	구성 요소
7	오늘은 내가 주인공	• 목표: 친구에게 도움을 줄 수 있는 말과 행동이 무엇인지 알고 해본다. • 놀이방법: 주사위에 친구에게 받고 싶은 말, 행동(예:안아주기)이 나타난 카드를 골라서 붙인 후, 궁금이 상자에서 뽑힌 유아는 친구가 원하는 말, 행동을 해주며 놀이한다.	책임 소통 회복 관계
8	호 불어 줄게요 (가정연계)	• 목표: 주변 사람들의 마음이 상했을 때 내가 할 수 있는 일이 무엇인지 알아본다. • 놀이방법: 마음이 아픈 사람을 위로해 줄 수 있는 방법을 알아보고 '호 불어줄게요' 노래의 그림 뮤직비디오를 만들어 감상한다.	공감 회복 관계
9	에드와르도가 왜 그랬을까? (그림책 연계)	• 목표: 다른 사람의 행동에는 이유가 있다는 것을 알고 이해하는 태도를 기른다. • 놀이방법: '에드와르도가 왜 그랬을까?' 그림책을 감상하고 에드와르도의 입장을 담은 책을 만들어본다.	공감 용서 회복
10	친구의 전설 (그림책 연계)	• 목표: 그림책을 감상하고 친구의 소중함을 느껴본다. • 놀이방법: '친구의 전설' 그림책을 감상하고 친구와 함께 있으면 좋은 점을 떠올리며 친구의 소중함을 느낀다.	용서 책임 소통 회복 관계
11	어떻게 할 거야? (스토리 텔링)	• 목표: 실수나 잘못을 했을 때 사용할 수 있는 말을 익힌다, 친구의 사과를 받아들이고 용서하는 태도를 기른다. • 놀이방법: '사자가 작아졌어' 동화를 감상하고 용서를 구하는 방법, 사과를 받아들이는 방법에 대해 이야기 나눈다.	용서 책임 회복 관계
12	미안해-괜찮아 캠페인 (가정연계)	• 목표: 사과해 본 경험을 떠올리고 용서를 구하는 것은 용기 있는 것임을 이해하고 직접 실천해 본다. • 놀이방법: 미안해-괜찮아 띠를 두르고 유치원 곳곳에 다니며 용기 있는 말이라는 점을 캠페인을 통해 전달해 본다.	용서 책임 소통 회복 관계

(2) 서클 프로그램

서클 프로그램의 각 회기별 주제 및 내용은 다음과 같이 구성되었다.

〈표 12-9〉 학급지원 프로그램 서클 활동 회기별 주제 및 세부 내용

회기	주제	목적	내용
1	서클 소개하기	• 서클 약속을 지키며 서클 모임 경험하기	• 서클 약속 소개하기 • 잘 들어보는 연습하기 • 나의 생각 적절하게 표현하기
2	서로의 마음 알기	• 자신이 느끼는 감정이 무엇인지 인식하고, 다른 사람의 감정에 관심 갖기	• 자신의 기분을 언어로 표현하기 • 느낌의 이유 설명하기 • 기분이 좋아지는 말 이야기 나누기
3	고민 나누기	• 우리 반에서 일어날 수 있는 갈등을 알고 이해하기	• 친구들과의 갈등 상황 공유하기 • 갈등 상황의 이유 이야기 나누기 • 속상한 친구에게 해줄 수 있는 말 이야기 나누기
4	마음 다지기	• 스스로 문제를 해결할 수 있는 능력이 있음을 알기 • 자신감 회복하기	• 자신의 자랑스러운 점 소개하기 • 우리 반에 도움이 될 수 있는 방법 이야기 나누기 • 도움을 준 친구에게 해줄 수 있는 말 이야기 나누기
5	서로 믿어주기	• 친구 관계의 소중함 알기 • 좋은 관계를 만들기 위한 방법 알아보기	• 친구와 함께해서 즐거웠던 경험 이야기 나누기 • 소중한 친구에게 해주고 싶은 말 이야기 나누기

(3) 학급지원 프로그램 현장적용 사례

본 프로그램은 A유치원 5세 반 유아 22명을 대상으로 약 6주간 운영되었다. 다음은 활동 안내서의 일부 및 현장적용 사례이다.

① 〈누군지 맞혀봐〉 놀이 사례

㉠ 놀이 안내서

<table>
<tr><th>놀이제목</th><th>누군지 맞혀봐</th></tr>
<tr><td>기대되는 결과</td><td>• 우리 반 친구에 대해 관심을 갖는다.
• 친구가 들려주는 말을 경청한다.</td></tr>
<tr><td>구성요소 및 교육내용</td><td>• 소통– 자신의 생각과 감정을 적절한 방법으로 표현하기
• 관계– 서로에게 도움이 될 수 있음을 느끼기</td></tr>
<tr><td>놀이 자료</td><td>• 궁금이 상자, 유아이름 · 사진 나무블록
• 고깔모자, 미션카드(성별, 옷, 친구가 많이 하는 놀이, 친구의 좋은 점, 물음표 카드)</td></tr>
<tr><td colspan="2">놀이 방법</td></tr>
<tr><td>놀이 안내</td><td>1. 한 친구는 궁금이 모자를 쓴다.
2. 비밀상자 안에 손을 넣어 블록을 뽑는다.
3. 뽑힌 친구의 사진, 이름을 보고 친구의 특징을 이야기한다.
– 성별 고깔: 여자야 / – 옷 고깔: 옷에 고양이 그림이 있어 /
– 놀이 고깔: 역할놀이를 많이 해 / – 친구의 좋은 점: 이 친구는 양보를 잘해줘
– 뽑기 블록은 물음표 모자를 쓰고 있는 친구에게 보이지 않게 한다.
4. 역할(모자 쓴 역할, 블록 뽑는 역할)을 바꾸어 놀이한다.</td></tr>
<tr><td>놀이 지원</td><td>많은 인원의 유아와 함께 할 경우, 교사는 다음과 같이 놀이를 지원할 수 있습니다.
1. 4명(인원의 수는 3명 이상이면 상관없음)의 유아가 나와서 모자를 한 개씩 쓴다. 각 모자에는 친구의 성별, 친구의 옷에 있는 색깔, 친구가 많이 하는 놀이, 친구의 좋은 점 등을 그림으로 표기한 것을 탈부착하게 되어 있음.
2. 나와서 모자를 쓰고 있는 유아 중, 1명의 유아가 비밀상자에서 블록을 꺼내어, 모자를 쓴 나머지 유아들에게 보여준다. 자신의 모자에 붙은 그림(예: 성별)에 따라, 그 유아의 특성을 이야기한다(예: '이 친구는 여자야').
3. 다른 유아들이 누구인지 맞춰본다.
4. 모자나 블록을 뽑는 역할을 바꾸어서 할 수 있다.</td></tr>
<tr><td>이렇게도 놀이할 수 있어요</td><td>• 우리 반 친구들 얼굴, 이름이 붙어 있는 블록으로 우리 반 탑 쌓기 놀이를 해본다.
• 우리 반 친구 꾸미기 활동으로 친구의 얼굴 사진에 옷이나 악세서리를 만들어서 붙여주고 꾸며주는 놀이를 한다.</td></tr>
</table>

㉡ 놀이 과정

누군지 맞혀봐 놀이

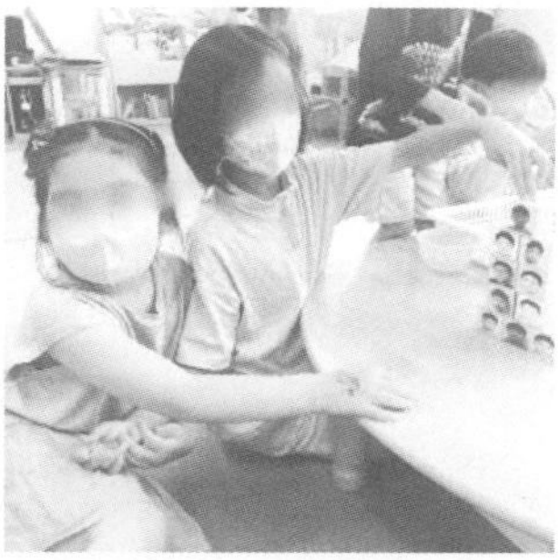

우리 반 친구들 탑 쌓기 놀이

② 〈위로의 스트라이크〉 놀이 사례

㉠ 놀이 안내서

놀이제목	위로의 스트라이크
기대되는 결과	• 내가 하는 말이 친구에게 영향을 줄 수 있음을 안다. • 자신과 타인의 부정적 정서를 인식하고 명명할 수 있다. • 친구의 부정적인 감정에 관심을 갖고 함께 해결하려 노력한다.
구성요소 및 교육내용	• 공감– 타인의 감정을 인정하기 • 용서– 나의 상처에 대해 솔직하게 표현하기 • 소통– 자신의 생각과 감정을 적절한 방법으로 표현하기 • 회복– 상처받은 친구를 위로하기 • 관계– 서로에게 도움이 될 수 있음을 느끼기
놀이 자료	• 볼링공, 볼링핀 • 속상한 말, 마음이 그려진 카드

놀이 방법	
놀이 안내	1. 내 마음속에서 사라졌으면 하는 마음, 말이 적혀있는 카드를 찾는다. 2. 카드를 볼링핀에 붙인다. 3. 볼링공을 굴리며 '나쁜 마음아 가라~!'하고 외친다. 4. 볼링공으로 나쁜 말/마음 볼링핀을 쓰러뜨린다.
놀이 지원	• 볼링의 기본적인 규칙에 대해 알아보고, 규칙을 지키며 놀이하도록 안내한다. • 볼링놀이를 하면서 유아가 어떤 마음이 들었는지, 교사와 이야기하고 교사가 유아의 감정을 명명해 주고 그것을 빈 카드에 쓴 후 볼링핀에 부착할 수도 있다.
이렇게도 놀이할 수 있어요	• 친구의 마음을 위로하기 위한 방법으로 활용해 본다. '무슨 일 있었어?', '너 마음은 어때?'와 같이 상호작용 해본다. • 친구의 마음을 알아채고, 카드를 볼링핀에 붙여 친구 혹은 자신이 친구의 나쁜 마음을 사라지도록 볼링공을 굴려본다.

ⓛ 놀이 과정

위로의 스트라이크 놀이 자료

교사의 놀이 지원

자유놀이 모습

③ 〈용서 나무〉 놀이 사례

㉠ 놀이 안내서

<table>
<tr><th>놀이제목</th><th>용서 나무</th></tr>
<tr><td>기대되는 결과</td><td>• 친구에게 속상했던 마음을 솔직하게 표현할 수 있다.
• 사과하는 말, 용서하는 말을 알고 친구에게 해본다.</td></tr>
<tr><td>구성요소 및 교육내용</td><td>• 공감– 타인의 감정을 인정하기
• 용서– 누구나 실수, 잘못을 할 수 있다는 점 이해하기, 친구의 실수를 마음에 담아두지 않기
• 소통– 자신의 생각과 감정을 적절한 방법으로 표현하기
• 회복– 상처받은 친구를 위로하기
• 관계– 우리 반 친구들을 모두 소중히 여기기</td></tr>
<tr><td>놀이 자료</td><td>• 용서씨앗을 심어요 PPT, 용서 씨앗, 용서의 말(라벨)
• 나무 모형, 사과 포스트잇, 쓰기 도구, 색칠 도구</td></tr>
<tr><td colspan="2">놀이 방법</td></tr>
<tr><td>놀이 안내</td><td>1. 용서씨앗을 심어요 ppt를 보며 용서의 말이 무엇인지 생각해 본다.
– 어떤 말이 용서의 말일까요?
– 또 어떤 말을 하면서 친구가 잘못했을 때 용서해 줄 수 있을까요?
2. 용서의 말을 용서 씨앗에 붙이고 씨앗을 꾸며본다.
3. 용서 나무 아래 심고, 용서의 말을 해본다.
4. 용서의 열매 꾸미기 활동을 해본다.
– 이 씨앗이 자라서 용서 나무에 열매가 맺히려면 어떻게 해야 할까요?
– 놀이 시간에 친구를 용서하는 말이나 행동을 한 어린이는 열매를 붙여주세요.
– 용서의 말, 행동을 실천한 유아가 용서 열매(사과포스트잇)를 꾸미고 붙이도록 한다.</td></tr>
<tr><td>놀이 지원</td><td>• 유아와 평소에 친구의 실수나 잘못에 대해 어떤 말로 용서할 수 있을지 이야기 나누고 유아가 생각하는 용서의 말을 라벨지에 준비해 준다.
• 교사가 준비한 말 이외에 유아가 쓰고 싶은 말이 있을 경우 지원한다.
• 용서의 말, 행동을 실천하 유아가 용서 열매(사과포스트잇)을 꾸미도록 안내한다.
• 용서의 마음을 가지면, 용서의 말을 하고, 이것이 용서하는 행동으로 나타나게 되며, 이를 통해 너그러운 사람이 된다는 점을 교사가 염두에 두고 지원하면 좋다.</td></tr>
<tr><td>이렇게도 놀이할 수 있어요</td><td>• '내 마음을 들어봐' 놀이 중 유아가 한 말 가운데 씨앗, 열매로 붙이고 싶은 말을 적어서 게시한다.
• 용서 나무에 게시한 말들은 교사가 반복적으로 들려주어 유아도 연습할 수 있게 한다.</td></tr>
</table>

ⓛ 놀이 과정

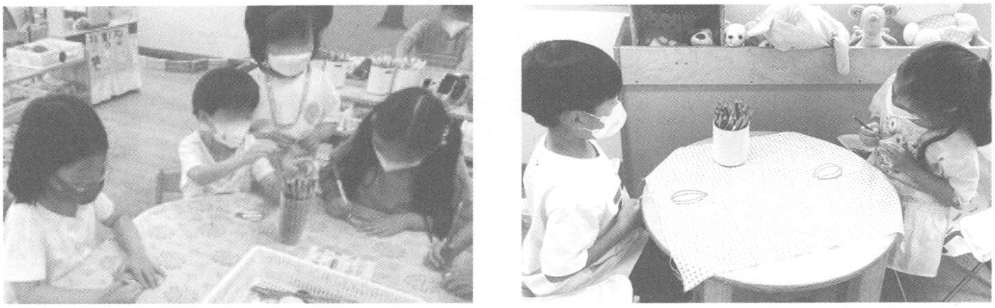

용서나무 씨앗 꾸미기 활동

용서나무 열매 붙이기 활동

용서나무 환경 구성

④ 〈내 마음을 들어봐(마음의 소리)〉 놀이 사례

㉠ 놀이 안내서

놀이제목	내 마음을 들어봐(마음의 소리)
기대되는 결과	• 친구에게 마음을 전달하는 다양한 방법을 알아본다. • 친구에게 관심을 갖고, 자신이 친구에게 느끼는 생각과 감정을 적절한 말로 전달해 본다.
구성요소 및 교육내용	• 공감– 타인의 감정을 인정하기 • 용서– 나의 상처에 대해 솔직하게 표현하기 • 소통– 자신의 생각과 감정을 적절한 방법으로 표현하기 • 회복– 상처받은 친구를 위로하기 • 관계– 서로에게 도움이 될 수 있음을 느끼기
놀이 자료	• 참 좋은 말 음원 • 따뜻한 말, 속상한 말 카드 • 사운드 카드 • '내 이야기를 들어봐'바구니, '녹음 했어요.'바구니

놀이 방법	
놀이 안내	1. ‘참 좋은 말’ 노래를 듣고 이야기 나눈다. – 노래 속에서 어떤 말이 참 좋다고 했나요? – 내가 들어본(알고 있는) 따뜻한 말이 있을까요? 2. 따뜻한 말, 속상한 말 카드를 보고 분류해 본다. – 이 말들은 따뜻한 말인지, 속상한 말인지 나와서 붙여봅시다. – 궁금이 상자에서 뽑고 교사가 읽어주면 칠판에 분류해 본다. 3. 우리 마음이 따뜻해지는 말을 함께 해본다. – 어떤 말을 들을 때 기분이 좋아질까요? – 같이 읽어볼까요? 4. 사운드 카드를 소개한다. – 이 카드는 우리의 말을 녹음할 수 있다고 해요. – 이 중에 한 가지만 골라서 같이 녹음해 볼까요? 5. 사운드카드 이용 약속을 함께 정한다. – 다른 친구가 녹음해 놓은 카드에 내가 녹음을 하면 어떻게 될까요? – 어떻게 하면 녹음이 되어 있다는 걸 알 수 있을까요? 〈놀이방법〉 1. 우리 반 친구들에게 해주고 싶은 따뜻한 말을 생각한다. 2. 별모양 버튼을 누르고 따뜻한 말을 녹음한다. 3. 카드를 열어 녹음한 말을 들어본다. 4. 녹음한 카드는 ‘녹음 했어요’바구니에 넣어 놓는다. 5. 바구니에 들어있는 카드에는 녹음하지 않는다. (하루 한 번 하원시간에 들려주고, 다음 날은 녹음할 수 있게 옮겨주기)
놀이 지원	• 여러 가지 감정이 쓰여있는 카드를 보고 그 말을 녹음할 수도 있다. • 오늘 녹음한 카드는 다음 날 다시 녹음할 수 있다는 점을 약속으로 정한다. • 너무 많은 아이들이 녹음하고 싶어 하는 경우 순서를 정해서 진행할 수 있다.
이렇게도 놀이할 수 있어요	• 그림책을 읽고, 다양한 상황에 처한 그림책 속 인물에게 해 줄 수 있는 말을 녹음할 수 있다.(예: ‘여우야 힘들었지?’, ‘사자야 속상했겠다.’) • 마음의 열매 놀이에서 사운드 카드에 녹음된 말 중 마음에 드는 것을 적어 나무에 붙일 수 있다.

㉡ 놀이 과정

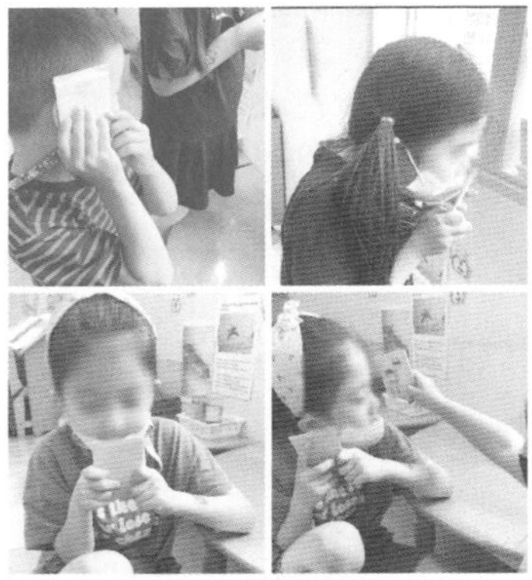

놀이 영역 구성	녹음하고 들어보기

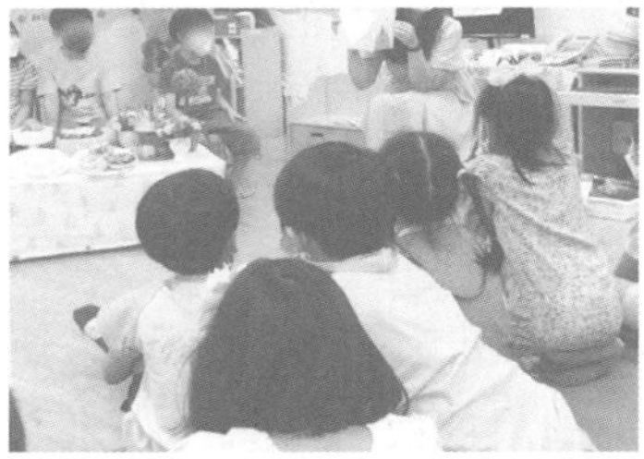

녹음된 사운드 카드 소개하기

⑤ 〈서로의 마음 알기〉 서클 활동 안내서

서클주제	서로의 마음 알기
서클목적	• 자신이 느끼는 감정이 무엇인지 인식하고, 다른 사람의 감정에 관심 갖기
활동자료	• 싱잉볼, 표정스틱(토킹스틱 대용), 서클 약속판, 센터피스매트
단계	활동 내용
1단계 들어가기	1. 구성된 서클에 둥글게 모여 앉는다. 2. 싱잉볼의 소리를 들으면서 눈을 감고 차분히 기다린다. 3. 서클에 온 모두를 환영하며 인사한다. – 서클에 오신 우리 반 친구들을 환영합니다. – 만나서 반갑습니다. 옆에 친구와 함께 눈인사를 해봅시다. 4. 서클 주제에 대해 알아본다. – 오늘은 우리 반 친구들의 마음속 이야기를 들어볼 거예요. – 서클 규칙을 지키면서 이야기해 주세요.

서클주제	서로의 마음 알기
2단계: 귀 기울이기	5. 표정 스틱을 보며 자신의 기분을 살핀다. – 눈을 감고 조용한 음악을 들으며 지금 자신의 느낌을 살핀다. – 지금 내 기분이 어떤지 생각해 볼까요? 6. 표정 스틱을 선택한 이유를 돌아가면서 이야기한다. – 지금 떠오른 내 기분을 소개하고 그 이유를 이야기해 봅시다. – 교사: (기쁨 표정 스틱을 들어서 보여주며) 선생님은 지금 기분이 좋아요. 왜냐하면~ – 서클 규칙을 지키면서 왜 그런 기분이 들었는지 이야기 나누어 볼까요?
3단계: 마음 나누기	7. 친구를 기분 좋게 해주었던 경험을 이야기한다. – 친구들이 나 때문에 기분 좋았던 적은 언제였나요? – 친구의 기뻐하는 모습을 보면 어떤 기분이 들었나요? 8. 친구에게 미안했던 경험을 이야기한다. – 친구의 기분을 좋지 않게 했던 적이 있었나요? – 어떤 행동이 친구의 기분을 좋지 않게 했었나요?
4단계: 담아가기	9. 서클에 참여해본 느낌을 나눈다. – 오늘 친구들이 했던 말 중에 마음에 간직하고 싶은 말이 있나요?(약속을 지켜서 이야기 나누어 볼까요?) 10. 싱잉볼 소리를 들으며 차분하게 기다린다. – 서클을 이제 닫겠습니다. 옆의 친구와 손을 잡고, 눈인사를 해 주세요. 11. 모임을 끝내고, 서클 물품을 정리한다.

⑥ 〈고민 나누기〉 서클 활동 안내서

서클주제	고민 나누기
서클목적	• 우리 반에서 일어날 수 있는 갈등을 알고 이해하기
활동자료	• 싱잉볼, 표정스틱(토킹스틱 대용), 서클 약속판, 센터피스매트 • 우리 반 갈등상황 이야기(교사가 선정)
단계	활동 내용
1단계 들어가기	1. 구성된 서클에 둥글게 모여 앉는다. 2. 싱잉볼의 소리를 들으면서 눈을 감고 차분히 기다린다. 3. 서클에 온 모두를 환영하며 인사한다. – 서클에 오신 우리 반 친구들을 환영합니다. – 만나서 반갑습니다. 옆에 친구와 함께 눈인사를 해 봅시다. 4. 서클 주제에 대해 알아본다. – 오늘은 우리 반 친구들이 불편했던 이야기를 듣고 서로의 마음과 생각을 이야기 해 볼게요.

서클주제	고민 나누기
2단계: 귀 기울이기	5. 우리 반 친구들의 갈등상황 이야기를 듣고 자신의 경험을 이야기해 본다. (교사가 사전에 유아들의 놀이 상황 중 발견한 갈등상황이 담긴 이야기를 준비한다.) – 만약 내가 이야기 속 친구였다면 어떤 느낌이 들었을까요?
3단계: 마음 나누기	6. 속상했던 친구에게 해주고 싶은 말에 대해 이야기 나눈다. – 이야기 속에서 속상했던 친구에게 어떤 말을 해주면 좋을까요?
4단계: 담아가기	7. 서클에 참여해본 느낌을 나눈다. – 오늘 친구들이 했던 말 중에 마음에 간직하고 싶은 말이 있나요? 8. 싱잉볼 소리를 들으며 차분하게 기다린다. – 서클을 이제 닫겠습니다. 옆의 친구와 손을 잡고, 눈인사를 해 주세요. 9. 모임을 끝내고, 서클 물품을 정리한다.

⑦ 〈서로 믿어주기〉 서클 활동 안내서

서클 활동명	서로 믿어주기
목표	• 친구 관계의 소중함을 알고, 좋은 관계를 만들기 위한 방법 알기
활동자료	• 싱잉볼, 표정스틱(토킹스틱 대용), 서클 약속판, 센터피스매트
단계	활동 내용
1단계 들어가기	1. 서클에 둥글게 모여 앉는다. 2. 싱잉볼의 소리를 들으면서 눈을 감고 차분히 기다린다. 3. 서클에 온 모두를 환영하며 인사한다. 4. 서클 주제에 대해 알아본다. – 오늘은 우리 반 친구들이 서로 얼마나 소중한 존재인지를 알고, 친구가 있어서 좋은 점이 무엇인지를 알아볼 거예요.
2단계: 귀 기울이기	5. 서클 활동을 하면서 느낀 점을 이야기 나눈다. – 서클 활동을 하면서 친구에 대해 새롭게 알게 된 점이 있나요? – 내 마음 속에 간직하고 있는 친구의 말이 있나요?
3단계: 마음 나누기	6. 친구들과 함께했던 놀이를 회상하며 좋았던 점을 이야기 나눈다. – 친구와 함께한 놀이 중에 소개해 주고 싶은 놀이가 있나요? – 함께 놀이한 친구에게 어떤 말을 해주고 싶나요?
4단계: 담아가기	7. 서클 활동을 하고 난 느낌을 이야기 나눈다. – 오늘 들었던 말 중에 내 마음에 간직하고 싶은 것이 있었나요? 8. 싱잉볼 소리를 들으며 차분하게 기다린다. – 서클을 이제 닫겠습니다. 옆의 친구와 손을 잡고, 눈인사를 해주세요. 9. 모임을 끝내고 서클 물품을 함께 정리한다.

⑧ 서클 활동 모습

표정스틱	교사와 유아가 함께 정한 토킹스틱

소집단 서클 활동	고민 나누기 서클 활동

3) 가정연계 프로그램

가정연계 프로그램은 회복적 생활교육에 대한 부모의 이해를 돕고 유아의 경험이 가정에서도 확장될 수 있도록 구성되었다. 따라서 회복적 접근의 가치를 가정에서도 실천할 수 있는 놀이와 학급 놀이와 연계한 놀이가 제시되어 있다. 구체적인 내용을 살펴보면 다음과 같다.

〈표 12-10〉 가정연계 놀이 회기별 주제, 내용 및 자료유형

	놀이 제목	내용	자료유형
1	회복적 생활교육이란?	• 부모님과 함께하는 회복적 생활교육	동영상
2	유아 회복적 생활교육	• 회복적 교육을 통해 성장하는 유아들의 사례	동영상
3	우리 집 존중의 약속	• 각자 생각하는 '존중'의 의미에 대해 이야기 하기 • 내가 존중받고 있다고 느꼈던 경험에 대해 이야기 하기 • 우리 가족이 함께 지킬 수 있는 존중의 약속 정하기	활동지
4	칭찬의 꽃	• 가족 구성원들끼리 서로 격려해 주고 싶은 점 이야기하기 • 서로에게 해주고 싶은 격려의 말 도안에 적어보기 • 꽃잎을 접어서 물 위에 띄우고, 꽃잎이 펼쳐지면서 나오는 말을 서로에게 말해주기	꽃 도안 자료
5	장점이 더 빛나는 우리!	• '고슴도치' 동시 감상하기 • 나만의 장점이 무엇인지 가족들과 함께 이야기 나누고 동시 바꾸어보기	동영상 활동지
6	우리 가족 트로피	• 우리 가족이 잘하는 것이 무엇인지 이야기 나누기 • 트로피 문구 생각해 보기 • 트로피 꾸미고 전시하기	종이 트로피 모형
7	나를 격려해 주세요	• 격려카드를 함께 읽어보기 • 잘 보이는 곳에 격려카드를 놓고, 자녀에게 또는 부모님께 격려하는 말 전달하기	격려카드
8	호 불어줄게요 (학급 놀이와 연계)	• 유치원에서 친구들과 만든 '호 불어줄게요' 동요 듣기 • 마음이 다쳤을 때 어떤 말을 해주면 좋을지 이야기하기 • '호 불어줄게요' 노래와 어울리는 장면 그림으로 표현하기	동영상 활동지
9	미안해-괜찮아는 용기 있는 말 (학급 놀이와 연계)	• 사과하는 말, 용서하는 말을 함께 생각해 보기 • 사과해야 하는 상황, 용서해야 하는 상황에 스티커를 활용하여 서로에게 붙여보기	사과의 말, 용서의 말 스티커

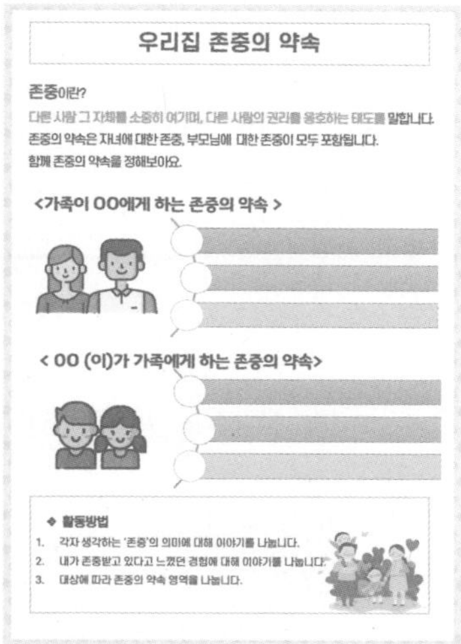

우리집 존중의 약속	우리 가족 트로피

[그림 12-7] 가정연계놀이 예시

(1) 프로그램 적용 결과(이승하, 이해민, 2024)

프로그램에 참여한 유아들은 놀이 전반에 높은 만족도를 표현하였으며, 특히 '누군지 맞혀봐'와 같이 자신과 친구들이 놀이의 내용이 되는 놀이를 선호하였다. 유아는 자신의 마음을 표현하고 친구의 마음을 들어보는 서클을 반복적으로 경험하면서 자신을 솔직하게 표현할 수 있다는 안정감을 느끼고, 다른 사람의 마음을 위로해 주는 것의 가치를 인식하였다.

프로그램을 운영해 본 교사는 놀이 프로그램이 유아의 일상 경험을 반영하고 있고, 유아의 또래관계 형성에 도움을 준다는 측면에서 의의가 있다고 평가하였다. 교사는 서클을 통해 평소 알기 어려웠던 유아의 마음을 들어볼 수 있는 기회로 인식하였으며, 유아들이 서로에 대해 알아갈 수 있다는 점에서 의의가 있다고 평가하였다.

가정연계 프로그램에 참여한 부모는 자녀와 놀이를 함께 하면서 자녀의 생각과 마음을 들을 수 있다는 점을 프로그램의 장점으로 꼽았다. 또한 부모들은 자녀의 마음을 공감하는 방법, 자녀를 격려하고 위로해 주는 구체적인 말과 행동을 배울 수 있는 기회로 인식하였다.

요약

회복적 정의와 회복적 생활교육

- 회복적 정의는 응보적 정의의 대안으로 가해자의 처벌보다는 피해자가 입은 피해를 회복하는 것을 정의의 실현으로 바라본다.
- 회복적 생활교육은 회복적 정의를 교육의 분야에 적용한 교육적 접근방식이다.
- 회복적 생활교육은 모든 학생을 대상으로 하는 보편적 단계, 소집단을 대상으로 하는 목표 단계, 심각한 갈등 당사자들을 대상으로 하는 집중 단계의 세 수준으로 이루어질 수 있다.
- 회복적 생활교육의 방법에는 서클, 존중의 약속 만들기, 공동체놀이, 또래조정 등이 있다.

유아 대상의 회복적 접근 프로그램

- 유아기 괴롭힘을 예방하고 또래관계를 향상시키기 위한 접근으로 회복적 접근을 활용할 수 있다.
- 교사는 유아들에게 타인에 공감하고, 타인의 의도나 상황을 이해하고 용서하는 연습, 자신의 잘못을 사과하고 이에 책임지는 경험을 해보도록 지속적인 교육의 기회를 제공함으로써 유아들이 친구 간 갈등이나, 부정적 관계를 회복시키고, 긍정적인 관계를 형성하도록 도울 수 있다.

회복적 정의의 기원

회복적 정의의 뿌리는 북미와 뉴질랜드 원주민의 '공동체 관계의 회복과 치유'라는 정의에 대한 관점에서 비롯되었다. 이러한 회복적 정의의 철학은 사법 영역에서 처음으로 실천되기 시작했다. 1974년 캐나다 동부 온타리오(Ontario)주의 소도시 엘마이라(Elmira)에서 두 명의 십 대 청소년이 술을 마시고 24대 차량의 타이어를 칼로 훼손하고, 집과 상점의 유리창 및 도로의 신호등을 파손하는 사건이 발생했다. 담당 보호관찰관인 마크 얀츠(Mark Yantzi)는 사법적 처벌이 청소년의 비행 행동을 변화시키는 데 도움이 되지 않을 것이라 생각하고, 가해 청소년들에게 처벌을 내리기보다는 피해자와 대면시켜, 자신들이 한 행동이 다른 사람에게 얼마나 아픔과 고통을 일으켰는지 깨닫도록 하는 것이 치유의 측면에서 도움이 될 것이라는 의견서를 재판부에 제출하였다. 판사는 이를 받아들여 가해자가 보호관찰관과 함께 피해 당사자들을 직접 만나 합의할 것을 선고하였다. 이들은 피해자의 집을 방문하여 그들의 피해와 고통을 듣고, 자신의 행동을 사과하고 피해를 회복하기 위해 함께 노력하였다. 피해자는 가해자의 진심 어린 태도에 안정감을 느끼고 상처를 치유해 갔으며, 가해자들도 사회로부터 격리되지 않고 계속 그 지역의 구성원으로 살아갈 수 있었다. 이렇게 최초의 회복적 정의 실천 프로그램인 피해자–가해자 화해 프로그램(Victim Offender Reconciliation Program, VORP)이 실행된 것이다.

이후 마크 얀츠(Mark Yantzi)는 온타리오 지역을 기반으로 피해자–가해자 화해 프로그램(VORP)을 지속하였고, 1982년 Community Justice Initiative(CJI)를 설립하여 전문가를 양성하기 시작했다. 엘마이라 사건의 영향으로 미국에서는 1978년 하워드 제어(Howard Zehr) 박사를 중심으로 인디애나 주의 소도시 엘크하트(Elkhart)에서 처음으로 피해자–가해자 화해 프로그램(VORP)이 진행되었다. 이후 1994년 미국변호사협회가 피해자–가해자 조정 프로그램(Victim Offender Mediation Program)에 적극적 지지를 표명하면서 회복적 정의가 경범죄에 대한 형사사법의 대안적 접근으로 적용되기 시작했다.

유럽에서는 회복적 정의가 본격적으로 소개되기 이전인 1980년대부터 피해자–가해자 조정 프로그램이 여러 나라에서 활용되고 있었다. 영국에서는 1984년 'Mediation UK'라는 조정 전문기관을 설립하였고, 오스트리아 법무부에서는 'Diversion Package'를 시행하는 등 범죄에 대한 대안적 접근이 도입되었다. 회복적 정의 운동이 확산되면서 2000년에는 회복적 정의와 관련한 전문기관, 학자, 실천가 등이 함께 모여 이론적 토대를 다지고 실천사례를 공유하기 위해 European Forum for Restorative Justice(EFRJ)를 설립하여 운영해 왔다.

한국에서 회복적 정의는 사법 영역에서 처음 도입되었고, '회복적 사법'이라는 영역을 확립하였다. 이후 회복적 정의는 점차 사법을 넘어 '회복적 가정교육', '회복적 마을 만들기', '회복적 생활교육' 등 다양한 사회 분야와 일상의 영역으로 확대되고 있다. 이처럼 회복적 정의는 모든 공동체에 적용이 가능하며, 공동체 구성원의 관계를 어떻게 정의할 것인지, 갈등을 어떻게 이해하고 해결할 것인지, 잘못을 어떻게 바로잡을 것인지 등과 같은 일상의 질문에 대한 방향성을 제시한다. 중요한 것은 회복적 정의 패러다임을 통해 사회 안에 '회복적 문화'가 정착하도록 노력하는 것이다.

출처: 이재영(2020). p. 120-148 / p. 306-314.

참고문헌

강소영(2012). 학교폭력에 대한 근거이론 (Grounded Theory) 의 접근: 폭력적 교실문화 현상을 중심으로. 한국범죄심리연구, 8(2), 5-28.

경기도교육청(2014). 평화로운 학교를 위한 회복적 생활교육 매뉴얼. 경기도교육청.

경기도교육청(2018). 평화로운 학급공동체 워크북 ver 2.0(초등). 경기도교육청.

경기도교육청(2021). 경기형관계회복프로그램 워크북(초등) 마음을 잇다, 평화가 있다. 경기도교육청.

경기도교육청(2024). 2024년 경기도교육청 학교안전관리 종합계획. 경기도교육청.

고민수(2011). 학생운동선수의 비행에 관한 사회통제이론과 사회학습이론의 통합적 분석. 인하대학교 대학원 박사학위논문.

곽금주(2008). 한국의 왕따와 예방프로그램. 한국심리학회지: 문화 및 사회문제, 14, 255-272.

곽진희(2000). 미디어 폭력의 맥락차원(Context Dimensions)과 시청자 폭력성 지각에 관한 연구. 성균관대학교 대학원 박사학위논문.

곽현주, 김명하(2016). 학교폭력 관련 교육에 대한 유아교사의 인식과 요구 분석. 유아교육학논집, 20(4), 217-236.

관계부처합동(2020). 제4차 학교폭력 예방 및 대책 5개년 기본계획(2020~2024).

관계부처합동(2023). 학교폭력 근절 종합대책(3차).

교육부(2015). 2015 개정교육과정 총론 해설서. 교육부.

교육부(2023). 2022년 2차 학교폭력 실태조사(표본조사) 결과. 교육부.

교육부(2024). 2023년 1차 학교폭력 실태조사 결과발표. 교육부 보도자료. 2022년 9월 5일.

교육부(2015). 학교 안전교육 7대영역표준안. 교육부.

교육부, 이화여자대학교 학교폭력예방연구소(2024). 학교폭력 사안처리 가이드북. 교육부, 이화여자대학교 학교폭력예방 연구소.

교육부, 한국교육개발원(2017). 2017년 Wee 프로젝트 홍보 리플렛. 한국교육개발원.

교육부, 한국교육개발원(2019). 놀이로 꽃피는 인성놀이터. 한국교육개발원.

교육부, 한국교육개발원(2022). 학교폭력 피해학생 맞춤형 지원 안내서. 한국교육개발원.

교육부, 한국청소년정책연구원 학교폭력예방교육지원센터(2022). 2022년 개정 어울림 프로그램으로 열어가는 학교폭력 예방교육 안내서. 한국청소년정책연구원 학교폭력예방교육지원센터.

권슬기, 이승하(2022). 만 5 세 유아의 또래관계 지원에 대한 교사의 경험. 유아교육연구, 42(4), 437-462.

권영자, 양지웅(2016). 초등학교 고학년의 집단따돌림 방관경험과 해결방안 인식에 대한 분석. 교육문화연구, 22(3), 151-178.

기광도(2012). 청소년 폭력비행에 관한 경험적 연구: 가정, 학교, 친구요인을 중심으로. 한국경찰연구, 11(2), 61-86.

김경은, 최은희(2017). 청소년의 학교폭력 피해와 사이버폭력 가해관계: 사이버폭력 피해 매개효과. 학교사회복지, 38, 75-97.

김병찬(2012). 학교폭력문제 해결에 있어 교원의 역할과 책임에 관한 소고. 한국교원교육연구, 29(3), 19-47.

김석호, 최슬기, 송유진, 오주환, 송수연, 권현지, 박정수, 서우석, 고진수, 김종호, 강은영, 하상응, 한준(2023). 한국의 사회동향 2023. 학교폭력 실태 및 추이 분석. 통계청.

김원영, 윤하나, 김경식(2023). 부모양육태도가 학교폭력 가해행동에 미치는 영향: 과보호양육, 자아탄력성, 우울, 공격성과 학교폭력가해의 구조적 관계. 중등교육연구, 71(4), 637-668.

김유원, 안영은(2024). 학생들이 인식하는 학교폭력의 정의와 원인: 개념적 모호함과 학생 간 역학관계를 중심으로. 교육학연구, 62(2), 95-126.

김은아(2013). 제주지역 중고등학생들이 지각하는 학교폭력실태와 대처방안. 제주대학교 교육대학원 석사학위논문.

김은옥(2003). 초등학교 아동의 집단따돌림과 자기효능감 및 귀인양식의 관계. 제주교육대학교 교육대학원 석사학위논문.

김정옥, 김완일(2019). 초등학교 고학년 아동의 공감능력과 학교폭력태도의 관계에서 학급응집력의 매개효과. 청소년학연구, 26(1), 205-226.

김종기(2013). 아버지의 이름으로. 은행나무.

김준호, 노성호, 이성식, 곽대경, 박정선(2007). 청소년비행론. 청목출판사.

김지민, 노충래(2015). 학교폭력 피해경험이 학교폭력 가해행동에 미치는 영향: 자기통제력과 회복탄력성의 매개효과와 Wee클래스의 조절효과를 중심으로. 학교사회복지, 30, 95-120.

김진숙, 문현주(2016). 학업 스트레스, 학교 분위기, 가족의사소통과 학교폭력 피·가해와의 관계에서 학교폭력불안의 매개효과. 청소년시설환경, 14(2), 95-108.

김천기(2021). 학교폭력, 그 새로운 이야기: 학교폭력예방과 학생의 이해. 학지사.

김해연(2009). 공감교육 프로그램이 초등학생의 공감능력과 정서지능에 미치는 영향. 서울교육대학교 교육대학원 석사학위논문.

김헌진, 문혜련(2012). 학교폭력 가해학생 부모의 경험에 관한 연구: 청주지역 가해학생 부모의 이야기. 한국지역사회복지학, 43, 431-466.

김현욱, 안세근(2013). 학교폭력 가해자 심리와 가해자 유형에 관한 연구. 학습자중심교과교육연구, 13(5), 19-40.

김화숙, 신경일(2015). 중학생 학교폭력 방관자 이해. 사회과학연구, 31(4), 359-377.

김화영(2023). 학교폭력 특징에 대한 유치원 교사의 인식 분석. 2023 한국열린유아교육학회

춘계학술대회, 한국교통대학교.

김희수, 이재토, 홍성훈(2006). 청소년의 학교폭력 경험이 학교적응과 정신건강에 미치는 영향. 한국교육문제연구, 24, 79-97.

나희정, 장윤옥(2013). 청소년의 학교폭력피해경험이 대처행동에 미치는 영향에서 자기조절능력의 조절효과. 한국가정과교육학회지, 25(1), 137-153.

남미애, 홍본선(2015). 학교폭력 주변인 역할에 영향을 미치는 요인. 한국아동복지학(50), 109-144.

노성호(2011). 청소년비행에 있어서 가해와 피해의 유사성에 대한 검토. 사회과학논총, 26(2), 93-115.

문용린 외(2006). 학교폭력 예방과 상담. 학지사.

문장수(2014). 라캉의 정신분석적 관점에서 해명된 초등학교폭력의 이해와 예방. 哲學硏究, 130, 79-107.

문재현, 김명신, 김미자, 김백주, 서영자, 이명순, 김현숙 외(2012a). 학교폭력 멈춰. 살림터.

문재현, 김명신, 김미자, 김백주, 서영자, 이명순, 김현숙 외(2012b). 학교폭력 어떻게 만들어지는가. 살림터.

문주현(2022). 법적 보호나 매뉴얼도 없는 '유치원 폭력'...어찌하오리까?, 투데이광주전남. https://www.todaygwangju.com/news/articleView.html?idxno=136899

민수홍(2006). 청소년의 자기통제력이 비행과 범죄에 미치는 영향: 패널자료를 이용한 인과성 및 일반성 검증. 청소년학연구, 13(6), 27-47.

박지현, 임기호(2021). 학교폭력 법률 및 정책의 변화에 따른 학교폭력 예방교육의 변화 고찰 및 개선방안. 교육발전, 40(3), 695-719.

박민재, 송종원(2020). 학교 폭력 가해 학생 어머니의 심리적 경험 중 감정에 대한 현상학적 연구. 청소년상담학회지, 1(3), 47-59.

박서연, 서미정(2023). 청소년의 반응적 공격성과 또래괴롭힘 가해동조행동 간의 관계: 가해동조행동에 대한 개인 및 학급의 부정적 신념의 조절효과. 아동학회지, 44(2), 155-166.

박선우, 오인수, 이승연, 정지연 (2022). 관계적 집단 폭력 실태 및 영향 요인에 관한 질적 연구. 교육연구논총, 43(2), 29-64.

박수린(2009). K-PATHS(Korean version - Promoting Alternative THinking Strategies) 프로그램이 학령 전기 유아의 정서지능과 사회적 효능감에 미치는 효과. 성균관대학교 일반대학원 박사학위논문.

박순진(2009). 청소년 폭력에 있어서 피해-가해 경험의 발전. 형사정책연구 77, 71-94.

박은혜, 한산섬(2023). 유치원 교사가 교육구성원 간 경험하는 폭력적인 문제에 대한 생각. 열린유아교육연구, 28(5), 455-482.

박향미, 정재희(2024). 비언어적 요소를 활용한 초등학교 저학년 학교폭력 피해 아동의 자기표현

능력 향상 훈련 프로그램. 한국디자인문화학회지, 30(1), 105-118.

박현수, 정혜원(2018). 청소년 사이버 언어폭력에 영향을 미치는 요인. 한국청소년연구, 29(2), 217-240.

배상률(2023). 미디어 속 학교폭력 양상 분석을 통한 학교폭력 예방 및 대응 방안 도출. 한국청소년정책연구원 연구보고서, 1-142.

배상철, 주경필(2020). 학교폭력 피해 청소년의 트라우마 회복 경험에 관한 현상학적 연구: 해맑음센터 청소년을 중심으로. 청소년복지연구, 22(1), 53-72.

서울특별시중부교육지원청(2017). 따뜻한 학교만들기 프로젝트 유치원부터 시작하는 학교폭력 예방 도움 자료. 서울특별시중부교육지원청.

성윤숙, 이혜정, 한지은, 이유정(2019). 학교폭력 예방 또래활동 프로그램(초등학교). 한국청소년정책연구원 학교폭력예방교육지원센터.

성환재(2013). 부모의 양육태도가 폭력청소년의 자아상태 및 공격성에 미치는 영향. 백석대학교 기독교전문대학원 박사학위논문.

손강숙, 이규미(2015). 학교폭력의 방어자 역할 경험에 대한 질적연구. 한국학교심리학회지, 12(3), 317-348.

송경희, 송주현, 백지현, 이승연(2009). 남녀 중학생의 정서적·인지적 특성, 부모의 양육행동과 또래괴롭힘의 관계. 한국심리학회지 발달, 22(2), 1-22.

송재홍, 김광수, 박성희, 안이환, 오익수, 은혁기, 정종진 외(2016). 학교폭력의 예방과 상담: 이론과 실제. 학지사.

신재한, 권민선(2017). (사례로 배우는) 학교폭력 예방 및 대처의 이론과 실제. 교육과학사.

신혜섭(2005). 중학생의 학교폭력 유형에 영향을 미치는 변인. 청소년학연구, 12(4), 123-149.

신희경(2006). 가해 청소년, 피해 청소년, 가해/피해 청소년 집단유형의 발달에 영향을 미치는 변인. 한국청소년연구, 17(1), 297-323.

안봉(2019). 초등학교 학교폭력 가해학생 부모의 경험에 대한 질적연구. 한양대학교 상담심리대학원 석사학위논문.

양재영, 임승엽(2021). 중학생들의 학교폭력 주변인으로서의 인식 탐색. 한국사회, 22(2), 75-101.

엄명용, 송민경(2011). 학교 내 청소년들의 권력관계 유형과 학교폭력 참여 역할 유형. 한국사회복지학, 63, 241-266.

엄정례(1998). 유아의 또래간 갈등상황 분석. 유아교육학논집, 2(1), 151-177.

오인수, 이승연, 김화영, 김혜미(2016). 근거이론에 기반한 초등학교 저학년 학교폭력 특징에 대한 교사의 인식 탐색 연구. 교육과학연구, 47(4), 73-93.

오정아, 김은경, 윤혜미(2018). 부모갈등과 교사행동이 청소년의 심리적응 및 학교폭력에 미치는 영향. 학교사회복지, 41, 221-246.
오종은(2013). 학교폭력 가해청소년의 우울 및 불안이 폭력행동에 미치는 영향에 대한 분노표현 양식의 매개효과. 숙명여자대학교 대학원 박사학위논문.
유영재, 김나리(2019). 폭력의 학습 -아동학대 경험과 범죄행동 간의 관계-. 한국범죄심리연구, 15(4), 69-86.
유지안, 김은심(2016). 유치원 학교폭력에 대한 학부모의 인식 및 실태. 열린유아교육연구, 21(4), 523-547.
유형근, 권순영, 신미진, 이은영(2010). 문제유형별 학교상담 매뉴얼2. 집단 따돌림에 갇힌 아이들. 학지사.
육아정책연구소(2013). 학교폭력 예방을 위한 영유아기 인성교육 강화 방안. 육아정책연구소.
윤자영, 채규만(2014). 청소년의 인터넷 게임중독 경향과 학교폭력인식의 관계 - 현실지각수준을 매개변인으로-. 인지행동치료, 14(3), 455-476.
이승민(2023). 예비유아교사를 위한 액션러닝 기반 유아기 괴롭힘 예방 및 개입 프로그램 개발과 적용 효과. 중앙대학교 박사학위 논문.
이승민, 이승하(2022). 유아교사의 관점에서 바라본 유아기 괴롭힘 행동에 관한 질적 연구. 유아교육학논집, 26(3), 29-56.
이승하(2012). 학교폭력의 현황과 실태, 원인분석-비교문화적으로 본 한국 학교폭력의 발생현황과 특징. 한국교원교육학회 학술대회자료집, 2012(1), 3-19.
이승하(2017). 유아의 공격성, 지배력과 또래관계와의 관련성: 성별을 중심으로. 학습자중심교과교육연구, 17(20), 375-393.
이승하(2019). 유아기 괴롭힘 예방·개입을 위한 다중체계지원 모형 및 프로그램 개발. 한국연구재단 2019 중견연구자지원사업 결과보고서(과제번호 2019S1A5A2A01051456).
이승하(2023). 공존역량 함양을 위한 영유아교육의 방향과 실제. 한국영유아교원교육학회 2023년도 춘계학술대회 자료집.
이승하(2024). 유아기 괴롭힘의 정의, 개념 및 특징에 관한 고찰-학교폭력과의 비교. 한국교육문제연구, 42(4), 263-289.
이승하, 김유중(2020). 유아기 괴롭힘 현황 및 예방/개입책에 대한 교사의 인식. 학습자중심교과교육연구, 20(1), 787-816.
이승하, 이해민(2024). 회복적 접근에 기반한 유아 또래관계 증진 프로그램 개발 및 평가. 유아교육학논집, 28(3), 175-204.
이승하, 홍인표(2021). 유아기 괴롭힘 예방·개입을 위한 다중체계지원 프로그램 개발 및 적용. 유아교육학논집, 25(6), 279-307.
이영기, 선혜연(2016). 초등학교 학교폭력 피해아 방어자의 경험에 대한 질적 연구. 교육연구논총,

37(1), 255-277.

이은희, 이효자(2014). 공감기반 학교폭력예방 프로그램이 중학생의 공감능력 및 공격성에 미치는 효과. 상담심리교육연구, 1(2), 25-48.

이익섭, 최정아(2008). 청소년의 집단고롭힘 피해경험과 학교부적응 간의 경로 분석: 우울 및 공격성을 중심으로. 청소년시설환경, 6(1), 47-58.

이인숙, 박재연(2019). 학교폭력 주변인 중 방어자의 특성에 대한 고찰. 예술인문사회융합 멀티미디어논문지, 9(4), 219-227.

이재영 (2020). 회복적 정의 : 세상을 치유하다. 피스빌딩.

이조경(2018). 학교폭력 가해학생과 피해학생의 회복조정모임 참여 경험에 관한 질적연구. 신라대학교 일반대학원 박사학위논문.

이지연(2015). 유아동기 부모의 과보호와 학교폭력 피해경험의 관계에서 우울의 매개효과. 한국교육문제연구, 33(2), 1-19.

이희연(2013). 학교폭력 경험에 관한 문화기술지. 학교사회복지, 25, 275-309.

임동호(2020). 초등학생의 스마트폰 게임중독이 학교폭력인식에 미치는 영향. 한국콘텐츠학회 논문지, 20(12), 417-425.

임은정(2012). 학교폭력에 대한 학부모의 인식. 홀리스틱융합교육연구, 16(2), 129-149.

임재연(2015). 학교폭력 예방 및 대처를 위한 교사역량 진단척도 개발 연구. 건국대학교 대학원 박사학위논문.

임재연(2017). 학생이 경험한 학교폭력 예방 및 대처 관련 교사역량에 관한 연구. 한국심리학회지: 학교, 14(2), 181-208.

임재연(2024). 학교폭력 피해 및 목격 경험 청소년이 인식하는 학교폭력 피해에 대한 연구. 교육과 문화, 6(1), 45-71.

임재연, 이선숙, 박종효(2015). 학교폭력 피해유형이 학교적응에 미치는 영향: 대인관계의 조절효과. 한국청소년연구, 26(2), 5-34.

정관희, 조아미(2018). 가해학생과 어머니의 내러티브로 본 학교폭력 이후 경험에 대한 연구. 청소년학연구, 25(2), 363-392.

정상호, 이동형(2016), 중학생의 또래동조성과 괴롭힘 주변인 역할행동의 관계에서 지각된 학급 규준의 조절효과. 한국교육문제연구, 34(2), 27-45.

정유미, 이승하. (2022). 회복적 생활교육에 기반한 유아들 간 관계강화 서클프로그램 개발 및 적용효과. 유아교육학논집, 26(3), 131-156.

정윤경, 김수경(2014). 학교폭력 피해 자녀를 둔 초등학생 어머니의 학교폭력 피해 처리 경험에 관한 현상학적 연구. 교육치료연구, 6(1), 43-63.

정종원, 김수진(2015). 초등학교폭력 가해 관련변인에 대한 국내연구 메타분석. 교육방법연구,

27(4), 601–626.

정종진(2012a). 생태학적 측면에서 본 학교폭력의 유발 요인. 초등상담연구, 11(3), 331–350.

정종진(2012b). 제대로 알고 대처하는 학교폭력 상담 05 –이론과 실제 편–. 학지사.

정지원, 강정한(2012). 친밀한 친구집단의 크기와 청소년 비행. 한국사회학, 46(5), 177–209.

정진(2016). 회복적 생활교육 학급운영 가이드북 : 회복적 학급운영에 관한 교사 플래너. 피스빌딩.

정하은, 전종설(2012). 청소년 학교폭력 피해의 위험요인, 청소년복지연구, 14(1), 195–212.

정현주(2014). 학교폭력 가/피해 부모교육 참여경험의 이해. 중등교육연구, 62(1), 199–233.

정혜원(2010). 청소년단계에서 사이버 비행의 변화에 대한 연구: 일반긴장이론, 자기통제이론, 비행기회이론을 중심으로. 형사정책연구, 263–288.

조민경, 조한익(2019). 가정학대가 청소년의 학교폭력 가해 및 피해경험에 미치는 영향: 공격성과 우울의 매개효과. 한국심리학회지:학교, 16(1), 17–38.

조영오(2021). 청소년비행에 대한 일반긴장이론의 조절효과 검증. 경찰학연구, 21(2), 137–162.

조정실, 차명호(2012). 학교폭력 상담 04 –교사·학부모 편–. 학지사.

조춘범, 조남홍(2011). 청소년의 가정폭력 노출경험이 학교폭력 가해행동에 미치는 영향 연구 매개효과 검증–. 청소년학연구, 18(4), 75–102.

조형숙, 신남주(2016). 교사 중재를 요구하는 유아의 또래 간 갈등양상의 연령별 차이. 유아교육학논집, 20(6), 121–140.

주연수(2016). 공감 증진을 통한 학교폭력 예방 교육. 기독교교육논총, 46, 385–424.

주지선(2017). 청소년의 학교폭력 주변인 행동 유형에 대한 생태체계적 요인의 영향. 한양대학교 대학원 박사학위논문.

청소년폭력예방재단(2014). 2013, 2012년도 전국학교폭력실태 조사발표. 청소년폭력예방재단.

최예빈(2024. 6. 6). 「'학폭 검거'10명중 1명은 초등생...범죄 유형은 '이것'이 가장 많았다」. 매일경제. https://www.mk.co.kr/news/society/11034720

최원영(2024. 6. 7.). 「지난해 학폭, 1만5000명 검거…초등생이 11%」 동아일보. https://www.donga.com/news/Society/article/all/20240606/125310690/2

최윤정, 진혜경, 김종원(2001). 학령기 집단따돌림 피해 및 가해아동의 인격성향에 관한 연구; 한국아동인성검사를 이용하여. 소아청소년정신의학, 12(1), 94–102.

학교안전공제중앙회(2020). 학교안전사고보상지원시스템 학교 사용자 매뉴얼. 서울: 학교안전공제중앙회.

한국교육개발원(2023). 2022년 2차 학교폭력 실태조사 분석보고서.

한국청소년상담복지개발원(2024). 청소년 폭력예방을 위한 또래상담 사업 운영 매뉴얼. 한국청소년상담복지개발원.

홍순정(2011). 인성교육을 위한 영유아 교사 인성론. 창지사.

홍인표(2021). 만 4, 5세 유아의 괴롭힘에 대한 인식 및 개념 분석: 이미지 분석과 텍스트 분석을 중심으로. 유아교육학논집, 25(6), 309-335,

홍종관(2012). 학교폭력의 실태, 원인 그리고 대처에 관한 연구. 초등상담연구, 11(2), 237-259.

홍지영, 유정이(2013). 학교폭력 사건 피해학생 학부모의 경험에 대한 질적연구. 청소년상담연구, 21(1), 107-145.

황정, 최은정, 한정혜(2021). 딥페이크 앱 활용 윤리교육 융합 프로젝트의 개발 및 적용. 정보교육학회논문지, 25(2), 405-412.

[영문문헌]

Agnew, R.(1992). Foundation for a general strain theory of crime and delinquency. *Criminology Volume 30*(1). 47-88.

Agnew, R.(2001). Building on the foundation of general strain theory: Specifying the types of strain most likely to lead to crime and delinquency. *Journal of Research in Crime and Delinquency, 38*(4), 319-361.

Akers, R. L., & Lee, G.(1996). A longitudinal test of social learning theory: Adolescent smoking. *Journal of Drug Issues, 26*(2), 317 - 343.

Aksoy, P.(2019). Prevention programs for the development of social-emotional learning in preschool years. *European Journal of Education Studies, 6*(6), 1-14.

Alsaker, F. D., & Valkanover, S.(2001). Early diagnosis and prevention of victimization in kindergarten. In J. Juvonen & S. Graham. *Peer harassment in school: The plight of the vulnerable and victimized*(pp.175-195). The Guilford press.

Alsaker, F. D., & Valkanover, S.(2012). The Bernese program against victimization in kindergarten and elementary school. *New directions for youth development, 2012*(133), 15-28.

Arseneault, L., Walsh, E., Trzesniewski, K., Newcombe, R., Caspi, A., & Moffitt, T. E.(2006). Bullying victimization uniquely contributes to adjustment problems in young children: a nationally representative cohort study. *Pediatrics, 118*(1), 130-138.

Barker, E. D., Boivin, M., Brendgen, M., Fontaine, N., Arseneault, L., Vitaro, F., Bissonnette, C., Tremblay, R. E.(2008). Predictive validity and early predictors of peer-victimization trajectories in preschool. *Archives of general psychiatry, 65*(10), 1185-1192.

Berndt, T. J.(1979). Developmental changes in conformity to peers and parents. *Developmental Psychology, 15*(6), 608-616.

Betz, C. L.(2011). Cyberbullying: The virtual threat-editorial, *Journal of Pediatric Nursing, 26*(26),

283–284.

Bushman, B. J., Huesmann, L. R.(2006). Short–term and Long–term Effects of Violent Media on Aggression in Children and Adults. *Arch Pediatr Adolesc Med, 160*(4), 348 – 352.

Cameron, D. L., & Kovac, V. B.(2016). An examination of parents' and preschool workers' perspectives on bullying in preschool. *Early Child Development and Care, 186*(12), 1961–1971.

Camodeca, M., & Coppola, G.(2016). Bullying, empathic concern, and internalization of rules among preschool children: The role of emotion understanding. *International Journal of Behavioral Development, 40*(5), 459–465.

Camodeca, M., & Coppola, G.(2019). Participant roles in preschool bullying: The impact of emotion regulation, social preference, and quality of the teacher – child relationship. *Social Development, 28*(1), 3–21.

Camodeca, M., Caravita, S. C., & Coppola, G.(2015). Bullying in preschool: The associations between participant roles, social competence, and social preference. *Aggressive behavior, 41*(4), 310–321.

Caprara, G. V., & Steca, P.(2005). Affective and social self–regulatory efficacy beliefs as determinants of positive thinking and happiness. *European Psychologist, 10*(4), 275– 286.

Ceballo, R.(2000). The neighborhood club: A supportive intervention groupfor children exposed to urban violence. *American Journal of Orthopsychiatry, 70*(3), 401–407.

Cole, J. C., Cornell, D. G., & Sheras, P.(2006). Identification of school bullies by survey methods. *Professional School Counseling*, 305–313.

Committee for Children(2002). Review of research. The importance of teaching social emotional skills https://www.cfchildren.org/wp–content/uploads/resources/previous–programs/second–step–2002/second–step–pre–k–5–review–of–research.pdf

Côté, S. M., Vaillancourt, T., Barker, E. D., Nagin, D., & Tremblay, R. E.(2007). The joint development of physical and indirect aggression: Predictors of continuity and change during childhood. 19(1). *Development and Psychopathology, 19*(1), 37–55.

Crick, N. R., & Dodge, K. A.(1996). Social information–processing mechanisms in reactive and proactive aggression. *Child Development, 67*(3), 993–1002.

Crick, N. R., Casas, J. F., & Ku, H. C.(1999). Relational and physical forms of peer victimization in preschool. *Developmental psychology, 35*(2), 376.

Domitrovich, C. E., Li, Y., Mathis, E. T., & Greenberg, M. T.(2019). Individual and organizational factors associated with teacher self–reported implementation of the PATHS curriculum. *Journal of School Psychology, 76*, 168–185.

Eisenberg, N., Eggum, N. D., Di Giunta, L.(2010). Empathy–related responding: Associations with prosocial behavior, aggression, and intergroup relations. *Social Issues Policy Review, 4*(1), 143–180.

Endresen, I. M., & Olweus, D.(2001). Self–reported empathy in norwegian adolescents: Sex differences, age trends, and relationship to bullying. In A. C. Bohart, C. Arthur, and D. J. Stipek (Eds.), *Constructive and destructive behavior: Implications for family, school, and society* (pp. 147–165). Washington, DC: American Psychological Association.

Espelage, D. L., Bosworth, K., & Simon, T. R.(2000). Examining the social context of bullying behaviors in early adolescence. *Journal of counseling & development, 78*(3), 326–333.

Finnegan, R. A., Hodges, E. V., & Perry, D. G.(1998). Victimization by peers: Associations with children's reports of mother – child interaction. *Journal of personality and social psychology, 75*(4), 1076.

Frick, P. J., & Morris, A. S.(2004). Temperament and developmental pathways to conduct problems. *Journal of clinical child and adolescent psychology, 33*(1), 54–68.

Godleski, S. A., Kamper, K. E., Ostrov, J. M., Hart, E. J., & Blakely–McClure, S. J.(2015). Peer victimization and peer rejection during early childhood. *Journal of Clinical Child & Adolescent Psychology, 44*(3), 380–392.

Green, V. A.(2021). The role of teachers In P.K. Smith, & J. O'Higgins Norman. (eds.) The wiley blackwell handbook of bullying. A comprehensive and international review of research and intervention. Volume 2. (pp.333–350). Wiley blackwell.

Hanish, L. D., & Guerra, N. G.(2002). A longitudinal analysis of patterns of adjustment following peer victimization. *Development and psychopathology, 14*(1), 69–89.

Harcourt, S., Jasperse, M., & Green, V. A.(2014). "We were sad and we were angry": A systematic review of parents' perspectives on bullying. *Child & Youth Care Forum, 43*, 373–391.

Hawley, P. H.(2002). Social dominance and prosocial and coercive strategies of resource control in preschoolers. *International Journal of Behavioral Development, 26*(2), 167–176.

Hawley, P. H.(2003). Prosocial and coercive configurations of resource control in early adolescence: A case for the well–adapted Machiavellian. *Merrill-Palmer Quarterly, 49*(3), 279–309.

Hay, D. F., Payne, A., & Chadwick, A.(2004). Peer relations in childhood. *Journal of Child Psychology and Psychiatry, 45*(1), 84–108.

Heilbron, N., & Prinstein, M. J.(2010). Adolescent peer victimization, peer status, suicidal ideation, and nonsuicidal self–injury: Examining concurrent and longitudinal associations.

Merrill-Palmer quarterly, 56(3), 388.

Hodges, E. V., Malone, M. J., & Perry, D. G.(1997). Individual risk and social risk as interacting determinants of victimization in the peer group. *Developmental psychology, 33*(6), 1032.

Hong, J. S., & Eamon, M. K.(2012). An ecological approach to understanding peer victimization in South Korea. *Journal of Human Behavior in the Social Environment, 19*(5), 611–625.

Hong, J. S., & Espelage, D. L.(2012). A review of research on bullying and peer victimization in school: An ecological system analysis. *Aggression and violent behavior, 17*(4), 311–322.

Hopkins, B. (2011). *Restorative approaches in UK schools*. In C. Hayden & D. Martin (Eds.), Crime, antisocial behaviours and schools (pp. 192 – 211). Palgrave Macmillan.

Hughes, C., & Cline, T.(2015). An evaluation of the preschool PATHS curriculum on the development of preschool children. *Educational Psychology in Practice, 31*(1), 73–85.

Huitsing, G., & Monks, C. P.(2018). Who victimizes whom and who defends whom? A multivariate social network analysis of victimization, aggression, and defending in early childhood. *Aggressive behavior, 44*(4), 394–405.

Huitsing, G., Lodder, G. M., Oldenburg, B., Schacter, H. L., Salmivalli, C., Juvonen, J., & Veenstra, R.(2019). The healthy context paradox: Victims' adjustment during an anti–bullying intervention. *Journal of Child and Family Studies, 28*, 2499–2509.

Hyndman, B.(2021). Bullying in the school playground:Design and supervision. In P.K. Smith & J. O. H. Norman(eds.). *The wiley blackwell handbook of bullying. A comprehensive and international review of research and intervention. Volume 2.*(pp. 303~316). Wiley blackwell.

Jiang, D., Walsh, M., & Augimeri, L. K.(2011). The linkage between childhood bullying ehaviour and future offending. *Criminal Behaviour and Mental Health, 21*(2), 128–135.

Ju, H. J. & Lee, S. H.(2019). Mothers' perceptions of the phenomenon of bullying among young children in South Korea. *Social Sciences, 8*(1), 12. https://doi.org/10.3390/socsci8010012

Juvonen, J. E., & Graham, S. E.(2001). *Peer harassment in school: The plight of the vulnerable and victimized*. The Guilford Press.

Juvonen, J., & Galvan, A.(2008). Peer influence in involuntary social groups: Lessons from research on bullying. In M. J. Prinstein & K. A. Dodge (Eds.), *Understanding peer influence in children and adolescents*(pp. 225 – 244). Guilford Press.

Kendall, F. E.(1983). *Diversity in the classroom: A multicultural approach to the education of young children*. Teachers College Press.

Kim, S., & Brody, G. H.(2005). Longitudinal Pathways to Psychological Adjustment Among Black Youth Living in Single-Parent Households. *Journal of Family Psychology, 19*(2), 305 - 313.

Kowalski, R. M., & Limber, S. P.(2007). Electronic Bullying among Middle School Students. *Journal of Adolescent Health, 41*, S22-S30.

Krug, E. G., Dahlberg, L. L., Mercy, J. A., Zwi, A. B., & Lozano, R.(2002). *World report on violence and health. Geneva, Switzerland: World Health Organization*. https://www.who.int/publications/i/item/9241545615

Krygsman, A., & Vaillancourt, T.(2019). Peer victimization, aggression, and depression symptoms in preschoolers. *Early Childhood Research Quarterly, 47*, 62-73.

Kucaba, K., & Monks, C. P.(2022). Peer relations and friendships in early childhood: The association with peer victimization. *Aggressive behavior, 48*(4), 431-442.

Ladd, G. W., Ettekal, I., & Kochenderfer-Ladd, B.(2017). Peer victimization trajectories from kindergarten through high school: Differential pathways for children's school engagement and achievement?. *Journal of Educational Psychology, 109*(6), 826.

Lee, S. H.(2020). Kindergarten teachers' perspectives on young children's bullying roles in relation to dominance and peer relationships: A short-term longitudinal approach in South Korea. International *Journal of Environmental Research and Public Health, 17*(5), 1734. https://doi.org/10.3390/ijerph17051734

Lee, S. H., & Ju, H. J.(2019). Mothers' difficulties and expectations for intervention of bullying among young children in South Korea. *International Journal of Environmental Research and Public Health, 16*(6), 924. https://doi.org/10.3390/ijerph16060924

Lee, S., Smith, P. K., & Monks, C. P.(2011). Perceptions of bullying-like phenomena in South Korea: a qualitative approach from a lifespan perspective. *Journal of Aggression, Conflict and Peace Research, 3*(4), 210-221.

Lee, S., Smith, P. K., & Monks, C. P.(2012). Meaning and usage of a term for bullying-like phenomena in South Korea: A lifespan perspective. *Journal of Language and Social Psychology, 31*(3), 342-349.

Lee, S. H., Smith, P. K., & Monks, C. P.(2016). Participant roles in peer-victimization among young children in South Korea: Peer-, self-, and teacher-nominations. *Aggressive Behavior, 42*(3), 287-298.

Lee, S. H., Smith, P. K., & Monks, C. P.(2021). Moral reasoning about aggressive behavior in relation to type of aggression, age and gender in South Korean pupils. *International Journal of*

Environmental Research and Public Health, 18(5), 2288. https://doi.org/10.3390/ijerph18052288

Lereya, S. T., Copeland, W. E., Costello, E. J., & Wolke, D.(2015). Adult mental health consequences of peer bullying and maltreatment in childhood: two cohorts in two countries. *The Lancet Psychiatry, 2*(6), 524–531.

Lezak, M. D.(1982). The problem of assessing executive functions. *International journal of Psychology, 17*(1–4), 281–297.

McMahon, S. D., Washburn, J., Felix, E. D., Yakin, J., & Childrey, G.(2000). Violence prevention: Program effects on urban preschool and kindergarten children. *Applied and Preventive Psychology, 9*(4), 271 - 281.

Mishna, F.(2004). A qualitative study of bullying from multiple perspectives. *Children & Schools, 26*(4), 234–247.

Monks, C. P., & O'Toole, S.(2021). Bullying in preschool and infant school. In P.K. Smith, J.O'Higgins–Norman(eds.). *The wiley blackwell handbook of bullying. A comprehensive and international review of research and intervention. Vol.2.*(pp.3–19). Wilely Blackwell.

Monks, C. P., & Smith, P. K.(2006). Definitions of bullying: Age differences in understanding of the term, and the role of experience. *British Journal of Developmental Psychology, 24*(4), 801–821.

Monks, C. P. & Smith, P. K.(2010). Peer, self and teacher nominations of participant roles taken in victimisation by 5– and 8–year–olds. *Journal of Aggression, Conflct. and Peace Research, 2*. 4 - 14.

Monks, C. P., Smith, P. K., & Kucaba, K.(2021). Peer victimisation in early childhood; observations of participant roles and sex differences. *International ournal of environmental research and public health, 18*(2), 415. https://doi.org/10.3390/ijerph18020415.

Monks, C. P., Smith, P. K., & Swettenham, J.(2003). Aggressors, victims, and defenders in preschool: Peer, self–, and teacher reports. *Merrill-Palmer Quarterly, 49*, 453–469.

Monks, C. P., Smith, P. K., & Swettenham, J.(2005). Psychological correlates of peer victimisation in preschool: Social cognitive skills, executive function and attachment profiles. *Aggressive Behavior: Official Journal of the International Society for Research on Aggression, 31*(6), 571–588.

Monks, C., Ortega Ruiz, R., & Torrado Val, E.(2002). Unjustified aggression in preschool. *Aggressive Behavior, 28*(6), 458–476.

Morrison, B., Blood, P., & Thorsborne, M.(2005). Practicing restorative justice in school communities: addressing the challenge of culture change. *Public Organization Review, 5*, 335–

357.

Nelson, D. A., Robinson, C. C., & Hart, C. H.(2005). Relational and Physical Aggression of Preschool–Age Children: Peer Status Linkages Across Informants. *Early Education and Development, 16*(2), 115 – 139.

Obermann, M. L.(2011). Moral disengagement among bystanders to school bullying. *Journal of School Violence, 10*(3), 239–257.

Olweus, D.(1993). *Bullying at school: What we know and what we can do*. Cambridge, MA: Blackwell.

Olweus, D.(1995). Bullying or peer abuse at school: Facts and intervention. *Current directions in psychological science, 4*(6), 196–200.

Ostrov, J. M.(2008). Forms of aggression and peer victimization during early childhood: A short–term longitudinal study. *Journal of Abnormal Child Psychology, 36*, 311–322.

Ostrov, J. M., Pilat, M. M., & Crick, N. R.(2006). Assertion strategies and aggression during early childhood: A short–term longitudinal study. *Early Childhood Research Quarterly, 21*(4), 403–416.

Patchin, J.W. & Hinduja, S.(2011). Traditional and Nontraditional Bullying among Youth: A Test of General Strain Theory. *SAGE Journals, 43*, 727–751.

Pepler, D., & Cummings, J.(2016). Bullying in early childhood. In O.N. Saracho(ed.), *Contemporary perspectives on research on bullying and victimization in early childhood education* (pp. 35–59). IAP.

Perren, S., & Alsaker, F. D.(2006). Social behavior and peer relationships of victims, bully–victims, and bullies in kindergarten. *Journal of Child Psychology and Psychiatry, 47*(1), 45–57.

Phillips, B. N.(1978). *School stress and anxiety: Theory, research, and intervention*. Human Sciences Press.

Phillips, B., & Phillips, D. A.(2010). Learning From Youth Exposed to Domestic Violence: Decentering DV and the Primacy of Gender Stereotypes. *Violence Against Women, 16*(3), 291–312.

Pinquart, M.(2017). Associations of parenting dimensions and styles with externalizing problems of children and adolescents: An updated meta–analysis. *Developmental psychology, 53*(5), 873.

Pronk, J., Olthof, T., & Goossens, F. A.(2015). Differential personality correlates of early adolescents' bullying–related outsider and defender behavior. *Journal of Early Adolescence, 35*(8), 1069–1091.

Reavis, R. D., Keane, S. P., & Calkins, S. D.(2010). Trajectories of peer victimization: The role of multiple relationships. *Merrill-Palmer quarterly, 56*(3), 303–332.

Repo, L., & Sajaniemi, N.(2015). Prevention of bullying in early educational settings:

Pedagogical and organisational factors related to bullying. *European Early Childhood Education Research Journal, 23*(4), 461–475.

Rest, J. R.(1984). Research on moral development: Implications for training counseling psychologists. *The Counseling Psychologist, 12*(3), 19–29.

Roberts, W. B.(2015). 학부모와 함께 풀어가는 학교폭력. 교사-학부모 협력방법[*Working with parents of bullies and victims*] (손진희 역). 학지사. (원전 2008년)

Rodkin, P. C., Espelage, D. L., & Hanish, L. D.(2015). A relational framework for understanding bullying: Developmental antecedents and outcomes. *American Psychologist, 70*(4), 311.

Salmivalli, C.,(2014) Participant Roles in Bullying: How Can Peer Bystanders Be Utilized in Interventions?. *Theory Into Practice, 53*(4), 286–292.

Salmivalli, C., & Isaacs, J.(2005). Prospective relations among victimization, rejection, friendlessness, and children's self–and peer–perceptions. *Child development, 76*(6), 1161–1171.

Salmivalli, C., Lagerspetz, K., Björkqvist, K., Österman, K., & Kaukiainen, A.(1996). Bullying as a group process: Participant roles and their relations to social status within the group. *Aggressive Behavior, 22*(1), 1–15.

Sanders, M. R.(1999). Triple P–Positive Parenting Program: Towards an empirically validated multilevel parenting and family support strategy for the prevention of behavior and emotional problems in children. *Clinical Child and Family Psychology Review, 2*(2), 71–90.

Sanders, M. R.(2008). Triple P–Positive Parenting Program as a public health approach to strengthening parenting. *Journal of Family Psychology, 22*(4), 506–517.

Sanders, M. R., Bor, W., & Morawska, A.(2007). Maintenance of treatment gains: a comparison of enhanced, standard, and self–directed Triple P–Positive Parenting Program. *Journal of Abnormal Child Psychology, 35*, 983–998.

Sanders, M. R., Kirby, J. N., Tellegen, C. L., & Day, J. J.(2014). The Triple P–Positive Parenting Program: A systematic review and meta–analysis of a multi–level system of parenting support. *Clinical Psychology Review, 34*(4), 337–357.

Saracho, O. N.(2017). Bullying prevention strategies in early childhood education. *Early Childhood Education Journal, 45*, 453–460.

Sawyer, J. L., Mishna, F., Pepler, D., & Wiener, J.(2011). The missing voice: Parents' perspectives of bullying. *Children and Youth Services Review, 33*(10), 1795–1803.

Schwartz, D., & Proctor, L. J.(2000). Community violence exposure and children's social adjustment in the school peer group: the mediating roles of emotion regulation and social cognition. *J Consult Clin Psychol, 68*(4), 670.

Sharp, S., & Smith, P. K.(Eds.). (1994). *Tackling bullying in your school: A practical handbook for teachers*. Routledge.

Shin, Y., & Kim, H. Y.(2008). Peer victimization in Korean preschool children: The effects of child characteristics, parenting behaviours and teacher-child relationships. *School Psychology International, 29*(5), 590-605.

Slaughter, V.(2015). Theory of mind in infants and young children: A review. *Australian Psychologist, 50*(3), 169-172.

Smith, P. K.(2016). Bullying in early childhood: Measurement Isses, prevalence, and intervention. In O.N. Saracho(ed.), *Contemporary perspectives on research on bullying and victimization in early childhood education*(pp. 249-272). IAP.

Smith, P. K., Kwak, K., & Toda, Y.(2016). *School bullying in different cultures: Eastern and Western perspectives*. Cambridge University Press.

Storey, K. & Slaby, R.(2008). *Eyes on Bullying. What can you do. A toolkit to prevent bullying in children's lives*. Waltham: Education Development Center.

Sutton, J., Smith, P. K., & Swettenham, J.(1999). Bullying and 'theory of mind': A critique of the 'social skills deficit'view of anti-social behaviour. *Social development, 8*(1), 117-127.

Swit, C. S., Blakely-McClure, S. J., & Kamper-DeMarco, K. K.(2023). Preventing bullying in preschool-age children: Predictors of defending behaviour. *International Journal of Bullying Prevention, 5*(3), 202-216.

Tanrikulu, I.(2020). Teacher reports on early childhood bullying: how often, who, what, when and where. *Early Child Development and Care, 190*(4), 489-501.

Thornberg, R., & Knutsen, S.(2011, June). Teenagers' explanations of bullying. *Child & Youth Care Forum, 40*(3), 177-192. Boston: Springer US

Thornberg, R., Wänström, L., Hong, J. S., & Espelage, D. L.(2017). Classroom relationship qualities and social-cognitive correlates of defending and passive bystanding in school bullying in Sweden: A multilevel analysis. *Journal of School Psychology, 63*, 49-62.

Tremblay, R. E., Masse, B., Perron, D., LeBlanc, M., Schwartzman, A. E., & Ledingham, J. E.(1992). Early disruptive behavior, poor school achievement, delinquent behavior, and delinquent personality: longitudinal analyses. *Journal of consulting and clinical psychology, 60*(1), 64.

UNESCO(2019). Behind the numbers: Ending school violence and bullying. https://unesdoc.unesco.org/ark:/48223/pf0000366483.

Valkenburg, P. M. & Peter, J.(2011). Online Communication among Adolescents: An Integrated

Model of Its Attraction, Opportunities, and Risks. *Journal of Adolescent Health, 48*, 121–127.

Veenstra, R., Lindenberg, S., Huitsing, G., Sainio, M., & Salmivalli, C.(2014). The role of teachers in bullying: The relation between antibullying attitudes, efficacy, and efforts to reduce bullying. *Journal of Educational Psychology, 106*(4), 1135.

Vitaro, F., Barker, E. D., Boivin, M., Brendgen, M., & Tremblay, R. E.(2006). Do early difficult temperament and harsh parenting differentially predict reactive and proactive aggression?. *Journal of Abnormal Child Psychology, 34*, 685–695.

Vlachou, M., Andreou, E., Botsoglou, K., & Didaskalou, E.(2011). Bully/victim problems among preschool children: A review of current research evidence. *Educational Psychology Review, 23*, 329–358.

Willard, N. E.(2007). *Cyberbullying and cyberthreats: Responding to the challenge of online social aggression, threats, and distress*. Research Press.

Zehr, H.(2019). 우리 시대의 회복적 정의: 범죄와 정의에 대한 새로운 접근 [*Changing lenses: Restorative justice for our times*]. (손진 역). 대장간. (원전 2015년 출판)

저자소개

이승하

중앙대학교 유아교육과 학사졸업

Oxford Brookes University, MSc in Child Development and Learning

Goldsmiths college, University of London. Ph.d in Psychology

현 중앙대학교 유아교육과 교수

연구분야: 유아기 괴롭힘, 유아사회교육, 유아인성교육

홍인표

중앙대학교 유아교육과 학사졸업

중앙대학교 교육대학원 유아교육전공 석사졸업

중앙대학교 대학원 유아교육학과 박사졸업

중앙대학교 유아교육과 출강

경인교육대학교 유아교육과 출강

현 숭의여자대학교 유아교육과 겸임교수

연구분야: 유아인성교육, 유아교사교육, 유아기 괴롭힘

이해민

중앙대학교 유아교육과 학사졸업

중앙대학교 교육대학원 유아교육전공 석사졸업

중앙대학교 대학원 유아교육학과 박사수료

현 세미초등학교병설유치원 교사

연구분야: 유아사회교육, 회복적 생활교육

이승민

중앙대학교 유아교육과 학사졸업

중앙대학교 교육대학원 유아교육전공 석사졸업

중앙대학교 대학원 유아교육학과 박사졸업

현 가천대학교 유아교육학과 겸임교수

현 경인교육대학교 유아교육과 강사

연구분야: 유아기 괴롭힘, 유아교사교육

유아교사를 위한 학교폭력 예방 및 학생의 이해

-유아기 괴롭힘을 중심으로-

초 판 1쇄 인쇄 2025년 2월 20일
초 판 1쇄 발행 2025년 2월 27일

지 은 이 | 이승하 · 홍인표 · 이해민 · 이승민
펴 낸 이 | 김기섭
편 집 인 | 오선율
펴 낸 곳 | 창지사 www.changJisa.com
08589 서울시 금천구 가산디지털 1로 83 파트너스타워 1차 9층
전화 (02)719-2211~3
팩스 (02)701-9386
등 록 | 1977년 4월 28일 · 제1-421호

ISBN 978-89-426-1910-8 (93370)

값 26,000원